1903年，张之洞（前右）与继任两江总督魏光焘（前左）及三江师范学堂等机构的官员合影

1903年，缪荃孙（前排中）、徐乃昌（前排左四）、柳诒徵（前排左一）等赴日考察教育行前留影

兩江師範學堂

稽查簽稿底號簿

光緒三十一年十一月起至

宣統三年正月止

《兩江師範學堂稽查簽稿底號簿》

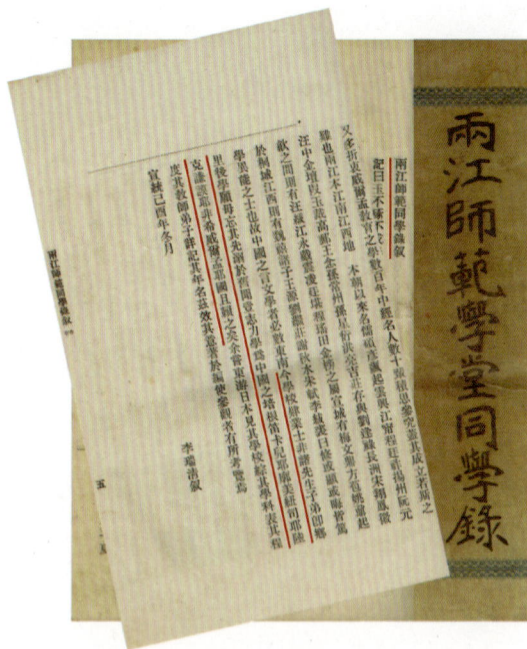

《两江师范学堂同学录》

两江师范学堂印

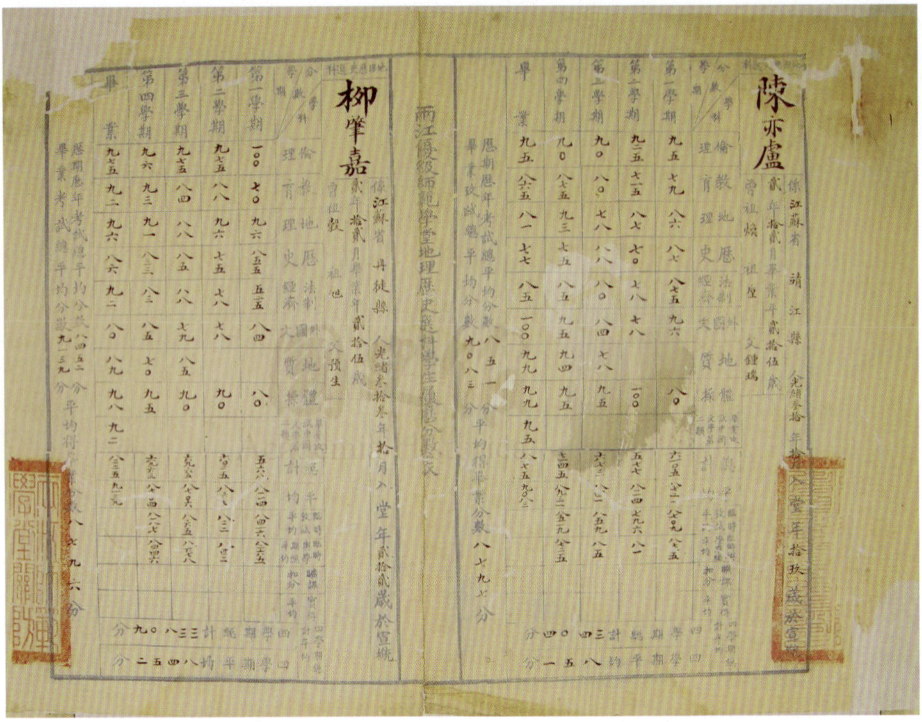
兩江優級師範學堂地理歷史選科學生優……分數……

陳亦盧

柳肇嘉

历史地理选科学生历年及毕业考试分数，“国史馆”藏

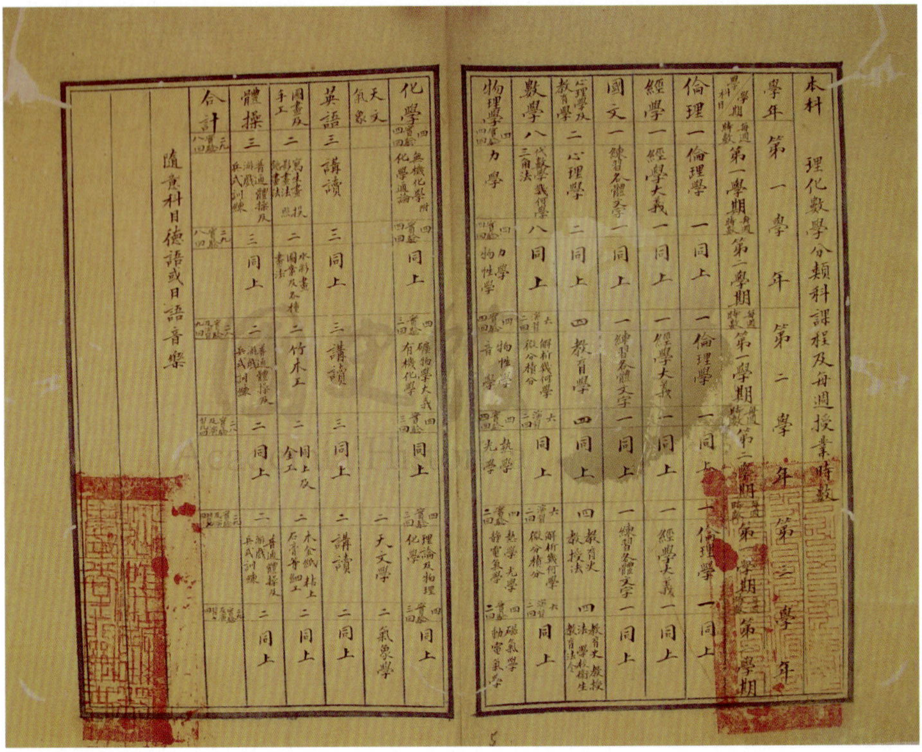
本科 理化數學分類科課程及每週授業時數

隨意科目德語或日語音樂

数理化学分类科课程及每周授业时数，“国史馆”藏

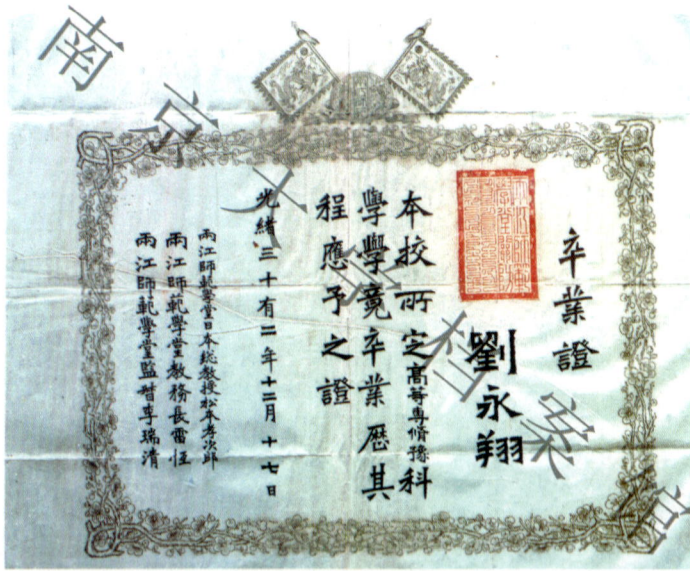

两江师范学堂卒业证（刘永翔）

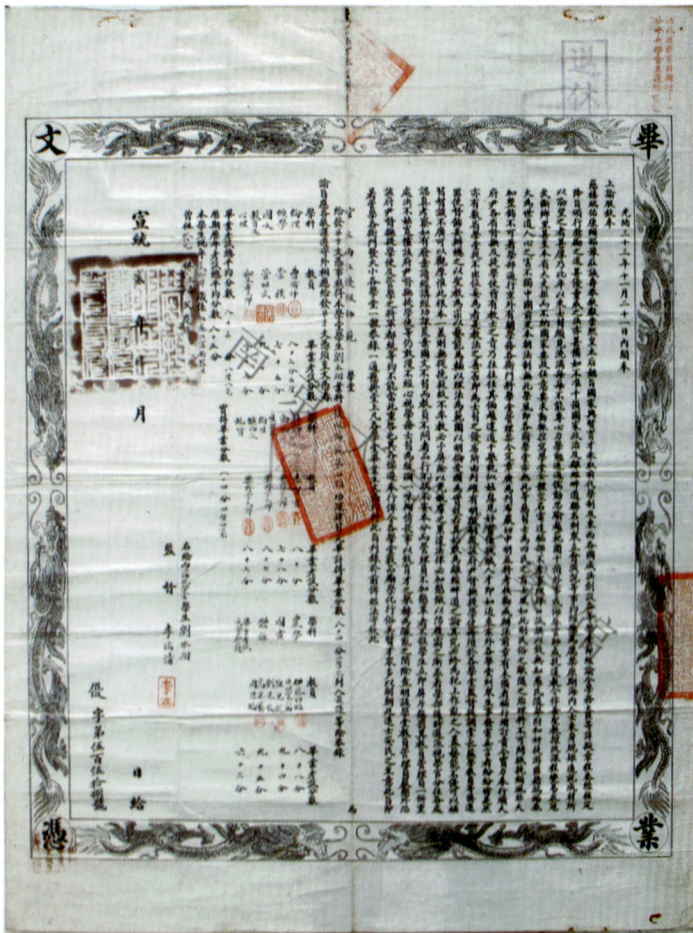

两江师范毕业文凭（刘永翔）

两江师范学堂金工实习（站在黑板前者为日本教习，其右为日语翻译）

南京大学人文基金资助项目

南·京·大·学·校·史·研·究·丛·书

编委会主任　张异宾 | 编委会副主任　朱庆葆

南京大学
校史资料选编

南京大学校史研究室 编

第一卷

三江（两江）师范学堂时期

南京大学出版社

图书在版编目(CIP)数据

南京大学校史资料选编. 第一卷，三江(两江)学堂
时期 / 南京大学校史研究室编. — 南京 ：南京大学出
版社，2018.1
(南京大学校史研究丛书)
ISBN 978 - 7 - 305 - 19939 - 4

Ⅰ. ①南… Ⅱ. ①南… Ⅲ. ①南京大学－校史－史料
－汇编 Ⅳ. ①G649.285.31

中国版本图书馆 CIP 数据核字(2018)第 028068 号

出版发行　南京大学出版社
社　　　址　南京市汉口路 22 号　　　邮　编　210093
出 版 人　金鑫荣

丛 书 名　南京大学校史研究丛书
书　　　名　**南京大学校史资料选编·第一卷**
编　　者　南京大学校史研究室
责任编辑　肖自强　官欣欣　　　　编辑热线　025 - 83593947

照　　排　南京南琳图文制作有限公司
印　　刷　江苏苏中印刷有限公司
开　　本　787×1092　1/16　印张 19.5　字数 421 千
版　　次　2018 年 1 月第 1 版　2018 年 1 月第 1 次印刷
ISBN 978 - 7 - 305 - 19939 - 4
定　　价　100.00 元

网址：http://www.njupco.com
官方微博：http://weibo.com/njupco
官方微信号：njupress
销售咨询热线：(025) 83594756

说　明

　　一、本选编以档案资料为主,并结合当时的报刊资料。少量有参考价值的当事人的著述和回忆,亦择要选录。

　　二、本选编所选资料,为保存原貌,一般原文照录。遇有内容重复或与主题无关部分,则略加删节。所选资料一般沿用原有标题,并由编者加以标点。原有标题不明或过于繁琐者,由编者另拟标题。

　　三、本选编所选资料,按不同时期分卷。各卷内按类项以形成时间先后顺序排列。文件日期沿用原有形式,或以公历纪年,或以年号纪年。公开发表文献以发表日期为准。

　　四、本选编所选资料,在排印时一般采用简体字,遇有不便采用简体字时,保留原有文字。遇有缺漏损坏或字迹不清者,以□号代之。段内删节者以……标明。编者所加注释列在正文页下。

　　五、限于编者水平,本选编在选材和编排等方面,会存在不少缺点和错误,有些重要资料可能会遗漏,恳请读者指正。

　　六、本选编为南京大学校史研究丛书之一种。本卷由南京大学校史研究室、南京大学档案馆和南京大学图书馆联合编写。

目 录

第一部分　筹备与创办

第二部分　管理制度与章程

第三部分　学堂管理与发展概况

第四部分　教师与学生

第五部分　教学情况

第六部分 停办与保管

第一部分 筹备与创办

刘坤一致张之洞函（光绪二十八年四月初一日）

罗叔蕴署正在鄂，业将译编各事宜面达清听矣。嗣与缪筱珊太史各开一单，交给敝处录呈台览。叔蕴旋回沪补译各书。筱珊月编普通歌诀、经学、理学、史学、掌故五种及《礼书初编》、《江宁舆地考略》，嘱寄遵处校正，方为定本。应否即以现在办法及已编译各课本函复张埜秋冢宰，并请主稿会奏之处，伏候酌夺。又，张季直殿撰来宁，与筱珊、叔蕴面商学制，应从师范学堂入手，开具条例，由江鄂会奏。并云办高等师范学堂更可为，办高等学堂经费减省一半。治弟因事属创始，请其代拟折稿。而此间议论不无参差，谨将条例、奏稿并钞呈核，以期折衷一是，即请迅赐裁覆是祷。

《刘忠诚公遗集》之《刘忠诚公书牍》卷十三

刘坤一筹办江南省学堂大略情形折（光绪二十八年四月初八日）

奏为遵旨筹办江南省各学堂大略情形恭折具陈仰祈圣鉴事。

窃臣钦奉光绪二十七年八月初二日上谕，各省所有书院于省城均改设大学堂，各府厅直隶州均设中学堂，各州县均设小学堂，并多设立蒙养学堂，著各该督抚学政切实通（统）筹，认真举办，等因。钦此。又奉十月十五日上谕，前经谕令各直省设立学堂，责成该督抚学政切实通（统）筹举办。查袁世凯所奏山东学堂事宜及试办章程，著政务处即将该署督原奏并单开章程通行各省，应即仿照举办，等因。钦此。均经转行钦遵筹办去后，本年二月初二日复奉谕旨，催令妥速开办具奏，等因。仰见圣朝锐意兴学，力图自强，敬聆之下，感奋莫名。又经恭录行催司道妥速筹议详办。兹据江宁布政使吴重憙、江安粮道胡延、江南盐巡道徐树钧详称，伏查江南原设水师学堂、陆师学堂及格致书院，讲求中外诸学有年，并将堂中学生派往东洋肄业，风气现已渐开。今将遍设学堂，实为迎机利导。惟学业有浅深，功夫有次第，必先由小学而入中学，由中学而入大学。而小学必须课本，课本尤资师范，此一定不易之理。现已另设师范学堂，选中学淹通、人品端正者授以算法、绘图等事，学成给以文凭，使为小学堂教习，则小学不患无师。又江楚会设编译书局，一俟成有课本咨送京师大学堂核定颁行,则小学又不患无书。小学既立,中学、大学得以依次兴办。兹将江南省文正书院改设小学堂一所,聘候选教谕陈作霖为总教习,课上元、江宁两县人士,习初级浅近之学。钟山书院改设中学堂一所,聘河南候补道濮文暹为总教习,课江宁府属人士,习普通之学,均就原址酌量增葺。至高等学堂为课专门之学,江南地大物博,夙称人文渊薮。省会高等学堂规模必求宏敞,俾可广育人才。现在设法筹款择地建造,庀材鸠工,接续举办,聘翰林院编修缪荃孙为总教习。其尊经、凤池两书院改为校士馆。凡举贡生童年齿已逾定章未能选入学堂者,按月课试策论经义,膏奖悉仍其旧,以示体恤。凡各学课程以入学次序分等级,固不宜欲速而致陵躐,亦不宜求备而苦烦难,尤不宜歧视中外而有偏重。中西并课,由浅入深。无论初级、普通、专门,总应恪遵谕旨,以四书五经、纲常大义为主,以历代史鉴、中外政治、艺学为辅。务使文行交修、讲求实用,仰副朝廷图治作人之至意。上元、江宁两县小学堂额取各八十人,附课十人,以少年聪颖、文理清通之士充之。江宁府中学堂额取一百六十人,附课十人,本应以小学毕业生拔补。现中小学同时并举,权且考取经义策论及曾习西文算学格致之举贡生监送入肄业,以后仍以年限递升。省城高等学堂额定三百人,本应俟各中学有毕业学生拔尤补入。惟当此需才孔亟之时,若俟辗转递升,不免旷日持久,自应变通办理。亦拟俟高等学堂规模粗定后,于举贡生监中考取已深通中学经义策论及习过西文算术格致之有门径者,先令补习普通,再习专门,以期速成。以上三学堂各照定额于开办时先取一半数,年后再行全取。此外更于省学堂设藏书楼,荟萃中外书籍并各种图册,以供师生浏览。设仪器院备列各种仪器,以资考验研求之用。将来各生学成,遵章咨送京师大学堂候旨奖励,并因材选派游学外洋,以广见闻而资阅历。所有委员教习均已分别委请开办。各府州县书院亦已饬令改为学堂。其民间自设之蒙养学堂,均令遵章办理以归一律。惟经费多有不敷,通省各属尚未能一律办齐,已饬就近筹款以期遍立。至省城常年经费,以从前书院经费计之,多不敷用,而开办建造,费需尤多。现由司道设法筹措,先将裁改各书院经费分别存留提用,其不足者已在司局先行挪垫,以济动工之需。以后无论如何为难,总令逐渐增益,期于必成等情。拟具试办章程详请具奏前来。臣维兴贤育才,诚为当务之急。鼓舞振作,尤赖学堂为转移。大政所关,岂容延缓。惟学堂较书院规制不同,需款增巨。江省财力支绌万分,不特省城高等学堂事属创办,巨款难筹。即就书院改设之府县中小学堂,亦需另筹修葺及增拨常年经费的款。数月以来,臣与司道再四筹商,甫经定议,亟应及时兴办,以慰多士喁喁向学之忧。现已谆饬司道挪提款项,将三学堂一切事宜赶速筹备,接续开办。一面访延东洋品学兼优之人来华入堂教习,并行催各属妥速筹议改设中小学堂,俾广造就而资升进。除试办章程先行咨送京师大学堂查核,如续应增改随时妥核办理外,所有筹办江南省各学堂大略情形,谨会同江苏巡抚臣恩寿、江苏学政臣李殿林恭折具奏,伏乞皇太后、皇上圣鉴训示。谨奏。

《刘忠诚公遗集》之《刘忠诚公奏疏》卷三十七

张之洞致武昌抚署邓孝先翰林电（光绪二十八年十一月初四日）

武昌抚署邓孝先翰林：

　　省城学堂甫议开办，毫无端绪。已约贵省通儒贤绅来宁公同酌议，务请台从惠临一商。江南为天下望，现在学务尤关重要，千万勿却勿延。切盼。支。

　　壬寅十一月初四日辰刻发。

《近史所藏清代名人稿本抄本》第 2 辑 (36)，张之洞档

张之洞档存瀛致苏州东麒麟巷王胜之太史电（光绪二十八年十一月初四日）

苏州东麒麟巷王胜之太史：

　　公原议百日后赴鄂，近已逾期。宫保移节两江，以兴学为急务，深盼公来，相助为理。命电达台端，请早日命驾来宁。即或有家事，亦望数日内先来宁一行，商议学堂大略。商有眉目后，再回苏州料理亦可等语。何日行，祈电示。瀛。支。

　　壬寅十一月初四日巳刻发。

《近史所藏清代名人稿本抄本》第 2 辑 (36)，张之洞档

张之洞致武昌抚署邓孝先翰林电（光绪二十八年十一月初五日）

襄阳府署邓孝先翰林：

　　昨电约文从来宁，会商学务。适阁下回襄，当由午帅处专差送电至蔡甸一带探投，未知达览否？江南为天下望，学校所关尤重。而省城各学堂，茫无端绪，深为焦虑。现约贵省通儒贤绅来宁公同商酌，始能定议。阁下关怀桑梓，义不容辞，务请即日命驾惠临。已属午帅代具膏秣之资，千万勿却勿辞，并祈先惠复电。至盼。尾。

　　壬寅十一月初五日申刻到。

《近史所藏清代名人稿本抄本》第 2 辑 (36)，张之洞档

张之洞致武昌端署制台（端方）电（光绪二十八年十一月初五日）

武昌端署制台：

　　昨电约邓孝先庶常来宁，公商学务，闻已赴襄。祈尊处电催邓庶常迅速折回东驶，并

请饬善后局致送程敬二百元,作为由鄂来宁旅费。将来回鄂,宁当从优致送。兴金陵之学,必须商之金陵通儒贤绅,始能定议。孝先兄关心桑梓,义不容辞。切盼,并示复。歌。

壬寅十一月初五日申刻发。

《近史所藏清代名人稿本抄本》第 2 辑(36),张之洞档

张之洞致通州张季直殿撰(张謇)电(光绪二十八年十一月初五日)

通州张季直殿撰:

省城学堂甫议开办,毫无端绪。现约贵省通儒贤绅来宁公同酌议,务请台从于月半前后惠临,小住旬余,以便会议一切。江南为天下望,学务所关尤重,千万勿却。至盼。歌。

壬寅十一月初五日申刻发。

《近史所藏清代名人稿本抄本》第 2 辑(36),张之洞档

张之洞致天津袁宫保(袁世凯)电(光绪二十八年十一月二十日)

天津袁宫保:

尊处师范学堂,以东师十二人,先教四十生。再以四十生,教八百生。未知十二师分授科学若干门,四十生是否分门认习,抑各门兼习?讲堂演述,共用翻译若干人,从何处物色,每员薪水若干?又四十生学成后,分课八百生,其章程办法如何?统祈详细电示。如有刊布章程,并望讯赐邮寄数份,以资则效。切盼。箇。

壬寅十一月二十日巳刻发。

《近史所藏清代名人稿本抄本》第 2 辑(36),张之洞档

张之洞致武昌端署制台(端方)电(光绪二十八年十一月二十一日)

(急)武昌端署制台:

江省现拟创设师范学堂,请饬派胡钧即日来宁,商订规制及一切办法。以十日为期,并不久留在此,惟盼速来。行馆现有下榻处,胡孝廉到宁,径来钟山书院可也。何日行,祈电示。箇。

壬寅十一月二十一日巳刻发。

《近史所藏清代名人稿本抄本》第 2 辑(22),张之洞档

张之洞收武昌端署制台(端方)来电(光绪二十八年十一月二十二日)

武昌端署制台来电。

江宁张宫保鉴:

　　篠电敬悉。胡生钧前月底回沔阳祠省亲,梁守与约定本月望前回,至今未到,因十八日师范学堂可以上学也。尊示十日之期,本即谨依,惟此时胡生未归,鄂师范又将上学,学生在外间等候已久,拟待胡归后即上学,上学数日即赴宁。如此江、鄂师范,皆可速办,未知合否? 望复。

　　再。前问两湖师范办法两电,日久未见赐复。时将岁暮,盼切祷切。方。养。

　　壬寅十一月廿二日申刻发,酉刻到。

　　　　　　　　　　　　　《近史所藏清代名人稿本抄本》第 2 辑(93),张之洞档

张之洞致武昌梁节庵太守(梁鼎芬)电(光绪二十八年十一月三十日)

(急)武昌梁节庵太守:

　　胡孝廉钧尚未回省,焦盼殊甚。此间专待胡生来宁,商拟金陵三省师范学堂建制规模,已于钟山书院悬榻以待,五日可竣,即遣回鄂,并不淹留。此事不可迟,过年即不能办。请专遣人持书至沔阳延聘,催其速行。程敬菲敬共三百金,即日汇交尊处。何日行? 先电复。艳。

　　壬寅十一月三十日寅发。

　　　　　　　　　　　　　《近史所藏清代名人稿本抄本》第 2 辑(36),张之洞档

张之洞收天津袁制台(袁世凯)来电(光绪二十八年十二月初二日到)

天津袁制台来电。

江宁张宫保:

　　篠电敬悉。此间师范学堂,专为造就各属小学师才,非高等科学程度。其课程分十一门,曰经学、文学、教育学、公法学、财政学、史学、地学、算学、格致学、农学、体操学。皆初级普通。除经学两门由华人教授外,余以东师十二人分门授课。学生系各门兼习。至讲堂演述,系于学堂未开之先,半年请东师自习华文华语,冀省翻译。现有中东翻译二三员,每员薪水约以五十金不等。其详细章程,容另寄呈谒政。凯。先。

　　壬寅十二月初一日亥刻发,初二日丑刻到。

　　　　　　　　　　　　　《近史所藏清代名人稿本抄本》第 2 辑(93),张之洞档

张之洞收武昌梁节庵太守(梁鼎芬)电(光绪二十八年十二月初五日)

武昌梁守来电。

江宁宫保宪钧鉴：

胡钧昨朝到，即夜渡江，船已开，仍搭江永来。（下略）

壬寅十二月初五日午刻发，酉刻到。

《近史所藏清代名人稿本抄本》第 2 辑(93)，张之洞档

张之洞收武昌端署制台(端方)来电(光绪二十八年十二月十二日)

武昌端署制台来电

江宁张宫保鉴：

鄂师范学堂，待胡生回，即开学。五日已满，请属速归，学生在此久待。方。文。

壬寅十二月十二日申刻发，戌刻到。

《近史所藏清代名人稿本抄本》第 2 辑(93)，张之洞档

张之洞致东京近卫公爵、长冈子爵电①(光绪二十八年十二月二十日)

(急)东京近卫公爵、长冈子爵：

金陵现拟设三江师范学堂，学生九百名。前三年教寻常师范，三年后教高等师范。拟聘贵国师范教员十二人，须性情恳勤端笃、于教育有实历者。内以一人为教头，薪从优；余十一人听其调度，薪酌减。明年正月半到金陵。第一年，请贵国教员就华教习学中国语文及中国经学，华教习就贵国教员学日本语文及理化学等科，彼此互换知识，作为学友。第二年开学，分教学生。祈代物色良师，如得人，请先将教员姓名及月俸、川资拟数电示，以便酌定。至感至盼。署南洋大臣张。效。

壬寅十二月二十日卯刻发。

《近史所藏清代名人稿本抄本》第 2 辑(22)，张之洞档

---

① 近卫文磨时任东亚同文会会长，长冈护美时任东亚同文会副会长。

张之洞致苏州恩抚台(恩寿)电（光绪二十八年十二月二十八日）

(急)苏州恩抚台：

江宁省城创建三江师范学堂，所定学额及一切办法，前已咨达冰案，想早接到。此学堂经费繁巨，约计岁需十八万两。除西、皖按学生人数出银四万元外，尚需十五万数千两。宁、苏学生各半，而苏属止令筹四成，似不甚难。苏藩司究能协筹常年的款若干，祈迅赐电复，以便具奏。感盼。俭。

壬寅十二月廿八日巳刻发。

《近史所藏清代名人稿本抄本》第 2 辑(22)，张之洞档

张之洞收苏州恩抚台(恩寿)来电（光绪二十八年十二月二十九日）

(急)苏州恩抚台来电。

江宁宫保世叔钧鉴：

俭电祗悉。据藩司禀复，师范学堂兼收苏属学生，理应筹款协助。且宁六苏四，已荷体恤。惟苏州偿款，因盐斤加价，短收七万，尚未补助。房膏捐难持久，正虑补苴乏术。若骤增此款，常年深虑为难。惟大局有关，何敢推诿。好在开学需时，目前则无款可筹。现拟自造铜元，届时应照宁司办法，在此项盈余及督宪盐电允拨宁局一半余利项下，如数筹拨。等情。合转达。寿。艳。

壬寅十二月二十九日未刻发，戌刻到。

《近史所藏清代名人稿本抄本》第 2 辑(94)，张之洞档

张之洞收东京近卫公来电（光绪二十九年正月初二日到）

东京近卫公来电

张制军大人：

聘用教习，急。甚属重事。根津到沪办毕，直赴锦地面商。近卫。

癸卯正月初一日申刻发，二日午刻到。

《近史所藏清代名人稿本抄本》第 2 辑(94)，张之洞档

张之洞致武昌署盐道梁节庵(梁鼎芬)电(光绪二十九年正月初五日)

武昌署盐道梁节庵：

　　三江师范学堂章程，胡孝廉钧允回鄂后，即拟就寄宁。此举众议佥同，断不中止。专候章程到，即日开办，即日入奏。务属胡孝廉迅速妥拟章程，赶紧缮寄，立待酌定札行。万勿延缓，至误正月二十日以前开办之期。切祷。歌。

　　癸卯正月初五日辰刻发。

《近史所藏清代名人稿本抄本》第2辑(36)，张之洞档

张之洞致苏州恩抚台、陆藩台电(光绪二十九年正月初五日)

(急)苏州恩抚台、陆藩台：

　　艳电悉。三江师范学堂当年经费，承示藩司禀复，拟就苏垣自筹铜元所得盈余，及敝处允拨宁局代苏增铸一半余利项下，如数协拨，甚慰。当与李藩司筹议，据称苏垣既拟设局自铸铜元，开铸后自无庸(用)再由宁局附铸。即将向来苏省附铸之盈余，尽数拨充三江师范学堂经费。大约酌中钱价，每年可余四万余金。至苏局自铸铜元余利，即不再拨助江宁学堂经费亦可。觇尊意仍愿每年协拨若干，统听裁夺等语。鄙意谓该学堂开办经费，宁已担任独筹。今年虽不遽招学生入学，而练习华洋教习语言文字一节，最为开学要诀，即日必须开办。其办法系将日本师范教习十二员、分科华正教习六十员、备教习二十员，招齐来省。令东教习就华教习学华文、华语及中国经学。华教习就东教习学东文、东语及理化学。彼此互换知识，以裕师资。此为开学堂聘洋教习简要捷速办法。一年期满，华教习之东文语，洋教习之中文语，皆已学成，再招学生而教之，不烦翻译，事半功倍。约计今年华洋教习暨在堂员司人役薪水伙食并一应杂支之款，为数甚巨，约需八九万金。此举必赶于正月内开办。盖开办经费，购地建堂、置备书器等项，共需十余万，宁已独任。今年练习华洋教习语言文字，经费亦须八九万，似未便全由宁认，似须由苏酌量协筹若干。于苏省局面较好，多少不拘，一两万亦可，不过写意而已。祈速筹复。盼祷。歌。

　　癸卯正月初五日巳刻发。

《近史所藏清代名人稿本抄本》第2辑(22)，张之洞档

张之洞奏为江南省创建三江师范学堂折(光绪二十九年正月初八日)

　　太子少保头品顶戴署理两江总督湖广总督臣张之洞跪奏，为江南省创建三江师范学

堂以端教法而裕师资恭折仰祈圣鉴事。

窃照江宁省城遵旨改设高等学堂及府州县中小学堂各一所，业经前督臣刘坤一、护督臣李有棻将筹办情形先后奏陈在案。惟学堂一事，体大思精，其中等级繁多，而次第秩然，不可紊越，必须扼要探源，方有下手之处。查各国中小学堂教员，咸取材于师范学堂，是师范学堂为教育造端之地，关系尤为重要。两江总督兼辖江苏、安徽、江西三省，此三省各府州县应设中小学堂，为数浩繁，需用教员何可胜计。若未经肄业师范学堂，延访外国良师，研究教育之理，讲求教授之法及管理之法，遽任以中小学堂教员，必致疏漏凌躐，枝节补救，徒劳鲜功，且详略参差，各学堂学派学程终难划一。经臣督同司道详加筹度，惟有专力大举，先办一大师范学堂以为学务全局之纲领，则目前之致力甚约，而日后之发生甚广。兹于江宁城北极阁前勘定地址，创建三江师范学堂一所，凡江苏、安徽、江西三省士人，皆得入堂受学。查直隶督臣袁世凯奏建师范学堂，定全省学额为八百名，延聘日本师范教习十二人。兹为三省预储师范学额，自宜酌量从宽。现拟江苏省宁属定额二百五十名，苏属定额二百五十名，安徽省定额二百名，江西省定额二百名，共定额为九百名。其附属小学堂一所，定学额为二百名。所有师范学生及附属小学生均由地方官出具印结，取具本生族邻甘结，保送考选入学。开学第一年先招师范生六百名，三年后再行续招足额。前三年教小学堂之师范生约分三级，为一年速成科，二年速成科，三年本科，以便陆续派赴各州县，充小学堂教员。第四年即添置高等师范本科，精研教育学理，以教中学之师范生，备各属中学堂教员之选。现已延聘日本高等师范教习十二人，专司讲授教育学及理化学、图画学各科。并选举贡廪增出身之中学教习五十人，分授修身、历史、地理、文学、算学、体操各科。学堂未造成以前，暂借公所地方，于本年先行开办，练习教员之法。令东教习就华教习学中国语文及中国经学，华教习就东教习学日本语文及理化学、图画学。彼此各为学友。东教习不得视华教习为弟子。在日本语，此法名为互换知识。俟一年后学堂造成，中国教习于东文、东语、理化、图画等学，通知大略。东教习亦能参用华语以教授诸生，于问答无虞扞格，再行考选师范生入堂开学，则不尽借翻译传达，可免虚费时刻、误会语气诸弊，收效尤速。

其购地建堂经费，已据江宁藩司筹拨应用。其常年学堂经费，如华洋教习、各学生饭食，冬夏讲堂及操场衣冠、靴带、卧具、纸笔、灯火、奖赏，监督、提调、监学、庶务各委员，司事、人役薪工及一切杂用之属，每年需款甚巨，已议定由江苏藩司于一年先协拨银一万两，以后每年协拨银四万余两。拟令安徽、江西两省各按学生额数，每名每年协助龙银一百元，不过稍资津贴，不敷尚多。所有全堂三省学生学费，自应专筹的款济用。查江宁银元局铸造铜元，最为便民要政，行销颇畅，甚有盈余。现已由该司详请添购新机，增建厂屋，大加扩充，即以岁获盈余，专供该学堂经费之用。此举为三省学堂根本教员得人起见，虽江南财力支绌，不能不设法筹措，勉为其难。至学堂建造规模及一切课程办法，经臣专调曾赴日本考察学校、熟悉教育情形之湖北师范学堂堂长，来宁精绘图式，详订章程，总期学制悉臻完备合法，并于省城设立两江学务处一所，派委司道等员，会同综理，加意讲求，督催兴办，以仰副圣朝兴教劝学，造就人材之至意。据江宁藩司李有棻会同学务处司道具详前来,所有江南省创建三江师范学堂缘由,谨会同江苏抚臣恩寿、江苏学政臣李殿林恭折具奏,伏乞皇太后皇上圣鉴。谨奏。奉硃批:管学大臣议奏。

《近史所藏清代名人稿本抄本》第 2 辑(163),张之洞档

张之洞收苏州恩抚台(恩寿)来电(光绪二十九年正月初八日到)

苏州恩抚台来电。

宫保世叔钧鉴:

歌电祗悉。当与陆藩司筹商苏省协助师范学堂,当年经费准照宁藩司议。俟苏省自筹铜元后,即以宁局应派苏州附铸盈余,按年尽数拨充。苏局自铸余利,不再协助,就款抵款,两不□辖。至今年练习华洋教习经费,祗此一次,自应遵照,由苏本年附铸铜元盈余内,酌助万金,共维大局。寿复。藩司附叩。阳。

癸卯正月初七日亥刻发,初八日子刻到。

《近史所藏清代名人稿本抄本》第 2 辑(94),张之洞档

张之洞收东京近卫公来电(光绪二十九年正月初十日到)

东京近卫公来电

张制军大人鉴:

根津现在船,初九到沪,即赴宁。近卫。

癸卯正月初九日申刻发,十日丑刻到。

《近史所藏清代名人稿本抄本》第 2 辑(94),张之洞档

张之洞致安庆聂抚台(聂缉椝)南昌柯护抚台(柯逢时)电(光绪二十九年正月二十四日)

(急)安庆聂抚台、南昌柯护抚台:

三江师范学堂创建经费,需银十数万两。第一年练习华洋教员经费,亦约需银十万两。均由宁单独筹。自明年起,每岁常年经费约需银十八九万两。即前三年六百名,亦约需银十三万两。皖、西两省,各定学额二百名,每名仅津贴学费一百元,或一百五十名亦然,不敷尚巨,概由宁省凑足应用,实已勉力万分,于皖、西实有大益。此乃鄙人深恐西、皖两省筹款兴学为难,极力协助西、皖之意。所有办法及奏稿,已早咨达冰案。究竟贵省是否愿照此筹办,尚祈迅赐示复。至盼。敬。

癸卯正月二十四日亥刻发。

《近史所藏清代名人稿本抄本》第 2 辑(36),张之洞档

张之洞收安庆聂抚台(聂缉椝)来电(光绪二十九年正月二十九日)

安庆聂抚台来电。

江宁张宫保鉴:

敬电敬悉。兴办三省师范学堂,有裨皖省,常年经费,分应力筹。无奈库储支绌,现与藩司商定,将来入堂学生,籍隶何州县,即责令该地方官按名筹解,庶几轻而易举,可期经久。除咨复外,谨先电闻。缉。艳。

癸卯正月二十九日午刻发,申刻到。

《近史所藏清代名人稿本抄本》第 2 辑(94),张之洞档

管学大臣张议复署江督张奏建三江师范学堂折(光绪二十九年)

奏为遵旨议奏恭折仰祈圣鉴事。

光绪二十九年正月二十八日准军机处抄交署理两江总督张之洞奏倡建三江师范学堂一折。奉硃批:管学大臣议奏。钦此。并将原折抄交前来。查原奏内称,江苏、安徽、江西三省各府州县应设中小学堂为数浩繁,需用教员何可胜计,若于江宁省城创建三江师范学堂一所,凡三省士人皆得入堂受学。现拟宁属定额二百五十名,苏属定额二百五十名,安徽省定额二百名,江西省定额二百名,共定额九百名等语。窃维教育普及,必以中小学堂为初基。而造就教员,尤为中小学堂之根本。各省书院自奉旨改设学堂,地方官多以旧日院长作为教习,于近时教授之法,素未讲求,学者何能受益。教习乏人,即各府州县遍设学堂,终难求效。该督注意师范,洵为扼要之图,所拟定额九百名,开学第一年先招师范生六百名,三年后续考足额,将来逾推逾广,用之不穷。所谓目前之致力甚约,日后之发生甚广者,确有可据。应请饬下新任督臣魏光焘认真经理,以重教育。再由臣咨行各直省酌量仿办。其未经奏报筹办师范学堂各省,由臣分别咨催迅筹照办。原奏又称前三年教小学堂之师范生均分三级,为一年速成科、二年速成科、三年本科,派赴各州县充小学堂教员。第四年即添置高等师范本科,以教中学之师范生,备各属中学堂教员之选等语。伏查钦定章程内,各省师范生卒业,应予作为举人、进士者,由本省督抚咨送京师大学堂复加考验,其及格者由管学大臣带领引见候旨赏给出身。

又,臣上年正月初六日奏准章程内师范生卒业准作进士者,给予中学堂教习文凭,作举贡者给予小学堂教习文凭。该督创建之三江师范学堂,应俟学生卒业后查照定章,一律办理。原奏又称选派举贡廪增出身之中学教习五十人,暂借公所地方先行开办练习教员

· 11 ·

之法,令东教习就华教习学中国语文及中国经学,华教习就东教习学日本语文及理化学、图画学等语。查臣现办之速成一科,所定教法系日本教习上堂讲解,由精晓日文之助教译述,助教练习有素,尚不致误会语气,而虚费时刻,诚所不免。又,日本教习研究科学者于中文多未深入,所编讲义时有词不达意之病。现今学生于认习西文外,兼习东文一年后,通晓大凡。教者、学者可免扞格。该督所拟练习教员之法,体会精审,洵为阅历有得。臣于师范生期望最切,但有可以速成之者,考求实际择善而从用,以知该督用心之密。至所称常年经费由江苏藩司及安徽、江西两省统筹协助,并以江宁银元局岁获盈余,专供该学堂经费之用,系为力筹久远起见。应请饬下各该督抚照数拨济,俾底于成。所有遵旨议奏缘由是否有当,理合缮折具陈,伏乞皇太后皇上圣鉴训示。

再,臣乐庆现出试差,未及列衔,合并声明。谨奏。

光绪二十九年三月初五日具奏。奉旨:依议。钦此。

《湖北学报》1903 年第 1 卷第 14 期

魏光焘奏筹建江南三江师范学堂经费片(光绪二十九年闰五月二十六日)

再。江南创建三江师范学堂,以备江苏、安徽、江西三省士子入堂受学。于江宁省城北极阁前勘定基址,酌定学额,所需购地建堂经费,由宁藩库筹拨应用,经前署督臣张之洞具奏在案。兹据江宁布政使李有棻详称,该堂原拟建造各项房屋,须能容纳学生九百人。物料装饰仿洋式,委员按式绘图,饬匠估计需费银三十余万两。若以洋房间数改造华式,约需银十八万两左右。值此度支奇绌,不独造屋无此巨款,即将来常年经费需款浩繁,亦恐难以为继。现经会商学务处,以原定三省学额九百名,可分三班招(召)集入堂,则建造房屋亦可次第增添。拟先就分班学生人数,择必不可少房屋分别起造,酌用洋式,核实估计共需工料漕平银九万八千五百余两,拟于江宁筹饷捐输款内解存库银五万八千余两,尽数动拨。其不敷银两,由司设法另筹,请先奏明立案等情前来。

臣查原奏议建三江师范学堂,规模较宏,需费数十万两。民间无此财力,即公家亦无此巨款可供挪凑。今该藩司力求减节,拟分班次,择其必不可少之屋先行建造,督同员匠勘估,共需工料漕平银九万八千五百余两,尚属核实。既为造就三省通才,综握学务全局纲领而设,亦不能不筹拨公款,俾资兴建,期早落成。所请在于江宁筹饷捐输款内尽数动拨五万八千余两,自应准予拨用。除饬司督令工员认真监造,不敷银两另再设法妥筹陆续拨济,一俟工竣,将房屋式样、用过工料、银两数汇册报销外,谨会同江苏巡抚臣恩寿附片具陈,伏乞圣鉴,谨奏。光绪二十九年闰五月二十六日。

奉硃批:该部知道。钦此。

台北故宫军机处档

江宁藩司呈江督禀陈筹定专款兴办三江师范学堂公文（节录）

光绪二十八年十二月十三日奉札，以三江大师范学堂操场地价、工程及器具什物、书籍、仪器、标本需银十余万两，已据江藩司筹款备用。至常年经费，若教习、监督、提调、监学、委员、司事、人役、薪工、学生饭食、冬夏讲堂及操场、衣冠、靴带、卧具、纸笔、灯火、奖赏杂用之处，应候开列预算表，饬知江藩司于银元局铸销铜元盈余项下，筹拨备用。至该学堂经费甚巨，现系由江藩司筹款兴办，来学各省自应量为协助，应咨江苏、安徽、江西抚院饬司筹款解济。该堂建造巨款，已经宁藩司独筹，此后学堂常年经费，宁苏两属事同一体，学生之数各半选送，则经费自应各半分筹。宁藩司筹六成，苏藩司筹四成亦可。皖、西两省按学生名数，每名学生协助龙银一百元。百元之数尚不足学费三分之一，聊资贴补，免宁藩司独任其难。如皖、西两省于定额外多送学生，应照名数添解协助。惟斋舍有定，只可于堂外自行租屋居住。此时亟应遴委总办提调，以便拟章调选学生，赶于明春开学。等因。伏念学堂周年经费约计十八九万之谱，拟即由司筹定专款二十万两，以供常年支取之用。查江宁各属制钱缺少，若饬铜元局添购机器，铜元源源而出，民商皆利，盈余供学堂经费，可为大宗。苏州自开铜元局，请自光绪三十年起，前解苏州二批铜元停止运解，盈余仍作苏州协助学堂之款，江西、安徽协济之数均由江藩司先垫，俟两省解到归垫。若铜元盈余不足，仍由江宁藩司另筹，但收支既归外筹，请每年由司道详院核销，免其造册报部。

《选报》1903 年第 45 期

三江师范学堂之现状（光绪二十九年二月初十日）

张署督既莅临两江，锐意欲图教育普及，购地二百亩于金陵北极阁马路西南建三江师范学堂，招致学生九百名，宁属、苏属各二百五十名，皖、豫各二百名，以日本教习十二人，于第一年用速成法造就汉教师五十人。第二年则招及额之学生，而令汉教习教之。其卒业期分为二等，授汉文讲义者一年卒业，授日文者二年卒业。卒业后令充三江各州县小学师范。其经费则取于江宁银元局。盖局造银铜币，每年可盈四十五万，此为外销款，可尽取以兴学也。建议之始，规模颇大，于教育界极有关系。惟其章程多有可笑者，非翰林改官之知府不能为提调，非进士、举人、贡廪增不能为五十人之汉教师。故所委之提调某某，皆由翰林改官知府者。惟江南财用颇乏，恐魏督莅任后不能照办。江南支应局就今年论，已亏空一百八十余万，欠解部款多至七十万。魏督以武员出身，无理财之能力，必将以银元局之盈余提补亏空。三江师范学堂将因经费无着而停辍也。

《大公报》光绪二十九年二月初十日

各省学堂类志（光绪三十年）

(江苏)三江师范学堂房屋现在尚未工竣,校舍俱系洋式,壮丽宽广,不亚日本帝国大学。建筑之费初定二十万两,后因推广规模,再支十五万两。现正赶工,明年秋间即可落成。教习悉聘日本人士,以文学士菊池谦次郎为总教习,综督教务。此外文学士有菅君,理学士有大森、松原两君,法学士有志田君,农学士有安藤君,医学士有岸君,绘图教习有亘理君,手工教习有杉田君,翻译有柳厚、那部二君及华人魏君等各任一科。教授文学、物理、经济、生理、数学、农学、理财、博物、绘图、手工、东语、体操等科。近闻已有学生七十名,均师范生,俟新校舍落成后再行增募。此项师范生即充分教,盖至明秋已造毕业之域也。明秋拟再续招学生三百名,授以寻常师范功课,以备毕业之后遣往各属充当小学教习。预定每年增招三百名,数年之后各州县小学教习当不乏人矣。

《东方杂志》光绪三十年,第 1 卷第 1 期

江督魏奏铜元盈余留充本省兴学练兵一切公用折（光绪三十年七月十八日）

奏为江南铜元局增置机厂改章整理余利拨充兴学练兵等用恭折仰祈圣鉴事。

窃查江宁前因制钱缺乏,于光绪二十八年经前督臣刘坤一奏明,仿照福建、广东章程筹款,在江宁银元局开铸当十铜元,发市行销,以济民用。声明每铸本银一万两,能铸铜元一百四十五万枚,约可盈余银千两之谱。旋因行销尚畅,铸数无多,于上年正月间经前署臣张之洞奏明添购新机,增建厂屋,扩充铸造,岁获盈余为三江师范学堂经费之用在案。臣上年二月到任,其时三江师范学堂已择定基址,撙节估造工费约需银十万两,常年学费银二十万两。又臣上年夏间奏设练将学堂练兵营房购地建造,约地价工费及开办用项共需银二十余万两。常年薪饷除抵支外,约需另筹拨银三万两。尚有陆师学堂、高等学堂、留学外洋各学生官费、新设农务局、官报局、农桑工艺局各经费,无不于铜元盈余项下取给。此外新政急待举行,亦在在需款。而铜元新机未到,新增厂屋亦未竣工。旧厂日铸铜元既少,且有代铸、代销名目,盈余所入,不敷所用。当经督同司局妥定章程,核实整理,并催新机陆续运齐,厂屋加工赶造。现在新厂甫经装设开铸,连同旧厂每日约可出铜元一百万枚以外。照现时铜煤等项价值估计,每铸当十铜元一枚,约需成本制钱六文之谱。此本为救济钱荒,藉裨公用而设。江南兴学练兵,如以上各项岁需巨款,际此饷源奇绌,拨款浩繁,既乏正项可挪,事关新政,又难延续不办,全赖铜元盈余以资挹注。臣当督饬藩司局员实心经理,所有盈余除提给修理机器、开支局用、奖励在事员司人等外,其余悉数归公,由司先行提还购置新机、添建厂屋,暨以前借拨铸本各款,余即充作本省兴学练兵各项新政。一切公用,藉资周转。理合会同江苏抚臣端方恭折具陈,伏乞皇太后、皇上圣鉴。谨奏。

《南洋官报》第 98 册

魏光焘办理江宁省城并各府厅州县学堂大概情形折（光绪三十年七月二十七日）

奏为现办江宁省城并各府厅州县学堂大概情形恭折具陈仰祈圣鉴事。

窃近年屡奉上谕，举办学堂，久经遵旨叠次通行在案。惟事当创始，既无一定指筹之款项，又无试办合法之人才。审慎经时，迄难猝举。论江南风气，不后于他省。当臣莅任之始，除水师、陆师二学堂久经开办外，其余或陈奏甫有规模，或建立尚无基础。期年以来，臣以事关重要，将省城各学随时推广增设外，府各学一再札饬严催。本年又准学务大臣颁到奏定各学新章各处，亦仰见朝廷锐意兴学，遽减科举势必在行。近来具报开学者逐渐增多。通查现在已办各处，计省城高等专门学堂凡七所：曰三江师范学堂，曰高等学堂，曰农工实业学堂，曰水师学堂，曰陆师学堂，曰将备学堂，曰江宁师范学堂。各府厅州县中小蒙养学堂，凡九十一所。内江宁、徐州、扬州、海州等处中学堂四所，宁、淮、扬、徐、海、通所辖各属小学堂二十四所，蒙学堂六十三所。又通州民立师范学堂一所。统计省城及各府属学堂，凡九十九所。

三江师范学堂在全省中规模最大。上年正月由前署督臣张之洞奏办。原定招考江苏、江西、安徽三省学生九百人，学成充各处中小学堂教员之用。臣接任后，斟酌缓急，奏明将学生全数九百人，略予变通分作三班次第招入。此外悉照原奏举办。延请日本教习十一人，考选举贡廪增出身之中教习，甲班四十人，乙班三十人。第一年暂借公所地方，为练习教员之所。令东教习就华教习学中国语文，华教习就东教习学习日本语文及教育、博物、卫生、物理、化学、图书、手工、理财等学。商定课程，彼此互换知识。计自上年闰五月开学起至本年六月暑假止，练习一年期满。各教员尚能恪遵规则，核实讲求。试验后，计留堂之中教习五十六人，照奏定优级师范学堂章程，分别派为正教员、副教员、助教员，即以为师范各生之教习，专授中国经史、文学、舆地、算学、体操等学。现在学堂工程已竣。除先令各教员移入外，拟秋后考取三省学生三百人，入堂为第一次应招人数，分习一年速成科、两年速成科、三年本科，学成陆续派充各州县小学堂教习。至第四年即添置高等师范本科，以备各处中学教习之选。盖中小学堂之学生程度日以加深，则师范学堂之教员养成，亦刻不容辍。此学堂实为三省中小学堂命脉所关。故不能不加意经营也。

高等学堂于光绪二十八年由前督臣刘坤一奏办。原议宽筹款项，广育人才，并择地建造新堂，务求合格。嗣以经费未能多筹，一切办法去高等学堂规程尚远。臣维目前中学堂未兴，本无应入此种学堂学生。现招学生只能暂习中学课程，为高等学生之预备。姑就现在而论，原可作为试办，徐议改良。将来仍依原奏，另辟新堂。查照新章，以能容五百人而率，庶下以慰专门进业之请求，上以备大学分科之拔选。容臣体察情形，随时酌量增改。

农工实业学堂。遵照《奏定学堂章程》学务纲要第六条，各省宜速设立实业学堂，即就旧有格致书院改设。格致学,日本谓之理科。格致主明理,实业主致用。京都大学已立格致分科。外省生徒习此门者,似可从高等学堂第二类学科致力。此时暂可不另立专门。惟实业为地方财产发达之根,亟须试办以开风气。现查商部奏设之实业学堂课程,拟从高等。臣以江南改设,事系创办,不能不略有变通。大致悉遵照奏定中等实业学堂功课肄习。以旧时格致学生曾习矿学,故定为农工商矿四科,先事研求,俟后再议分设专堂。农科非有试验广场不足以资实习。附近省城元武湖广袤,几及十里,于种植畜牧等学均便试验。将来亦拟分门,即在元武湖附近创设办理。又考工莫要于实习,现设劝业机器工艺局一所,仿造外国木质机器,讲求色染、陶磁(瓷)、丝织等项,于该局内设艺徒学堂,招聪颖子弟就学。其意参仿日本徒弟学校之制,课程规则遵《奏定艺徒学堂章程》。货则随时发售,工则备艺徒就资练习,以求实验。

水师、陆师二学堂创办最早,久经陈奏,历年按章照办。惟外国学堂,凡习武备者皆须先习普通。臣上年在陆师学堂内添设普通学科,令有志习陆师者先行肄业,为陆师生徒之预备。大略仿照日本成城学校之法办理。将备学堂上年甫议设立,臣于整顿防营折内业经陈明。卷查光绪二十五年前督臣刘坤一奏设练将学堂,甫经开办,为浮议所夺。嗣后叠准部催,辄因费绌而止。臣因见各防营所派陆师学堂毕业学生,往往情意隔阂,不尽其用。细求其故,近年南洋选派学生游学日本,由成城学校入士官学校毕业者颇多。又屡次派员阅看日本行军大操,耳目一新,视陆师学堂之专习德操有趋向各别之势。因饬仿日本士官学校章程,设立学堂,定为武备速成科。所有学生皆从各防营内挑选,定额二百四十名,分将弁、兵目两级,并分马步、炮工、辎重等门。雇用日本教习二员,于上年冬间开学。用士官学校毕业生为助教,其功课为军制、地形、测绘、战术、兵器、筑城、算学、东文、马学、卫生、兵棋、野外、要务及马步、炮工各种操典。将来学成,发还各原营,分别高下派充弁目,冀收因势利导之效。复于堂内设战术研究会,取各营现有营哨官,讲求实习,暂假昭忠祠为学舍。另饬司道建造新学堂,约本年八月内落成。复于学堂之南建造洋式兵房四座,调发常备右军一二营附属驻扎,为学生实习之地。此项学生曾历戎行,与陆师学堂学生之招自民间者有别。臣正拟改定军制,此项学生毕业,致用即在目前,不得不认真整理,与陆师学堂分别并重。

江宁师范学堂于光绪二十八年开办,选文理明通、人品端正者授以中文、日本文、测算、绘图等学。今年六月已考取头班学生十四名毕业,使为宁属各府州县学堂教习。该堂课程一切尚属妥协。至各属中小蒙养等学,现虽禀报开办地方较多,但以经费有限,师范无人,大半未能合法。惟通州、泰兴两处最为认真,所拟章程亦尚妥善。民立各学则通州绅士所立师范暨高等寻常小学所陈办法亦具有秩序。而省城思益小学尤为后起铮铮。谦益、养正、幼幼等蒙学办理亦有头绪,叠由官司补助经费,以示奖励。盖风气初开,固不能不择一二稍能合法者以提倡之也。查日本文部省及外府县皆有视学官数员,随在行视,以检查学校中之一切不如法者。拟俟各属一律申报办齐,酌派深通教育之员分赴各属调查一次,由省随纠错缪,酌补款项。彼时三江师范速成生应已卒业,即派往各属充当教员。如此整顿,久之或可渐得条理。惟各府直隶州等处,此时中学堂所取学生只能从事小学功课,即有稍明科学、天资明敏者,亦衹宜酌减小学年限作为中学预备生,万无由府考取,学生不问程度,例习中学之理。应由臣通饬遵办。

要之,中国此时欲图自强,则凡各级学堂皆须同时并举,不学专门不足以抵制外洋之人才,不学普通无以培植专科之根柢。师范为全国读书之种子,实业又百姓生计之本原,今幸值京师学务处甫经奏定各有专章,惟有按照各级课程,就已办者再加讲求,未办者限令设立,以期仰副朝廷兴学育才之至意。所有江宁省城并外属现办学堂大概情形,谨缮折具陈。伏乞皇太后、皇上圣鉴。谨奏。

光绪三十年七月二十七日。

台北故宫宫中档奏折

三江师范学堂点收新建学堂房屋并迁堂日期禀(并批)(光绪三十年九月)

为申报事。窃于本年七月二十三日,奉前宪台魏札开,照得查令监造三江师范学堂工程完竣,业据学务处详经札委穆道勘验禀复在案。所有堂房、屋宇等项,应由杨道等点收,于二十四日率领各教习员司人等迁入常住,以资休息,而崇体制。除饬查令宗仁开单点交并分行外,合行札饬札堂即便遵照办理具复,等因。奉此。并据查令开折呈送前来。职道等当即饬委本堂委员截取知县游令毅之议叙知县朱令椿林前赴新建学堂,将堂房屋宇等项会同查令。按照折开各项逐一点收,详细禀复。兹据该员等申称,业经会同查令,将折开堂房屋宇逐一点收清楚。惟内有间数,未经分注明晰。并据开折会衔申复前来。职道等遵查学堂房屋工程是否坚实,既由查令宗仁经手监造,复奉前宪台派员勘验,该员等自有专责。现在招考学生开办在即,自应按数点收。遵于七月二十四日,率同提调委员、中东各教习、司役人等迁入,于八月初一日迁毕。合将点收堂房屋宇缘由,并抄录委员清折,暨迁入学堂日期一并具文申报,仰祈宪台鉴核,为此备由具申,伏乞鉴核。

批。据呈已悉,查核折列马轿房二间,原开四间。又碎砖铺路三百三十丈,内系择段铺设,并未全铺。又续添斋舍改作朝南门六间,即在前斋舍一百六十间内。此项马轿房屋究系如何短少二间,砖路丈尺是否相符,斋舍是否并未添造,应由该道查明,责令分别照数修整。此外,屋宇有无偷减草率情弊,及款目是否核实,仰再逐一确切查验,据实禀复核夺。此项工程用款十余万,如有各项情弊,承办建造及验收各员固不能辞其咎,即该道等与有考核之责亦未便含糊徇隐,代人受过。高等学堂之事,本署部堂闻之,至今犹为痛心。事关兴学要政,不厌求详,断不容稍涉含混也。此缴折存。

《南洋官报》第 125 册

咨江督/札宁学两江师范准予立案文（宣统元年八月二十二日）

为咨行/札覆事。

据江宁提学使呈称,窃照两江优级师范等学堂学生清册请鉴核备案等情一案,奉札开:查阅该堂清册,其课程与定章优级师范第三类、第四类相合,惟每星期教授钟点减缺过多。又,优级师范分类科,照章必习过公共科之学生方许升入。查册开,学生注明由本学堂预科毕业者居其多数,并有由他处学堂毕业者。该堂预科是否即照公共科办法,未据报明,殊欠清晰。其学生缺习公共科学科及分类科所缺各科钟点,应酌展毕业期限,补习完全,以符定章。为此,札行该司遵照行知,等因。奉此。当即移行该学堂遵照。兹准该堂监督咨覆前来,署司伏查该堂开办以来,成效昭著,兹据所称各节,尚系实在情形,所有缺少课程,既于试毕延期及暑假期内补习,又于第六学期酌加教授,核与部章钟点尚不相远,而各主课时间溢出甚多,办法似尚合宜,理合具文呈请核示等情,并抄送两江优级师范学堂咨文课表折一扣到部。查该学堂未合定章各节,即据分别陈明,所缺课程并经按表补习,应即准予立案。除:

札江宁提学使准照外,相应咨行查照可也。须至咨者。

咨两江总督查照外仰该提学使司遵照行知切实办理可也。此札。

《学部官报》1909 年第 104 期

第二部分 管理制度与章程

三江师范学堂章程^①

---

①　此《三江师范学堂章程》引自苏云峰所著《三(两)江师范学堂:南京大学的前身(1903—1911)》(南京大学出版社2002年版)一书。据苏云峰介绍,该章程原件存日本,可能是一孤本。苏云峰先生于1975年2月函请东京专修大学商学部荫山雅教授赐赠。荫山教授非常慷慨,除寄赠此章程副本外,还代查《大公报》资料。此章程未标明出版日期。根据苏云峰先生的研究,光绪三十年三月廿八日至五月廿四日间,三江师范学堂总办杨锡侯曾晋见总督魏光焘者凡五次,应与章程及事务有关。光绪三十年五月廿五日,江西候补道周锡恩到两江总督府手抄此《三江师范学堂章程》。(《南洋官报》,(光绪三十年五月二十八日)第74册第1页。)证明此章程应制定于三十年五月以前,也即正式招生开学前。而本书编者根据《近史所藏清代名人稿本抄本》第2辑(张之洞档)的相关资料(见本书第一部分),在1902年12月,张之洞便在与袁世凯的电文中提及借鉴直隶师范学堂章程事。后在南京邀请张謇等人会商宁垣省城学务,便委托湖北胡钧草拟三江师范学堂章程。在1903年2月2日张之洞致梁鼎芬电中提及,"三江师范学堂章程,胡孝廉钧允回鄂后,即拟就寄宁。此举众议金同,断不中止。专候章程到,即日开办,即日入奏。务属胡孝廉迅速妥拟章程,赶紧缮寄,立待酌定札行。万勿延缓,至误正月二十日以前开办之期"。可见在学堂筹办之时,草拟三江师范学堂章程为要务之一。此处所引章程或成文于此时。

第一章　立学总义

第一节　本学堂名三江师范,为江苏、安徽、江西三省之公学。

第二节　本堂开办宗旨以三省各府厅州县中小学堂未经遍设,其已开办者,非学科未及完全,即教授未能合法,特于两江总督辖下设立三江师范学堂一所,先行练习教员,期满后招收学生,照奏定优级师范并附初级师范章程办理,以备他日中小学堂教员之任。

第三节　本堂学生为三江师范之望,位置既高,关系亦重,学生宜认定宗旨:于智育、体育外,尤重德育,平日谨守规则,不得沾染习气,误入奇乎。务期养成完全师范为异日本身作则,敷教训俗之本,庶无负朝廷兴学之至意。

第四节　本堂学生之名誉,即同堂公共之名誉,亦中国学界之名誉。品行一端,关于名誉至重,凡言语、容止、交际、出游等事,自本堂各员监视之外,学生亦当互相纠察。如同学中有品行不修,不守规则者,务当反复规劝,以尽净友之谊。倘忠告不行,缪戾滋甚,可申告本堂管理员,科以应得之咎。

第五节　本堂办事各员,除办理不能合法,及多滋流弊者,应随时撤惩外,其有确能实心任事者,均遵定章援案保奖。

第六节　本堂学生最速成、速成两科学期满后合格者,给以毕业凭单。其在高等科毕业者奏请简放。主考会同督抚,按所学程度,分门详加考验。合计内外场分数,暨平日品行分数,合格者照优级师范奖励专章奏请赐予出身分别录用。

第二章　考试规则

第一节　考试方法分二项,一为收入堂时之考试

本堂既照优级师范并附初级师范章程办理,应收普通中学毕业生入堂肄业。现因学堂尚未遍设,无此合格之才,暂饬江苏、安徽、江西三省各府直隶厅州县,考送举贡生员年在二十岁以上三十岁以下,有讲求教育之志,平日并无不端行止,及一切病患嗜好者,考取如格,咨送来堂入学试习。

第二节　本堂学生定额九百名,宁属二百五十名,苏属二百五十名,安徽二百名,江西二百名,其附属之小学堂学生定额二百名。

第三节　本堂开学之第一年暂招学生三百名,分最速成、速成、本科三级。一年毕业为最速成科,二年毕业为速成科,三年毕业为本科,均得为寻常小学堂、高等小学堂之教员。第四年添置高等师范本科,以备中学堂教员之用。

第四节　此次考取师范入堂,先作为试习生,其备取名额,暂不入堂,俟试验三月后,由教员陈明总办,切实覆验,取其志愿精勤、品行端正,确能养成师范品格者,留堂肄业,其并无成业期望者,应令退学,所缺名额于备取额中调补。

第五节　考选试验分三种，一年貌举止，二问答，三出题试文，即以此为考验之次第。其问答试文，依左学科程序施行之：

　　　　　修身　经学大义及人伦道德之要旨
　　　　　文学　文字源流
　　　　　历史　中外史学之大要
　　　　　舆地　中外地理之大要
　　　　　算术　整数　分数　比例　开方

第六节　各省地方官咨送应选之学生，其收考章程，必与本堂一律入堂，届时考验。

第七节　考试录取者，须亲书履历一纸，得确实保荐人之证明，呈本学堂查核。

　　以下附履历式

招考师范生履历式
省　　　府　　　州县举人或　生　　今愿投考三江师范学堂最速成本科速成科师范生，实系身家清白，平日并无不端行止，及一切疾病嗜好等情，在学年内，诚实服从堂中规则，决不托故请假，除本生资格悉合招考告示章程外，合将家世学业及保荐人据实履历，以备查核，须至履历者 　　曾祖　祖父 　　　兄　弟 　家世职业　本生中式贡科　食廪入学出贡年　岁科考案 　现居地　　年岁　　　　学业 　保荐人姓名职业　　　　现居地 　大清光绪　年　　月　　日具

第八节　二为已入堂后之考试

　　入堂后之考试，分为三项：一学期升班考试，二年终考试，三毕业考试。统用口答笔答二法。

第九节　凡学生所学各科目分数由教习核记每月榜示于堂，惟修身则合一学期通计。

第十节　考试分数以百分为满格，通各科平均计算满六十分者为及格，不及六十分者为不及格。

第十一节　凡升班、年终、毕业三项考试，所得分数与平日功课分数平均计算，惟修身专以平日行为为准。

第十二节　年终考试各科学绩合到堂日数时数统计之，照放假规条第三节办理，由教习汇呈总办核定等第揭示于堂。

第十三节　毕业考试时禀请大宪亲临，仍按所习学科命题比较分数，堂内一切人员皆协同监察。

第三章　学科课程

第一节　本堂课程计分十七科。一修身（经学）、二历史、三教育、四文学、五舆地、六算学、
　　　　七物理、八化学、九生理、十博物、十一图画、十二农学、十三法制经济、十四手工、
　　　　十五体操、十六英文、十七东文。

第二节　公共科目教授式如左

　修身　原本经训以伦常道德为先兼考历代名人言行外国名人言行为例证

　历史　本国史　外国史　史学教授之次序方法

　教育　教育原理　教授法令　管理法　实地练习

　文学　历代文章源流义法　练习各体文

　舆地　本国地理　外国地理　绘图测量法　地理教授之次序方法

　算学　算术　几何　代数　平面三角　球面三角　立体几何　解析几何　微分积分
算学教授之次序方法

　物理　热学　光学　重学　音学　磁气学　电气学

　化学　无机化学　有机化学

　博物　矿物　植物　动物

　生理　生理卫生

　图画　自在画　用器画　图画教授之次序方法

　手工　授以木竹纸粘（黏）土普通金属之制作　手工教授之次序方法

　体操　普通体操　兵式体操

　英文　发音　会话　翻译　作文

　东文　发音　会话　翻译　作文

第三节　随意科科目教授程序如左

　农业　土壤　肥料　养蚕　畜产

　法制经济　法学　经济学

最速成科课程表

学期\课目	第一学期	每周时数	第二学期	每周时数
修身	人伦道德之要旨	二	同上	二
教育	教育学　心理学大要	三	学校管理法　教育令　实地练习	三
文学	讲历代文学源流义法	一	同上	一
历史	中国史	二	外国史	二
舆地	总论　中国舆地	二	外国舆地	二

(续表)

学期 课目	第一学期	每周 时数	第二学期	每周 时数
数学	整数　小数　分数　比例	五	开方　百分　几何初步　比例	五
理科	博物概说　生理卫生大意	五	理化概说	五
图画	自在画　用器画	三	同上	三
手工	总论　纸细工　黏土细工	三	木竹工	三
日文	发音　习字　诵读	四	诵读　文法　翻译	四
体操	普通体操　兵式体操	六	同上	六
合计		三六		三六

速成科课程表(第一学年)

学期 课目	第一学期	每周 时数	第二学期	每周 时数
修身	人伦道德之要旨	一	同上	一
文学	讲历代文学源流义法	一	同上　间练习各体文	一
历史	中国史	二	同上	二
舆地	总论及中国地理	二	同上　绘图	二
教育	教育史	二	教育学　心理学大要	二
数学	整数　分数　小数(加减乘除)	四	比例　几何　百分(直线)开方	四
物理 化学	物理　热学　光学	三	物理　重学　音学	三
博物	矿物学	三	植物学	三
图画	自在画　铅笔画	二	自在画　铅笔画　用器画　几何 画法	二
手工	总论　纸细工　豆细工	二	粘(黏)土　细土　木竹土	二
日文	发音　会话　习字	四	会话　诵读	四
英语	发音　会话　习字	四	会话　诵读　习字	四
体操	普通体操	四	普通体操　兵式体操　柔软体操 　小队教练	四
农学	农学汎论	二	同上	二
法制 经济	法学概说	二	国家及政体　权利及义务	二
合计		三六		三六

速成科课程表(第二学年)

课目＼学期	第一学期	每周时数	第二学期	每周时数
修身	人伦道德之要旨	一	同上	一
文学	讲历代文学源流义法	一	同上　间练习各体文	一
历史	外国史	二	同上	二
舆地	外国地理	二	外国地理及地文	二
教育	教育学　心理学大要　学校管理法	二	学校管理法　教育令　实地练习	二
数学	开方　几何〔圆面积〕	四	几何　比例　分数　代数	四
物理化学	物理　磁气　电气　化学总论	三	化学　无机化学　有机化学	三
博物	动物学　生理学	三	动物学　生理学　卫生大意	三
图画	自在画　铅笔画　用器画　几何画法　投象画法大意	二	自在画　铅笔画　水彩画大意　用器画　投象画法大意	二
手工	木竹工	二	土木　金工	二
日文	会话　翻译　文法	四	会话　作文	四
英语	发音　翻译　作文	四	会话　作文	四
体操	普通体操　兵式体操　器械体操　中队教练　兵学大意	四	同上	四
农学	栽培论	二	同上	二
法制经济	经济学总论　生产论　交易论	一	分配及消费论　财政学总论　国家岁出入论　收支适合论	一
合计		三六		三六

本科课程表(第一学年)

课目＼学期	第一学期	每周时数	第二学期	每周时数
修身	人伦道德之要旨	一	同上	一
教育	教育史	二	教育史　教育学	二
文学	讲历代文章源流义法　练习各种文体	一	同上	一
历史	本国史	二	同上	二
舆地	总论　本国地理	二	同上	二

（续表）

学期 课目	第一学期	每周 时数	第二学期	每周 时数
数学	整数　分数　小数（加减乘除）	四	比例　百分算　开方　几何（直线）	四
物理 化学	物理　[热学]　[光学]	三	物理　[重学]　[音学]	三
博物	矿物学	三	岩石学及地质学大意	三
日语	发音　会话　习字	三	会话　诵读	三
英语	发音　会话　习字	四	会话　诵读　习字	四
图画	自在画（铅笔画）　用器画（几何画法）	二	粘（黏）土	二
手工	总论　纸粘工　豆细工	二	钮结细工　纸捻细工　缝取细工　粘（黏）土细工	二
体操	普通体操	四	普通体操　兵式体操	四
农学	栽培汎论	三	栽培各论	三
法制 经济	法学概说　国家及政体　权利及义务	三	刑法通论　民法通论　商法通论	三
合计		三六		三六

本科课程表（第二学年）

学期 课目	第一学期	每周 时数	第二学期	每周 时数
修身	人伦道德之要旨	一	同上	一
教育	教育学	二	教育学　心理学大意	二
文学	历代文章源流义法	一	同上　练习各种文体	一
历史	本国史　外国史	二	外国史	二
舆地	本国地理　外国地理	二	外国地理	二
数学	开方　几何[圆面积]	四	几何[比例]　代数[加减乘除]	四
物理 化学	物理　磁气学　电气学	三	化学　无机化学总论	三
博物	植物形态学及生态学　生理学	三	植物生理学及分类大意　生理学	三
日语	会话　翻译　文法	三	同上	三
英文	会话　翻译　作文	四	同上	四

（续表）

学期\课目	第一学期	每周时数	第二学期	每周时数
图画	自在画［铅笔画］ 用器画 投象画法	二	自在画 铅笔画及铁笔画 用器画 投象画法	二
手工	粘工细工 木竹工	二	木竹工	二
体操	普通体操 兵式体操	四	同上	四
农学	栽培各论	三	养蚕学	三
法制经济	经济学总论 生产学 交易学	三	交易论 分配论 消费论	三
合计		三六		三六

本科课程表（第三学年）

学期\课目	第一学期	每周时数	第二学期	每周时数
修身	人伦道德之要旨	一	人伦道德之要旨	一
教育	伦理学大要 学校管理法	二	学校管理法 教育令 实地演习	二
文学	文学史	一	文学史	一
历史	外国史	二	世界近代史	二
舆地	外国地理 抽图	二	外国地理 自然地理	二
数学	几何［立体几何初步］ 代数［一次方程式］	四	代数［二次方程式］	四
物理化学	化学［无机化学各论］	三	化学［有机化学］	三
博物	动物学［有脊椎动物］ 生理学	三	动物学［无脊椎动物］及生物学说 卫生学	三
日语	讲读 作文	三	同上	三
英文	讲读 作文	四	同上	四
图画	自在画［铅笔画及水彩画］ 用器画［阴影投象画法］	二	自在画［同上］ 用器画［透视画法］	二
手工	木竹工	二	金工	二
体操	普通体操 兵式体操	四	同上	四
农学	土壤学 肥料学	三	病理学 畜产学	三
法制经济	财政学总论 国家岁入论 岁出论	三	国家岁出论 收支适合论	三
合计		三六		三六

第四章 各员职务

第一节 本堂自总办、总稽查以次，置提调三员、文案二员、收支二员、监学及检察六员、管理礼堂讲堂二员、管理斋舍二员、稽查出入及管束司役人等二员、管理食堂二员、管理仪器一员、管理书籍一员、管理器具一员、医官二员。

第二节 各员就所定职务任事，其有与他职守相关联者宜协同办理。

第三节 总办职务

　　一、主持全学教育及一切事宜。

　　二、督率各职员按照所定责务任事。

　　三、监察各教员按照所定功课教授。

　　四、考核各员及司事人等之勤惰，是否遵照堂内条规办理，随时记录以定功过。

　　五、检定应用之教科书。

　　六、核定学生进堂出堂及赏罚。

　　七、总核学生功课分数及考定学期学年间之成绩。

　　八、随时改定章程。

　　九、会商两江学务处选聘教员，招集学生。

　　十、统计堂中经费预算、决算之事。

　　十一、查阅图书、仪器、博物各室相关事项。

　　十二、接待本省官长、外省官长来堂观学。

第四节 提调职务

　　一、监察礼堂行礼时班次仪矩、讲堂演说宗旨。

　　二、协同收支纠核全学工程及饭膳之事。

　　三、汇齐学生功课分数呈总办鉴定。

　　四、考察学生勤惰及一切违背章程、自损荣誉之事。

　　五、学生验病。

　　六、学生因事争论随时排解。

　　七、督同委员管束各项司役人等。

　　八、料理外来公事。

　　九、料理外来公客。

　　十、堂中应办事件、应置器具随时申告总办。

　　十一、随时商定章程，权代总办之事。

第五节 监学及检察职务

　　一、监学官及检察官皆遵定章以本堂教员兼充。

　　二、考察学生功课勤惰品行优劣随时申告总办。

三、稽查学生出入及管理收发假单并上堂记到簿。

四、管理学生起居食息及一切动作兼注意卫生等事。

五、察视讲堂、操场、自修室、寝室,务令学生适合规则以定功过。

六、随时宣布堂中应办事宜。

七、商同医员检察学生现时身体强弱。

第六节　文案职务

一、受发各项公文。

二、宣布堂中示谕。

三、收管学生所呈禀启。

第七节　收支职务

一、收支以严谨事类、界限明白、用度分数为专务。

二、收管预算账、现物帐、零支账、实存帐、决算账。

三、银钱出入分别常支、特支,每休息日开单送总办查核,每月一结总数。

四、掌发各员应得俸给。

五、设备堂中一切器具,并冬夏更换收发之件。

六、查阅校舍损坏,预备修葺。

第八节　管理礼堂讲堂职务

一、管理礼堂、讲堂,每日督役逐细扫除,务令清洁。

二、堂中诸物品之整理。

三、预备行礼日期应行礼节。

四、管理学生行礼及上堂一切遵循规则。

五、司执讲堂号钟及校准钟楼钟点。

第九节　管理斋舍职务

一、管理斋舍一切事宜。

二、防察斋舍内外一切不测险虞。

三、督令夫役清洁斋舍。

四、督察斋夫,伺应学生,务令周到。

五、凡斋舍内诸事有与各职守相关联者由其通知。

第十节　稽查职务

一、查察堂中各处扫除清洁。

二、查察堂中各处器具位置。

三、稽查堂中各人出入。

四、约束司役人等各供执事并考察其勤惰。

五、防察堂中各处一切不测险虞。

六、稽查堂中各处灯火启闭等事。

第十一节　管理食堂职务

一、纠察食堂饮膳丰洁与否并注意卫生之事。

二、督察厨夫每日按约办事,位置器具照准定常处,如违分别轻重予以训斥。

三、料理食堂各人位置,非本堂学务之人不得留饭。

四、执司三餐,一定时刻摇铃宣告。

五、料理盥漱室、浴室,务各顺次,并兼理憩息室。

第十二节 管理图书仪器职务

一、督役清扫图书室、仪器室、阅报室。

二、整理图书仪器。

三、掌收发书籍、仪器及报章。

四、书籍、仪器置明细簿,随时记入盖印以备检查。

第十三节 管理器具职务

一、管理堂中一切器具,毋得遗失损坏。

二、查看各室器具配合适宜。

三、管理藏庋所内器具及代学生收发箱箧等物。

四、查看房屋破漏,通知修葺。

第十四节 官医职务

一、检查堂中普通卫生事宜。

二、视察学生身体强弱,报告提调。

三、预行避病方。

四、临时诊察施药。

第十五节 本堂置中学总教席二员、日本总教席一员,总司教育事宜,并分别稽查东中各教员及学生功课。日本分教习十员,中学分教习四十八员,分别为正副教员。除轮流派赴日本考察学务外,其留堂各员以担任各学科皆受考成于总办。

第十六节 教员职务

一、教员照颁定学制诚实以服其职务。

二、按定本科课程程度,切实循序教授,不得驰骛高远,误蹈陵躐。

三、管理本堂学生行检。

四、暗记学生本门分数,月终汇呈总办核定。

第十七节 翻译职务

一、按定东教员上堂时刻同时上堂。

二、口译东教员教科课程令学生笔记。

三、随时查考学生笔记正其谬误。

第五章　讲堂规条

第一节　每日八点钟上堂,晚四点钟完课。此为酌中时刻,冬夏节令不同,随时酌改。

第二节　每日六点钟功课,平分六时。每一时堂上功课一点钟,下堂休息一刻钟。所定钟
　　　　点如下:

　　　　第一时(堂)　八点钟至九点钟
　　　　第二时(堂)　九点一刻至十点一刻
　　　　第三时(堂)　十点半至十一点半
　　　　第四时(堂)　一点至二点
　　　　第五时(堂)　二点一刻至三点一刻
　　　　第六时(堂)　三点半至四点半

第三节　每讲堂皆派有值日生,斋舍亦临时酌派,名数临时酌定。第一年内择学行兼优者
　　　　充之,至第二年则以成绩优者充之。

第四节　学生上堂以肃静为主,所定之位毋得搀越。教员临席时皆起立致敬,候教员就席
　　　　后乃同时坐下。由值日报告本堂共到几人,请假几人,以便教员注明到堂册簿。

第五节　学生在讲堂必整襟危坐,虚心听受,不得交头接耳,吸烟唾痰及有坏仪检之事。

第六节　每堂功课一点钟以内不得托故偶出及携带功课外之书籍。

第七节　质问应答时必离席直立。

第八节　学生如有疑问,须俟教员讲毕从容请质,不得于讲授时搀越质问。

第九节　授课有一定程度,凡未经授到者不得躐等。

第十节　教员授课已毕,闻下堂号钟各学生须即席直立,俟教员既退,然后由值日生领率
　　　　按次随行至自修室乃散。设途遇堂中各员,亦须直立致敬。

第十一节　准定上下堂时刻以号钟告课业之始终。

第十二节　闻上堂号钟学生即须上堂,不能迟至三分钟后。即教习上堂亦不得迟至五分
　　　　　钟后。

第十三节　闻下堂号钟后功课有未毕者,不得迟至五分钟始行下堂。

第十四节　凡讲堂每朝先由役入内拂拭桌几黑板,洞开窗户,注意光线、空气及温度适否,
　　　　　并整顿堂内一切事务。冬置暖炉,放课后复加扫除,务令整洁。

第十五节　凡特别讲堂及仪器室各种标本室之扫除整顿,均听教员临时指挥。

第十六节　讲堂所安设之器具设偶有损坏,即由值日生通知管理器具委员,以便实时修缮。

第六章　斋舍规条

第一节　学生在自修室、寝室,宜遵本章各节规条,并受监学与各管理员之约束。

第二节　学生日间除上讲堂外,均宜在自修室静习各门功课。无论何时,不得聚谈喧笑,

以致荒功废事。

第三节　自修室、寝室学生皆有一定地位,以便稽查,不得擅自迁移。

第四节　除假期休息外,每日自晚七点钟至八点钟、八点半钟至九点半钟为自修时刻。学生务宜温习功课,不得擅离座位。

第五节　每日早六点钟齐起,七点钟早餐,晚九点半自修课毕,十点钟一律熄灯。熄灯后由管理斋舍委员查看火烛,饬役闭户。

第六节　自修室学生之勤务列左:

　　　　一、书籍纸笔墨画图仪器石板及应用各对象位置须有定处,不得凌乱。

　　　　二、看过之报纸各留心顺次置之。

　　　　三、书箱上除书籍外不置别物。

　　　　四、在自修室内除语学外,不得高声讽诵,大声谈话,致妨他人默识之事。

　　　　五、齐集自修时,宜各就本席,勿得越次。

　　　　六、室内仪矩宜随时整顿修饬,不得随地吐痰倾水抛弃尘秽之物。

　　　　七、不得任戚友入自修室。

第七节　寝室学生勤务列左:

　　　　一、熄灯就寝后,不得谈话妨害他人之安眠。

　　　　二、早起后即推开窗户以通空气。

　　　　三、室内以清洁为主,每日令斋夫洒扫,不得污垢。

　　　　四、衣服须叠置架上一定之地位。

　　　　五、寝具于晨起时遵式折叠,一律整齐。

　　　　六、在寝室以肃静为主,不得疾走歌呼并一切非礼之举动。

　　　　七、凡污秽靴鞋以及物件不得抛置舍前。

　　　　八、冬夏更换被服,随时检洗收置。

第八节　寝室、自修室诸勤务每日由值日生检查外,仍受监学及管理员之考察。

第九节　每星期前日斋舍内外必大加扫除。

第七章　操场规条

第一节　闻上操号钟,均须一律操衣齐集操场。

第二节　教习到操场时,由值日生率领直立致敬后即报明本日到操几人,请假几人,以便教习详注到操册簿。

第三节　凡在操场不可有危险举动及任意踱出区域之外。

第四节　凡哑铃体操、兵式体操皆先循次至装械室认取器械,操毕仍妥置原处,不得任意抛置。

第八章　礼仪规条

第一节　行礼日期分三类，一为

皇太后万寿圣节

皇上万寿圣节

至圣先师孔子诞日春仲秋仲上丁释奠

二为开学散学毕业日

三为元旦及每月朔日

第二节　庆祝日行礼仪节如左：

堂中各员整齐衣冠，学生服本堂所定服式，戴大帽至万岁牌前圣人位前肃立，率学生行三跪九叩礼毕，各员西向立，学生向各员行三揖礼。散入大厅茶会，由各员或学生恭敬祝词，以志尊教爱国之义。

第三节　开会散学毕业日礼节如左：

堂中各员整齐衣冠，学生服本堂所定服式，戴大帽至万岁牌前圣人位前肃立，率学生行三跪九叩礼毕，各员西向立，学生向各员行三揖礼。退归大厅由总办或提调总教习施以切实训语乃散。

第四节　月朔礼节如左

堂中各员整齐衣冠，学生服本堂所定服式，戴大帽至圣人位前肃立，率学生行三跪九叩礼毕，各员西向立，学生向各员行一揖礼毕。

第五节　学生到堂初见总办提调教员，行一跪三叩礼。初见堂中各员时行三揖礼。平日遇堂中各员须正立致敬。

第六节　学生服式如左：

一、礼衣各备冬夏大帽长衣马褂及靴。

二、讲堂所服即寻常之服，不得为异装及不衷之服。

三、操衣由堂中发给。单操衣二，夹棉操衣各一，冬夏操衣各一。

第七节　凡点名以号钟传集，值日生率领学生挨次整列，不可紊乱及有谐谑轻佻举动。

第八节　或有不时以号钟传集者，此必堂中有事相告。速聚前庭，按各班次序向南成纵队，静候宣布。

第九章　各室规定

第一节　食堂

一、每日早粥七点钟，中饭十二点钟，晚饭六点钟。

二、堂中各员与学生在食堂同餐，闻号钟即至，勿得迟留致令他人久待。食毕徐退。

三、食堂内各有一定位次,每桌按名次悬各人名牌。

四、饮食时静肃为主,不得高声笑语致起喧哗,且于卫生有碍。

五、学生倘有疾病实不能赴食堂者,由管理员饬厨役备膳送至寝室,以示体谅。

六、逢例假日期如有事出外不回堂午饭者,须于当日将食堂所悬自己之名牌除去,回堂后再挂于原处。

七、膳品如有不洁及实不适口者,应由值日生告知管理员听候处理。学生不得喧轰滋扰,逞一时之忿。

八、凡关食事之事,皆学生各自任之。陈列餐具后,不许仆从入内。

第二节 憩息室

一、本室为功课暇时息游之地,谈话笑语均无所禁。但不得喧呼戏谑,有伤学人行检。

二、本室兼为饮茶之所,吃水旱烟者亦限在此室内。阅报章与各种参考书者亦听其便。

第三节 盥漱室

盥漱室为早起或饭后盥漱之所,室中务令清洁。其后先参差者,务各顺次不得搀越。

第四节 学生应接所

学生应接所专为学生接待外客之处。除上讲堂时外,有学生亲友来堂探望者,由门役报知,得在该所内接见数分钟时,因讲堂歇息只十五分钟时。但亲友不得擅自入内。学生不得因客出外,所中亦不得喧议谈论。

第五节 藏庋所

藏庋所为藏各科参考图书、器具及学生自带箱箧等物。凡学生欲入藏庋室取物者,先告监学同往,或监学派人监视。不得一人私令取钥。夜间锁固,严禁持火入内。

第六节 图书室

一、图书室为管理书籍委员之专责,图籍务整理顺次。

二、置备新图书时,即记入簿册,并揭示于前庭。

三、室中设席,备学生之观览。

四、阅览后必整置于原所。

五、阅览图书时刻定于晨饭后至开课时,及放课后至自修时,及星期假期随时均可。

六、学生借阅何图书,随即登记注明何时归还,不得逾期。

七、收还图书当时眼同查看,如有油污墨染鼠伤,取阅人须认修整之费。倘毁坏应照全部价赔偿。

八、图书如有原来缺损之页,经阅书人告知随时修补。

第七节　阅报室

    一、备有关于学界之报章数种,以备诸生游息时递至轮阅。

    二、阅后仍置原处,不得凌乱损污及携归斋舍。

    三、准定数种之报章按日更换,旧报以次收存,预备检查。

    四、室中备有笔砚,如有摘抄报事者,就室自写。

第八节　体操器械室

    一、锁钥由教习管理,收取器械皆须教习检点。

    二、非临课时由教习指挥,不得辄开门看玩。

    三、室内藏有兵式器械子药等物,严禁持火入内,夜间尤忌。

    四、收置器械不得受湿,如有损坏,随时由值日生陈明收支委员修理。

第九节　调养室

    调养室一切事务为本堂医官经理。学生有病验明后使移居之。其饮食一切均须受医官之许可。病重者出堂。

第十节　厨室

    一、每假期由司厨委员预编一假期内之菜单,悬挂食堂外。每餐之先查看食品布置。

    二、考验庖厨内之洁净与否。若不良之饮食物与卫生有碍者,除派定委员司事查察外,各员亦得随时检查。

    三、考验食水。

    四、学生欲变更饮食,先期预告司厨委员处置。若有疾病欲临时更变者,必得有医官之证书呈于司厨委员。

第十一节　浴室

    浴室于学生有澡身却病之益,疏密各从其便。惟自五月以后八月以前,务须一律勤浴,以助卫生。有传染皮肤病患者留心,最后入浴。

第十二节

    一、无论堂中何处,不得任意吐痰抛弃污秽之物。

    二、堂中用器宜公同保护,不得损坏,以养公德。

    三、各室器具不得移易处所。

    四、无论何处不得有书写墙壁、毁折花木等事。

第十章　放假条规

第一节　自小暑之日起至处暑之日止为暑假期,自十二月十五日起至次年正月二十日止为年假期。除年假、暑假外,每月房虚星昴各日为休息例假。恭逢万寿节及至圣先师诞日各放假一日。端午、中秋节各放假三日。于此假期内学生得出入自便。

第二节　学生如有要事须请假至数日者,由监学认许填明事故月日于假簿上,给予假单。

销假时缴还。

第三节　学生出假立到堂簿及未到考核表,备月终之考核。其到堂簿每日由监学记其已
　　　　到未到或迟到之钟点,合稽其是月请假之日数时数,列为学生未到考核表。年季
　　　　一总核之。

第四节　学生中如有疾病,由医员验明方准请假。若授课时有因病临时请假者,教员及监
　　　　学随时验明,便宜许可。

第五节　学生中有父母病笃者,必须有家中来信或亲戚担保,方可准假。

第十一章　赏罚规条

第一节　学生赏罚由教务提调或教员监学等摘出,呈总办核定。

第二节　凡赏分三种:一语言奖励;二名誉奖励;三实物奖励。

第三节　语言奖励者,总办教员各员对各学生提出以温语奖励之,或特班传见以勖勉之。
　　　　其应得语言奖励者略如左:

　　　　一、各门功课皆及格。

　　　　二、对各员无失礼、在各处无犯规条事。

　　　　三、对同学者有敬让,无猜忌交恶诸失德。

　　　　四、于例假外无多请假。

第四节　名誉奖励者,以讲堂坐位置前座或加考语送学务处及各学堂传观,或由总办特飨
　　　　该生皆是。其应得名誉奖励者略如左:

　　　　一、各学科中有一科出色者。

　　　　二、温习功课格外勤奋者。

　　　　三、能恪守堂中规条并能匡正同学者。

　　　　四、立志坚定不为外物所惑者。

　　　　五、用功勤苦骤见进境者。

第五节　实物奖励者,由堂中购图书文具暨诸学科应用物器以奖励之。其应得实物奖励
　　　　者略如左:

　　　　一、各学科中有二三科以上能出色者。

　　　　二、能就各科研究事理者。

　　　　三、品行最优有确据为众推服者。

　　　　四、得名誉奖励数次者。

第六节　凡罚分三种。一记过,二禁假,三出堂。

第七节　记过者,记名于簿,以俟改悔。无改悔者,毕业时亦将所记之过书于毕业文凭上。
　　　　其记过之事略如左:

　　　　一、讲堂功课不勤。

　　　　二、于各处小有犯规事。

三、对各员有失礼事。

四、与同学有交恶事。犯此条者记两人过。

五、假出逾限。

六、詈骂役夫人等不顾行检。

第八节　禁假者,于数日内无论何假不准出堂一步,或三日或五日或十日,俟总办判定后监学奉行。其禁假之事略如左:

一、志气昏颓,讲堂功课潦草塞责者。

二、于各处犯规不服训诲者。

三、对各员傲惰者。

四、詈骂同学好勇斗狠者。

五、假出后在外滋事者。

第九节　出堂者,由总办在讲堂对众学生宣其罪过,斥出本堂。其出堂之事略如左:

一、嬉玩功课,藉端侮辱教员屡戒不悛者。

二、性情骄纵,行为悖谬,不堪教训者。

三、行事有伤学堂声名者。

四、犯禁假之惩罚数次不悛者。

第十节　各种赏罚,有随时用者,有一月汇记宣示者,有数月汇记宣示者。至其功过互见相抵者,并宣示之,使不相掩而知惩劝。

第十一节　除以上赏罚外,汇录讲堂各科功课分数榜示,藉资比较。

第十二章　毕业服务规条

第一节　本年延访之本国教员,自癸卯年开学日起与日本教员讲习业已两学期,即为本年本堂教授师范生之教员。

第二节　甲辰年所考录之学生,毕业后应听学务处派遣至三省府厅州县充当小学堂教员,不准私自应聘他往。

第三节　本堂俟甲辰年招考之学生三年全毕业后至第四年高等师范生,其高等师范毕业生由学务处派充三省各府直隶州中学堂之教员,不准私自应聘他往。

第四节　其由学务处派遣充当中小学堂之教员,均按所习年限为服务年限。服务后应他聘与否,均听其便。其有尚愿任充教员者,本堂必商学务处续派,以助其实行教育之力。

第十三章　学堂禁令

第一节　学生在堂以专心学业为主,凡不干己事,一概不准预(与)闻。

第二节　学生不准干预国家政治及本学堂事务妄上条陈。

第三节 学生不准离经畔(叛)道,妄发狂言怪论,以及著书妄谈,刊布报章。

第四节 学生不得私充报馆主笔及访事人。

第五节 学生不准私自购阅稗官小说、谬报逆书。凡非学科内应用之参考书,均不准携带入堂。

第六节 学生凡有向学堂陈诉事情,应告知星期值日生学生代禀本学堂应管官长,不准聚众要求,藉端挟制,停课罢学等事。

第七节 学生不准联名纠众、立会演说及潜附他人党会。

第八节 学生不准干预地方词讼及抗粮阻捐等事。

第九节 学生不准踰闲荡检故犯有伤礼教之事。

第十节 学生遇有本学堂增添规则,新施禁令,概不准任意阻挠,抗不遵行。

第十一节 学生不准传布谣言,捏造黑白,及播弄是非。

第十二节 以上各条,犯者除立行斥退外,仍分别轻重,酌加惩罚。

第十四章 接待外客规条

第一节 无论何项宾客皆不得擅入堂内各地游览。

第二节 各地官绅有来本堂观学者,由总办及提调接待或派本堂各员接待。

第三节 来客仆从人等一概不准入二门内。

第四节 本堂除教员学生因学事或当节日聚会外,应酬一切外客但备茶点无宴会礼。

第五节 堂中人员亲友不得擅自入内,由门役通报准于客厅接见。

第六节 堂中人员亲友来本堂观览一切规模者,必由本员亲导,一人不得任意游览。

第七节 学生亲友皆在学生应接所与该学生接见,不得擅入内探望。

第八节 学生亲友有欲观堂中规模者,由该学禀准总办后,总办派员接见导览。

第九节 学生亲友来堂时,在上讲堂时限内门役不得通报,或学生见客时闻堂上号钟,厅役亦必请客暂退,不得妨碍功课。

第十节 堂中无论何人亲友均不得在内歇宿。

第十五章 杂役规条

第一节 各役人等皆确守职事,不得彼此推诿,任意荒废。其各人职事如左:

号房 司出入挂号投送公文信件。

门役 以谨记出入、礼待宾客、慎司传递启闭为专务。

亲兵 以四人守门查夜轮流值班,以四人助号房、门役传送信件,并供应职员呼唤,听本堂各员之指挥。

巡兵 专防盗贼及有不测险虞等事。

斋夫 专任自修室、寝室、盥漱室、浴室供教员学生扫除茶水事件。如教员学生有事令之出外。亦可以一二人供奔走,并定限时刻受教员及管理各员之约束。

听差　以二人伺候饭厅,受食堂委员之指挥。以一人供司事之服役,以三人伺候浴室、盥漱室等处,兼听各项差使,受稽查委员之约束。

茶房　供各处茶水之事,兼料理会客处,受稽查委员之约束。

灯夫　司各处灯火油烛,受管灯司事之约束。

厨役　料理一切上下人等爨事,慎用食水,兼管饭厅,受食堂委员厨室司事之约束。

水夫伙夫　料理食火管司茶炉,受稽查委员之约束。

打扫夫　凡一切院落空地及操场均归扫除,受稽查委员之约束。

清厕　厕所及小便所每早清除,仍随时料理扫除,受稽查委员之约束。

管厅　扫除厅内地段,持守各厅锁钥,听各堂教习及职务有关之委员之役使。

第二节　各司役人等均由事务所提调分派,不得任意指定希求。如有劳逸不均之事,由委员禀承提调酌换。

第三节　各司役人等如有干犯规条、嗜烟酗酒滋事,由委员禀知事务所提调严加惩办,轻者逐出,重者送县究办。

两江师范学堂开办优级现行章程①

两江师范学堂开办优级现行章程总目

立学总议章第一

学科课程章第二

各员职务章第三

考验入学章第四

规条总要章第五

学绩考核章第六

奖励义务章第七

各堂室场所规条章第八

杂役规条章第九

附属中小学堂第十　另有专章

立学总议章第一

第一节

本学堂本名三江师范,今定为两江师范,以造就初级师范学堂及相当之学堂教员、管

---

①　该章程由两江师范学堂编,金陵府东大街明通印刷社印。日期不详。

理员为宗旨。凡籍隶江苏、安徽、江西三省者,均得入学。

第二节

本堂开办伊始,各府、厅、州、县初级师范及中学堂尚未遍设,无初级师范及普通中学毕业生可入优级,故先选有普通学两年程度者,暂设一年简易科,二年简易科,三年本科,第四年遵照原定奏案增高程度为优级办法,添设优级师范分类科及优级选科、优级本科、补习科及优级选科预科。

第三节

本堂学额原定九百名,宁属二百五十名,苏属二百五十名,安徽省二百名,江西省二百名。嗣因堂舍不敷,开学之第一年暂招学生三百人,分为宁属九十名,苏属九十名,皖属六十名,赣属六十名,又于光绪三十三年续招学生三百人,分为宁属八十名,苏属八十名,皖属七十名,赣属七十名。

第四节

本堂经费除由宁、苏筹拨外,皖、赣两省查照奏案每名每年协助龙洋一百元,此款由安徽、江西藩司按期汇解江宁藩库储存候拨。

第五节

愿入本堂之学生,以朴实力学养成完全师范,为异日本身作则,敷教训俗之本为宗旨,不得沾染习气,误入奇邪。

第六节

本堂学生毕业,遵照部定优级师范奖励义务章程办理。

第七节

本堂照章设立附属中学及两等小学,为本堂毕业学生之实地练习。

学科课程章第二

第一节

学科及每科之科目

一、本学堂学科分优级本科预科(即公共科),优级本科(即分类科),优级专修科(即选科),研究科(即加习科)。

二、本科之预科科目:伦理经学、国文、英语、日文、数学、论理学、图画、音乐、体操。入此科之学生须中学堂毕业及初级师范本科毕业者方为合格,其试验不及格者,本堂从权先设补习科,照中学堂五年科目缩为两年加多授业时间,俟补习期满后再入预科。

三、本科分外国语国文部、地理历史部、理化数学部、农学博物部四部。

按:奏定章程优级师范第四类日本高等师范第五部均为博物部,第二年始有农学。窃综中国贫弱之由,皆由于昔日偏重心的科学(历史、文字凡增长人之智识之类),而略物的科学(理化、数学、农工之类),故理想日高,而生计日拙。当知虽聚四万万博士不足以强国,盖教育本为教育全国之人以开其智识,顾视其种子如何,而后可望其收获,非使人人能自活,则有消耗而无生发,国几何而不弱也。优级师范尤教育之根荄,必须外考各国竞争之由,内稽本国社会之习,以捄其弊。美国各州师范学科及修业年限皆依地方情形而定,故各师范之性质与其程度互相歧异,原无定法也。英,海国也,其立国则以工商,故师范学有机械学,而小学校即有航海术、机械学、簿记速记术也。法,则专重实科,其初等小学理科博物内更特授以农业、工业之应用,其高等小学,除历史、外国语外,皆农业、工业、商业、算学、图画诸实科。德,当六十年前,仅有文科中学校,今则逐渐改良,实科大盛。日本寻常师范农、工、商并重。中国当今之情状,非使全国之人有军人实业性质,则贫弱终无有瘳,迩来体操,各学堂均知注意。中国,农国也,商业尚在幼稚,本堂宗旨,人人皆兼有农工性质,请学部改博物部为农学博物部,又请设图画手工专修科(即学部选科办法),皆此意也。

国文外国语部科目:伦理经学、心理学及教育学,国文、英语、历史、诸子学及哲学、生物学、生理学、言语学、体操;随意科目:德语、法语或日语、音乐。

地理历史部科目:伦理经学、心理学及教育学,地理、历史、法制、经济、国文、英语、生物学、体操;随意科目:德语或日语、音乐。

理化数学部科目:伦理经学、心理学及教育学,国文、数学、物理学、化学、天文气象学、英语、图画及手工、体操;随意科目:德语或日语、音乐。

农学博物部科目:伦理经学、心理学及教育学,国文、植物学、动物学、生理学及卫生学、矿物学及地质学、农学、英语、图画、体操;随意科目:德语或日语、音乐。

四、专修科者即遵照学部选科章程办理,其科目视地方之中学堂初级师范学堂缺乏某科教员斟酌,特别建设入此科者,以曾由师范二年简易科毕业或在中学堂有二年以上资格者为合格,如试验程度不及者,令先入预科,其科目为修身、教育、国文、历史、地理、博物、物理、化学、数学、法制、农学、图画、手工、音乐、英语、日文、体操。

五、专修科现分理化数学部、农学博物部、图画手工部。

理化数学部科目:伦理、教育、数学、物理学、化学、手工、英语、体操;随意科目:德语或日语、音乐。

农学博物部科目:伦理、教育、农学、植物学、动物学、矿物学、生理学、图画、英语、经济学、体操;随意科目:德语或日语、音乐。

手工图画部科目:伦理、教育、手工、图画、数学、物理、音乐、体操;随意科目:英语或德语、日语。

六、研究科之科目即本科所置各科目,本科毕业生及专修科毕业生择有关教育之要端,自愿加习数门以期精审,惟愿留与否仍听学生之便。

第二节
学科程度及课程
一、预科属各学科程度如左
伦理:人伦道德之要旨

经学：群经源流

国文：文章之大要

英语：讲读、文法、作文会话、书取

日文：讲读、普通文法及作文

数学：算术、几何学、代数学、三角法

论理学：演绎法、归纳法、方法学

图画：临画、写生画、几何画、水彩画

音乐：声音练习及理论

体操：普通体操及游戏、兵式训练

二、本科各部属各学科之程度如左

国文、外国语部

伦理：摘讲宋元明、国朝诸儒学案

经学：钦定诗义折中、书经传说汇纂、周易折中、春秋传说汇纂、周礼义疏、仪礼义疏、礼记义疏

心理学及教育学：心理学、教育学、教育史、教授法、学校卫生、教育法令、教授练习

国文：练习各体文字

英语：讲读、文法、作文会话、文学史

德语或法语或日本语：讲读、文法、作文会话

历史：国史、东洋史、西洋史

诸子学及哲学：中国诸子学、外国哲学概论

体操：普通体操及游戏、兵式训练

生物学：生物通论、生物进化论

生理学：人身生理

言语学：言语学、声音学

随意科目：音乐

地理历史部

伦理：摘讲宋元明、国朝诸儒学业

经学：钦定诗义折中、书经传说汇纂、周易折中、春秋传说汇纂、周礼义疏、仪礼义疏、礼记义疏

心理学及教育学：心理学、教育学、教育史、教授法、学校卫生、教育法令、教授练习

地理：地理学通论（地文学、人文地理学）、中国地志、外国地志、实验、演习

历史：国文、东洋史、西洋史

法制经济：法制总论、公法、私法、国际法、经济通论、生产交换、分配、消费

英语：讲读

国文：练习各体文字

体操：普通体操及游戏、兵式训练

生物学:生物通论、生物进化论

随意科目:德语或日语、音乐

理化数学部

伦理:摘讲宋元明、国朝诸儒学案

经学:钦定诗义折中、书经传说汇纂、周易折中、春秋传说汇纂、周礼义疏、仪礼义疏、礼记义疏

心理学及教育学:心理学、教育学、教育史、教授法、学校卫生、教育法令、教授训练

数学:代数学、几何学、三角法、解析几何学、微分、积分、演习

物理学:力学、物性学、音学、热学、光学、电气学、磁气学、实验

化学:无机化学附化学通论、矿物学大义、有机化学理论及物理化学实验

天文气象:天文学、气象学

英语:讲读

图画及手工:写生画、几何画、水彩画、各种书法、手工理论、纸细工、粘(黏)土及石膏细工、竹木工金工

体操:普通体操及游戏、兵式训练

随意科目:德语或日语、音乐

农学博物部

伦理:摘讲宋元明、国朝诸儒学案

经学:钦定诗义折中、书经传说汇纂、周易折中、春秋传说汇纂、周礼义疏、仪礼义疏、礼记义疏

中国文学:练习各体文字

心理学及教育学:心理学、教育学、教育史、教授法、学校卫生、教育法令、教授练习

植物学:外部形态学、内部形态学、分类学、生理学、实验

动物学:通论、各论、发生学、进化论、实验

生理及卫生:人身生理、卫生、实验

矿物学及地质学:矿物学、地质学、实验

农学:作物论、肥料农具学、地质土壤及土地改良耕栽培法、农业经济论、畜产学及养蚕论、农产制造学、实验

英语:讲读

图画:写生画、水彩画、测量制图、各种画法

体操:普通体操及游戏、兵式训练

随意科目:德语或日语、音乐

第三节

预科之学科课程及每周授业时数如下表

本科之预科:

学科目 / 学期	伦理	经学	国文	英语	日文	数学	论理学	图画	音乐	体操	合计
每周时数	一	二	三	一二	四	五	二	二	二	三	三六
第一学期	伦理学	群经源流	文章之大要	讲读、文法文语、作文、书取	讲读、普通文法及作文	算术、几何	总论、演绎法、归纳法、方法学	临画、写生、几何画、水彩画	声乐练习及理论	体操及游戏、兵式训练	
每周时数	一	二	三	一二	四	五	二	二	二	三	三六
第二学期	同上	同上	同上	同上	同上	代数、三角	同上	同上	同上	同上	

本科补习科之学科课程及每周授业时数如下表

本科之补习科：

学年	第一学年				第二学年			
学科目 / 学期	每周时数	第一学期	每周时数	第二学期	每周时数	第一学期	每周时数	第二学期
修身	一	道德之要领	一	同上	一	同上	一	同上
教育	二	教育史	二	同上	二	教育学	二	同上
国文	一	文章源流	一	同上	一	同上、练习各体文	一	同上
历史	三	中国史	三	同上	二	外国史	二	同上
地理	三	象数地理、自然地理	三	中国地理	二	同上、外国地理	二	同上
数学	七	算术	七	同上、代数	七	代数、几何	七	代数、几何、三角
博物	三	矿物	三	植物	三	植物、生理卫生	三	动物
物理及化学					五	物理化学	五	同上
英语	七	读法译解习字	七	同上、会语书取、文法	七	同上、作文	七	同上
法制及经济	一	法制经济	一	同上	一	法制经济	一	同上
图画	二	自在画	二	同上	二	自在画、用器画	二	用器画
手工	一	简易细工	一	同上	二	简易细工	二	同上
音乐	二	单音唱歌	二	同上	一	复音唱歌	一	同上
体操	三	普通体操、兵式训练	三	同上	三	同上、游戏体操	三	同上
合计	三六		三六		三九		三九	

本科各部之学科课程及每周授业时数如下表

本科国文外国语部：

学年	学科目＼学期	伦理	经学	心理学及教育学	德语或法语日本语	国文	英语	历史	诸子学及哲学	体操	合计
	每周时数	二	三	二	六	五	五	三		三	二九
第一学年	第一学期	伦理学	经学大义	心理学	讲读	练习各体文字	讲读、作文	国史		普通体操及游戏、兵式训练	
	每周时数	二	三	二	六	五	五	三		三	二九
	第二学期	同上	同上	同上	同上	同上	同上	同上		同上	
	每周时数	一	三	三	七	五	三	三	二	三	三〇
第二学年	第一学期	伦理学	经学大义	教育学	讲读	练习各体文字、文学史	讲读、作文	东洋史	周秦诸子学	普通体操及游戏、兵式训练	
	每周时数	一	三	三	七	五	三	三	二	三	三〇
	第二学期	同上	同上	同上	同上	同上	同上	西洋史	同上	同上	
	每周时数	一	三	五	六	三	五	三	二	二	三〇
第三学年	第一学期	伦理学	经学大义	教育史、教授法	讲读	练习各体文字、文学史	讲读、作文、文学史	西洋史	外国哲学概论	普通体操及游戏、兵式训练	
	每周时数	一	三	五	六	三	五	三	二	二	三〇
	第二学期	同上	同上	教育史、教授法、学校卫生、教育法令	同上	同上	同上	同上	同上	同上	

第一年外授生物学　第二年外授生理学　第三年外授言语学

随意科：音乐

本科　地理历史部：

学年	学科目 / 学期	伦理	经学	心理学及教育学	地理	历史	法制经济	国文	英语	体操	合计
第一学年	每周时数	一	二	二	五	一〇		二	三	二	二七
	第一学期	伦理学	经学大义	心理学	地理学通论、中国地志、亚细亚地志	国史、东洋史、西洋史		练习各体文字	讲读	普通体操及游戏兵式训练	
	每周时数	一	二	二	五	一〇		二	三	二	二七
	第二学期	同上	同上	同上	同上	同上		同上	同上	同上	
第二学年	每周时数	一	二	三	四/实验一回	九	三	二	三	二	二九/实验一回
	第一学期	伦理学	经学大义	教育学	地理学通论、亚细亚大洋洲地志	国史、东洋史、西洋史	法制总论、公法、经济总论	练习各体文字	讲读	普通体操及游戏兵式训练	
	每周时数	一	二	三	四/实验一回	九	三	二	三	二	二九/实验一回
	第二学期	同上	同上	同上	同上	同上	私法通论、公法、生产、交换	同上	同上	同上	
第三学年	每周时数	一	一	五	四/演习一回	九	四	一	二	二	二九/演习一回
	第一学期	伦理学	经学大义	教育史、教授法	欧罗巴地志	国史、东洋史、西洋史	私法、分配、交换	练习各体文字	讲读	普通体操及游戏兵式训练	
	每周时数	一	一	五	四/演习一回	九	四	一	二	二	二九/演习一回
	第二学期	同上	同上	教育史、教授法、学校卫生、教育法令	亚美利加地志	同上	私法、国际法、财政	同上	同上	同上	

随意科目:德语或日语、音乐　　　第一学年外授生物学

本科　数物化学部(现行授课时间)

学年	学科目／学期	伦理	经学	国文	心理学及教育学	数学	物理学	化学	天文气象	英语	图画及手工	体操	合计
第一学年	每周时数	一	一	一	二	八	四/实验四回	四/实验四回		三	二	三	二九/实验八回
	第一学期	伦理学	经学大义	练习各体文字	心理学	代数学、几何学、三角学	力学	无机化学附化学通论		讲读	写生画、投影画法、照镜画法	普通体操及游戏兵式训练	
	每周时数	一	一	一	二	八	四/实验四回	四/实验四回		三	二	三	二九/实验八回
	第二学期	同上	同上	同上	同上	同上	力学、物性学	同上		同上	水彩画、图案及各种画法	同上	
第二学年	每周时数	一	一	一	四	六/演习二回	四/实验四回	四/实验三回		三	二	二	二八/实验及演习九回
	第一学期	伦理学	经学大义	练习各体文字	教育学	解析几何学、微分积分	物性学、音学	矿物学大义、有机化学		讲读	竹木工	普通体操及游戏兵式训练	
	每周时数	一	一	一	四	六/演习二回	四/实验四回	四/实验三回		三	二	二	二八/实验及演习九回
	第二学期	同上	同上	同上	同上	同上	热学、光学	同上		同上	同上及金工	同上	

（续表）

学年	学科目/学期	伦理	经学	国文	心理学及教育学	数学	物理学	化学	天文气象	英语	图画及手工	体操	合计
第三学年	每周时数	一	一	一	四	六/演习二回	四/实验二回	四/实验三回	二	二	二	二	二九/实验及演习七回
	第一学期	伦理学	经学大义	练习各体文字	教育史、教授法	解析几何学、微分积分	热学、光学、静电气学	理论及物理化学	天文学	讲读	木金纸粘(黏)土、石膏等细工	普通体操及游戏、兵式训练	
	每周时数	一	一	一	四	六/演习二回	四/实验二回	四/实验三回	二	二	二	二	二九/实验及演习七回
	第二学期	同上	同上	同上	教育史、教授法、学校卫生、教育法令	同上	磁气学、动电气学	同上	气象学	同上	同上	同上	

随意科目：德语或日语、音乐

本科农学博物部：

学年	第一学年				第二学年				第三学年			
学期/学科目	每周时数	第一学期	每周时数	第二学期	每周时数	第一学期	每周时数	第二学期	每周时数	第一学期	每周时数	第二学期
伦理	一	伦理学	一	同上	一	伦理学	一	同上	一	伦理学	一	同上
经学	一	经学大义	一	同上	一	经学大义	一	同上	一	经学大义	一	同上
国文	一	练习各体文字	一	同上	一	练习各体文字	一	同上	一	练习各体文字	一	同上
心理学及教育学	二	心理学	二	同上	三	教育学	三	同上	五	教育法、教授法	五	教育法、教授法、学校卫生、教育法令

（续表）

学科目 \ 学期	第一学年 每周时数	第一学期	每周时数	第二学期	第二学年 每周时数	第一学期	每周时数	第二学期	第三学年 每周时数	第一学期	每周时数	第二学期
植物学	四/实验二回	外部形态学	四/实验二回	内部形态学	四/实验二回	分类学	四/实验二回	同上	四/实验二回	生理学	四/实验二回	同上
动物学	四/实验二回	通论、各论	四/实验二回	同上	四/实验二回	通论、各论	四/实验二回	同上	四/实验一回	发生学、进化论	四/实验二回	同上
生理学及卫生	二	人身生理、卫生	二	同上	一/实验一回	人身生理、卫生	一/实验一回	同上				
矿物学及地质学	二/实验二回	矿物学	二/实验二回	同上	二/实验二回	地质学	二/实验二回	同上	四/实验二回	地质学	四/实验二回	同上
农学	四/实验二回	农学概论、作物论	四/实验四回	作物论、土壤论	四/实验四回	改良土壤及肥料论	四/实验四回	同上	四/实验四回	农业经济论、养畜及养蚕论	四/实验四回	同上
英语	三	讲读	三	同上	三	讲读	三	同上	二	讲读	二	同上
图画	二	写生画	二	水彩画	二	各种书法	二	同上				
体操	三	普通体操及游戏、兵式训练	三	同上	三	普通体操及游戏、兵式训练	三	同上	三	普通体操及游戏、兵式训练	三	同上
合计	二九/实验十回		二九/实验十回		二九/实验十一回		二九/实验十一回		二九/实验十回		二九/实验十回	

随意科目：德语或日语、音乐

专修科之预科学科课程及每周授课时如下表

专修科之预科：

学科目 \ 学期	每周时数	第一学期	每周时数	第二学期
修身	一	人伦道德之要领	一	同上
教育	三	教育史	三	教育学
国文	一	文章源流	一	同上

（续表）

学科目＼学期	每周时数	第一学期	每周时数	第二学期
历史	二	中国史	二	外国史
地理	二	中国地理	二	外国地理
博物	三	矿物学、植物学	三	动物学、生理卫生
物理	二	物性学、热学、光学、音学	二	磁学、电气学、力学
化学	二	总论、无机化学	二	无机化学、有机化学
数学	四	算术	四	代数、几何初步
法制	二	法制总论、法制各论	二	法制各论
农学	二	栽培汎论	二	同上
图画	二	铅笔画、用器画理论	二	铅笔画、用器画
手工	二	纸、粘（黏）土及石膏细工	二	竹木工
音乐	二	声音练习及理论	二	同上
英语	三	讲读、文法 作文、会话、书取	三	同上
日文	三	讲读、书取 翻译	三	同上
体操	三	普通体操及游戏、兵式训练	三	同上
合计	三九		三九	

专修科各部之学科课程及每周授业时数如下表

理化数学专修科：

学科目＼学期	第一学年				第二学年			
	每周时数	第一学期	每周时数	第二学期	每周时数	第一学期	每周时数	第二学期
伦理	一	伦理学	一	同上	一	伦理学	一	同上
教育	三	教育学	三	同上、教育史	三	教育史、教授法	三	教育史教授、学校卫生、教育法令
数学	八	代数、几何	八	同上三角	六	三角、解析几何学	六	微分积分、解析几何学
物理学	四/实验三回	物性学、热学	四/实验三回	光学、音学	四/实验四回	磁学、静电气学、动电气学	四/实验四回	动电气学、力学

（续表）

学年	第一学年				第二学年			
学期 学科目	每周时数	第一学期	每周时数	第二学期	每周时数	第一学期	每周时数	第二学期
化学	三/实验三回	总论、无机化学	三/实验三回	同上	四/实验四回	无机化学、有机化学	四/实验四回	有机化学
手工	二	竹木工、金工	二	同上	二	金木纸粘（黏）土石膏等细工	一	同上
英语	四	讲读	四	同上	四	讲读	四	同上
体操	三	普通体操及游戏、兵式训练	三	同上	三	普通体操及游戏、兵式训练	三	同上
合计	二八/实验六回		二八/实验六回		二八/实验八回		二八/实验八回	

随意科目：德语或日语、音乐

农学博物专修科：

学年	第一学年				第二学年			
学期 学科目	每周时数	第一学期	每周时数	第二学期	每周时数	第一学期	每周时数	第二学期
伦理	一	伦理学	一	同上	一	伦理学	一	同上
教育	二	教育学	二	同上、教育史	二	教育史、教授法	二	教育史、教授法、学校卫生、教育法令
农学	四、实验二回	作物论、土壤及肥料论	四、实验二回	同上	四、实验二回	农学经济论、养畜及养蚕论	四、实验二回	同上
植物学	三、实验三回	外部形态学	三、实验三回	内部形态学	四、实验三回	分类学	四、实验三回	生理学
动物学	二、实验二回	通论、各论	二、实验二回	同上	实验二回	发生学	三、实验二回	进化论
矿物学	二、实验二回	矿物学	二、实验二回	地质学	二、实验二回	地质学	二、实验二回	同上
生理学	二	人身生理及卫生	二	同上	一	人身生理及卫生	二	同上

（续表）

学年	第一学年				第二学年			
学期 学科目	每周时数	第一学期	每周时数	第二学期	每周时数	第一学期	每周时数	第二学期
国画	二	临画、写生画	二	同上、水彩画	二	临画、写生画、水彩画、各种画法	二	同上
英语	四	讲读、文法、作文、会话、书写	四	同上	四	讲读、文法、作文、会话、书写	四	同上
法制经济	二	经济学	二	同上				
体操	二	普通体操及游戏、兵式训练	二	同上	二	普通体操及游戏、兵式训练	二	同上
合计	二十六、实验九回		二十六、实验九回		二十六、实验九回		二十六、实验九回	

随意科目：德语或日语、音乐

图画手工专修科：

学年	第一学年				第二学年			
学期 学科目	每周时数	第一学期	每周时数	第二学期	每周时数	第一学期	每周时数	第二学期
伦理	一	伦理学	一	同上	一	伦理学	一	同上
教育	二	教育学	二	同上、教育史	二	教育史、教授法	二	教育史、教授法、学校卫生、教育法令
手工	四、实习五回	纸、粘（黏）土、豆、石膏细工	四、实习五回	同上	四、实习五回	竹木工、金工	三、实习五回	同上
图画	一四	写生画、几何、书法、投影画法、照镜画法	一四	同上	一四	水彩画图案及各种画法	一四	同上
数学	二	代数、几何	二	代数、几何、三角				
物理	二	热学、光学、音学	二	电气学、磁气学、力学				

（续表）

学年	第一学年				第二学年			
学期 学科目	每周时数	第一学期	每周时数	第二学期	每周时数	第一学期	每周时数	第二学期
音乐	二	乐典、唱歌练习	二	同上	四	乐典、唱歌练习	四	同上
体操	二	普通体操及游戏、兵式训练	二	同上	二	普通体操及游戏、兵式训练	二	同上
合计	二十九、实习五回		二十九、实习五回		二十七、实习五回		二十七、实习五回	

随意科目：英语、德语或日语

各员职务章第三

第一节

监督统辖堂内各员，主持全堂教育及一切事宜。

第二节

教务长以教员中有品望、明教科理法者派充稽核各学科课程、各教员教法及各学生学业。

第三节

中教员教授伦理、修身、经学、文学、历史与地算学、体操、东文、英文等科并笔译日员各科讲义。日本教员教授教育物理、化学、法制、经济、农学、博物、手工、图画、音乐等科。由日员中设教务干事一员，监察各日员按照所定功课教授。

第四节

译员以曾在日本留学、深习各科学者，派充口译日员各科功课，并订正学生笔记。

第五节

管书员专掌一切图书、仪器等项。

第六节

庶务长综理堂中一切庶务。

第七节

文案官专掌一切文报公牍。

第八节

会计官专掌银钱出入。

第九节

杂务官管理堂中各项夫役、堂室器物并各种杂务。

第十节

医官诊察全堂疾病,检查学生身体,管理调养室及一切有关卫生事宜。

第十一

斋务长考察学生行检,综理斋舍一切事务。

第十二

监学检察皆以教员派充,稽查学生出入,考察学生勤惰,照料食宿,注意卫生及一切起居动作等事。

第十三

教务长、庶务长、斋务长遇有互相关涉之事,仍会同监学检察,商酌办理。

考验入学章第四

第一节

选录优级师范生,遵定章,以在初级师范学堂及官立中学堂受有毕业证书者为合格。此时三省初级师范及普通中学尚无多数毕业者可备选录,酌选曾习科学之学生先入补习科或预科,后入分类科或选科。

第二节

凡选录师范生入学以品行端谨,文理优通,身体健全,平日并无嗜好,年在二十岁以上三十岁以下者为合格。

第三节

考取入堂三月后由教员、管理员陈明监督,切实覆验,取其志愿精勤、品行端正、服从规则、确能养成师范品格者留堂肄业。其不合此资格并无成绩可望者应令退学。

第四节

入学考验分三种:一年貌举止;二问答;三出题试文。其问答试文依左学科施行之:文学、历史、地理、算学、格致、英文、东文。

第五节

师范生不收学费,惟考取入学时,照章每人收保证金银元拾元,俟毕业后发还。如中途废弃及犯规摒斥,除保证金扣除外,仍追缴学膳费。

第六节

学生入堂时,除已呈保证书外,须照章缴保证金及志愿书(并附履历),检查身体合格方许入堂。

附志愿书式

两江师范学堂学生志愿书

_____省_____府_____厅/州/县_____生_____今由_____教育会/县/学堂送考。

两江师范学堂已蒙覆试取录入堂肄业。实愿遵守一切规条,听候分派科次、班次,刻苦向学,卒业后服尽义务,决不中途废弃。如有违犯条规或懈怠废学,致遭摈斥及不尽义务等事情,愿照章缴还学膳资,除有疾病以及意外大故不在此例外所具愿书是实。

今将三代开列(如有出继外姓者两姓均应注明)

曾祖父/母_____ 祖父/母_____ 父/母_____ 均注存殁

光绪_____年___月___日 本人名押_____

附保证书试

两江师范学堂学生保证书

今保得学生____实系身家清白,并无行止不端及有嗜好等事,亦未在他校犯规被斥。今蒙考入两江师范学堂,听候分科分班学习。进堂后一切遵守条规,努力向学,毕业后服尽义务,不致中途废弃,皆能担保,除照章纳保证金十元外,倘该生有违背规条,或懈怠废学致遭摈斥及不尽义务等事理,应缴还学膳费,以符定章。除由该生另具志愿书外,若取保不实以及退学时不缴膳,学费均由保证人承担代偿,所具保证书是实。

保证人_____ 官阶/识业_____ 现居地/与学生之关系_____

光绪_____年___月___日 保证人姓名押_____

附证保人细则

一、各教育会会员或本籍官绅及殷实商家学生之同乡官及师长、父兄、戚友住居宁垣者,均堪做证人;

二、保证人出具保证书后,如该生有因犯规斥退,及托故自行退学,毕业后不尽义务,不缴学膳费者,均向保证人追取;

三、作保证之官绅外出商家歇业以及别项事故,应由该生报明,另换保证书;

四、本堂自监督以下,一切职员学生均不得作保证人。

附检查身体细则

一、检查器用密达尺衡器用水准器;

二、检查之表记衡以千瓦为一位度,以粍为一位,以下则按四舍五入例并为小数之一;

三、测定身长、体量、胸围者,皆以本堂仪器依法测定之;

四、脊柱检查其左弯、右弯、后屈及其弯屈程度,而区别为强、中、弱三等;

五、体格分强健、中等、薄弱三等;

六、视力就两眼而测,其中心视力为之等;

七、听力检查其有无窒碍;

八、齿牙检查其有无龋齿;

九、病疾就检查之际临时发现见者如腺病、营养不良、贫血、脚气、肺结核、头痛、衄血、神经衰弱及其他慢性疾患等症一一记入;

十、本堂附设之中小学校入学时,亦按照本堂所定检查身体法行之。

附身体检查表式(略)

规条总要章第五

第一节

礼仪

一、行礼日期分三类:一为皇太后万寿圣节、皇上万寿圣节、至圣先师孔子诞日、春仲秋仲上丁释奠,释奠礼仪至繁,祭器乐器,学堂必不能全备,宜酌释采礼行之;二为开学散学毕业;三为元旦及每月朔日。

二、庆祝日行礼仪节如左:堂中各员整齐衣冠,学生服本堂所定服式,戴大帽,至万岁牌前,圣人位前肃立。各员率学生行三跪九叩,礼毕各员西向立,学生向各员行三揖礼。如是日备有宴会,由各员或学生恭致祝词,宣讲尊崇孔教,爱戴君国之义。

三、开学散学毕业礼节如左:堂中各员整齐衣冠,学生服本堂所定服式,戴大帽,至万岁牌前及圣人位前肃立,各员率学生行三跪九叩,礼毕各员西向立,学生向监督教员等行一跪三叩礼,由监督等施以切实训语。

四、每月朔日礼节如左:堂中各员整齐衣冠,学生服本堂服式,戴大帽,至圣人位前肃立,行三跪九叩,礼毕各员西向立,学生向各员行一揖礼。

五、学生随时随地遇堂中各员,须立正致敬。

六、行礼之日由值日生排定班次,不得参差扰乱及托故不到。

七、新班学生入校开学日,监学检察指示礼堂,讲堂及在校一切礼节,申明各场室所一切禁令。

第二节

停课

一、恭逢十月初十、皇太后万寿圣节六月二十六日、皇上万寿圣节八月二十七日、至圣先师孔子诞日均停课一日;

二、端午节、中秋春秋释奠日,各停课一日;

三、每星期停课一日;

四、每一学期试验期前停课一星期,在自修室温习功课;

五、大庆祝日、大纪念日,或有特别事故须停课者,届期均由监督临时酌定牌示。

第三节

分科

一、一年简易科专为各地急需师范而设,挑选中学确有根抵者补习普通科目,一年毕业,共开两班,于光绪三十一年终毕业,此科已停止。

二、二年简易科挑选中学确有根抵者补习普通科目,二年毕业,计开一班,于光绪三十二年终毕业,此科已停止。

三、本科挑选中学确有根抵、曾在各学堂修业有年者补习完全科目,每星期酌加钟点,缩短年限,三年毕业,计开一班,于光绪三十三年终毕业,此科已停止。

四、优级本科生暂选各学堂毕业生,及本堂曾习普通毕业者,照定章优级分类科课程并参考日本高等师范本科章程办理,三年毕业,嗣后由初级师范学堂中学堂毕业生及本堂本科预科(即公共科)毕业生升入。

五、优级选科。此科入学之资格以曾由师范简易科毕业,或在中学堂有二年以上程度者为合格,不合格者先入预科肄业。

六、优级预科为预备入优级者补习各科而设,习分类科及选科者均须先入预科一年(照定公共科及预科课程酌加),非由中学及初级师范本科毕业生升入,优级本科者暂定为先入补习科二年后入预科。

七、各科经本堂分配既定以后,即不得改习他科。

第四节

班长及值日生

一、每科每班派班长、副班长各一名为本班学生之长,任期以一学期为率充班长者即不充值日生。

二、班长、副班长资格,以各班中分数最优者充当,若遇同班生分数相同者,则以年长者充之。

三、学生既派充班长,同班须特加敬礼听其指示约束。

四、班长之任务如左:

(一)管理教室内备品有无损坏,或应修缮等事;

(二)传达一切命令,督率实行;

(三)调合同班生之意见,务使和睦;

(四)注意同班各人品行学业,加以忠告劝导;

(五)为一班代表,务与他班亲睦。

五、各班中每日应派一人为值日生(依席次前后轮派),先从首席起至末席,周番既终,再轮及首席是为一周番,协同班长管理教室内仪矩及一切整洁事务,其职务分列教室规条内(操场值日生其职务列在操场规条内)。

六、堂中有事,由监督以下各员面论,班长及值日生传知各学生一体知悉,学生有事禀告者,亦须由本班班长会同值日生代为转禀。

七、凡充班长及值日生者,须按本堂所定各处规条遵行,违者倍罚。

八、每学期开学之始,为班长交换之期。

第五节

室长

一、室长为本堂各生实地练习管理法而设。

二、室长周番之定例,合自修室人数计算,每自修室九人设室长一人,任期以一星期为率,其命任之法按本室之席次为准。

三、室长因事不能服务者,以本室席次次于室长者临时代理。

四、室长之任务如左:

(一) 注意室内仪矩清洁卫生及火烛等事;

(二) 传达一切命令,督率施行;

(三) 指导同学应勤之务;

(四) 督率斋夫扫除各室及每月二次之大扫除。

五、凡充室长者按本堂所定各处规条遵行,违者倍罚。

六、每星期一日午前六时为室长周番交换之期。

第六节

禁令

一、学生在堂以专心学业,敦尚品行为主,凡不干己事一概不准与闻。

二、学生不准妄议朝政及于本堂事,务妥上条陈。

三、学生不准自逞臆见为离经叛道之说,及妄发狂言怪论、刊布报章。

四、学生不得私充报馆主笔人及访事人。

五、学生不准私自购阅谬报、逆书、稗官小说,凡非学堂内应用之参考书,一概不准携带。

六、学生凡有向学堂陈诉事情,应告班长及值日生代禀本堂应管官长,不准聚众要求藉端挟制停课、罢学等事。

七、不得联名纠众私自立会演说。

八、不准干预地方词讼及抗粮阻捐等情。

九、不准逾闲荡检,犯种种非礼之事。

十、遇本堂有添设规则、新施禁令应一律遵守,不得捏造黑白,任意阻挠。

十一、学生不得造作匿名揭帖,妄肆诋诹。

十二、犯以上各条者分别轻重摈斥记过。

第七节

功过

一、记功

(一) 一学期内未曾于例假外别有请假事;

(二) 毕业时有三科得九十以上者;

(三) 一学期有九科在九十分者。

二、记大功

(一) 能恪守堂中规条并能匡正同学者;

(二) 毕业时有九科得九十分以上者;

(三) 品行最优有确据为众推服者;

（四）充当班长一学期内为众遵服者。

三、记过

（一）违犯各堂室场所规条事理轻者；

（二）销假逾期；

（三）托病请假；

（四）任意涕唾溲溺者；

（五）对各员有失礼事；

（六）对同学有相恶事（犯此条者记两人过）

四、记大过

（一）犯违各堂室场所规条事理重者；

（二）不请假离堂；

（三）请假而夜间不归堂者；

（四）假出后在外滋事者；

（五）考试怀挟者；

（六）请人抢替及代人抢替者；

（七）不遵训诲，不受室长约束者；

（八）语言怪诞及好造言生事者；

（九）粗暴斗殴者；

（十）冒昧干请者。

五、摈斥

（一）嬉玩功课，藉端侮辱教员、管理员，屡戒不悛者；

（二）性情骄纵，行为悖谬，不堪教训者；

（三）行事有伤学堂名誉者；

（四）犯本堂禁令专条者；

（五）记大过三次者。

六、凡积功三次为一大功，积过三次如之平时功过可以相抵，惟犯至大过者，情节较重，不准抵销。

七、照章立学生行检簿考核学生品行分言语、容止、行礼、作事、交际、出游六门，随时稽察（查）登记，与平日之功过参酌办理。

八、凡记功者每日或每学期榜示，记过者随时牌示，摈斥者由监督对众学生宣其罪过，斥出本堂。

第八节

放假

一、照定章每年以正月十六日开学，至五月十八日暑假散学为一学期，七月十一日开学，至十二月二十五日年假散学为一学期，两学期为一学年；

二、每学期开学日期各生皆须依限到堂；

三、假限满后久不到堂者除名。

第九节

请假

一、因事请假出堂者，至监学检察处呈明事由，准假后给予假单，即将事由及请假时刻自填于假单上，由监学处加戳登簿，取名筹至号房挂号；出堂回堂时仍从号房取回名筹，至监学处消假，不得托人代领代缴。

二、因病请假出堂者，由班长或室长呈明后，监学检察会同医官验明，准假出堂；其留堂医治者亦须请假，归监学处登簿。

三、因病请假三小时不出门者至监学处请假，但登簿无须给单。

四、请假出堂后，若遇不得已事故不能如期到堂，须续假者，必本生于原假期限内具续假启来堂，由监学许可记入假簿续假，启亦须呈明事由注定某日回堂期限。

五、每星期内除星期日不计外，其因事请假离堂者，只准于星期三星期六下课后行之。

六、每逢星期日下午六时学生须一律归堂。

七、学生婚日须择暑假年假期内，准其于限外展二十日，余时不得请假完娶。

八、丁忧准假七星期，居住远方者亦不得过百日期服，准假三星期，远者亦不得过三十日，其假未满即行来堂者听。

九、学生如遇父母患病，接家信或电报须将信电呈明，酌定准假日期。

十、假内所缺功课应于假满后补习。

十一、各堂列出席表学生如猝有病，或有他故临课不到者，各堂教员记其时刻于簿，月终由教务长与监学处假簿汇核，呈监督查阅。

十二、每学期终，教员与监学合计一学期内学生未到时数、日数，列表呈监督，照章分别扣平均分数，一学年终，另合一学年，综计列表式如左：

（甲）未到时数四小时以内，未到日数二日以内；

（乙）未到时数二十小时以内，未到日数十日以内；

（丙）未到时数六十小时以内，未到日数三十日以内；

（丁）未到时数百小时以内，未到日数三十日以内。

第十节

退学

一、学生入堂先行察看三月，其有不堪造就、不守堂规或身膺痼疾，及沾染嗜好者均令退学。

二、入堂察看后有犯以下各项者令其退学：

（一）品行不端；

（一）学期考验平均不满二十分；

（一）两次学期考试不及格；

（一）违本堂禁令专条及摈斥专条；

（一）假期逾限已久，未经续报（假）；

（一）记大过三次；

（一）非大故疾病旷课至一学期四分之二者。

三、凡退学者均照章扣除保证金，所有原领操衣、书籍、仪器等物一律缴还，除察看不合及试验不及格者，免缴学膳费外，余均追缴学费膳费（学膳费按每月十九元）。

四、学生如中途遇有疾病或不得已事故必须退学者须申明事由，俟本堂监督查明属实，方能照准，仍扣除保证金，缴还操衣、书籍、仪器等物。其学膳等费追缴与否由监督按其事由斟酌办理。

五、凡自请退学经监督照准者下次考收新班仍许与考。

六、凡退学者，行文该学生原籍地方官，并传知保证人，除应免缴学费膳费者照章办理外，其应追缴者由保证人担任照缴。

七、凡所犯退学事故重大者，移知各提学使，行文各学堂概不收考。

学绩考核章第六

第一节

试验

一、本堂试验分四种：一临时试验；二学期试验；三学年试验；四毕业试验。

二、临时试验每月一次或间月一次，由各教员主之。

三、学期试验每半年一次，由监督会同教务长、教员于暑假前行之。

四、学年试验每一年一次，于年假前行之，与学期试验同。

五、毕业试验先期由本堂将毕业学生履历册，功课分数册，请假旷课册及各教员科学讲义，学生成绩，呈送督宪及提学使司，定期试验按分数等第授以文凭，照章奏请奖励。

六、以上各项试验，按照学生现习功课择要发问，或笔答或口答，问题多少均由主试教员酌定，临时试验时间以一点钟为限，学期及学年试验时间以二点钟为限，毕业试验时间随时酌定。

七、本堂试验时，学生如因有事故未与试验者，其因父母之丧或在堂真实疾重不能与考，而所旷功课钟点，按照本学期所有功课钟点计之，不过四分之一者，准其补考，其有旷课过多及因他项事故未与考者，不准补考。

第二节

分数

一、定分数之法照定章平均计算，例如十七门功课以十七门分数相加，十七除之即为所得分数。

二、分数以百分为极，则通各科平均满八十分以上者为最优等，满七十分以上者为优等，满六十分以上者为中等，不满六十分者为下等，不满五十分者为最下等。学期考试平均分数不满二十分者退学。

三、各科试验皆以百分计算,按照所发问题各给分数,由教员将临时试验所计分数与平日所计分数参互酌定,分别册记,与学期试验或学年试验平均计算。

四、教员于平日记功课勤惰用积分法,凡上一课登记簿予以五分,凡缺一课扣去五分,合一学期内各学科所积分数以一课不缺者为满格,余以各学科授课钟点之数除之作为平日分数。

五、以平日分数与临时试验分数平均作为临时试验分数。

六、以临时试验分数,与学期试验或学年试验分数平均,作为学期试验或学年试验分数。

七、毕业试验时合历期历年分数,与毕业试验分数相加而平均之,作为毕业总分数。

八、学生品行分数,合一学期统计于学期试验或学年试验时,以所计品行分数与伦理科或修身科分数平均,作为伦理科或修身科分数,不另立一门。

九、学生旷课过多者,除父母之丧例准给暇无庸扣算外,每旷百小时减本学期总平均分数五分(以次递减,凡旷课至二十小时者应扣总分一分,十小时者扣五厘,二小时者扣总分一厘,一小时不扣)。

十、凡因他项事故未与学期或学年试验不合补考例者,应将平日所有分数相加按照所有学期平均。例如,六学期只应五学期试验,应将所有分数六除之,其未与临时试验者于学期或学年试验分数内折半扣算。

十一、学生毕业时核算分数评定等第,除各就平均分数分别等差外,如所习科目毕业试验分数有两科不满六十分或一科不满五十分者,均不得列最优等,有两科不满五十分或一科不满四十分者均不得列优等。其分类专科及选科主课有一科不满七十分者不得列最优等,有一科不满六十分者不得列优等。

奖励义务章第七

第一节
毕业奖励

一、优级本科毕业考列最优等者,照章请奖师范科举人,以内阁中书尽先补用并加五品衔令,充中学堂初级师范学堂及程度相当之各项学堂正教员,俟义务年满以应升之阶,分别京外分部分省遇缺即补。

二、考列优等者,照章请奖师范科举人,以中书科中书尽先补用,令充中学堂初级师范学堂及程度相当之各项学堂正教员,俟义务年满以应升之阶,分别京外分部分省遇缺即补。

三、考列中等者,照章请奖师范科举人,以各部司务补用,令充中学堂初级师范学堂及程度相当之各项学堂正教员,俟义务年满以应升之阶,分别京外分部分省尽先补用。

四、考列下等者照章给及格文凭,令充中学堂及程度相当之各项学堂副教员,或高等小学以下及各项学堂正教员,俟义务年满请奖作为师范科举人奖给中书科中书衔。

五、考列最下等者照章给修业文凭,暂时准充高等小学以下各项学堂副教员。

六、凡考列下等、最下等者,如本堂有相当班次准其留堂补习一年,再行考试按等奖励。

七、考列最优等、优等、中等之毕业生原有官职不愿就毕业奖励者,报由本堂代为呈明,照章以原官原班用,一律令充各学堂正教员,俟义务年满以应升之阶分别京外分部分省尽先补用。

八、考列最优等、优等、中等之毕业生,义务年满不愿就京职者,报由本堂代为呈明,以应升外职照章办理。

九、优级选科(此项选科按照部章办理,所收学生系曾由师范简易科毕业及中学堂有二年以上之学力或先入预科再入本科二年毕业者)毕业考列最优等者,比照优级师范中等奖励办理;考列优等中等者,比照优级师范下等奖励办理,均令充中学堂及程度相当之各项学堂副教员;考列最下等者,给修业文凭。

第二节

毕业义务

一、优级师范生有效力全国教育职事之义务,其年限暂定为五年,此五年中经学部或督抚提学使司及本堂指派教育职事不得规避。

二、师范生于义务年限内各应尽心教育,不得营谋教育以外之事业,不得规避教育职事充当京外各衙门别项差使。

三、师范生因实有不得已事故请缓义务年期,经学部或提学使司考查属实者,准其展缓,所展年期仍以二年为限。

四、师范生因病废不能从事教育,经学部或提学使司考查属实者,准其豁免义务,所应得之奖励改为虚衔。

五、师范生于义务年限内不尽义务,未经允准私自迁延至二年以上者,即将所得奖励撤销。

六、师范生于义务年限内如因重要事故革除教员之职者,并将所得奖励撤销。

七、师范生于义务年限内充当教员,应将所编讲义及所订教授案,由该学堂监督及堂长照章分别呈送本堂及学部暨本省提学使司察(查)核。

八、师范生于义务年限内充当教员,由各省提学使司每年年终将其教授成绩详细呈报学部,不得泛填笼统考语。

九、师范生义务年满,由提学使司呈报学部照章给奖,其不愿服官仍充教员者,由学部另订教员奖励章程办理。

十、师范生毕业不尽义务,入别项学堂进习高等学科者,毕业之时应照该学堂章程奖励,不得比照师范生奖励章程办理。

各堂室场所规条章第八

第一节

礼堂

一、礼堂为各员及学生庆贺皇太后万寿圣节、皇上万寿圣节中祗谒、至圣先师及每月朔日开学散学,毕业日行礼之地。

二、凡宣谕全班学生及毕业给凭均以此堂为齐集之所。

三、学生入礼堂时须挨次整列,不得紊乱,及有谐谑轻佻举动,违者记过。

第二节

教室

一、准定上下时刻,以号钟告课业之始终。闻上堂号钟,学生即须齐入教室,不得迟至三分钟,闻下堂号钟后,功课有未毕者亦不得迟至五分钟,违者记过。

二、未经请假及已逾假期而不上教室者记过。

三、教员上堂下堂,学生须即席起立致敬,违者记过。

四、学生在教室必正襟危坐,虚心听受,不得私自谈话,互相问答及交头接耳,欠伸偏倚,任意笑谑,随处涕唾,一切有坏仪检之事,违者记过。

五、每班皆派有班长及值日生,上堂下堂由各堂值日生率领前行,上堂时以肃静为主,按照堂上所悬席次表,依次列坐,如有搀越及擅自更动者记过。

六、值日生每朝上课之先,督率教室伺应夫役整理室内一切事务,冬期若置暖炉尤须留意。

七、教员就席后,由值日生报告本班共到几人,请假几人,以便教员注明出席册簿。

八、每堂功课一点钟以内不得托故偶出,有不得已之事,必须向教员呈明,始得下堂,违者记过。

九、教室内冬天不得戴风帽,夏天不得持扇,及携带纸烟食物,违者记过。

十、学生质问应答必离席直立,俟教员讲毕从容请质,不得于讲授时搀越质问。授课亦有一定程度,凡未经授到者,不许躐等,违者记过。

十一、上课时有客参观,须受教员命令然后即席起立致敬,务宜整肃安静,礼毕同坐,如常肄业,不得回首注视,杂乱无序,违者记过。

十二、凡听某科课程时,案上只可用某课应用之本,不得乱置他籍,违者记过。

十三、教室内班长及值日生有表率之责,如该班长、值日生自行违犯规条,应记过一次者记过两次,应记大过一次者记大过两次。

十四、凡教室记过由教员在行检簿上登记,下教室后即行牌示。

十五、凡东教员上堂授课时,由译员稽查学生到数及查检学生有无不守规则之处。中教员上堂由该教员自行查察。

第三节

操场

一、体操宜振作精神,以整齐严肃为贵。听从教员口令,各按号次站队,不得参差紊乱及言语嬉笑,举动懒惰,即少息时亦不得交头接耳,违者记过。

二、上操不得任意出入,或有不得已之事须在少息时陈明教员,始得暂退,违者记过。

三、学生因事因病请操假者,须报告本班值日生,汇总书写欠席单呈交教习,下操时由教习交监督学处查阅,未请假无故不上操场者记过。

四、闻头次号诸生一律预备,闻二次号由值日生领队齐上操场,整列不得过五分钟。

五、靴帽衣裤均须一律,不遵用本堂制服者记过。

六、操场值日生依各班号次逐日轮流充当,如轮应值日之日因事因病请假者,即由次号之人接充。

七、操场不准吸烟、吐痰,虽堂内执事人员旁立观看,亦不得吸烟违反操场规则,偶尔涕唾须于少息时行之。

八、凡器械体操、兵式体操,皆先循次至械室认取器械,操毕仍妥置原处,不得任意抛置。

九、操场上不得堆置各物及停歇车马,堂中夫役人等不准任意玩弄体操器具,违者重惩。

十、操毕课毕原可在操场随意运动,但不可任意喧器及过作危险之游戏。

第四节

图书室

一、阅览者应从管理人事理上之指挥。

二、阅览图书时刻,晨自早膳后至开课前,下午自放课后至晚膳前及星期假期随时均可。

三、图籍务须整理顺次阅览,阅后必整置于原处。

四、置备新图书时即记入簿册。

五、阅览时禁止一切朗诵闲谈、吃烟饮茶,及携带零食、随地涕唾等事。

六、学生借阅某种图书,由监学官给予求览券,持券领取,管理员随时登簿注明借阅人姓名月日及缴还期限,逾延即行追还。学生借阅书籍不得携带出堂。

七、还图书时,当时眼同查看,如有油污墨染鼠伤,取阅人须认修整之费,损坏者应照全部价赔偿。

第五节

仪器标本堂

一、仪器标本按学科置备,分别收藏。

二、授课时由教员预先或临时告知司仪器人取用,用后仍还原处。

三、教员为参考借用标本器械者，须得监督之许可，由司仪器人登入簿记，如有损失向借用人取偿。

四、标本仪器购自外国，若有损缺，修配维艰。取用时尤宜加意照管。

五、来宾参观须由管理员带领阅览，不得擅入。

第六节
阅报室

一、置有关于学界之报章以备诸生游息时轮阅。

二、阅后仍置原处，不得凌乱损污及携归斋舍。

三、置备之报按日更换，旧报以次收存，一月排钉一次，预备检查。

四、室中备有笔砚，如有摘抄报事者，就室自写，不得携回自修室。

五、每日自下午五点钟起九点钟止，为学生阅报时刻，但入室阅报时不得拥挤竞夺。

六、阅报室内不得朗诵闲谈、吃烟饮茶及携带零食、随地涕唾。

第七节
印刷所

一、派员兼管收发中东教员讲义原稿及编译员译成之稿，分颁誊写刷印装订各事。

二、设誊写司事及刷印装订匠，分司誊写刷印。

三、誊写后须注意校对。

四、刷印后由管理员按照学生人数之多寡随时颁发。

五、纸张墨油器具须不时检点以防滥费。

六、印刷人如有隐蒙短少页数及懒惰等情，一经管理员察出立即革退。

第八节
自修室

一、学生每日早起后，除遵照上课时间外，均宜在自修室内温习功课。

二、除星期及休假日外，每晚自七点钟起至八点钟、八点半钟起至九点半钟皆为自修时刻。

三、自修室中每室设室长一人，周番轮充，管理一切任务。

四、书籍、纸、笔、墨、图书、仪器、石板及应用各物当依指定之处位置整齐，不得杂乱。

五、自修室以肃静为主，除语学外，不得高声讽诵及唱歌谈笑，致妨他人用功。

六、室内宜随时整治，除痰盂外，不得任意涕唾。字纸须置篓内，不得随意抛弃。

七、扫除自修室虽备有斋夫，而督率斋夫及监察学生整洁之职则为室长专务。

八、本堂管理员引客来观，如由管理员令其致敬者，诸生宜一齐起立后，仍照常安坐，不得回首注视及离坐（座）纷扰。

九、假期内所缺功课须在自修室补习。

十、自修时间须各坐本席，不得越次任意聚谈。

十一、自修室内不得携带食物及贵重玩具等件。

十二、每晚由自修室退归寝室时，闻钟声即由室长率领依次出室，不得喧乱。

十三、学生坐（座）位由监学配定，不许私自移易。

十四、无稽小说及游戏报章不许在自修室阅看。

十五、如有违背以上各章程者，由室长回明监学，随时申饬，再犯，记过一次。

第九节
寝室

一、寝室内床铺有一定位置，不得移动。

二、寝室以整洁为主，除痰盂外不得随意涕唾。

三、夜间另设便所，寝室内不得安放便桶便壶。

四、寝室被褥晨起随时折叠，寝具上一律盖白色罩布，每月洗濯一次，更换衣服亦宜随时洗濯，务期洁净。

五、每早闻报钟即起，迟醒者由室长唤之，宜应声即起，勿得故延。

六、每夜十点半钟一律熄灯，以后不准再点，因至便所而点灯者用后即息。

七、住宿楼上者宜留心一切取憎于楼下人之事。

八、酒及食品不得携入寝室。

九、上课时寝室一律关锁，如遇骤寒骤热取换衣服等事，由室长告知监学检察，取钥暂开，不得久留。

十、除被褥及随身衣服外，衣箱网篮均交储藏室，不得带入寝室。

十一、患病请假者移住调养室，如系传染症重者，立时出堂，愈后再回堂销假，仍住原寝室。

十二、寝室内不得带有贵重物件及多数银钱。

十三、寝室内一切事宜，由监学检察督同室长随时查察，违者记过。

第十节
食堂

一、每日早粥午前七时，中饭十二时，晚饭午后六时。冬夏时刻不同，随时酌改。

二、每日菜品前一日晚间厨房开单，呈管厨员点定后悬牌。食堂如饭菜不洁，即由管厨员饬换。

三、学生每桌七人，排有定位，不得任意乱坐。惟管理各员不论何桌均可坐食，以便稽查看馔有无异同。

四、每桌七人名次坐（座）位悬牌堂上，遇有告假缺额，由管厨员酌量移动。

五、每桌每人前各置碗箸匙碟各一份，员司学生均不得自带碗箸。

六、员司学生皆自盛饭，伺应人等概不准擅入。

七、各席坐齐，然后举箸，食毕同起，以次排列而出。

八、除本堂人员及学生外，他人不得入食堂会食。

九、员司及学生同集食堂理宜整肃，虽盛暑不得裸袒致形肆慢。

十、无论何时一概不准另添私菜及携他种食物至食堂。

十一、除逢令节外，一概不准饮酒。

十二、学生有病不能入食堂者，由医官验明并非伪托，准其另食，由厨房备清淡之菜两味，取资调养。

十三、每食时至久以二十分钟为度，不得搀越坐序、高声笑剧、摇膝箕距、戛触碗碟、狼藉一切，违以上禁条者由管理员及班长立即阻止，不遵者记过一次。

第十一节
盥漱室

一、盥室为早起及饭后盥漱之所，室中务令清洁并宜顺次到室，不得搀越竞争。

二、盥汤由斋夫预备。

三、盥后倾水须注意不致沾湿盥台地板。

四、盥巾须按号挂置。

第十二节
饮茶所

一、室内预备茶水，凡学生均至此饮茶。

二、饮茶须注意狼藉茶汁，毁坏杯壶。

三、吐痰另备痰盂，不得吐向别处。

第十三节
栉沐所

一、剃余短发、栉余乱发不许匠人弃掷满地。

二、栉沐匠不得入自修室。

第十四节
浴室

一、澡浴有关卫生须勤洗濯。自五月十五以后，八月十五以前每日设之，春秋日每星期设一次，冬日两星期设一次。

二、入浴之时在课毕以后，晚饭以前。

三、有传染皮肤病患者各自留心，俟最后入浴。

四、他事不得滥用热水，入浴之际不可用浴水洗濯衣类。

五、盥漱之盆不可带入浴室使用。

六、浴巾各自备带。

七、夏日每日午前,由夫役拭洗浴器一次,春秋一星期,冬两星期,期前一日拭洗。

八、杂役人等不得在浴室洗澡。

第十五节

庖室

一、每日由管厨员将菜单悬挂食堂外,每餐之先查看食品布置一切。

二、管厨员考验庖厨内之洁净与否,不良之饮食物,于卫生有碍者,饬令更换。

三、每日三餐务须丰洁,三餐钟点有一定时刻,无得先后误时。

四、茶炉供本堂茶水之用,须慎用洁水,由管理人随时查验。

第十六节

储藏室

一、储藏室为本堂学生储备器具,收藏杂件之所。

二、学生所藏箱箧等物由该司事编号登簿发给对牌,用时持牌交该司事验讫带往,不得擅入。

三、学生取物后须自填封条,随时加封。

四、晚间锁固,严禁持火入内。

五、锁钥由司事收执,一切器具皆须细意检点。

第十七节

应接室

一、本堂应接室一所,专为学生接待外客之处。凡有学生亲友来堂探望者,外号房引至会客所坐,待入内通报,出见与否,即行告知来客,不得稍有迟延。

二、应接室预备茶水。

三、学生功课均有一定时刻,既无余暇可以清谈,亦非外人所应纷扰,功课表、钟点表悬挂室内,凡遇在教室及操场时刻由号房告知来客,俟课毕再行传报。

四、学生倘有疾病,不可以风准亲友,入调养室探亲,亦必由号房引至监学处,由监学陪进,不得擅便,诸生亦各宜自爱,亦不可藉此取巧。

五、来客不得径至斋舍,倘号房门役未及拦阻直入斋舍,即由斋夫告知规条,引客至应接室通知学生,如学生不守规则,即由斋夫禀报管理员。如斋夫隐瞒者,查出,除学生记过外,并发扣斋夫工资三日。

六、学生家内如有专差人等来堂需面告者,令其在外暂候,由号房通知学生到应接室内问话,一律不准入斋舍。

第十八节

调养室

一、室中一切事务专归医官经理,学生有病验明后,由寝食移住,其饭食一切须受医官之许可,凡病重而家在近处者出堂。

二、窗户宜随时启闭以通空气,有疾病人移入疗治时,宜洁净安静。

三、调养室夫役择老成而细心者,司煎药服役之事。

四、学生病愈已能上课,即行移归寝食,不得借辞调养以图起居便利。

五、由监学检察随时细心查检。

第十九节

便所

一、用清洁夫每日均按一定时刻专司扫除洗涤之事。

第二十节

消防所

一、消防各具有一定架座,不得紊乱及委弃平地。

二、每星期日十点钟由专管巡丁合在堂夫役操演消防器一次,操后将各器擦净,静置原处,如有损坏,随时告知会计官修理。

三、非操演修理之时,除需用外不得无故开门。

杂役规约章第九

第一节

门约

一、号房司出入挂号投送公文信件。

二、门役以谨记出入,礼待宾客,慎司传递启闭为专务。

三、学堂为修业之所,非寻常间旷公所可比,不得听任闲人游观。

四、学生上讲堂时,例不见客,客来先引至应接室,候下课时通报,不得辞色怠慢。

五、门簿分员司、学生两项记员司及学生出入,以及来客姓名,无事不得暂离门房,有事他出须有人暂代。

六、号房所记学生出入及学生会客簿,每晚持簿到办事室呈监学检察官观览。

七、大门每早六点钟启(夏五点钟),每晚十点钟闭,十点钟后有事叩门者问明事故,领钥秉烛启门。

八、非例假之期,学生设有不持假牌擅自外出,门役劝阻不服者,应立时报知监学检察,不得放任。

第二节

巡约

一、巡兵帮同门役守门，轮流值班看更查夜，并应供本堂各员之呼唤。

二、勤查侵损、偷窃及一切不测之险虞。

三、每日上午七点钟、十点钟，下午一点钟、四点钟，周学堂四面巡视一次，查看围墙及新种之树木。

四、消防所内一切器具检理收置均其专责，有事他出者随时报明。

五、设有火警即鸣钟，集夫施救，其勤奋有功者给赏。

第三节

伺应约

一、各处夫役以洁屋宇、爱品物、谨伺候、顺使令为事务。

二、礼堂、教室、图书室、仪器标本室、办事室每日打扫整理，每月大扫除两次，礼堂伺应注意拜垫、地席随时检拭收藏，讲堂伺应谨守号钟，皆不得擅离。

三、自修室、寝室、盥漱所、饮茶所（斋夫名数视学生多寡酌定）扫除茶水等事，扫除每日一次，各处窗户地板每星期揩洗一次，每月大扫除两次。

四、食堂伺应须随时打扫，于饭前五分钟，厨房伺应夫将菜蔬碗筷排齐时，鸣钟会食。

五、浴室水夫平时每星期日大扫除一次，夏日每日午前打扫揩洗一次。

六、厕所清洁夫每日上午九点钟出净一次便桶便沟及踏步，每日上午九点钟、下午三点钟冲洗拭扫各一次，星期日大洗涤。

七、每星期日十点钟，各夫役轮班同巡丁操演消防器一次。

八、除照章应领工食节赏外，不得向学生索取分文。

九、毁坏房屋器具，无论有心或失手，均由毁坏人赔偿，若因用久损坏，告知会计官查明修理。

十、不准喧嚷争斗饮博及吸食鸦片，犯者斥退。

第三部分　学堂管理与发展概况

三江师范及两江师范时代

三江师范之筹备及其概况

清之季年，外患日亟，于是刘坤一、张之洞奏请变法兴学。翌年，张之洞移督两江（光绪二十八年），遂创三江师范学堂，实为中国师范学堂之嚆矢。先就江宁府署开办，同时就明国学遗址筹地兴筑，未几，稍复旧规，而移校舍于此。延揽缪筱珊、方玉山、陈伯严诸人先后任总稽查之职，而以长沙杨锡侯为监督。设理化、农学博物、历史、舆地、手工、图画诸科，并设速成科、最速成科等，以纳年长专求略闻新知者。（光绪三十年冬，招收学生一级五十八人，翌年冬毕业，是为最速成科。同时又招收学生一级二十六人，三十二年冬毕业，是为速成科。）此外更设附属中学、附属小学。监督之下有教务长、斋务长、庶务长及监学，并设文案官、会计官，并有翻译员多人，以协助日本教授之讲授。总计教职员六十八人，学生六百人，常年经费为库平十一万两余。校址所届，则大抵与今相似，东西北界皆同，惟南界则仅为今日之里屋短垣，当日之盛况，概可想见。

两江师范之概况

三江两江二而一者也。张之洞之名三江，盖取《尚书》"扬州三江"之议，其后以学生省界之争，患其名混淆，光绪三十一年，江督周馥以总督之称两江，改名两江师范。规制内容，无所变更。校内监督，杨先生之后继以徐先生积余，既而抚州李梅庵先生提学江宁，来主斯校，尽瘁学务，教泽广被。嗣后南京高师成立，江校长易园篆李先生之名于匾，迄今校之西北小园，以梅庵称焉。至宣统元年，计有教职员五十二人，学生三百七十一人，先后学业共九班，计三百二十余人。经费每年初定十一万两，其后逐有增加。校舍三江初立之时，建造一字房，教习房，暨学生宿舍；及宣统初，更建口字房；此外陆续兴筑至停办之时，校舍已与东大相埒，惟今之图书馆等处，概为荒原耳。宣统三年，武汉起义，两江停办。癸丑变后，校舍荡然。开国三载，始有高等师范之建设。审名思实，亦可谓斯校之恢复也。

《国立中央大学沿革史》

陈训慈：清季的两江师范

张文襄规南监旧址创办，十年间为新教育的一个中心。

生长南京的人，除去读书的老先生以外，恐怕很少有人知道这北极阁下的东南大学，便是明代南监的遗址。上面所说的种种情形，这样年代渺远的前制，自然也不能苛求一般人都知道。两江师范呢，距今很近了。所以许多人都能说明东大从南京高师改建，南高就承两江师范而来的。但是不幸，惯作播弄的时间，终是时刻的操纵一切，赶紧的趋承新制，努力的疏远过去，所以"两江"两个字，在南京学界中也渐渐像朝雾的变淡了。只是愚蠢的老头子，最喜欢对时间挡驾；因此我们也很可见老年的人力车夫——他最近闻到东南大学之名，好容易研究出东大是成贤街东的几座宿舍的新名称！——当你迁就他指着东大而是到"高等师范"去，他还往往皱着眉头说："两江师范罢……"好像是怪你先生年青骛近，只知顺流而不问源的，至少也带些先辈教训子弟的意味！

我们不能不惘然了！这也难怪，两江师范的存在，离现在还不过二十年光景；他比南京高师早生十几年，但同样的做东南大学的近代的前驱。我们对于他的经过，诚然是不能不知大略的。

（一）清初的学校

我们都知道我国近代式的学校，（初称学堂）起于清光绪季年。至于清初的学校情形，这里不能细说。只是我们这里自然要问：清代既然废一个南监，保存一个北监，那北京国子监也很发达么？我们屏绝种族的成见，不能不照实的说：清代北监远不及明代的二监了！清初诸帝尽力提倡科举，把学校看作科举的预备，人民也渐渐当他做利禄之阶。京师（即指北京）的国子监呢，也糟极了。大概我们还可以从家谱上看见，我们的祖父只要积几串大钱，就往往得着什么"监生"、"国学生"的荣衔！这种情形，在清初已开其端：那堂堂国子监生，都是用金钱捐纳。那般官师，当初钻营的得了科名，巴结大官得了位置，便大摆其官品，全没有明代祭酒司业的泱泱大风。所以我们在清初便听到许多书院在民间建立，有志的青年也多就书院大师受学；到了中年，这书院之风更盛，那国学的威名也越发扫地，失去学者的信仰了！

这虽是题外的话；但是我们要知道，这正是清季维新时，学堂发达最快的一种重要原因啊！光绪帝眼见了教育的腐败，将教育改良看作他的维新中一段要政。只可惜不久戊戌政变，他的志愿便归泡影。甲午战后，上下都高谈变法，其间乘着政府恐惧臣民发愤的心理的当见，详陈变法，而又切实地倡导革新教育的计划的，有刘忠诚、张文襄两个大臣。他们会衔的连上三道奏章：

光绪二十七年五月，两江总督刘坤一、湖广总督张之洞第一次会奏变法事宜。其中所言四条。第一，即设文武学堂，内拟小学、中学、高等大学的学制系统。又提倡由日本间接输入西洋文化。

二十七年六月,第二次会奏变法。中如停捐纳、改选法诸条,皆有关于教育改良。

冬第三次会奏变法。中如广派游历、多译东西各国书,多是教育上、文化上之事业。

他们在第一次会奏中,把立学堂、派留学生的计划说得最详明。他们所拟的学制系统,后来大部分为清廷所采纳施行。而更可注意的,他们不是政论家,是实行的改良社会救国惠民的人!到南京游后湖的人,一定走过端、张二公祠:端是满洲人端方,他在南京也有美政;张呢,就是纪念这位创办两江师范的张文襄公之祠了。

（二）清季设学的提倡和两江的创办

真正的实行改良家是能说便能行的。所以张文襄既奏陈设学,次年迁任两江总督,便在南京创办三江师范学堂起来。我们试想那时成贤街西北极阁下是一种什么景象呢!六七十岁的南京老前辈,自然还能记忆。我们也可以推想,这个荒废四百余年的学校旧址,一定是残破零乱;在盛长的蔓草中,点缀着几间低陋的小屋,几片浅污的池塘;小孩子偶然掘得旧日殿宇的巨瓦,便打碎了叠坟或是掷水!张文襄公务余暇,游览旧迹,把《南雍志》所说的盛业比较起来,自然是不胜怀古之情。于是他便决意将他要办的一个簇新的兼教国学和洋务的学堂,建设在这个明代大学的旧址之上,以纂承几百年前的盛业!

因为在荒址上建设新业,不能立时完毕,一方面文襄又急着兴学树范,所以一九〇二年（光绪二十八年）,他便在江宁府署先行开办,定名曰三江师范学堂。这便是中国第一所师范学堂。

（三）当时的北京大学

这里我们不妨插述一段题外的事情。我们知道清廷既然决意变法设学,南京已有疆吏筹办师范（其后上海也有南洋公学等的创设）,那"首善之区"的北京又怎样呢?原来戊戌政变以前,北京已曾立大学,置仕学院,令进士、举人出身各京曹入院学习:（一八九八年即光绪二十四年）这便是北大的萌芽。拳匪祸起,大学停办二年。等到重新规复,是什么时候呢?刚巧是文襄创办三江的一九〇二年。（光绪二十八年）后来这个京师大学堂恢宏光大起来,便成现在的北京大学。那三江师范中停三年,便改办高等师范,再由高师蜕化而成现在的东南大学,也是一线相承。这样,现在中国的南北两个大学,竟可说是同年诞生,（三江以前的南监,只是极远的渊源;而北京初办时的仕学院,也不能卓然独立,而且又停办二年,所以也该以光绪二十八年为始。）这也可说是一段趣史啊!

光绪二十八年十一月,京师仕学院重建,开学招生。二十九年,设大学总监督。改刊京师大学堂总监督印。至是大学始成独立机关。——详见《北京大学之成立及沿革》（《时事新报·学灯》）

三江后来改称两江师范,从一九〇二年到一九一一年,先后只有十年的生命。他的年龄不及南监的二十分之一,他的规模也似比南监逊色许多。但细审起来,这个机关实得风气之先,在中国教育史上也很占重要。只是历年不多,也没有人把他的经过和内容记载成书,所以我们要说他的情形,也就不易。现在就征询当时的师儒所得,并参考一本残缺不全的《同学录》,大略的叙述一番。

（四）三江就是两江师范

我们对于张文襄所创的学校的名称，常觉分不清楚所谓"三江"和"两江"师范，不知是一还是二。其实，三江不过两江师范初办时一种名称，也就可说是两江师范。张文襄定名三江的时候，是取《尚书》"扬州三江"之义。后来学生因这名称，做省费争执的资料，当局便以这个名称混淆不好。一九〇五年（光绪三十一年），江督周馥遂以总督之称两江，改称两江师范。其中规制一切，完全没有变更。名称上换一个字，在当时原是平淡无奇；可是在事过境迁之后，便足以令人混淆不明了（以下便一概称两江）。

两江的校址、校舍怎样呢！我们看起那时《同学录》中的附图，知道大概和现在的校址差不多，而除去东大第二大门的里垣以南的一块大地，加入测量局的一块小地。此外各种校外教职员宿舍和大学男生宿舍、女生宿舍的地皮，是然不在两江师范校址范围以内。论起总面积，不但远不及南监，并且也小于现在的东大了！

（五）校址和校舍

东南大学的学生和参观东大的人们，都看见那长列的"一字房"，上面有"南京高等师范"的石刻，以为这一定是高师创立时所建。还有些人欢喜漫然的道起古来，于去年口字房火灾后，报告上海的新闻界，说"口字房"是建于两江初办之时，到现在已二十多年了！这两者一样的是疏忽的错误。因为一字房确系两江开办时建筑，而改办高师时加以建筑的；而口字房则在宣统初始建，并不在开办时就建造的。大概那清季初建时的校舍，主要的就是现在的一字房和教习房（当时教室等多在一字房，监督住在一字房三层楼，而教员房只容日本教习和他们的眷属居住），学生斋舍也在现在校内斋舍的一带。这以后陆续兴建，等到停办时候，两江的校舍已和现在的东大差不多。不但现在附中宿舍一带，那时已有楼房；就是从梅庵向南到一字房西端也有平房绵连；而现在工场的左右，更有楼房二进——这都是现在所已不可见的。那时候也有附属小学，校舍就在大石桥西测量局一带（今之附小，清末是宁属师范所在地），这也是现在大学区范围以外。不过从现在第二校门的里垣（最近拆毁）以南，为今之图书馆和附中校舍所在地的，那时只是一片荒原，夹着草木池塘罢了！（那时大门开在一字房口，民国八年以前开在口字房前，现在开在一字房和前口字房之间，这也是一个有趣的变移）。

（六）设科和经费

清季的学制系统，师范学校以上有优级师范，那"两江"的性质，便属于优级师范（也就同于后来的高等师范）。这个优级师范有十年的历史，在当时卓然是南京的一只较大的学堂（宣统初，南京主要学堂有江南中等商业、两江法政、宁属师范、千仓师范、江南模范、督院模范、暨南府属公学、府中学堂等，只有江南高等和两江师范是高于中等学校一级的学校）。他的学制，我们一时不能详考，只就《同学录》所载，知道两江师范有好几种分科。他的名称和现在固然不同，各科毕业年限也限畸零不等（大概是因为各方需用之故）。现在把科名和毕业年限列下：

一、公共预科　一年毕业

二、第三分类科　五年毕业

三、第四分类科　五年毕业

四、历史舆地选科　毕业年份不详

五、数学理化选科　三年半毕业

六、农学博物选科　三年半毕业

七、图画手工选科　三年半毕业

八、本科　三年毕业

　　这是当时分科的大概。后来南京高师设科，至少有文史地部、数理化部和农科三种，是已由两江师范做先导的。但是两江的设科还不止于此。原来清季初兴学堂的时候，大学高等和中小学并驾齐设；其中大学高等的教授，国学可请宿儒，"洋务"可请西人、日本人或是新归来的留学生；只是中小学的师资，在当时很成一个困难的问题。因此师范和优级师范中便相机施宜，添办起什么"速成科"、"简易科"来。两江初办，也因适应这个需要而设：

九、速成科　二年毕业（光绪三十二年毕业一级）

十、最速成科　一年毕业（光绪三十一年毕业一级）

　　这二科的目的，是招致年长而旧学稍有根底的人，教以"新"的课程和教授法、教育大意等，使他赶速成学以应各方的需求。速成科以外，还有所谓补习班，更有甲、乙、丙、丁之别。师范之下，更有附属中小学。

　　这个学校也有这许多科目，职教员、学生也就不少，自然非有一宗相当的款不能维持。三江初办，张文襄规定当年经费库平十一万两。（后逐渐有些增加）当时两江总督之下，藩司凡四：就是江苏巡抚、江宁巡抚、安徽巡抚、江西巡抚。这十一万两的教育经费，就从四藩司分任，从公款筹画解省（实际上两江所辖是苏、皖、赣三省。而江苏因有两个巡抚。出费较他省倍）。这宗经常费，在当时已很够应用；所以学生的学膳宿费，也都全免；只不过赐鱼赏肉，颁衣给药，乃至推恩及家属婚娶，曾在明朝施行于这块地方的；在那时衰清政府之下，虽然一样的要祝"万寿"，戴"皇恩"，可是这些"恩典"是没有了！

（七）职教员

　　现在我们约略谈谈这个学校缨珠袍套的"监督"大人以下的职教员和后面还拖着长辫，兼攻中西的学生罢！

　　在张文襄没有去职以前，他俨然是三省境内学校的"护法主"，三江事务更是他所热心主持。他又很能延揽时贤；三江方面，他便设起"总稽查"的空职，先后聘近儒缪筱珊（荃孙）、方玉山（履中）担任这职名。事实上的校长，当时叫作监督；最先任的是长沙杨公锡侯（觐圭），其后为宁国徐公积余（乃昌）继任，改名两江以后，抚州李公梅庵任监督。监督之下，职员有教务长、斋务长、庶务长和监学检察；更有文案官、会计官，（即文牍与会计）以及翻译员多人。教员当时概称教习；中国教习以外，有时也偶请西人。但是我们知道张文襄是主张取法日本，以为维新的间接借资的，和盛宣怀喜欢直接用西人不同；所以他便延致了日本教习，加以竭诚的优待（教习房只准日教习住眷）。我们现在且看一九〇九年（宣统元年）的两江职教员数：其前其后的教职员数大约也和这年相仿了！

一、监督一人。

二、教务长、斋务长、监学检察、文案官、会计官,共八人。

三、翻译员十一人。

四、中国教习二十人(修身伦理二、史二、地三、算四、英文三、日文二、操二)。

五、日本教习十二人(任理化、法制、农学、博物、图画、手工教育等学程教习)。

——以上见《两江同学录》

从上列看来,日本教习占教习总数八分之三,也可见文襄重用日本人的风尚,在他离开南京以后还维持着呢!(以前曾任的日本教习,还有十八人)这里所谓译员,实际上就跟着日本教习而存在:因日人不懂中国话和中国文,上课讲述以外,便是讲义也须懂日文的译员修改的。总算起来,宣统元年两江师范的教职员总数不过五十二人,比起现在的东大来,自然相去很远了。

(八) 学生

从前南监的师儒也并不多,但因为监生众多,所以规模竟比现在大。两江师范呢,草创于衰清之世,学生自然也不能众多。一九〇九年时,两江离创办已有七年的发展,但学生总数还不到四百,只和南高初办时相仿而已。

宣统元年的学生人数表于下:

(第三分类科)三二　(史地选科)三八　(图画手工选科)三六

(数理预科)三八　(补习班乙丙丁戊己五班)二〇九

共计　三七一人

——见《两江同学录》

我们要断定初办时的学生数之少,就毕业生人数便可推见。据宣统元年《两江同学录》,这年以前毕业者,各科共计九班,毕业生共三百二十余人。虽然还有中途出校的学生,但七年中只得三百余毕业生(速成科八十余人在内),也可见两江师范的学生每年不能超出五百人以上(附属学校不计)。至于学生的来源,大半限于江苏、江西、安徽三省,因为他的范围便主在"两江"三省,不像南监是国学性质的。至于各科的课程和学生的风气待遇,这里都不及细说了。

(九) 两江师范的停办

一九〇九年以后,中国的革命气焰渐渐的风靡起来,各省学校里的青年,也很多慷慨攻击异族,而且一齐觉悟糊纸式的立宪是不可信。两江只因处在官职重重的南京,又受公费的供给,所以也没有反清的运动。一九一一年秋,(宣统三年)武昌革命,南京振动,两江师范遂从此停办。当时监督李梅庵任江宁藩司,学校只依赖保管员留居,没有和城民共遭大祸。等到一九一三年(民国二年)癸丑之变以后,南京增加军备,便强横的收没校舍,驻扎军队;于是学校里本已散失的图书仪器,越发毁坏无余;连屋宇的门窗一切,也遭损毁。于是这一个清季的学校,虽然渺茫的纂承南监的前绪,却不幸支持了十年,就烟消云灭了!一九一四年,总有创建高师之议,但是直到现在,除出几所屋宇,还有两江素质以外,两江的遗物,只不过几本破残不完的讲义,存在东大图书室中。去年许多书籍跟着口字房烧去了,两江的讲义一定也在其中。只经二十年的遗迹,也不久就不可得,这不能不怪国人考古搜集观念的薄弱了!

只是现在东大校舍中有一个名称,还保留着两江的一位人物的影子。两江的最后监督李瑞清,就是长于写字的"清道人",有时题着"清道人阿梅",是因为他的号叫做梅庵。据说他做监督时,也不停的在一字房楼上挥笔。高师创立以后,江校长易园因为他和两江关系很久,便篆着"呆奋"二字,做校园的中小屋的名称。我们后进的学生们,也便不问来由的以"梅庵"二字当作校园的名称。这"梅庵"二字倒可与东大终古了!

(附言)两江校舍驻兵,图籍无存。这一节的材料,是从柳师翼谋和海州武霞峰先生处征询所得。并仅仅参酌宣统元年印的《两江同学录》一书。武先生曾列举当时两江教习,今在的还有三十余人。但严格地说来,这节文字的"史料"是很简陋不足了!

《学生杂志》1924 年,第 11 卷,第 10 期。

姜丹书:两江优级师范学堂回忆录

五六十年前的两江师范学堂,是我的母校,兹追述其概要,以供史学家编写中国文化、教育史的一部分资料。

一、创置与学区

两江师范学堂,是我国最早开办培养各种师资的园地。清光绪三十一年(公元 1905)才明令废止科举,但此校在此前三年即光绪二十八年(1902)就由两江总督张之洞奏准开办了。校址在南京城北之北极阁山脚下(即民初的南京高等师范,后改称东南大学、中央大学以及解放初改称南京大学的最前身)。在那时可谓规模宏大、设备完善、办理认真、教学猛进,足当东南学府之称。它是在科举尾声中率先迎接划时代的新兴教育相应到来的先行队。

我国最初的师范教育制度分两级,一曰优级(入民国改称高等师范),一曰初级。优级师范是培养中等以上学校师资的场所,初级师范是培养小学师资的场所。有些地方两级合办在一个学校,例如江苏两级师范学堂(在苏州)及浙江两级师范学堂(在杭州),等等。而这个两江师范学堂,是单纯的优级师范,不附带初级,惟校名上不加标明。

此校起初称三江师范,不久改称两江。因为此校的学区,是以江苏、安徽、江西三省为范围的。其实,两江二字,已是包括了三省。原来在科举时代,安徽与江苏两省合在南京一个贡院内举行乡试,称为江南乡试,所以江南这个名称,是包括江苏、安徽两省而言的,江南和江西乃是两江,也就包括了这三个省。故两江总督直接管辖这三省,安徽、江西两省的巡抚,都受这一个总督节制,换句话说,这个学堂也就是两江总督职权下的一个教育事业,则称两江师范是合乎逻辑的。

二、校舍概况

开办之初,当然是从白地建屋做起。大约筹备了二年——从光绪二十八年至三十年间,先建成了一大部分房屋,亟行招生开学,而后继续扩建。此校的校舍情况,大概如下:

其外围的围墙,贴切着北极阁山脚下的马路,西自一条小河(即大石桥所跨的这条南北通渠)北口起,迤东,至近鸡鸣寺山脚下而向南转弯,仍沿着马路至成贤街而向西转折,至来复会堂(耶稣教堂)后面而达本校大门(朝南)。

当着从成贤街向西转折的马路口北面一大块空地亦划作校用,但此时尚在围墙之外,作种菜地。

又另外有一个农学试验场在校外,亦很大。

围墙内的主要房屋:

(一)正南面中间。一大排西式三层楼大厦。正中间是高耸的钟楼,置有大自鸣钟。钟楼下题一横额曰"两江师范学堂",金字。其三楼上主要是监督(校长)室。二楼上主要是教务长室、斋务长室、小型图书室以及重要的职、教员室。底层中间是高大的礼堂(纵的延伸进去)。上首有供着孔子牌位的飨台,每月朔(初一)望(十五)监督率领全体师(包括日人)生在此拈香。礼堂左右是庶务处办公室及一些教、职员用房间。

偏东有一座独立的西式会宾厅,内容宽敞,四面凌空。壁面上挂一些学生的图画成绩。

(二)东南隅。有一座很大的口字形(其中央尚有一座四面凌空的独立教室,实可说是回字形)西式二层楼教学大厦。楼上楼下均可四面回环通行。楼下正门(朝南)入口处设置着教务处及督学办公室。其余楼上楼下都是各课教室、理化博物等实验室及其标本器械室、图画石膏模型及器械室、教员休息室,等等(此屋在民国十余年东南大学时代失火焚毁)。记得此实验室内有四百度以上的显微镜一百二十架,供给理化、博物两科实验时应用,并准学生携借至自修室随时实验。又石膏模型有阿波罗、维纳斯、腊孔、猎神、荷马等的头像、胸像及立马、卧牛等。又有剥制禽兽等静物写生标本以及各种立体几何模型,等等,均供教学需用。

(三)东北隅。有二座比较小型的西式平屋,都是特别教室。一是音乐教室及风琴、钢琴练习室。另一是一大排手工教室及木工、金工实习工场以及工具、材料储藏室,等等。

大钟楼与口字形两座大厦之间有一大块空地,作操场及球场。

此球场北面有近二十排中式平屋都是自修室。每一排称一斋,自第一斋至第十几斋。每一斋分五间,每一间称一号,每一号内有十二个座位,即容十二个学生自修作业。

除自修室外,如阅报室、整容室(理发)、医室(中医,称医官,每天按一定的时间来诊几小时)、调养室(有疗养病床及药炉)等等均布置在这些房屋内。

(四)北面中间。大钟楼后面(北面)又有一大块空地,作操场及球场。此操场北面有两大排西式二层楼大厦,都是学生寝室,约分百数十间,每间四个铺位,很宽敞(此屋在辛亥革命城破的前夕，被歹人放火焚毁，乘机抢掠。上项所说显微镜等物多散在地摊上"黄金当铜卖"，非常可惜)。此操场的西面有阴雨操场一所，颇大。并附有操练器械储藏室。

（五）西北隅。有两大排西式二层楼大厦。题一竖的匾额曰"教习房"，金字，这全是日本教习的宿舍。

本国教习及重要职员的家眷，皆各自租住校外，那时都称"公馆"。只有一些办事员单身住校内。故校内经常不见有妇孺（惟后来地理教习姚明辉的夫人有时暂住在校园内他的卧室，相偕出入，大家以为很时髦的新派了）。

自修室及寝室后面各有一个大饭厅和厨房，一个在东，一个在西。西厨房附有开水锅炉及浴室。另外有许多厕所，散在各处隐僻地方。

教习房之西北内墙外是校园。园内有一棵著名的"六朝松"（实是桧树，相传为六朝时代的遗物，很老很直很高大。有一次干部节疤内发生自燃，浇水救熄)，并植了许多梅、竹、桃、李树。又有小池、小桥、亭子及三间茅屋。此茅屋最初特建为地理教习姚明辉编写讲义之所。入民国，袭用此整个的现成校舍开办南京高等师范学校，乃名此校园曰"梅庵"，以纪念前校监督李梅庵（瑞清）先生。

校园前面的围墙上开一后门（朝西）。一出此门过桥，折向北，即北极阁山脚边。

（六）西及西南隅。是附属中、小学，房屋甚多，皆旧式建筑（俗称昭忠祠，大约从前是昭忠祠旧址），容中学及小学生数百人，另外在校本部的钟楼大厦西面有一排西式楼房，亦划归附属学校用。此屋与旧昭忠祠房屋跨着一条小河（大石桥北）两岸相对，此处有一新式木桥，作为内部的通道。西面附校另有大门（朝南）出入。门外有一块大操场，直达大石桥迤西的马路边。

三、重要教职员名录

此校在筹备期间，先后由缪荃孙（字筱珊，江苏江阴人，翰林）、方履中（字玉山，安徽桐城人）、陈三立（字伯严，号散原，江西义宁人）为首长，称总稽查，也就是总办。到了开学时期（光绪三十年），先后由杨觐圭（字锡侯，湖南善化人）、徐乃昌（字积余，安徽南陵人）、李瑞清（小传见后）为首长，称监督，也就是后来所称的校长（以上几位未注明出身者，以那时的制度推考起来，必是翰林或进士，非此不可）。其中以李瑞清的任期为最长——自光绪三十二年至宣统三年冬革命胜利时停办止，计六年。在此六年中，大量招生，积极进行教学，造就人才甚多，而养成勤奋诚朴，以爱国新民为职志的学风。

我国早期的师范教育制度，大体是仿照日本的。一因它是同文同种，比较适宜而易学；二因他们自明治（六年）维新，行此教育二十余年，一跃而富强，值得规仿；三因自己的科学教师一时缺乏，便于借聘客卿来帮助过渡。因此种种，所以两江师范的科学教师，日本人特别多，而且以他们所教的功课为最重要。到后来亦有少数欧美国籍的教师。兹将其先后任教各课而尚能记忆及尚可查考者列于下：

松本孝次郎（日本文学士），教育教员兼总干事。他任职期甚长，与李监督相终始。我们当时称他为日本教务长,其实他是日本教师中的总教习。他颇好,能得领袖的信任和学生的信仰。民国七、八年间,我往日本、朝鲜去考察教育时,在东京曾访见他,他颇重旧谊,殷勤招待。此时他尚在教书。

松浦杕作(日本文部省检定伦理科及教育科教员),教育教员,甚好。

小川市太郎(日本法学士),法制教员,好。

小川邦人(日本理学士),物理教员,好。

森祐好(日本理学士),化学教员,甚好。他在校病故。

志贺实(日本理学士),博物教员,好。

粟野宗太郎(日本理学士),博物教员,甚好。

增田贞吉(日本农学士),农学教员,学生不信仰,未久即换。

伊藤邨雄(日本农学士),农学教员,好。

亘理宽之助(日本仙台陆军教员),图画教员,好。

盐见竞(日本美术学院卒业),图画教员,甚好。后在日本杂志上常见他发表许多油画作品。

杉田稔(日本高等工业学校教师),手工教员,好。

一户清方(日本文部省检定手工科教员),手工教员,甚好。他著作印行的手工书甚多。

石野巍(东京音乐学院卒业),音乐教员,甚好。

山田荣吉(日本美术学院卒业),图画教员,学生不信仰,未久即换。

以上是我们亲自受教的。

以下是前任的旧教员:

菊池谦二郎(日本文学士),教务干事。

平田德太郎(日本理学士),理化教员。

须田哲三(日本农学士),农学教员。

小野孝太郎(日本理学士),博物教员。

早濑完二(日本法学士),法制教员。

松田茂(日本东京国语传习所修业生),东语教员。

西泽勇志智(日本理学士),理化教员。

管虎雄(日本文学士),教育教员。

松原俊造(日本理学士),理化教员。

志田胜民(日本法学士),法制教员。

安藤安(日本农学士),农学教员。

大森千藏(日本理学士),博物教员。

岸廉一(日本医学士),生理教员。

柳原又熊,东语教员。

那部武二,东语教员。

（后来几个西籍教师见后第二十二项第四分类科乙班项下）

这些日本教师授课时，都有口语译员随班上课，二人并立在讲台上，教师讲一段，译员翻一段，学生坐听，随时笔记。这些译员，都是我国的日本留学生，年龄大都很少壮，大都能通过他们的语译而使学生了解。但有少数年限较长的班级如后列的第三、第四分类科甲班学生，则先从学习日语入手，故后来能直接听讲，不用翻译了。兹将先后曾任译员的名单录下：

张永熙（字子和，江苏溧水人，优廪生），教育译员。甚好。

徐绍端（字履卿，安徽石埭人，副贡生），图画译员。甚好。

许诚（字振吾，浙江黄岩人），手工译员。好。

朱锡琛（字献之，江苏扬子人），忘其译何课，任期较短。

钟毓华（字钟山，江苏上元人。后成文学家），物理译员。甚好。

叶基勤（字功甫，江苏吴县人），博物译员。甚好。

顾宝珊（字珊臣，江苏金山人），忘其译何课，任期较短。

赵正平（字厚生，江苏宝山人），化学译员，甚好。

张楠（字孝楼，一作小楼，江苏江阴人。后成书画家），法制译员，好。

吕联垣（字勉之，湖北江夏人），农学译员。好。

闵灏（字仲谦，江苏阳湖人），音乐译员。甚好。

此外还有赵连璧（字星三，江苏江都人）、魏光铺（字振金，福建人）、汪树璧（字佛生，安徽休宁人）、范恩溥（字汉声，安徽黟县人）、沈鸿（字孝侯，江苏常熟人）、张铠（字济威，广东人）、王祥麐（字月湖，江苏扬子人）等，都是前任或别班某课译员。

又本国人高级职员及教员名单录于下：

吴獬（字凤笙，湖南临湘人），教务长。

陈玉树（字惕庵，江苏盐城人），教务长。

何毓骏（字季芳，安徽南陵人），斋务长。

汪文绶（字佩臣，安徽全椒人），庶务长。

以上是前任，以下是我们在学时任职者：

李瑞清（字梅庵，江西临川人，光绪二十年甲午科进士，翰林院庶吉士，江苏存记道，有一个时期兼署江宁提学使），监督。

雷恒（字见吾，江西新建人，进士，翰林院检讨），教务长。

张通谟（字仲纯，晚号楚蓬，湖南湘乡人，举人），斋务长。善书法。性行耿介守约。入民国，在杭州任闲职多年。抗日战争中避难嵊县，客死，年七十余。

汪律本（字菊友，晚号旧游，安徽歙县人，举人），监学检察。善画。

李鸿才（字希白，安徽旌德人，生员），监学检察。有办事才。

戴汝定（字寿宇，安徽合肥人，生员），监学检察。

汪秉忠（字怡伯，一作夷白，江苏扬子人，生员），监学检察。

崇朴（字辉山，京口驻防旗籍，举人），修身经学教员。拘谨耿介，是道学先生。讲课时声音洪亮,仪态肃穆而谦和。鼎革后郁郁死。

曹绪祥(字幼桥,江苏江都人,举人),伦理教员。

侯必昌(字萃生,江苏上元人),历史教员。

卢重庆(字善之,江苏上元人,秀才),历史教员。

柳诒徵(字翼谋,江苏丹徒人,优贡生),历史教员。入民国为南京清凉山图书馆长多年,整理故籍多种。抗战中挟许多善本书西迁内地,胜利后保全归来。新中国成立后卒于沪,七十余。

陆长康(字凤笙,江苏上元人,廪生),历史教员。

刘师培(字申叔,江苏扬子人),历史教员。在校不久。

管祖式(字伯言,江苏上元人,举人),文学教员。

徐淮生(字汉侯,号醉石,安徽石埭人,岁贡生),文学教员。善行草,流传多。

顾厚辉(字葆光,江苏江宁人,举人),算学教员。

包荣爵(字墨芬,江苏丹徒人,廪生),算学教员。

佘恒(字雨东,江苏扬子人,秀才),算学教员。

汪开栋(字东木,安徽全椒人,秀才),算学教员。

姚明辉(字孟埙,江苏上海人),地理教员。少壮时倡导铁血主义。是当代舆地学专家,出版多。中国舆地学会之组成,由其致力为多。

周培懋(字蕙农,湖南善化人),地理教员。

任元德(字寿华,湖南长沙人),地理教员。

赵祜(字岘亭,江苏上元人),英文教员。

赵仕法(字振亭,江苏上元人),英文教员。

李作舟(字幼卿,江西抚州人),英文教员。

赵尔枚(字柳塘,安徽太平人),日文教员。

都鸿藻(字质甫,浙江桐乡人,秀才),日文教员、编译员。

高秉彝(字仲南,湖北襄阳人),体操教员。

徐傅霖(江苏人),体操教员。

刘先俊(字定坤,湖南宁乡人),体操教员。

周恩纶(字经耜,浙江仁和人),体操教员。

萧俊贤(字屋泉,一作稚泉,又字铁夫,晚号天和逸人,斋名净念楼,湖南衡阳人),毛笔画(国画)教员。

以下是前任的旧教员:

杨邦彦(字振声,江苏丹徒人),修身教员。

程麐(字绥青,江苏江宁人),修身教员。

窦昀(字田莱,江苏上元人),修身教员。

盛平章(字子云,江苏阳湖人),历史教员。

黎承福(字寿臣,湖南湘潭人),历史教员。

隋勤礼(字爵三,江苏江宁人),文学教员。

吴荣萃(字拔其,江苏六合人),算学教员。

徐德培(字笃夫,江苏兴化人),算学教员。

邓承炜(字俊民,广西人),地理教员。

陈贞瑞(字墨西,湖南衡阳人),地理教员。

张曾谦(字幼昭,安徽含山人),地理教员。

武同举(字霞峰,江苏海州人),地理教员。

陈国征(字联祥,广东人),英文教员。

邓瑗(字云溪,广东嘉应人),英文教员。

陈振(字雄州,广西人),体操教员。

叶文萃(字会之,江苏上元人),体操教员。

池涵光(字辑生,浙江黄岩人),体操教员。

赵均腾(字南山,湖北黄陂人),体操教员。

赵廷玺(字玉书,湖北人),体操教员。

蒋与权(字秋平,安徽广德人),监学。

郭文辙(字小庭,安徽亳州人),监学。

陈光熙(字纯一,江苏上元人),编译员。

蒋邦彦(字晋英,浙江金华人),编译员。

四、入学考试及设科开班

此校于光绪三十年下半年开始正式招生。而在此次招生以前一个短时期内先开一个训练班,此称练习教员。后来这些练习教员都为重要职员,如为监学检察的汪律本、李鸿才、戴汝定、汪秉忠等皆是,故他们皆始终久于其职。

在那时,江苏、安徽、江西三省共有二百十几县(包括厅州)。各地方一旦同时兴学,都急于需要大量的中学、小学师资,日不容缓,故于光绪三十年秋季,三十二年暑期及三十三年秋季均举行大量招生。而在招生时当然要关顾到籍贯的普遍和大、中、小县的名额酌量多少。又须分别缓急,为期短长,以及程度逐渐提高,等等。这些,都可在后列的各科学生名籍表内看出。

当时所定的报考资格,是"举、贡、生、监"(举是举人,贡是恩贡、拔贡、副贡、岁贡、优贡以及廪贡、附贡等贡生,生是廪生、附生即秀才,监是国子监学生即监生。除举人外又统称生员)。照道理,优级师范的入学资格,应该是中学毕业生;但在那时突然废去科举,接着就马上要兴办优级师范,底子实嫌单薄;实际上非但没有中学毕业生,连高等小学毕业生亦不大有。莫说风气闭塞的地方根本没有中学,连高等小学亦不大有;即使是风气开通的地方,中、小学生尚多在肆业中。因此,最初只好这样以考选"举、贡、生、监"为捷径。这些人,科学常识虽然缺乏,但有一个好处,就是文理必已通达,加教起科学来,容易进步,因而也可事半功倍了。稍后几年,中学肄业生有了,中学毕业生及高等小学毕业生也有些了,就把他们也一同收考,从优录取(那时的法令,认定中学毕业生相当于廪贡生,高等小学毕业生相当于秀才,这也作为一个合格的根据,但须知那时的高小毕业生与今日高小毕业生质量不同)。我在这里说明这些情况,是要使后人知道那时改革教育、发奋图强和开辟道路、艰难缔造的困苦。

入学考试颇严格,倒不是急不暇择。起初几班,因风气尚未大开,有些顽固者或不识时务之人还鄙视"洋学堂"(那时俗语有此称),尤其各处交通很不便,僻远的地方人,连消息也不知道,所以报考的人数不多,尚较易录取。到后来,报考的人数多了,要竞争了,那就很不容易了。我是光绪三十三年秋季考入的,现在以我的入学过程作为一个实例来说明情况如下。

我原籍是江苏溧阳县,这次招生,溧阳县分到六个录取名额。暑期中,我在县署前的照壁墙上看到了两江师范招考的皇皇大告示,心虽怦怦然动,但却自卑,不敢冒率尝试(此时我在考科举不售之后改入高等小学肄业),由于师友的鼓励,引起了希望心,遂往礼房(历来专管考试和其他学务公事的房科)去报名。这个考试,要考三次:初考在本县,第二、第三次复试均在南京本校。

到了初试举行日,由知县(即县长,名钱选青,字一楼,安徽巢县人,拔贡)和县学老师(训导,名陈重纶,江苏仪征人。后因溥仪即位,避讳,仪征县改称扬子县)召集报名的生员八十多人,在平陵书院内扃门考试,题目是《"安静之吏,恬幅无华,日计不足,月计有余"》(出典是〈后汉书·章帝纪〉诏书语)论。榜发,我幸获录取(另外五人是黄镇平、赵宪、宋咸德、狄咏棠、彭某,但彭某自行放弃,未往复试)。改日,我等领到尊经阁所发十几元复试川资(这是沿袭科举时代赴省乡试的成规),搭乘丹阳班船(定期往来于溧丹间的客货信船),由溧阳城起程,约二昼夜到丹阳,改乘内河小轮船,当日到镇江,再改乘长江轮船,一夜到南京(那时沪宁铁路尚在建筑中,故唯一的水道交通,以外商的太古、怡和两公司及本国招商局的大轮船为主要)。住小客栈,带了公函赴校报到,候期复试。记得复试题是《自由与自尊说》,约两三小时交卷。此时本应再候发榜及复试,但以我等是小地方人,看得此校规模甚大,又泛起了自卑观念,并无获取再加复试的信心;又以听得前一年招考拖迟了四五个月才出榜;并以所带盘费甚少,无力久待;于是游玩了几处风景,就动身至镇江,又稍游玩即回本乡。不料数日后即见到了上海各大报上发表的录取生名单,我们这几个穷考生都被取在内;但憾所定第二次复试日期甚促,屈指算来,因交通不便之故,无论如何赶不及,自己只有懊丧而已;幸由县里催促我们赶去再讲,就又结伴赶去,连忙赶到南京,果然过期脱复了,徘徊无计,姑且观望。却是打听之下,脱复者甚多。当然,以我们溧阳与南京相距不远,交通亦不算太难,犹嫌如此局促,则皖赣偏远的考生自然更多赶不上。于是人多谋众,绝处逢生,大家纷纷上书请求补复,过了十几天,校门口挂出牌示,准予另定日期补复一次,皆大欢喜。于是静候到期,参加补复。补复的试题,已记不清,但尚约略记得是关于长江、黄河等类地理常识问答。此次考后,各自回家,取否听其自然了。再息若干日,上海各大报又登出录取名单,我们几人都被取在内。于是依期在九月内负笈去入学,依据自填的志愿书,编入图画手工选科乙班肄业。

兹依据同学录(宣统元年冬编印的)将各科班级的情况列下:

最速成科 此是一年制。各课通习,不设专业。光绪三十年十月(当然是阴历,下仿此)入校,三十一年十二月毕业。计为盛于斯等五十八名。

速成科 此是二年制。各课通习,不设专业。光绪三十年十月入校,三十二年十二月毕业。计为陈桂生等二十六名。

其中凌文渊后成著名国画家,擅长花鸟,曾任北京师大及美专教授。抗战后期终故,近七十。其遗作流传颇多。陈亦卢后又入史地选科毕业。

本科 此是三年制。各课通习,不设专业。光绪三十年十月入校,三十三年十二月毕业。计为吕国铨等三十二名。

第三分类科(理化)甲班 此是五年制。前二年作为预科,各课通习。至第三年以物理、化学、数学为专业。简称理化分类科。其功课,除主科外,尚有有关的副科,而教育的课程尤其在五年中都有的(这个情况以下各科皆同)。此科学生光绪三十年十月入校,宣统元年十二月毕业。计为倪宗伊等三十五名。

其中王勃、单毓苏、盛建勋、沈廼颐、陆裕枬五人是最优等毕业生,于宣统二年春赴京,照章参加学部全国性的复试,榜示及格,奖授师范科举人。此种考试,此为第一次。

第四分类科(农博)甲班 此是五年制。前二年作为预科,各课通习。至第三年以农学、博物为专业。简称农博分类科。光绪三十年十月入校,宣统元年十二月毕业。计为龚长庆等四十六名。

其中胡光炜后成为著名的文学家,书法亦有名,曾为金陵大学文学院院长及中央大学文学教授。此班无最优等毕业生,可见最优等很严格。周开鋆在北京教育部及南京教育部为部督学廿余年,视察各省学校,矫正甚多。

以上各科五班学生一百九十七名,都是光绪三十年十月同时招进的。

数学理化选科甲班 选科是三年制(但实际上三年半)。第一年作为预科,各课通习,而主科功课钟点较多。第二、三年以数学、物理及化学为专业。光绪三十二年六月入校,宣统元年十二月毕业,共七学期。计为朱焕章等三十一名。

其中朱焕章、方振东、鲁嵩云、张元宰四人是最优等毕业生,于宣统二年春赴京,照章参加学部全国性的复试,榜示及格,奖授师范科举人。

农学博物选科甲班 第一年作为预科,各课通习,而主科功课钟点较多。第二、三年以农学博物为专业。光绪三十二年六月入校,宣统元年十二月毕业,共七学期。计为张起权等三十七名。

其中陈连孙、吴锡麟、徐允颐、薛沐清四人是最优等毕业生,于宣统二年春赴京,照章参加学部全国性的复试,榜示及格,奖授师范科举人。

图画手工选科甲班 第一年作为预科,各课通习,而主科功课钟点较多。第二、三年以图画手工为专业。光绪三十二年六月入校,宣统元年十二月毕业,共七学期。计为朱克诚等三十三名。

其中陈赞成、徐作哲、李健三人是最优等毕业生,于宣统二年春赴京,照章参加学部全国性的复试,榜示及格,奖授师范科举人。桂绍烈在校肄业时,每学期成绩都是第一名,当然是最优等毕业生;但在学部复试时,因有主科一门课程(毛笔画——国画)不及格而降为优等。他此课所以不及格者,因为没有教学过;而所以没有教学者,因部定课程表是完全照日本抄的,没有把国画列入,校中乃照章设课,并非疏忽缺漏。不料学部此次复试破例加考,而桂君对于用毛笔在宣纸上作画素非所习,以致未能及格,实属冤屈。吕澂亦是最优等,但自行放弃复试,以示志不在功名,人以为高。李健后来对于书、画造诣甚高,吕澂、汪孔祁后来对于国画造诣亦均甚高,徐作哲、吴良澍亦各有造诣,此五人后来皆为大学教授。(这些仅就我所知者而言)吕澂后以字(凤子)行,自号凤先生。曾为国立艺专校长,一九五九年终于江苏师范学院教授任内,七十四岁,葬苏州灵岩山公墓。有《中国画法研究》及画幅多帧行世。

第三分类科(理化)乙班　此是五年制,与上面的甲班同。光绪三十二年六月入校,宣统三年下半年辛亥革命时毕业。计为张世英等五十名。

其中华襄治、张鹏飞在中华书局编辑所做编辑工作几十年,帮助出版和自己出版颇多。

以上各科四班学生一百五十一名,都是光绪三十二年同时招进的。

历史地理选科甲班　第一年作为预科,各课通习,而主科功课钟点较多。至第二、第三年以历史、地理为专业。光绪三十三年九月入校,宣统二年十二月毕业,共七学期。计为贾观霄等三十八名。

其中只有王家吉是最优等毕业生,于宣统三年春赴京,照章参加学部全国性复试,榜示及格,奖授师范科举人。

图画手工选科乙班　与上面的甲班同。光绪三十三年九月入校,宣统二年十二月毕业,共七学期。计为卢志鸿等三十六名。

其中潘景洛、孙应受、黄镇平、王景祥、姜丹书、陈琦六人是最优等毕业生,于宣统三年春赴京,照章参加学部全国性的复试,榜示及格,奖授师范科举人。沈企侨派往广州,辅助广东优级师范学堂开办图画手工专科,民国十余年在南京创办私立南京美术专门学校;姜丹书派往杭州浙江两级师范学堂接替日本教师(图画、手工)所遗的教席。

数理化选科乙班　与上面的甲班同。光绪三十三年九月入校,宣统二年十二月毕业,共七学期。计为季处等三十八名。

此班是否有最优等毕业生以及曾否参加学部复试?已失考。周实在辛亥革命时率先宣布独立,为汉奸所杀害,成烈士。

补习科乙班(缺甲班。此因继续前面的第四分类科而编次的,若将前面的第四分类科作为甲班,则此当为乙班了。)　补习科是分类科的第一阶段预科。此时的分类科已改为六年制。其中分三个学习阶段:第一、二年称补习科,各课通习;第三年称公共科,乃是第二阶段预科(也有些地方是一年补习科二年公共科的),课程比较集中些(补习科毕业,给文凭,公共科不给);第四年以后更集中于某些专业,故称某某分类科;故所谓补习科及公共科,皆是正式的某种分类科的预科性质(这些情况以下各班皆同)。此班自光绪三十三年九月入校,至宣统三年下半年才是四年级,及辛亥鼎革时停校乃散学。(这个情况以下各班亦皆同)此班学生计为王庆喆等四十四名。

补习科丙班(说明同上)。光绪三十三年九月入校,辛亥鼎革时停止。计为刘复振等三十八名。

补习科丁班(说明同上)。光绪三十三年九月入校,辛亥鼎革时停止。计为黄守日等三十九名。

补习科戊班(说明同上)。光绪三十三年九月入校,辛亥鼎革时停止。计为吴均五等四十五名。

补习科己班(说明同上)。光绪三十三年九月入校,辛亥鼎革时停止。计为曹燧等四十三名。

以上各科八班学生三百二十一名,都是光绪三十三年七月至九月间招进的(此年招生最多,是分二次招的,第一次是在七、八月间,即三班选科考入这一次。第二次是在九月间,即五班补习科考入这一次)。

农学博物选科乙班

历史地理选科乙班

此二班皆是二年制。因所招学生大多数是中学毕业生或肄业生,已有相当的普通科学根底,故略去预科一年。宣统二年春初入校,至辛亥鼎革时散学,即作提早毕业。民国元年由教育部补发毕业证书。

此二班学生是同时招进的,大约各三四十名。名单失考。但我记得的同学有方腾骧(字伯超,江苏溧阳人)、糜赞治(字子襄,江苏无锡人)、张樾(字书绅,江苏溧阳人)、薛德燨(字如仲,江苏江阴人)、杨卿鸿(江苏江阴人)、六某(江阴人,忘其名字。据其自言是方孝孺后裔,当明朝永乐篡位时,方孝孺遭杀身灭族之祸,有一支遁匿江阴,变姓名,将方字截去半只脚而改姓六——六亦本是古姓云)、俞鹤琴(无锡人)、孙辰初(无锡人)、帅润身(字叔赓,江苏吴江人)等。

第一分类科(国文外国语科)此科是初次开设的。

第三分类科(数学理化科)乙班

第四分类科(农学博物科)乙班

前面所列的五班补习科,至宣统三年(辛亥)春,已届满三年,经过了补习科及公共科的学习阶段,而进入第四年继续肄业即是正式的分类科了。这些学生至此,各从志愿,分别选入这三个科。故他们的名单就是前列五班补习科的成员综合改编的,不复列。是年冬因鼎革而散学。同学荣棣辉是选入这个第一分类科(国文外国语科——简称文科)的。据他说此科的国文教授是管祖式(见前教员名单)。英文教授有秦某胡某及美国人魏德谟。德文教授是德国人舒里兹。(据荣君所作《思庵行年随录》——鄂生自编年谱)同学刘平江(字虚舟,江苏徐州府铜山县人),是在第三分类科乙班的。

最后的某科某班 宣统三年春初曾招生一次,记得溧阳乡友陈栋材即是此次考入的。

惟招入多少人、开何科、编为几班以及其名单,等等,已无从查考。这些科班至同年冬才一年即因鼎革散学而停止。

公共科、预科毕业后出校者　计有邵钦元等四十三人(不完全)。

未毕业出校者　计有范循源等一百五十四人(不完全)。

以上学生统计起来约有千数上下。这些学生,固然有些中途改行者,早死者,亦难免无所作为或作为不善者,然毕竟以从事教育事业者居多数,而且终身为教师者亦不少。其中有许多学术著作,作为进步的桥梁。故从总的效果说来,这个学校贡献实不算少,对于后来的革命事业也有一部分潜在的力量。不过迄今已经五六十年,其人虽零落殆尽,而其事则值得纪述,以留教育史上一些痕迹。

五、各科教学内容的一个实例

各科各班的教学内容,我当然不可能详知。兹凭记忆将我们这班(图画手工选科乙班)的课业情况约略述于下,以觇一斑。

第一阶段——预科(光绪三十三年九月至三十四年十二月)

修身　教师是崇朴。课时甚少,大约每周一或二小时。

国文　教师是徐淮生。各科招考时特重国文,择优录取,故凡学生的国文程度都在水平线以上,因而课时亦甚少。教些文字学等类。

历史　教师是卢重庆。本国史,我们在从前用科举功夫时已搞清楚,故所教甚略。特重世界史,尤其是西洋史,以及当代的国际形势等。课时亦不多。

地理　教师是周培懋。教些天文地理、地文地理、人文地理的常识。侧重在世界地理。而本国部分则较略。课时亦不多。

英文　教师是李作舟。从字母教起,以及拼音、文法、缀句、简单翻译等。课时稍多。

日文　教师是赵尔枚。从字母教起,以及词类、文法、缀句、翻译练习等,课时稍多。

算学　教师是顾厚辉。从四则教起,以及分数、比例、代数等。课时稍多。

物理　教师是日人小川邦人。译员是钟毓华。热学、力学、电学、光学、音响学等。课时稍多。

化学　教师是日人森祜好。译员是赵正平。无机化学、有机化学等。课时稍多。

博物　教师是日人粟野宗太郎。译员是叶基勤。植物、动物、矿物及生理卫生等。课时稍多。

农学　教师是日人伊藤邨雄。译员是吕联垣。土壤、肥料、气象、农作物等。课时不多。

法制　教师是日人小川市太郎。译员是张楠。立法、司法、行政及宪法等一些原则性的常识。课时不多。

教育——主科　教师是日人松浦枚作。译员是张永熙。教育史、教育学。课时稍多。

图画——主科　教师先是日人亘理宽之助,后是日人盐见竞。译员是徐绍端。用器画——平面几何画；自在画——铅笔、木炭等基本练习（临画及石膏模型写生）。课时较多。

手工——主科　教师先是日人杉田稔，后是日人一户清方。译员是许诚。纸细工（折纸、切纸、组纸、捻纸和纽结、厚纸等）；豆细工；粘（黏）土细工；石膏细工等。课时较多。

音乐——副主科　教师是日人石野巍。译员是闵灏。乐典（理论）、唱歌（简谱及五线谱）、风琴练习等。时间稍多。

体操　教师是周经粗、高秉彝、刘先俊。柔软、兵式、足球和网球（课外自由活动）。课时稍多。

第二阶段——专科（光绪三十四年正月至宣统二年十二月毕业）

伦理　教师是曹绪祥。课时少。

数学（几何）　教师顾厚辉、佘恒、包荣爵。课时稍多。

物理（力学）　教师是日人小川邦人。译员是钟毓华。课时稍多。

教育——主科　教师是日人松浦杕作、松本孝次郎。译员是张永熙。教育学（续）、训育论、心理学、论理学、各科教授（学）法（包括各种学科，不但是图画、手工、音乐）、教育行政、小学设置等，课时较多。

图画——主科　教师是日人盐见竞。译员是徐绍瑞。用器画——投影画（正投影——当时称正写投像、均角投影、倾斜投影、远近投影——透视画法等。这些都是属于立体的）、画法几何等、自在画——素描（铅笔、木炭写生、擦笔石膏像及铅笔速写）、水彩画（临画、铅笔淡彩、静物写生、野外练习）、油画、图案画等，皆理论与实习同时进行；课时特多。另外，加习毛笔画（国画），教师是萧俊贤。山水、花卉，课时较多。

手工——主科　教师是日人一户清方。译员是许诚。竹工、木工、漆工、辘轳（旋）工（车床圆件）、金工（针金即线金、钣金、锻铁）等；皆理论与实习同时进行，课时特多。

音乐——副主科　教师是日人石野巍。译员是闵灏。继续预科时的课程，时间较多。第三年下半年石野回国后由海州人许崇光续教。

体操　教师是高秉彝、徐傅霖。兵式、柔软，课时稍多。

以上所述，是我们这班的课程安排及教材教法的大概情形。以此为例，推至其他各科各班的预科以及补习科、公共科上亦大概如此，皆是先行铺平各种科学知识的基础，作为加高加深的底子。及进展到了各个专科时期，则各有各的主科和有关的副科，当然各有比重，各不相同了。然亦有两个共同点：

（1）教育皆是总主科——不论在一、二、三年制或五、六年制的科班上，所教学的深度虽不一样，而所关涉到的幅面是差不多的。这一点就是师范教育的特色，与其他一般性的某种专科学校有所不同。

（2）课时皆很多——各班每周功课皆有四十小时左右，即每日平均有六七小时，上午四小时，下午三小时，难得有一些空档不排课，所以塞得很实的，在当时称为"注入式"的教法（与"启发式"的教法相对）。当然，在那时需才孔亟，年期既不能拖长，质量又不能抑低，只好如此采取"填鸭求肥"的办法。好在我们一般同学年龄都在二三十岁之间，且有许多搞过科举功夫的,文理通达,智慧正在开发,在知识课方面,固然经得起承受其注入而能消化;在技能课方面,亦是年富力强,自觉自愿要求勇猛精进。

再讲到两江师范的图画手工这一科,是经过特别争取而后能做到创设的,应该记述如下:

起初,学部所议订奏颁的学堂章程,关于优级师范的分科,只有数、理、化、农、博、史、地、文等科目,而无图画手工的科名,办学者不能违章擅办。由于李监督自己爱好美术,又一向重视艺术教育,且曾亲往日本考察,知东京高等师范学校有图画手工科,乃主张仿办;而学生中如吕澂、李健、汪孔祁、吴良澍等许多好学分子亦竭力要求开设此科;于是李监督即援东京高师之成例,特上条陈于两江总督转详学部,即由学部奏准增设,乃得实行开办(同时,在保定的直隶优级师范亦援例开办此科一班,他们发展在北方),连办甲乙两班,培成我国艺术教育第一辈师资六十九人,散播开来,成为各地最早的艺术教育种子,滋长蕃衍,开花结果,实有"树木树人"之功。若无他首先特别提倡,开辟园地,不知要推迟到民国几年才可能有此科设施?

这两班图画手工科毕业生,除当然散布在苏、皖、赣三省中学、师范或小学的广大方面,展开了艺术教育的开创业务之外;还有若干优秀分子移植到别省,解决了许多地方艺术师资的迫切需要。就我所知并记得的有:张袤在四川,乔治恒在山西,李健、吕澂在湖南长沙,陈琦在湖南常德,汪孔祁在武昌,沈企侨在广州,姜丹书在杭州,夏焕云在浙江温州,徐作哲、凌文渊(他虽是速成科,然特长于国画)在北京,另外还有郑庚元在贵州遵义(他虽是数理化选科乙班毕业,而所教却是手工。因他们在预科时固有图画手工功课,而在专科中抑或作为有关的副科加习)……不论他们的任期长短,功效大小,都是开辟新的艺术园地之人。

六、学生生活与学习概况

定章:师范生一律不收学费、膳费及杂费。此校开始这几班,非但不收费,而且每人每月还津贴零用钱若干,至我们开班(光绪三十三年秋时)时才停止。膳食七人一桌,朝餐吃粥,中餐、晚餐均吃饭,尽量吃。朝餐四碟过粥菜,如豆豉、豆腐干丁、酱菜、油灼黄豆或花生米以及虾米、肉松等类。中、晚两餐均五菜一汤,菜是三荤(鱼、肉、鸡、鸭、蛋等类)两素。(那时物价甚低,每人每月膳费至多不过三元光景——尚无钞票,一律用银币、铜钱、搭用铜元和银角子。)每人每年发给冬制服(黑呢)一套,夏制服(白斜纹布)二套。后来还发皮鞋一双,布靴一双。每人每周发给白礼氏船牌洋蜡烛(那时无国货,此是最好的舶来品)一封(六支),为夜自修之用(那时南京尚无电灯,虽有洋油灯而不用,以免麻烦和不安全)。夜自修在自修室内做。十时入寝室,十时半熄灯(有时监学检察来查夜)。浴室内自由洗澡。整容室内理发无费。调养室内医药无费(中医药)。课余出入大门后门不必请假(大约夜十点半关锁)。上课时缺课必须请假,否则作旷课论。球场自由运动。放年暑假时,火车票(只有沪宁铁路)半价优待。

此外,学业用品如铅笔、橡皮、直线尺、三角板、丁字规、曲线板、笔记本、英文练习簿、画帖、图画纸、画图仪器、木炭、水彩画颜料、笔、笔洗、油画颜料、油画布、笔、框、箱(油画架设在课堂内)等等以及各种手工器具、材料,等等(其他各科各班依此类推)皆由校中发给(大概都是日本货。但如油画框、箱、架等简单木器,已由校中叫木匠仿制。至如手工工具箱等,则在木工作业上自制)。

学生在上理论课时,完全以随时笔记为主,每天在夜自修时复习整理,积稿成册。油印讲义(针笔版)须至考试(每学期大、小考各一次)前若干时日发出,作为校正笔记之用,以免养成怠惰的依赖性。在实习课上,当然在实习教室内实地操作。每学期大考(学期考试)出榜一次,以名列第一名、第二名者为正、副班长(图工甲班,桂绍烈始终任之。乙班,我和陈琦始终任之),在本班上做一些代表任务。

七、奖励制度

我国千百年来的科举制度上,关于学术和人才的奖进,向以举人、进士等功名名目(也有翰林名目,在殿试之后成绩最佳者得之)为标志,此实等于后来的学位。到了清季——封建王朝的末代,受着世界潮流的激荡,教育制度(学制)虽然不得不加以革新,而这些陈旧的功名名目,一时犹不肯决然舍弃。所以在那时所定的"奖励"制度,不论对出洋游(留)学毕业生及国内高等专门以上学堂毕业生,都尚有什么医科举人或进士、工科举人或进士……以及师范科举人等名目。那时国内尚无医科、工科等类的大专院校,故凡称医科、工科举人、进士者,都是出洋游学生中考出来的(《清史纲要》上载称"光绪三十一年六月甲寅,考试出洋学生,赏金邦平等进士、举人出身有差。自是每岁试留学生以为常"云云)。就实际上说,我所知道的或认识的,如王若宜、王若俨两兄弟一是医科进士,一是医科举人,溧阳人,生长于杭州,皆是日本留学生。吴宗濂(字逸民)、钮翔青,皆工科进士,吴兴人,日本留学生。这些都是实例。当时俗称洋翰林、洋进士、洋举人,可发一笑!

以此为例,推至国内优级师范毕业生的"奖励章程",大略记得如下:

优级师范选科及分类科毕业生,凡列最优等(总平均分数80分以上)者,须调京复试。复试及格者,奖给举人出身。其为选科者,以各部司务(八品,出京加一品)任用。其为分类科者,以内阁中书或七品小京官任用。皆免除其义务年。

凡列优等(70分以上)及中等(60分以上)者,均无需复试。义务年(任教职五年)满,作为举人。其为选科优等者,给予什么衔;其为分类科优等者,给予中书科中书衔,云云。

此种制度,是以名利饵人。所谓"免除其义务年",尤不合理。以理而论,既是最优等,即属最优秀的师资,更当责成其服务教育,而乃免去其一定年限的执教义务,使得可以直接去做官,岂非与造就师资的本旨自相矛盾吗?

在此制度下,学部曾举行复试二次。第一次是在宣统二年春举行的。(在此以前,国内优级师范尚无此种毕业生。其有留学日本高等师范者,则在留学生考试中行之,不在此项复试之内。)第二次是在宣统三年春举行的。是年冬清亡。

两江师范虽是最早开办的,然犹至宣统元年十二月才有第一批应参加此种复试的毕业生。前面所列的第三分类(理化)科甲班中有王勋、单毓苏、盛建勋、沈廼颐、陆裕枡五人是最优等;又数理化选科甲班中有朱焕章、方振东、鲁嵩云、张元宰四人是最优等;又农博选科甲班中有陈连孙、吴锡麟、徐允颐、薛沐清四人是最优等;又图画手工科甲班中有陈赞成、徐作哲、李健、桂绍烈四人是最优等(吕濬亦是最优等,但未去复试),他们皆去北京参加宣统二年春的第一次复试。发榜,除桂绍烈降为优等外,余皆及格,奖授师范科举人。共止十数人而已。

桂绍烈所以被冤屈降等的原因,已详于前。可是吃亏了他,倒便宜了我们这一班。因为我们这一班后于他们一年,若没有他在前一年碰了这个钉子,那是后一年就要轮到我们来吃这个亏了。原来我们这班的课程表和他们一样,也是没有"毛笔画"的;在当时,我们一听到桂绍烈的消息,全班同学起了哄,立刻要求校中添设"毛笔画"课程;李监督说:我首先听到了这个消息,比你们更难过,更恐慌,不待你们要求,我已经请好了著名的画家萧俊贤先生即日来教你们了! 我是照章办事的,谁料到学部会破例加试呢? 我自愧无先见之明,致害了桂绍烈这个好学生! 亡羊补牢,何至再误你们,你们好好儿去努力学习吧! 因此,我们就多学到了一些东西。

宣统二年十二月又有第二批应参加此种复试的毕业生。前面所列的历史地理选科甲班中有王家吉一人是最优等;又图画手工选科乙班中有潘景洛、黄镇平、姜丹书、孙应绶、王景祥、陈琦六人是最优等(又数理化选科乙班亦是此时毕业的,但其中有无最优等以及有几人? 是何人? 均忘记),他们皆去北京参加宣统三年春的第二次复试。发榜,及格,奖授师范科举人。共止七人。以上两届共止二十余人而已。这些人,以我所知,并未利用这个头衔去做什么官,还都安于在教育本位上做事的。

八、学部复试实况

学部复试的具体情况,以我所参加的这一次为实例,述于下:

宣统三年正月下旬,我和同乡同学黄镇平同行,从溧阳县尊经阁领到了若干元宾兴费(沿袭科举时代的成规)启程,先至上海,乘大轮船至天津(好像是三天三夜。那时津浦铁路未筑)换乘火车至北京。住北京官菜园上街、镇江会馆,候期应考(记得校中派监学汪秉忠去照料)。及期,至宣武门内学部衙门的考场内,清早,由学部尚书唐景崇(左右侍郎是李殿林及宝熙——孰左孰右已记不清)点名,给卷(有弥封),依编定的号次找座位(座位四邻的同考生,各不同省,且各不同科,又有许多监场的丞差巡回监察,以杜绝作弊)。坐定后发题目(各学科的主要题目当然不同)纸,就题写作或绘画。每天考三门,每门二小时,上午七点五十分起考第一门,九点五十分缴卷(不得逾时,一逾时限即抢卷)。十点起考第二门,十二点缴卷。在场吃面,少息。下午二点起考第三门,四点缴卷。如此连考三天。

题目尚有些记得的,录于下:

国文题:朱陆异同说。

教育题：忘记。

西画题（主科，水彩画）：海面浮一巨舰，远岸烟雾迷离，楼房隐约，作深夜之景。

此题作为写生画，实则是创作性质，乃是考思考力和想象力的。故当时又称思想画。我一看，就知难在一个"深"字。夜的深度很难表现。舰是军舰，不是普通大轮船，我生长在内地，从未见过军舰，好在此次经过上海，在黄浦江内见到了。海面本来也未见过，此次由沪航海至津，也已大开眼界。这样当然能够照题造景了。

开动脑筋细想：夜是一片漆黑，显不出什么景象来，必须要利用月光。而且月形的盈亏，可以表现日子和时候，那么应该取阴历某月二十边的大半个月形，总是对的吧？既而深入一想，月形有上弦、下弦之分，必须要画成近乎下弦的大半圆形，才可指定是二十边的样子，高悬在海平线（地平线）上方，乃能表出是"深夜"；否则，若误作十二三的大半圆形，非但不是深夜，而且有些月份的日子里尚未入夜，岂不大错了么？于是再深入一想，想到了地理老师所说的月光不是自发的，乃是受着日光的反映；故就根据这个道理，把弧线轮廓斜画在左下方，意味着悬在高空的月轮遥对了海平线以下的太空的日球，出土较迟，升高更晏，那必然是二十边的半夜里了（所以要如此深思者，因为这种正式的创作画，必须要在画的本身上深入浅出地表现作意，不能像连环画那样借用文字来补充说明）。

我把这个主意打定了，然后动手画。在这样清旷明朗的月光下，照题写景，满纸挥洒，得心应手，画成一幅波光朦胧，物影依稀，夜色微茫的海景图，在时限之内缴上去。

国画题（主科，毛笔画，用宣纸和国画颜料）：芍药两朵，一已开，一未开。

此题看似容易，然又恐画得像个牡丹，也就大错了。我乃很注意这点，又回想到萧老师的说法，强调地把芍药的花朵色彩和枝叶生法的特点明确表现出来。

力学题（重要副科）：在急行列车中上跃是否落在原点？

几何题（重要副科）：某种三角形求证（已记不清）。

音乐题（副主科）：留声机……原理（记不清）。

手工题（主科）：木工或金工……（记不清）。

用器画题（主科）：画抛物和双曲线（在如何条件下用仪器画出来）……

体操考验（副科）：步伐、举枪、瞄准……记得是在蒙藏学堂的阴雨操场内举行的。

在考其他各门时，都穿着大礼服（套子、靴帽、帽上冠以烧金顶子，靴子）。但在考体操时，则借穿蒙藏学堂学生的制服。

现在回想起来，这样的考法，倒也觉得很扎实，不容易敷衍过关的。

这个考试是全国性的，所以同场的考生人数，大约有一百上下光景。记得同考生中有江苏高等学堂毕业生董某（丹阳人，与我同住镇江会馆），又有直隶保定优级师范图画手工选科毕业生某某（此人应该参加上年的考试，但因上年请假而挨入这次补考的），又有江苏两级师范学堂（在苏州）的优级数学选科毕业生沈润洲（字同文，溧阳人），又有浙江两级师范学堂（在杭州）的优级数学选科毕业生黄鹤如、理化选科毕业生王锡镛、史地选科毕业生叶广梁及博物选科毕业生陈振鳌等。由此可见，虽说包括各省的优级师范及高等学堂的最优等毕业生，其人数亦不会太多的。

附记:那时的高等学堂正科(三年制的文科、理科等)最优等毕业生必甚少。如浙江省兴办教育不算落后的,但尚至宣统三年六月才有第一批正科毕业生,不论有无最优等,都未赶上这年二月的复试。则其他各省可见其更不会多了。

比较起来,还是优级师范毕业生稍为多一些。兹查明浙江的优级师范各科毕业生之最优等参加宣统三年二月学部复试的名单如下(上一届宣统二年二月学部举行第一次复试时此校尚无此项毕业生):

浙江两级师范优级史地选科:叶广梁(字栋丞,杭人)、祝颖(字靖远,海盐人)、方会沣(字立先,义乌人)、何菁(字竹青,义乌人,降等)、俞乾三(萧山人)。数学选科:张衡(字佐时,杭人,降等)、郑道寿(字以真,一作夷争,乐清人,降等)、姚鉴(字镜吾,嘉兴人,降等)、孔昭明(字监周,临海人,降等)、朱权(字听泉,杭人,降等)、黄鹤如(义乌人)、张斡(字巨川,黄岩人,降等)。理化选科:王锡镛(字更三,杭人)、孙增大(字庚山,富阳人)、邵聪(字季达,杭人,降等)。博物选科:陈振鳌(嘉兴人)。以上十六人是浙江全省参加这次考试的,但结果只有八人及格,奖授了师范科举人。倒有八人降等,可见其严格,兹顺笔带述之。

我考毕后,如释重负,当然游玩一番,即于三月间回南。

五月间,北京发榜,我校同学之参加考试者皆中试。全榜中试者,除登报公告外,仍沿袭科举陋规,都由报录司遣差,带了黄纸报单和小京锣(临门敲报),分赴各人家中报捷。

以上所述,是学部复试的大略情形。

其实以我个人而论,在初入学时,知识蒙昧,尚羡慕此陈腐的虚荣。及后,受了些新教育,各种新知识日渐增加,思想乃日渐改变,因而明了世界大势和自己国家、民族的前途,深知以教育和学术为重,而打消了那些功名利禄的观念。

总的讲来,我国最初革新学制,虽然规仿日本,可是在表面上有些场合尚故意地保持了自己的面貌,例如:日本称学校(这本是中国古称),我国偏称学堂;日本称高等师范,我国偏称优级师范;日本称教员,我国偏称教习(此亦古称);日本称学士、博士(他们亦是规仿西洋的学位名称),我国偏称举人、进士,等等。在当时的谋国者,殆以为是保存国粹,自重体制,说得时髦一点,也算是狭隘的爱国主义和保守的民族形式吧!颇觉无谓的。

九、轶话数则

(1) 李梅庵先生初任监督时,以前任所聘日本教师每多未能满意,而薪金太大,在未满期时又不能辞退,心颇不惬。乃自请亲往日本考察教育,访得若干知名之士,改聘替换,故后来的日本教师都甚优良。两江总督端方(字午桥,号匋斋,汉军旗籍,由称浭阳人)称他不但能办教育,且有外交才干云。

(2) 同学们对于李监督翕然爱戴,有一次微闻省辕将挂牌放他去为某处道台的消息,群起惶恐,各班推班长去事前挽留,监督说:诚有此讯,但我已暗中谢绝了。我决心只做教官(那时还兼任江宁提学使及高等学堂监督),不做其他行政官。诸生安心学业,勿躁!

（3）那时的校规，当然重视循规蹈矩，尊师重道；但有关于是非利害的群众意见，亦颇予以民主采纳，并不硬加压制；譬如我班对于某一日籍图画教员及农博科对于某一日籍农学教员不满意，陈请教务长查察更换，皆得允行。

（4）我们这班在三年级上半年课程进行至应教油画时，而校中应发的油画材料、用具尚未办到，大家很急，向庶务处交涉，该处职员说早已向日本订购，但屡催未来等语。校中乃派监学李鸿才领我至上海去搜罗。不料非但华商科学仪器馆向无此货，而遍问各洋行，亦皆不备此货，实因那时上海无人画油画之故。只有一家"别发洋行"稍有一些油画颜料、笔、布等物，皆是英国货（记得油画布每方尺一元），说是中国人向不过问，这些不过是供应少数外国人业余作家用的。于是把它一概买来，先应急，再催日本货到。此行是我第一次到上海（乘沪宁火车），租界市容且颇差，华界更甚。李先生听得徐家汇天主教堂内附有油画工场，专画他们的宗教画；于是同我去参观，见他们都用自制的油画颜料，但不肯卖。又见他们在粗纹白帆布上涂了白漆就作油画布用，我们回校后仿行。

（5）光绪三十年，日俄占用我东三省地区交战时，我校日本教员都被征召去参战，这是许多前班同学说的。

（6）光绪三十四年十月某日，报道皇帝逝世了，李监督率领全体教职员（不包括日人）及学生集合在大操场上举行"国丧"，数百人向北跪伏地上，监督上身反穿着白羊皮马褂，学生都穿白制服，监督高声哀号，大家亦应声而号。其实有些人口虽号而心未必哀，至少有一部分青年学生是如此，头俯地而眼却左右横流，且有些人的面肉还做些小动作呢！由此可见，在此时的学生思想上，对于所谓皇帝的尊严已淡漠，并不以他死为"天崩地坼、如丧考妣"，也可说在基本上人心已去了。大约隔了两三天，又报道皇太后逝世了，这样的再来一下。从此一个月不剃头。还停课三天以志哀。然而大家颇以放假为乐！

（7）宣统元年某月日，见报纸上有大字标题载着朝鲜爱国者安重根刺杀伊藤博文（日人所设的朝鲜总督）的消息，我们自修室内十二个同学沽酒痛饮以为快。其他同学亦大抵如此。此不是无意义的幸灾乐祸，乃是公道自在人心的表示，也就是寄予正义的同情于被压迫者一方面。

（8）宣统元年，江苏咨议局（在南京）开议时，我们常去凭票旁听，得识张謇（字季直，江苏通州人，光绪二十年甲午科状元，时任议长）、狄葆贤（字楚青，号平子，溧阳人，议员）、黄炎培（字任之，川沙厅人，举人，议员）及马良（字相伯，丹阳人，议员。此时已七十岁。后至抗日战争时避居安南，卒于谅山，一百○二岁）等民主人士。有一次，校中特请马相伯先生来校演说，阐明民主意义。全校学生争先恐后集听，会场（东饭厅）太小，颇形凌轹，李监督以秩序不佳，特下手谕，痛加训诫。此手谕是亲笔行草，写至一丈多长，文辞谆挚，书法朴茂，忽而后半段不知被何人撕去。不料隔了三十余年（抗战期间）我避难在沪，吾友刘海粟君袖一手卷出示，赫然即此物，奕奕有生气。读其跋文，方知当时是同学邓观涛爱而攫去秘藏的。经此寇乱，乃由江西流落到上海旧货市场，为刘君购得。敬加题记归之，且喜且悲！

（9）梅师书法素著盛名，求者踵至，有求必应，故公余之暇，学生们常环侍其书案，手捧浓墨碗,挨次求书,先生则直立悬腕,挥笔即就,同时讲解用笔用墨之法。平日积纸成堆,无法肃清,学生李健(其侄)、胡光炜学书勤进,颇可乱真,有时被选作代笔,但款字必自书之,钤以真印。

(10)两江师范在辛亥革命进行中,固有许多学生随时势的紧张而陆续请假回家;然亦有许多学生坚持在校,故一直维持上课到最后时光才资遣散学。此时,民军包围了南京城的四郊,而两江总督张人骏、江南提督张勋驻守在北极阁山上,闻山下钟声而知李监督尚镇定在校。一日,藩台某弃职而走,乃急招李上山,责成他权充藩司,他固辞不获,乃实践"见危授命"的古训,兼任此职。先设法运米三十万石由间道入城,亟办平粜以济民困。张勋下令捕杀剪发之人,他却见而抢救。张勋又下令关城死守,他却竭力劝说应放人民逃难,因而请得令旗插在城门上放行。到了最后关头,两张自己亦相继弃城而走了。不日天保城破,大小官吏都逃光,惟独他屹然待命。民军入城,素知他是个教育家,优礼保护。他非但把几天藩司任内的职责(那时藩库内尚储存着银币数十万元)交代清楚;而且把所任六年以来两江师范的关防、清册一并交代清楚。于是怀着两袖清风,翛然至沪,改服道装,自称"清道人",从此自食其力,卖字而终。

《姜丹书艺术教育杂著》

国内时评:三江师范学堂

客岁张之洞署两江,奏设三江师范学堂,派杨觐圭为总办,聘日人十一名,有一月六百金薪水者,至少二百五十金,讲堂上住日人家眷。另招考汉文教员五十人,每人五十金一月。开办之始,本欲使日人教汉文教东语、理化等学,而汉教习以经学教日人,后因日人不愿听经学乃止。而汉文教习入堂以后,每月坐领五十金,学アイウエオ数月,即放闹假,夕夕以后,又一二日,方上学,仍读东文字母,且每日必写字母送日人改正,记分数,如是而已。至理化等学科,则尚未梦见,不知其明年何以教学生也(原奏教员一年后即教生徒)。尤可笑者,教习无事须与总办编书,不编者除去之。近总办又以堂内教习多不合意者,另行招考候补教员,而条子已如山积,恐又必除去一大半也。至明年学生若何课程,尚不能定,然教习如此,其他可知。堂中自总办以至委员,无虑数十人,尽藉此谋生者,而营造建筑所费动数十万。呜呼!脂膏有限,欲壑无穷,江苏之地皮有几层乎?

观于以上所举,又以知学堂之内容,其他姑不具论,中如使汉文教习以经学教日人一事,尤足为三江师范学堂之特色,推张之洞之意,其以日人生于文明之地,平等自由诸邪说深入于人心,想学生将来沾染其习气而欲以经学正其本乎?抑以日人日智将为我害,而欲以经学愚此十一人,使归而并愚其国乎,俱未可知。或曰:是盖张之洞特别之外交教育的政策。岂其然欤?岂其然欤。

《江苏(东京)》1903年第7期

三江师范学堂监督详明分派提调职守公文

　　为详请示遵事,案奉前抚宪张札开,照得三江师范学堂规模宏大,事理纷繁。前经饬委江苏补用道杨道觐圭、刘道世珩总办堂务,并以江苏试用知府夏守教观委充提调,饬令遵照本部堂立学宗旨,将延订教习选调学生及一切应用布置事宜迅速筹议,会商学务处,禀候本部堂核定饬遵在案。兹查该学堂先于第一年开办,练习教员之法,亟应切实经理,其他必须预筹布置之事,条目繁多,仅设提调一员不足以资分任,自应添设提调二员,各分职任乃可各专责成。兹查有江西候补知府汪文绥,江苏候补知州张浍,均堪派充三江师范学堂提调,月各支薪水银一百元,以资办公。至该堂事务应如何分别职守,俾各尽管理之法,而仍联络一气,毫无隔阂之虞,应饬该堂总办杨道、刘道斟酌情形妥为分派,以清权限而专责成。除饬委外合就札行札到该学堂即便转饬遵照等因,奉此。职道等当经转饬遵照在案。伏查本学堂延聘东洋教习议定合同,业经呈奉张署宪批准,定期四月来宁。上次取定汉教习二十一名,并拟候至四月一同进堂,所有一切办事宜,亟须预筹分任之责。职道等与学务处司道一再会商,欲分职守必先定名目,按京师大学堂章程设官,有堂提调之目,拟因其制,设堂提调一员。而泰西各国有学务行政总部,学务行政分部等称,以分司教育,略仿其意,在本学堂设学务处提调一员。又曰本师范学校章程有事务所,亦关系重要,拟设事务所提调一员。其分派各事即仿京师大学堂提调,暨湖北师范学堂堂长章程,参酌互用,以期悉臻妥洽,如传达总办命令,堂中各种情形按日禀知总办,监查(察)学生勤惰出入,遇学生因事争论随时排解。司役人等不遵章办事应差,及在堂内外滋事者,随时查明,分别办理,此堂提调之职守也。监理往来公牍、查考书籍图器、汇呈功课分数,以及各种公事知会教习,教习知会各种公事,凡于学务有益者,准其禀承总办料理,此学务处提调之职守也。经理学生请假,验病,照料外来公客,协同委员管束各项司役人等堂中应办事件,应置器具,随时禀知总办核夺,此事务所提调之职守也。所有前项分派各差,拟即以前奉札姜夏守敬观充当堂提调,汪守文绥充当本堂学务处提调,张牧浍充当事务所提调,俾可各专责成。如遇有关涉紧要事件,暨商订中一切章程,仍由职道守随时酌定,务期该提调等联络一气,会同筹商,俾免隔阂之虞,而收和衷之效。是否有当,理合具文详请伏候宪台批示,饬遵,实为公便。

《时事采新汇选》1904 年第 4 卷

三江师范苏属学生上端午帅禀

　　具禀三江师范学堂苏属学生等,为有志向学,无力赡家,恳请援例酌给津贴事。窃生等前经本县考取,申请江苏学务处,咨送三江师范学堂肄业,当蒙一再复试录取入堂在案。

查本堂章程分有三科,而最速成一科生等无有一人认习者,足见大公祖提倡于上,故各士子奋勉于下,在堂诸生尚无自甘暴弃之徒。但来宁诸生大都寒士,或辞教授之馆谷,或弃书院之膏银,并有质典借贷以偿川资栈费者,其困苦情形已难笔述。所幸生等均无嗜好,耐劳者多,虽遇星期亦并不出堂一步,以故阮囊虽涩,尚可敷衍。奈生等家无恒产,待哺者多,耳边时来烦恼之声,脑际即起穷愁之虑。转辗筹思自渐自恨。伏思富家子弟恒以守产为宗旨,既不肯出门游学,独此数十寒士不惮奔走他乡,大公祖其亦怜之耶!念自大公祖开府江南,百废俱举,而于学界上尤竭意振兴,不遗余力,士林感戴,有口皆碑。而于迭次派送东西洋各学生,概蒙优给装费,又复月给赡银,体谅人情,无微不至,生等同居复悖当不会独抱向隅,虽苏宁相隔一衣带水,而同一游学似无分乎彼此,且伏查前次江苏咨送京师大学堂肄业诸生,禀请大公祖札饬各本籍地方官筹给赡家银两,当蒙批准在案,生等事同一律,恳请大公祖大人援照此例转饬各州县,于地方公款中酌给津贴,以示体恤。生等明知时世艰难,筹款非易,岂肯以非分之求自干不逮,但思苏属诸生,分隶五属,每邑不过一二人,为费尚属有限,在地方捐涓滴之资,而生等得无穷之惠,从此专心向学,内顾无忧,将来得有成就,皆出自大公祖破格栽培之赐也。无任翘企待命之至。

《时报》1904 年 11 月 29 日

署督端午帅通饬三江学务处札文

……今日中国学堂不患无学而患无师。以开化最先文明最早之国,而教育悉赖外人,已属可耻,况各省中小学堂,万无此力遍延外人,则造就师范学生自为今日第一要务。三江师范学堂自前署督部堂张奏设以来,久为各省所仰望,其原定章程,并练习教员专条未尝不为周密,乃以本署部堂所亲验,则有去夏入学,今冬询以东文,尚不能对者。以本署部堂所闻,则该堂中多设员司,实不理事,同一总办或事不预。闻原议中东教员互换知识,实质中员有学而无教,东员有教而无学;中员循例上堂,不过虚应故事,已与原定专条不合。又教员分等给薪,有当学生时本有之薪资,至当教员而大减者。其所分等次,或中学科学素优而列三等,或上堂不及两旬而列一等,去取甚属不公。练习科学时亦间与原定章程不同。更有谓该总办任用戚党藐视教员,侵挪公款等弊者,本署部堂原不能据悠悠之口即深信不疑。而证以目击之情形,则所闻亦非无因而至。总之该堂办理不善已有明证,该总办如不自深警惕,设法改良,则以三省师范取材之地,万不能任其从坏若斯,此本城三江师范学堂必须责成该总办实力整顿者也。

《时报》1904 年 12 月 7 日

调查三江师范学堂条议

全堂共分三科，曰本科三年毕业，曰速成科二年毕业，曰最速成科一年毕业。本科分为甲、乙、丙、丁四班，速成科只有一班，最速成科则分两班，每班约四十人。所分各班程度科目大致相似，仅以到堂之先后为差，课目极完备。又加法制、理财、农业、英文诸项为随意科，尤形周备。惟亦有应改者。

教育一项，功课太少。师范学堂以教育为第一要义，而教育中又有教育学、管理法、教授法、教育制度、教育史等子目。今各科各班每星期中仅有二小时，断不敷用，本科与速成科至少每星期得四小时，最速成至少每星期得六小时，应由各教员商定调剂之法。本科各班就授课时数表观之，统计每星期为三十九小时，内有随意科九小时，除必习三小时外，实在授课之时数不过三十三小时，合每星期以三十六小时计算，尚余三小时，尽可添教。教育速成科略同。

最速成科似可不必教日文。师范一门科目繁重，仅仅一年恒虞不及，除不加随意科外，非再酌减他项科目不可，但各科目皆为极繁要之科目，不过日文一项为小学教员者尽可不通，且日文仅学一年，亦断断无济于事。今最速成科每星期教日文四小时，与其每星期以四小时用无益于一年以后之功，何不以此四小时加用有益于一年以后之功乎！议将最速成科中每星期四小时之日文裁去，添教教育，如此则教育共得六小时。

授课时数表宜再求整齐。凡教同一之科目于同一之时刻内为最宜，以其触脑较易，眉目亦可格外清醒也。今各班之表，往往以星期一之日文列于上午八时至九时，星期二则移于十一时至十二时，再下则又移于下午，其他各科莫不如是，大非所宜。度系教习之时刻时有冲突故也。然无论如何必须由各教习商通酌改。

音乐一门急需添授。

授课时，每一项宜足六十分。今堂中授课，每有仅及四十五分者，殊嫌太短。因各项之为洋教习教者，须由翻译代讲，是一切功课须得二人讲解，则虽足六十分，实在仅三十分也。今宜定每上课时足六十分，而另加休息时刻，如上午八时上课则九时下课，至九时十五分再上课，如此则既可休息又不致短少功课，依此递推，午昼甚长，尽可从容。

课堂光线宜亟求改良。各课堂皆相连接，适于作住房而不合于作课堂，居中数门除黑板左右有窗格外，皆无放入光线与通空气之处。

卧室宜责成斋夫随时开窗通气，否则各卧室中炭气过重，殊于卫生有碍。

卧室自修室不必过分省界。今各堂皆分四属，彼此不甚相通，不妨使各属杂处，彼此语言可望渐相统一，习惯性情，亦可互相取舍，养成他日通力合作之心，而除各省畛域之见，消息极微，关系极巨，不敢以其微而忽也。

卧室廊内便具宜改良。

又堂中除洋教习十一人及翻译外，尚有本国教员二十九人，据称为练习教员，而每日又仅教人，而无求教于人之时，较其他教习则又上课时较少。又云，现尚有二十人在东京考察学务，俟彼等回华后，此二十九人尚须续往考察，此项办法似有不尽妥洽之处，应如何改良，一时无从悬议，应请总办通盘筹划而定一适当之处置为要。且此二十九人与洋教习及翻译诸人皆不甚往来，故菊池教习等亦不能知其底蕴，总办等又言之未详。

以上各条，仅就一时于形式上见及者，提要录求钧教。其余于精神作用上尚绝无一毫闻见，如办事人与教员是否互相团结，而以热心教育为事。学生程度资格是否与学堂适合，意志是否高尚，皆未由而详。一则适在考试，不能与各教习各学生交接。一则时日太促，其势有所不能周。但中国学界尚在幼稚时代，草创之始，不能即达于完全之域，能随时改良自有进步，即为合法。唯三江师范学堂则握三省人才消长之枢纽，责任较重，不厌详备诸请钧裁。

谨将教育中最关紧要者撮录大略八则如下：

任教育者当具唯一无偶之宗旨，使就学者皆有强健之身体，可望为完全无缺之人物。

教授者与管理者，宜求各适所用，不可混而为一。

教授者当有完全之德行、丰富之学问、平静之心意及亲爱、威重、忍耐、热心之美德。

管理者当有巩固之意志、敏捷之才干、慎谨之态度又须威慈具备，阅历精深，而于有关教育之法令章程无不通晓。

总办与教员须互相团结。

办事人教员与学生须如家人父子互相亲爱。

办事人与教员须视所任事为最有名誉，关系又最大，而有委身其中之决心，切勿视同传舍，而以为暂时驻足之地。

各学堂宜置学生成绩簿一本。

各学堂应置立课程表计四种。

教科课程表：揭载全学年内应教之科目，每星期应教之时刻。

教授细目：揭载各学年各学期中应教之详细事项及其次序。

一星期授课预定表：本上二项表分配之于各星期，而预定一星期内应教之细目，于每星期末当定次星期之表。

授课时数表：揭载一星期内每日之授课时数及教科之次序。

以上八则，近日办学务者注意者固多，视为无足重轻者亦不少，而以第七则尤为人所难能，即功课表亦仅有第四种，由于不能预定一学堂终结之程度故也，亦即不明教育制度之故也。今谨录大略，恭候钧海，凡在学界中者，先能尽此数端，再求精进，应无遗憾矣。至语其详则成篇累牍，此区区者，仅如恒河之一粒沙也。

《南洋官报》1905 年第 13 期

张謇等致江督周玉帅(周馥)函

玉帅大公祖大人阁下:

敬启者:徐道来转致钧意,抑见维持学界之苦衷。比日面商,少有端绪,蒯道回宁,计已代达一切。其中原委,有不得不为大公祖大人剖析陈明者。

查教育普及之理,本无畛域之可分。即中国以科举抡才,其试于礼部者,初亦不分省份。然风气参差不齐,往往东南数省中额独多,而偏僻之区,舟车艰苦,转抱向隅。于是不得不明定省份以限之。是省界之说,实科举内容之一部分,非文明学校之通例也。

学校省界之说,起于湘、浙、闽、粤诸省,而江苏本省之学校,亦率为此数省人占多数。在校学生鉴于外省界限之严,始瞿然翻悟,虑喧宾夺主之患,为惩前毖后之计。此江苏省界之说,实亦各省反动力有以激之,非江苏人创之也。然屈指江宁城内各学堂,其创建之性质既有不同,即额数之多寡自难一致。而苏、皖统名江南,则两省分际,自视他省为异,曾经蒯、徐两道详细酌订。绅等但求事理之和平,不复为意气之争执。谨一一条列于后,庶眉目易分,秩序不紊。其办法之应斟酌变通核实整顿者,亦附说于后,以备采择。

所有绅等参酌学额、学务情形,敢布愚臆,伏乞钧鉴。绅謇本拟恭诣,久病不克首途,合并声明。肃请
勋安
　　附节略两件

《张謇全集》函电上

周馥复张謇函

季直仁兄大人阁下:

九月二十七日奉手书,诵悉一是。徐道、蒯道回宁,亦经面询会议情形。学生省界之说,本非文明之通例。洵如尊论,至当不易。然诸绅既经坚持,且生争竞,主者自当统筹兼顾,设法调停。查江宁城内各学堂,历来之办法各有不同,现在之沿袭自难一致。已进堂诸生不能摒退,总当俟学期已满始行更定,以后续招添换,自当照新定章程办理耳。

节略两件已详阅。其中仍有待商者,如皖人不愿出学费,不愿出建造费,均须详细斟酌。

至外籍收建造费,原属有词。但人数多寡不同,省分肥瘠各异,一律匀派,既欠公允,按名摊派,亦觉参差,隔省催费,有名无实。且外国修造之学堂不收华人,建造费邻省必收,亦示人以不广。鄙意拟俟议定后通行各省,商令于本省学堂内,酌留江南名额以为酬报,较觉大方。

至以地方之财办地方之事，即以本地之绅管本地之学，名义既正，情意易孚，亟应照办。所虑者：此时程度犹有未足，委员管理不善，则大吏一檄，撤去自易。巨绅管理不善，则瞻徇更多，比肩共事之人惮于举发，此事不可不虑之于始耳。

尊恙如痊，偕诸公来宁一行，会商要务，弟当扫径以待。专此布复。敬请

台安

《张謇全集》函电上

江苏省学额学费学务议略

自湖北、湖南、广东、福建、安徽各学校不收外省人，由是江苏学生乃有省界之说。省何必界？各谋以自有之才力，养成自有之学生，由是学额乃不能无界。然学各有名义，有性质，请申议略，就正于诸乡先生。

江宁、苏州府城以高等学堂属一省，以中学堂属一府，以高等、初等小学堂属一县，此自专为江苏人所设，无庸置议。所议者：一水师，一陆师，一将弁，一三江师范，一实业，此已有者。一警察，一江南大学，此将来者。

征兵之制已定，地方之税将行，水陆两校，自宜注重本籍。唯前已有本省为内额八成，外省为外额二成之说，是定额之中，不失合群之意。惟仍视彼省对我分际如何，准之因应。将弁须改陆师小学校，即陆师之预备科也，学额亦准陆师内八外二。以上三校，外额学生不纳学、膳费，毕业后视学成年份，为留尽义务之年份：若毕业后出洋留学，则学成之省，与原籍之省，各任半费；归后在学成之省，留尽义务。实业与水陆不同。惟各省竞图实业，则以本省之财，养成本省实业人才，亦先务之急，学额拟内七外三。三成之中，安徽居一成半，或二成。以上一校，建筑费已由本省任之。外额学生须纳学、膳费。毕业后视学成年份减去一年，为留尽义务之年份。若毕业出洋留学，出费如上。经费内有江安粮道拨款二万两，故额可一成半或二成。

三江师范原奏定江苏额五百名，安徽、江西额二百名，共九百名。今以每县三人匀计，江西之额，浮于江苏，而安徽人尚以二百名为不足，遂起争竞。为调停之说者，谓安徽可增百名为三百名于事理未尝不通。惟鄙意校既名为三江，则学额略分主客，或多或少，皆可不计。至建筑开办费，应视三省占额成数分任，常年经费，每年核共若干，亦三省按额分任。或酌定学生每人每年应摊学、膳费若干，由三省各于公款内匀成担任，以足常年所费之数。以上一校，学生毕业，无应留尽之义务，或归原省，或在学成之校与省，听学生自愿。

警察学额义务年份，视水陆师。江南大学沿贡院之旧学额，可仍苏六皖四。惟建筑及常年费，亦四六匀任。学生学、膳费多寡，亦按四六均任，视三江师范。

以上学额学费。

学务处应参仿直隶学务司例，官绅合任。官绅皆由学界公举，请督抚于公举中选任。三江师范，应由三省绅任，易总办之名为总理，以示区别。总理一人，协理二人。三省按次

轮年迭为总、协,由三省学界公举,请督抚选任。即安徽、江西人之候补于江苏者,若被此选,均以绅论。督抚用照会,待以客礼,不预衔参,不预有妨学务之酬应。三江师范应俟此次毕业后,改为三江高等师范。各府应自今起,一年内各设寻常师范学校。规制大小,学额多寡,各自量其经费。惟公任督促,不得听其延缓。

以上学务。

《张謇全集》论说

公议江南省学校学额学务

学校性质因名称而殊,名称因地位而殊,此定理也。准此,可议江南省官立各学校之份额。总督为兼控苏、皖形势之便,故驻江宁。今凡名江南某学者,皆总督权限内事,皆官立也。官立之中,又宜从财政上区别多任少任之份数,庶昭平允。今先就官立之属总督者言之:

(一)陆师学堂

现在征兵之区,以宁、扬、常、镇、通、海属总督,非特不及皖,并不及苏,则此江南陆师学堂应改为江宁陆师学堂,名义方合。锄道言江苏布政司属,如不再设立陆师学堂,则皖人不分占江宁,现设陆师学堂之名额是矣,而未完全也。江苏巡抚实应另设一苏松太陆师学堂,江北提督亦应另设一徐淮海陆师学堂,事理方合。皖自一省,更不必论。此一说也。

若练兵处派定江南止一陆师学堂,则此一学堂,实兼受总督、巡抚、提督三处征兵之区之人。皖省别自分府征兵,亦自应建一陆师学堂,不合再占江苏之额。而三处征兵之区,兼有八府、三直隶州、一厅,凡十二属。每属四十人,则四百八十人;五十人,则六百人。今之学额实觉不敷,应请推广。此又一说也。锄道言江苏不再设,则皖省不分。窃谓巡抚于苏属,提督于江北,即各自特设,皖省亦不必分额,而可以合校。譬如宁属,以宁、扬、常、镇、通、海为征兵之区,每属五十人为六百人。皖省合校,按此数另加四成,或三成,或二成均可,听便,惟建筑费须由皖省提拨款内支应。即如外省人,亦可酌附其建筑费,可于各省学生学费内分年摊扣。其本省、皖省人,亦一例纳斟酌适当之学费。将备学堂既须裁撤,以其校舍经费为陆军小学,则学额及总办均可遵照钦定章程。

(一)测绘学堂

不尽关系陆师,凡警察、农业、商业、地理之学,无不以此为根本。名额不宜太少。其建筑及学费,苏、皖二省按名额分任,或四六,或三七、二八均可,听便。

(一)水师学堂

既属南洋,锄道所议以二八分成。八成归江南,二成归外籍。苏皖二省于八成内,仍照三七分成,江苏得七,安徽得三,可行。惟亦须一例纳斟酌适当之学费。

(一)高等学堂

目前学生尚不及适当高等之程度,则高等之设,特以为科举之替代大学之阶梯而已。

既为科举之替代,应仍照科举苏六皖四之旧。蒯道所议均分之说,未允。其校舍须以贡院改造,可名江南高等学堂。其原就钟山书院所建之高等学堂,应请作为宁属公立高等学堂,定额四百名。前此建筑费,系由官筹;以后建筑费,由宁属四府、二直隶州、一厅分任。若原有之高等学堂难于扩充,则须另建。建筑费由宁属府州厅任十之三四,官为补助十之六七。而原有之高等学堂,可改为江宁府初级师范学校。其高等学生适当之学费,由学生按名缴纳(苏属已有高等学堂,故止言宁属,惟苏属学额亦应扩充,俟公议陈请抚院核办)。若各外省愿附于本省高等学堂者,校舍由各外省建筑,学费由各外省学生认纳亦无不可。

(一)实业学堂

此系新政府特设,蒯道议苏皖均分。今亦拟照高等学堂例,苏六皖四。建筑费亦按四六,由两省分任。学费按名由学生缴纳。若各外省愿附者,视高等学堂例,建筑费各外省任之,学费由学生按名认纳。

(一)三江师范学堂

应请厘正名称为两江师范学堂。名额暂不必增减。以新章每县三名计之,则江苏独少,喧宾夺主,众情未允。应请另设江宁府初级师范学校一所,可将算、绘、师范并入,以期划一,而节经费(学期四年,每年六十名,共二百四十名。七县分摊,每年每县八名,上江两县各加二名,合六十名)。仍饬扬州、淮安、徐州、海州各设一初级师范学校,或淮扬合设一所,徐海合设一所,先由四府选派绅士考察通州、上海、苏州各师范学校校舍、课程及管理法,再往日本考察,归后即行举办。若皖省愿就三江师范学堂增师范生百名,亦无不可。惟建筑费与常年费应由皖省按额承认。即三江现有之名额,其学费应按全校每年所用匀摊。全校生合每名应费若干,由各省官为筹解。查各国官立之师范学校生不纳学费,所以谋教育之普及也。故学费应由官出。至此校将来之办法,另议附呈。

以上属江南之官立学校学额。

(一)学务处

请参仿直隶学务司例,官绅合任。官绅皆由学界公举,请督抚于公举中选任(学务处拟章另呈)。

(一)三江师范总办

应由三省绅任。易总办之名为总理,以示区别。总理一人,协理二人,三省按次轮年迭为。总协由三省学界公请督抚选任。若公举及安徽、江西省人在江苏候补者,自州县至府道,一经选任,即作为绅,请给照会,不预衔参。

(一)各学校学生如派出洋留学,其出洋学费,学成之省与原籍之省各任一半,归后先在学成之省留尽义务三年;若不须学成之省担任半费,则无应尽义务之责,听学生自便。

《张謇全集》函电上

三江师范应请变通办法以期改良进步议

三江师范内容之腐败，几于无人不知。而其根原，先在廓落。无可互换之知识，而有妄自夸大之命令，乃有月糜六十元之中国疑似教员；未有普通知识之补习，而即有完全师范之学科，乃有月糜数千金之日本场面教员。因此廓落，生出迁就，乃有种种不可思议之变相，不可说、不可说之浪费，而腐败之名四溢矣。隐忍不改，浪掷公家每岁竭蹶而来之资财十余万两，可惜！荼毒一省可造国民之青年，尤可惜！夫以浪掷公财为荼毒国民之具，不仁孰甚此！而不思改良，是一省人全无心肝矣。谨拟变通之法如下：

（一）请改官办为绅办，改总办之名为总理。绅由三省学界公举，督抚于公举中选任总理一人、协理二人，三省绅选为总协。

（一）请汰中教员。必实能教授一二门学科者乃留，其有名无实者汰之。

（一）请于本年东教员期满时一例辞去，另行延订。若从前之医学教员，未尝一日有用，徒送俸金三年。即手工、农业亦略具形式而已。其病皆根于廓落。失今不除，则积腐未去，又从而加焉。非独败事耗财而已，教育之权亦恐倒持。

（一）请另立宁属初级师范，以补苏省占额不及赣、皖之缺。

（一）请按某省学生几人，每年每人应摊学费若干，由各该省官为按额担任，于每年开学前解到。建筑费同。因此校乃官立，与公立、私立不同也。

（一）请查照原奏，认定现办是初级。此三年内将初级办完，至光绪三十四年春便可改为优级师范。优级师范常年一切费用较繁，拟请定为三省四布政司所辖。每一布政司定额一百五十名，共六百名。庶通州、苏州、上海、常州各处，初级师范一二年后，毕业生有升学之途。而三十七年以后，每年常有一百五十名之毕业生，亦可敷各中学校初级师范教员之用。经费又不必加筹，上下互相贯注，计无逾此。

《申报》1905 年 11 月 26 日

江苏学务总会三上江督周论宁垣学务书

昨诵手谕，争名额者争学费耳，现在争省界，与外籍龃龉，恐省界定后而本籍又不免彼此争论，如苏、皖、赣三省能定办法亦好，专候学部复文，不知何时到等语。尽筹硕画，钦佩莫名。绅等条议于本省额数，悉按照各州县匀摊，即预杜后来争论地步。至于苏生与外籍人龃龉，实外籍人之对待苏人，先有予以龃龉之处，绅等不得不商一和平办法耳。部复恐一时难定，倘蒙采纳刍荛，讯赐卓断，尤为跂幸。至宁垣苏学生所争执与绅等意见，本有异同。即如江宁省地位与苏州省地位截然不同，苏州可置皖于外省之列，江宁则不然，盖江宁为总督所驻，而江南二字，兼辖苏皖，且皖省每年解项亦仅至宁，而不至苏也。惟皖绅所议，辄谓皖省每年所解之款，在二百万以外，故于学额不肯少让。不知此项解款，系政治界问题，岂尽补助学费？即如江苏每年协饷至新疆、甘肃等省，岂能于各该省照摊学额乎？况各国通例，义务与权利为对待之词，江苏赋重于皖、赣，则所得之利益，不更当稍优乎？绅等不肯断断争执者，实于分明之中，仍寓融洽之意，并不稍存畛域之心。至学费一层，苏籍生援照前章，本不肯出。绅等以为，欲谋教育之普及，断无不收学费之理，无论公家筹款，挹注为难。且文明校制，学生纳费，亦正所以坚其向学之心。至于贫寒子弟，应由各地方设法筹贴。以上两层，绅等再三谆劝各校学生，口瘏音哓，言已尽此。吾帅于皖为桑梓之区，于苏为建节之地，必能俯鉴下情，俾学界中人欢然帖服也。伏乞批赐，备案遵行。

一陆师学堂

帅批：此本暂定章程，此学堂亦非久设等语。按既非久设，则绅等所议应即作为暂行章程，前议如下。帅覆江苏京官函，苏得八，外籍得二。按九月原议内蒯道言江苏不再设，则皖省不分，今遵钧函，以表苏省对于各省有分明融洽之心，无畛域乖离之见。惟苏省人在各省者，亦应在各省外籍二成之内，此意绅等于上学部公呈内业经声明，俟部议定时各省公共实行。

一将备学堂

帅批：此本选营弁肄业，将来必撤等语。按此学堂必撤，前议已见，及此仍录前议如下。帅覆京官函，此校一二年即裁撤，仍如前议，以其校舍经费为陆军小学，其学额及总办均遵定章办理。

一陆军小学

帅覆京官函，每年征收一百人，以三年递征为度，所选皆由江苏各州县考送，无外籍。按此条无须更改。

一宁属初级师范

帅批：现无房舍，无学费，难定额。已有之小学堂，皆苏籍，何止二百人等语。按此条与绅等所议情事未符，绅等所议，系拟以算绘师范扩充，并非指已有之小学而言。而前议如下：拟请增设学科，暂定额二百名（定名宁属，指建置之地，言之苏属亦可来学，犹苏属师范亦兼收宁属之人）。至江宁府初级师范能否同时并设或从缓议，请随时酌定。

一水师学堂

帅批云：先无章程，故姑照此订等语。仍照前议如下：帅致京官函，江南七成，外籍三成，江南七成之中，又定为苏六皖四。拟仍照蒯道前议，八成归江南，二成归外籍，八成之中可遵钧意，苏六皖四。

一警察学校

帅批云：俟现办学堂规模大定，然后再议推广，每县三名可行，恐无费耳，若已收之人碍难剔退等语。按绅等前议，北洋办理警察，著有成效，宁省现已举行，拟请整顿扩充饬。各属考送，每县至少以三名为率，为地方警政普及之基础。绅等覆议，此项学堂目前祇须筹开办费，至常年费，学生任纳膳学费外，其余不足者，请官补助。此校就江宁省城建置，即定名为江南警察学校。定额五百名，仍系苏六皖四，由两省所属各州县匀派，如有此县人数不足,应由同属之邻邑酌量加派,以足其数,为将来学成归里,便于地方自治张本。已收学生,无剔退之,议出额之时,应先尽本省人补足,如已足额,应即截止。

一高师学堂

前拟苏六皖四,今拟视水师例,八成归江南,二成归外籍,八成之中,苏六皖四。惟苏省人在各省者,亦应在该省高等二成之内。此意在绅等业于学部公呈内声明,仍俟部饬,到时各省公共实行。

一实业学堂

照水师,江南八成,外籍二成,八成之中,苏六皖四,苏省人在外省者,亦如前例。帅批云:以上两学堂,闻系刘前督任内订为苏皖各半,今可重订章程,但章程只能管以后事,以前所收学生剔退否等语。钧裁至当,绅等覆议,已收之学生,自应俟其毕业,未便中途剔退,但将来出额之时,必须先尽本省人补足,外籍人不得逾于前。所定之额数,已另附条议于后。

一三江师范学堂

帅批云:三江即是两江,本无浙江在内。皖、赣每生学费百元,原订名额亦混,似应分某州县,几名为是。即如张任订苏生五百名,赣、皖各二百名,究竟每县若干,恐苏籍又援秀才名额相争矣,且无此经费等语。按两江总督兼辖江南、江西,故此项学堂应定名为两江师范,庶几名实相符,仍照前议,厘正名称为是。前督部堂张原定苏额五百名,原因宁、苏分为两属,故额数稍宽。帅意恐本籍自相争论,故定为每县三人,具佩钧裁。但江苏仅七十余州县,每县三人,只得二百一二十人,视前督部堂所定额数,几减十之五六。而江西州县独多,额数骤增,反在江苏之上,此学生视之所以疑为喧宾夺主也。绅等所以另议扩增宁属初级师范,以补苏额不及皖赣之缺者在此。倘扩增之议一时不能实行,应请帅意酌定,将苏额量为扩充,不致有相形见绌之势,庶士望翕服矣。绅等又议赣皖两省奏定章程,每年每生贴费一百元,今仍其旧,苏省本不出费,今亦拟定每生每年各纳膳学费六十元,其腾出之款项,应请即作为实行扩增宁属初级师范之用。

又闻徐属已设初级师范,淮海二属拟合设初级师范。扬州府属应请饬运司并扬州府筹设扬属初级师范为是。三江师范俟此次毕业后应请升为优级师范。三省四布政司所辖每一布政司,定额一百五十名,即在所属之各州县匀派,共六百名,如前议。

以上学额。

一学务处

学务处请仿直隶学务司,各职员官绅分任,皆由学界公举,请督抚于公举中选任,苏、赣、皖三省绅均得轮流被选。帅批可行。三江师范总办应请由三省绅分年轮替,易总办为总理,总理一人,协理二人。三省公举,一年任满,连举连任,无定限。若公举赣、皖,人在苏省候补者,自道府至州县一经选任,即作为绅,请给照会,如前议。帅批可行。

一各校已进堂外籍诸学生

已进堂学生,诚如钧函,无摈退之理。绅等亦本无此议,但出额之时,应陆续尽本省人补足,外籍人不得逾于前所定之额数,以免纷竞。绅等覆议,现在亟应调查各校学生实数,分别足额,不足额或逾额列为一览表。

一各校建筑费

绅等于学部公呈内请各省对于外籍学生均定名额,概不收建筑费,以示平允,应俟部议,定时公共实行。

一各校学费

帅批云:水陆师有定额,应不收学费,若师范尚待斟酌,以学师范者太多,常有求考之人等语。具佩钧裁。绅等覆议,拟除水陆师不收学膳费外,师范则三江师范学堂,赣、皖每名原定百元,本属不敷,今姑照旧。其苏籍照原章,本不出费,今亦议每名纳费六十元,其余各处师范,应一律照收膳费,而不收学费,以示区别。高等实业各校外籍学生兼收学膳费,本籍则视外籍收十成之六,苏省人在外者,亦一律出相当之费,此意亦经于学部公呈内声明。

一各州县送考日期

从前省垣各校调考,各州县学生仅凭公牒,辗转稽延,往往各地方见州县文告之日,已在省垣学堂考毕之后。以后无论何等学堂调考,应请函寄沪上各报馆,于一月前登报,俾期周知。按此条无更改。以上学务。

按前函及清折在沪呈递,经玉帅于折内逐条批答,仍交苏绅覆议,苏绅遂就帅批所及,逐款声叙。故第二次折内帅批云云即指此,前折词意亦□括在内,不再录。

《江苏学务总会文牍》(初编上)

李梅庵观察上周制军禀

谨将三江师范学堂改良规则及一切课程情形开呈宪鉴:职道以一初到省之员,昔又未尝随鞭策侍左右,乃蒙大帅异常之知,不十日而奉师范传习所之差,不三月而又奉接办三江师范学堂之委。奉命以来,栗栗危惧,常恐不称,上负知己之恩,下惭僚友之议。今接办已旬日矣,探考内容,兼综群论,其中有应改良之处,职道不避嫌怨,毅然行之,然其委曲情形,不得不先陈明,敢乞钧旨,以便施行。

一、学堂之精神全在课程规则。课程不善,则学生无受益之时;规则不善,则课程成空设之具。现今中国学堂,往往重智育而轻德育,此大病也。师范学堂自开办以来,规则太松,学生随意请假,出入自由,前徐道稍为整顿,遂起风潮。星期一二四五此数日,为学堂功课最密之时,而学生满街塞途,腐败情形,即此可见。故职道入堂以来,与教员细商,非严定规则不足挽回风气。但由严而宽易,由松入紧难。开办之初,难免风潮,职道以身任其劳怨,但求帅主持,不为所动,则自平耳。凡事苟且敷衍,终无成效。此势之不得不然也。

一、官场习气宜除。凡学堂用人用委员,不如用教员。盖不通学务之人,往往以官场习气于学堂,动生龃龉。师范传习所奉帅谕,一概不用委员,故能学生连合一气,虽只开办

· 108 ·

一月,如子弟相依,俱有感情。今三江学堂委员太多,职道为划清权限,使各有责成,如有不到堂及兼差视学堂为乾馆者,无论何人荐委,不徇情面,破除势利,秉公裁汰。一面访师范高等毕业之人,随时抽补,庶可借资臂助,有益学堂。

一、教务长宜亟委人。本堂教务长王玉澍,以与学生不合辞退,今尚虚无其人。故前月暑假大考算分数之时,纷扰无主。现同堂教员公举本堂检察官翰林院庶吉士雷恒可胜斯职。查雷检察本充堂练习教员,品行亦属端正,又无馆阁习气,且为各教员公举,必能同心共事,免致将来另生枝节,似较另委他员为妥。

一、斋务长何令,其人精明练达,办事认真,但于学务非其所长。前在本堂与学生屡起冲突,现木厘局陈道欲另有差委,俟何令奉札后,其遗差拟请将特科知县张令通谟充当。该员留心学务,诚实可靠,且曾与职道共事,深知其人。

一、本学堂之当办者,不在规则而在课程。规则自揣一月定可整肃,而课程不善则全堂徒劳无功。职道自接事以来,为此再四筹思,其中有最难者,须妥为画议。本堂为高等师范课,故学科甚为完备。然学生皆不曾入中小学,均未受普通教育之人,又设预科以立其基,且本科亦只三年毕业,而速成最速成或一年或二年,为时又太促(日本高等师范须九年),无补习普通之时,躐等则无功,补习则年促,况现今时事最急蒙小学师范,而本堂最速成科一年毕业,只能造成办学堂之人,不能造成当教员之人。凡到日本学速成师范归,未有能胜教员之任者,此其明证也。又本堂课程既无主义,又无层级,欲求成效,必不可得。如日本高等师范课程分四学部:第一学部以国语、汉文与外国语为主,意在研究文学中之文章也。第二学部以历史、地理为主,意在研究文学中之事实也。第三学部以农学、物理、化学为主,意在研究理化也。第四学部以动植矿物、生理等为主,意在研究博物学也。而本学堂课程,一星期漫设十四科,毫无主意,又无层级,细考其故,一因学生无普通知识,不得不兼习普通也;一因以重金不分年限,一旦聘齐东洋各种教员,不得不分派功课也。故不得使多金聘来之教习闲置不授课以待学期。是以未习代数之人便讲化学,未习几何之人便讲图画,未习伦理之人便讲教育,必不行之事也。且日本新学界现最重心理学,为教育之基础,故高等师范四学部中课程表,第一年皆无教育一门,然未有无心理学者,盖心理伦理诸科为教育之预科。此数科学问急宜添入。有谓本堂本科教育学授课时太少,职道以为授课时太早,不知心理,何知管理;无教授之学,安用教授法也。今分之计,拟分三层办法。

一、最速成决不足为教习之程度,只能充学堂之董事员。或此班毕业后概行停止,或各□所送来之人中有年纪较大、难习科学、精于外事而文理平常,挑补此科以为将来到本地专为办学堂之用。

一、速成科拟改为选科。本堂洋教习皆东洋大学堂毕业之学士,有教专门之学问,以之教初级普通,殊为可惜。选科每班偏重三四项功课,自始至终专力于此。虽不及专门,亦高等学。其将来毕业,有三四门确实本领,合三四人便成完全学科。且学堂亦断无一教习,而能遍授各科者。日本现教习须才,皆用此法也,俟另拟课程表。

一、本科请展宽年限,至速亦须五年。日本高等师范九年,方能毕业。所谓欲速则不达也。或请本科用高等各学堂毕业生送堂肄业。湖北现设立大师范学堂可收学生千人，由各处府县师范学堂高等中等学堂毕业生升湖北各处学堂，皆有四五年程度。以先有普通之人，较江南各学未受蒙小学教育之人，其成效必速。且湖北规模又较大，然江南开办在先，其声光名誉万不可落湖北之后。此不得不略为变通者也。至于将来新班课程如何厘订(定)？旧班如何改良？现当暑假，拟往通州与张殿撰会商。现斋舍未造，新班到堂当在明春，拟年假后到东洋调查各师范课程，再为议订，庶不至糜费废时也。

一、学堂中学生与东洋教习不能直接听讲，是一大病。盖每点钟除休憩时，上堂听讲止五十分，以翻译时算之，只得二十五分钟耳。又以翻译学问不足，有不能译出之精义，则学生之受益者几何。查日本中国学生留学各堂者，有三月后不用翻译者，有半年后不用翻译者，而现今各堂中学生舍翻译遂不能日听一语，是东洋教习学问虽高而不能输与学生，仍无益也。拟本科生头一年专学算学、日文、日语，而日文、日语专学各科学之名词，以为将来听讲之预备，虽一齐众楚，不能如日本之速，然有一年练习，当亦可勉强从事矣。第二年之第一学期用翻译一员在堂，有全堂不能解者代译一二语，第二学期再撤去，庶可以直接听讲矣。

一、办事用人之权不一，则处处棘手，学堂一切事务，皆由职道认真切实办理，大帅总大纲责其成而已。大帅东南柱石，何可琐琐庶务屡渎清听，而办事人转弛专责。惟布置就绪，随时禀知可也。

一、学堂课程未定，则章程只得从缓。惟学生记过章程、讲堂、寝室、食堂规则，其势不得不先定，庶学生有所遵守。拟先将记过规则拟好，呈帅批准，学堂即便实行。其余章程，每门拟妥，先后禀呈，恭请核定。

一、办事必先经理财政，故西人由政府立有预算表。大帅莅宁以来，新政云兴，学务军务煜耀耳目，但财政日形支绌，铜元之利，恐难恃久，虽立官钱号，势同虚设。查湖北之富，万不敌江南，其财政大宗在行钞票立银行前。闽杨臬司文鼎以善筹款称，或于江南设一财政处，总稽江南利源，又差员往鄂调查湖北钞票章程，变通仿行，庶不至为经济困难。此议本非职道所宜言，以感帅勤劳为国之苦衷，冒昧上呈，幸垂察焉。

《直隶教育杂志》第1年15期

张謇等为停课事致三江师范学堂总办李观察书

梅庵仁兄同年大人阁下：

敬启者：竞争学额一事，流景半周。此风发起于湘闽，流及于苏皖。核以文明学校之通例，毋乃所见之不广。然湘人争之最早，亦最烈，而外省人无訾议之者。苏人受反动力，始迫为此举，论者则交相訾议，几以苏人为丛矢之集。盖苏省以积年之放弃，一旦受他省之戟刺，始幡然变计，思将前所放弃者一一还之固有之地位，而群议乃哗然矣。其中亦间有过当之谈，弟等与同人筹议，务求两得其平，本难尽如学生之意。办事之界如此，他非所计也。

近日宁垣退学,弟謇曾于二十三日致电宁学务处,声明此等举动与同人设立学会宗旨未合。日内阅各报及宁垣学生来言,则有无名函电从中鼓动,深堪诧异。弟同芳现在驻学会办事,除一面登告白于报端:以后函件非学会盖有图记及有人列名,即与学会无涉,概不承认。弟等连日发电,嘱学生上课,且弗误会。一面秉公筹商,拟就各条,即日缮呈玉帅鉴核。

兹请马相伯先生到宁,与各校接洽一切,幸指示南针为幸。时事孔棘,当劝告诸生务其大者、远者。阁下总持学界,宁垣人士同声翕服。天下事自有公论,不烦阿私所好也。

专颂

台安

年愚弟张謇、沈同芳同顿首
《张謇全集》函电上

张謇致沈同芳电(1905 年 12 月 19 日)

南京学务处沈观察鉴:

学生来电情迫,休课殊与学会同人办事宗旨未合。日内歧事杂至,暂缓至宁。请转知各校照常上课,到时和平商办。謇等。梗

附录:上海江苏学务总会致江宁苏属学生电(1905 年 12 月 22 日)

南京三江师范苏学生:

两电悉。前电沈观察转致,达否?报言江苏学会指使退学,本会无此。是电是信,望严查。学事就近商定即告。仍望上课,毋太激迫。江苏学务总会。宥。

《张謇全集》函电上

江宁府属学务公所及宁府会员致张会长论学额书

启者。贡院变价一事,春间由玉帅电请台旆抵宁会商,现在缪筱翁欲联合两省绅士,公呈督抚出奏。其办法系由商务局经收、招商、承买、变价后,另建江南高等学堂,与原议未为不合。惟其中与原议大背者,则学额一事。去岁,承先生上书于大府,学生全取苏省,余省皆列入客籍。旋由学务处议苏八皖二后,为各堂监督所梗。而苏省士绅金以安徽自有学堂,皆欲列安徽于外籍。安徽则援贡院中额苏六皖四之例,叠次上禀,主张苏六皖四。是苏六皖四之说,本起于皖人。其后三十二年,先生勉从皖人之议,联合江苏绅士上江督公禀,云高等学堂前拟苏六皖四,今拟视水师例,八成归江南,二成归外籍,八成之中,苏六皖四。此吾苏勉从皖人,遂主苏六皖四者一也。今春会议贡院事,以贡院定额向为苏六皖四,因特申明贡院变价后,归苏六皖四匀摊,黏(粘)贴会场,此全苏绅士勉从皖人,而主苏

六皖四者二也。乃缪公所拟折中,竟云学额苏皖平均,彼岂不谓现在之高等本为苏皖平均,今欲改建,亦当照旧。不知现在苏皖各半之额,偏枯太甚,业不洽舆情,不可为例。即强以为例,而此次另建之高等,与前次之高等亦不同。何也?此次另建高等,乃贡院变价之高等也。贡院之中,额苏六皖四,两省咸知。今以贡院之价,建高等之校,自应仍为苏六皖四。吾乡有弟兄二人,弟有田四十亩,兄有田六十亩,统合征租,兄得六分,弟得四分。未几,兄弟议鬻田合建屋十间,弟曰,吾与兄当平均各得五间,族人咸訾其不公。然则以贡院变价另建之高等,而主张苏皖平均之学额,何以异于吾乡置产之事哉?其为不公,莫大于是矣。窃谓苏一省也,皖一省也,何为学额苏多而皖少,亦以吾苏税厚而人众之故耳。宁皖两江师范学堂,南皮奏定学额,江苏占六百名,皖赣得三百名,是苏六成,皖仅一成五。玉帅前虽议改学额,今春又手批仍照张奏。是高等之定苏六皖四,较之两江师范苏六皖一五之额,业已倍蓰矣。若苏皖平均,则断断不可。且江苏设两提学使,皖仅一提学使,岂朝廷独私于吾苏哉?亦以税厚人众,不得不然耳。两江师范定额既如此,宁苏提学使又如彼,然则高等之苏六皖四,皖已优,而苏已绌,断难再改平均。况乎以贡院变价另建之高等,承用贡院苏六皖四之额,其理至明,其事至顺。况乎皖之高等,并未予吾苏以四成,而吾苏之高等,已予皖以四成。揆之玉帅覆致先生函中,所称各省酬报江苏之说,已属不符,而犹欲苏皖平均,有是理乎?况苏六皖四之说,非苏人之言也,乃皖人之言也。皖人所持之例,即以贡院中额为主。今高等苏六皖四,可谓俯从皖人之请,如愿以偿矣。而吾苏犹主张苏皖平均,有是理乎?嗟乎!始而主苏六皖四,及予以苏六皖四,则又欲苏皖平均,独不为吾苏之子弟,将来求学无地计乎?敝公所同人开会集议,金以为高等学额必应苏六皖四。当缪公忽忽赴沪,建议未将学额平均之说宣布,而总会未得其详,祗以贡院变价为应办之事,遂将全会衔名开具列呈。倘公呈一递,定为奏案,悔莫可追,吾苏之受亏,岂有极哉?务乞先生见信后,迅速致函与缪公,请其将折内学额均平,改为苏六皖四,切祷切祷。倘缪公坚不肯改,则敝郡同人惟有联合江苏同志不列名于公呈,另具一呈争论耳。

《江苏教育总会文牍二编》(上)

江苏教育总会咨复宁提学使陈酌拟两江师范学额文

咨呈事。六月十五日接准大咨内开,案准两江师范学堂咨开,案照敝堂师范生学额,前奉前督宪张奏明,定为九百名,宁、苏属各二百五十名,皖、赣各二百名。嗣因经费难筹,分班召集。第一次先招三百名,三年后续招三百名。敝堂现届招考第二次师范生,业经先期粘呈招考章程,并订明齐集日期咨会在案。惟查第一次招考,由学务处详奉批定宁、苏属各九十名,皖、赣各六十名。江宁、京口驻防十名,即在宁、苏属内匀拨。经敝前监督遵照,取定如额,并未按县匀摊。前督宪周有每县定额三名之议,虽未奉诸实行,然投考各士子即有以每县无人,求补足额之请。而宁、苏、皖士绅会议学额,迄未决定。此次考取新班,学生究应如何按属核定,合先备文咨请苏、皖、赣提学使司外,为此合咨查照,酌夺见复，以便遵行等因到司。准此。除经咨会苏、皖、赣提学使核议外，相应备文咨请，为此合咨贵会，请烦查照，希即从速议复，以凭会咨，望切施行等因。准此。本会公议应援照第一次招考，由学务处详定宁、苏属各九十名，皖、赣各六十名，江宁、京口驻防共十名，即在宁、苏额内匀拨成案办理。惟按县匀摊及前督部堂周每县定额三名之议，揆之事实，颇多室碍难行。但师范为教育之母，如能县各有人，尤为适宜。为此照复，即烦贵学司查察施行。须至咨呈者。

《江苏教育总会文牍二编》（上）

江宁府调查员侯孝廉必昌报告书

　　敬启者。必昌本月二十三日返里，到三江师范学堂，惊悉本堂学生二十一日得沪上学会中人来电，谓"诸绅对于学额无效，非相率罢课不能进取云云"，后又得函谓"密承会长意旨，非苏生罢课，则会长诸绅不能前来云云"。其时一二人得信遽发传单，传单上并述副会长有责备不早休业之语，通知各学堂之苏生，各处以为沪上会长之意也，遂相率罢业，此二十二日事。及必昌等到堂，到处反复晓谕，始各省悟非沪会之旨。然势虽中止，遂仍罢课不顾。廿四日，周制军命学务处，暨各监督命诸生举代表人，举所欲言，以便商办。又闻发电至学会，请诸绅来宁后，周督奉旨赴沪，遂停议，诸生亦以沪上事亟，皆解散，然仍不上课也。二十五日，将弁学堂、陆军小学、陆师学堂均上课，实业学堂亦上课，三江师范暨高等则均停课温习，预备大考。惟各武学堂管理员责诸生以不服从规则，将有惩治之举，诸生惶惧，遂复会议，已上课者仍不上课，停课温习者俟一体上课，然后大考。定议如此，所谓宗旨，则曰"学额"，问学额以何为目的，则多茫然不知所对。此二十五日傍晚之情形也。

　　又各流寓诸公于昨日开十七省大会，闻亦有函电至本会，约开十八省大会，暂定会长，闻是陶榘林观察，副会长则为陆师毕业生。必昌职司调查，故敢据所闻以告。

　　必昌意见，学额自学额，上课自上课，似不宜以罢课为定学额之补助。会长暨诸绅在沪，与周督及沈观察就近商定学额，此间似宜来电表明本会宗旨，令诸生照常上课。此电宜打三江师范学堂诸生处，不宜由官场转饬。

　　又十七省开会，其内容不知如何。表面则谓十八省联络，以待外人意甚正大，本会宜答以愿相联络。惟当谓既为十八省公会，似宜先行广告，由各省举代表人，届期齐集交通便利之所，商定章程，举职员，兴办事件。如不先期广告，第就在宁诸寓公百余人之意见，遂谓联络江苏，成十八省大会，谓之为旅宁十七省学会，可也，谓之为十八省学会，不可也。

　　两事本会回复，均宜登报广告，使天下人明知我江苏人至公无我之宗旨，否则谤言四起，以直为曲，使我江苏冒不韪之名，而彼虎视眈眈者且自谓文明程度高于我江苏矣。管见所及，未知当否，伏乞会长暨诸乡先生公鉴。

调查部干事员侯必昌启
《江苏学务总会文牍》（初编下）

柳诒徵:学务刍议

凡事之起必有因,因有远近,非深识者莫能辨也。近者,学界之争日益加厉,书电旁午,足茧舌焦。旁观訾謷之词,不曰以科举思想争学额,则曰以自私主义分省界。其善者,亦但知吾人之争出于求学之盛心外,此无他因矣。诒徵素佝瞀,未尝究心教育与社会相关之理,兹事缘起,亦不深悉,顾及厕身学界,自不能无动于衷。窃睹迩日竞争激烈之状,私心忧之,而得一研究。

兹事问题之法,其法维何,则注意于江苏与他省不同之点而已。省界之分,始于各省,江苏乃起而步其后尘。然他省分省界,未有纠纷缴绕如江苏之甚者,可知今日之争,其因不在省界。即曰废科举而后争,然他省士子闻科举之废,而争思以就学,为出身之计者当亦不乏,何以争点不集于他省,而独萃于江苏?倨江苏人科举思想独出各省之右?则谓废科举为争论之因者,抑其近者也。诒徵窃谓,今日之争之因,其来盖远矣。合中国十八行省而言,有以一总督专辖一省者,有以一总督兼辖两省若三省者。独两江以一总督辖三省四布政使司,此已异矣。而乡试之制,又第合宁、苏、皖三布政使司所辖之人而试之,江西不与焉。当日之定此制,诚未尝预料他日学堂之纠葛,而今乃因此以生争。苏人曰,本省学堂宜教本省之学生,他省不得占吾之正额;而皖人、赣人曰,吾与若同受治于总督,则其权利宜平均也,藉令援科举之例,赣可分,皖不可分也。苏人曰,以本省之经费办本省之学堂,则宜专教本省之学生,他省人曛就焉,请以费界我;而皖人、赣人曰,此第宁人言之可矣,苏人言之,苏亦犹吾皖赣也。积此众因,遂生诸果。湘、鄂、闽、浙诸客籍姑置之不论,而苏、宁、皖、赣先操同室之戈,其始苏与皖赣分,其次苏皖与赣分,其继苏与皖分,其既宁与苏分,至于北区淮、徐、海,南析苏、松、太,以征兵为比例者,则其说之尤幻者也。

诒徵以为,今日议定学额、学费,与其以总督所辖地方之名义而论,莫若以总督所辖地方之面积、人口与赋额之比例而论。论名义,则江苏与皖赣同属于总督,第宜享平等之权利,论面积,人口与赋额之比例,则皖赣逊于江苏当道虽右,苏人必有词以谢皖赣。中国统计之学未克精密,然以近人编辑之书考之,大致谅不相远。按安徽面积三十七万方里有奇,江西五十六万方里有奇,视江苏之三十四万方里有奇,有过之无不及。江西人口二千一百万有奇,安徽三千五百万有奇,视江苏之二千四百万有奇,则赣杀而皖强。而安徽地丁岁额一百四十余万,江西一百九十余万,皆不敌江苏之二百三十余万。江西地大而人少,平均赋额,人得九分;安徽人多而地亦多,平均赋额,人得四分;江苏面积仅居十八省三十分之一,人口居二十分之一,而地丁之额,乃居十分之一,每人平均岁纳银九分五,厘其轻重,相悬远矣。江西以乡试分场之故,于吾苏之学额,舍三江师范外,尚未多占。独安徽执江南之名义,恒以四六分成,多者乃至相等。静言思之,殆有未允。盖就赋额一方面论,皖之与苏,四与六之比例也,就每人平均担任赋额论,苏加皖一倍有余,则学堂名额虽苏二皖一,犹非精确之比例也。汉法举孝廉,以人口定多寡;明代制府县,以粮额为上下。今之分省兴学,宜兼二者之长。拟请嗣后凡两江总督治所学堂,以江南名者,经费、学额均苏十而皖三,学生一律不缴学费。其苏皖之人,欲于额外附学,或苏人而学于专属安徽之学堂,皖人而学于专属江苏之学堂,则必征其学费,而不必争学费于公家。其学堂以两江或三江名者,学额、经费江苏居十之四,江西十之三五,安徽十之二五,一省推广,其他二省亦必推广。皖赣既定,徐议他省,江苏与他省,互为主客,各有报偿,当亦不难。片言而决此,诒徵所谓研究兹事问题,宜注意于江苏与他省不同之点也。难者或谓,江苏地处膏腴,皖赣视之瘠焉,河润九里,是江苏责。则请应之曰,此苏人所大愿也。异日者,吾苏学校如林,教育普及,就学之人,靡不得所,而其经济尚恢然有余。微独可以兼收皖赣,即湘、鄂、浙、闽诸省,何一非吾同胞,畛域之见,非苏人所敢存。今之要求学额,争论学费者,出于不得已而施,爰宜有差也。或又谓皖赣赋额诚轻于苏,然以苏宁论,宁亦视苏有差,是泯皖赣争而启苏宁争也。则请应之曰,否。皖赣与苏截然三省也,江苏虽有两布政使司,曷尝分为二省?(宁属初隶苏藩,而皖藩驻宁。乾隆廿六年,始设宁藩,移皖藩于安庆。而苏宁无分省之说,故苏皖犹可合,而苏宁必不可分。)朝廷念东南财赋之重,特设两布政使司,显示优异江苏之意。朝廷优异之,而吾民携贰之,可乎呜呼。江苏之病,重赋,自明已然。国家深仁厚泽,累减其赋,以舒民困,然犹重于皖赣。今日世界各国通例,有义务斯有权利。江苏纳赋之义务,重于皖赣,则其应得之权利,自宜视皖赣有加。而今者,苏人求学,往往见斥于外,不得已而为呼吁,为祈请冀、幸多得名额,于本省以养成子弟,餍其求学之心,而又蒙争学额、分省界之大诟,是何苏人之不幸也。他省之人,苟其息心易地,必能察其情而代为谋。

诒徵驽下,初不以学人分省为然,尤不以学生停课要求为然。然为苏人目前求学计,熟察其久争不决之原因,不得不竭其刍荛之愚。至于统筹各省教育之事,拟别著论,上之学部,不祖乡人,必合各省官绅、学者而谋之。盖各省之争,欲就学于江苏,与苏人之必与各省争者,又有他因,非兹文所能罄也。

附三省比较表(据近出屠氏地理教科书、刘氏光绪会计表合算)

省名	面积	人口
江苏	三四、六二七七方里	二四五九、八九一五人
安徽	三七、七一一四	三五八一、〇〇〇〇
江西	五六、一六一七	二一七九、四〇九八

省名	赋额	平均
江苏	一一三四、四六四四两	九分五厘
安徽	一四四、六〇三四	四分
江西	一九九、〇九四六	九分

《江苏学务总会文牍》(初编上)

江督饬议扩充两江师范学额

安徽教育总会会长，江苏淮扬道蒯观察光典为两江师范学堂未定学额，呈请江督饬遵成议录取，以昭公允，当奉端午帅批示云。查两江师范学堂初经前署督部堂张奏定学额九百名，江苏省宁属定额二百五十名，苏属定额二百五十名，江西省定额二百名，安徽省定额二百名。其常年额支经费，由宁藩、臬筹银四万余两，苏藩司协筹银四万余两，皖、赣两省各按学生定额数，每年协助龙洋一百元，稍资津贴，不敷甚多。所有每年活支经费，仍在江宁银元、铜元盈余项下筹拨济用。嗣因筹款不易，一时不能招齐。经前督部堂魏奏定以原定三省学额九百名，分作三班招集。第一班宁、苏两属各九十名，皖、赣两省各六十名。第二班宁、苏两属各八十名，皖、赣两省各七十名。曾经按照所定名额招取第一班学生入堂肄业，后经前署督部堂周改为每省每县三名，以求教育普及。苏绅恽侍郎彦彬甚以皖、赣贴款少而学额多，宁、苏出费多而学额少，呈请仍照各省定额，再从各省州县平均摊派。均经前署督部堂周批饬，两江学务处核议，详复察夺在案，至今未见详复。兹据呈称绅等与苏绅于两江师范学额屡议未成，拟除江西一省酌拨不计外，余均请照皖四宁六办理等情，系为皖省增广学额，培植人材起见，具见盛意。宁、苏、皖、赣同隶两江，本部堂亦断无歧视之意。惟应如何扩充学额，酌加经费之处，应由四藩司、四学司、三教育总会、两江师范学堂会同妥议，详候核夺。现在诸生云集，业经开考，来牍未免过迟。若俟各处议定，至早亦须一两月工夫。该生来宁与考者，远或二三千里，断难在此旅候。再四筹商，此次应从权仍按照原定第二班招考章程，宁、苏两属各八十名，皖、赣两省各七十名，额数取齐，俾得早日入堂肄业。俟核议定后，即从第三班招考时照办，或随时筹加经费，酌添名额，以广造就，而具师资，另行奏咨立案。除照会分行外，希即知照。

《申报》1907 年 8 月 26 日

端方奏饬解两江师范学堂协款片（光绪三十三年十一月）

再，两江师范学堂经前署督臣张之洞创办，为造就宁、苏、皖、赣各属中小学堂教员之地，章程完备，规制精宏，实关三省教育命脉。所需常年经费，奏准每年由江苏藩司协筹银四万余两，安徽、江西两省各按学生额数每名每年协助龙洋一百元，稍资津贴，不敷尚多，由江宁藩司在铜元余利项下按数拨支在案。自开办以来，苏藩司每年应协银两亦经议定，将宁局代苏增铸铜元盈余，按年尽数拨充。从前铜元畅销，盈余较厚，尚可勉强抵支，乃自奉部章限制铸数，兼之铜贵钱贱，余利浸微，且又分作十成，以四成提充练兵经费，以三成拨还造币分厂欠款，以三成作为地方新政之需，此项盈余已成无着。是苏属议定抵拨之款，自铜元改章后，徒有协助之名，并无抵拨之实。至赣省应协之款，仅于三十年据江西藩司报解龙洋五千元,皖省则迄今五年丝毫未解,而该堂经费按月待支,不能半途中辍,亦难无米为炊,均经饬由宁藩司陆续筹垫。本年按章添招新班学生三百人,并增派教习各员,额支、活支需费更巨,筹措愈艰。惟念兴学为当今急务,而师范尤为教育本源,不得不勉为其难,设法推广。第财政困难,各省皆然,以三省公共之学堂,而令江宁一省独任其费,于理固属不平,于力亦有未逮。叠据江宁布政使继昌以该堂经费无款代垫,详请另行核拨前来。臣仰屋兴嗟,持筹乏术。惟有按照原案,严饬苏、皖、赣三藩司,将应协各款,按期报解,通力合筹,以期众擎易举。拟令苏藩司将每年应协银四万余两,分上下两学期另筹的款汇解。上学期应解银两,限定于正月解到,下学期应解银两,限定于六月解到,不准稍有蒂欠。皖、赣两省按名津贴之款,亦令如此办理,并饬将以前欠解银两一并筹解归垫,倘再视为具文,即行据实纠参,以儆玩泄。除饬苏、皖、赣三藩司遵办,并咨部查照外,谨会同署江苏巡抚臣陈启泰,安徽巡抚臣冯煦,江西巡抚臣瑞良,附片陈明,伏乞圣鉴。谨奏。

《端忠敏公奏稿》卷十

端方奏请学务经费动用库款折（光绪三十四年二月）

奏为宁属学务经费短绌甚巨,拟动用库款作正开销,以重教育,恭折仰祈圣鉴事。窃维图治以兴学为先,兴学以筹款为急。江南人文称盛,户口繁滋,频年推广学务,省城所设大、中、小及实业各学堂,由公家筹拨经费者,岁有增益。两江师范学堂经升署督臣张之洞创办,规模宏远,学科完善,教员皆聘自日东,校生则兼收皖、赣,岁需经费甚巨。光绪三十三年下学期复添招新班三百人,仍于原定经费内撙节动支,并未增益。此外,如高等省学堂,府中学堂,元、宁两县小学堂,模范小学,四十区初等小学堂,思益小学,江宁初等师范学堂,实业学堂,蚕桑学堂,农业试验场,方言学堂,江宁驻防中、小学堂,暨南学堂,粹敏第一女学,幼稚园,陆师、水师、测绘、讲武、警察各学堂,陆军小学堂以及民立学堂之由官补助者,商业学校之虽有商款仍由官津贴者。以上各学堂,每岁领款,多者四五万金,少者亦需一二千金。加以派往东西洋留学之费,编译书报、设局之费,提学司所设公所员绅薪水之费,认筹学部翰林院暨京师各学堂之费,在在皆需巨款。统计江南学务用项,每岁额支约在一百六七万两上下。其中由藩司衙门筹拨约五十余万两,由历任督臣按照学部定章分饬运司粮道、盐道、关道暨各局所筹提杂款,亦约五十万两上下。此皆按时支放,丝毫不容短少之数。现在开办法政学堂、女子师范学堂,亦皆无的款可指。兹据宁藩司继昌、署宁学司陈伯陶详称,司库常年所放学务用款,约需银五十七万七千六百余两。除动支减成饷平、截留新政、出洋经费、地丁、杠脚等项,共银十七万八千三百余两,均详咨有案。此外,需银三十九万九千三百余两,从前专恃铜元余利项下开支。自铜元限铸,余利无多,业由司库挪垫五十余万两。当此库储支绌,本已无款可挪,无如事关教育,各学堂款项一经停放,必致辍业半途,殊非朝廷兴学育才之意。是以三十三年分学堂用款,无论如何为难,仍由司局各库腾挪应付。但库储多系报部正项,暂时挪垫,已属格外通融。若日久无款可还，年复一年，必至积成巨欠。且库藏有尽，终亦无可腾挪，倘不奏恳作正开销，将来积欠既无可清偿，而学堂恐亦日形隳废等情。详请具奏。前来。

臣查江南财政窘困已极，致此之由匪伊朝夕。当光绪三十年，奉旨查核江南财政，其时司局各库，尚略有存储备用之款。是以部臣奏请提拨，凡可以匀拨者，无不尽力凑解。此后储胥已竭，支用愈繁，其困难亦遂较他省为甚。学堂为当务之急，既已无从筹措，势不得不出于挪垫。愈挪愈亏，竟成坐困。前年江北奇灾，救济稍缓，难民弃家转徙者，数逾百万。臣抵任后，仓猝办赈，见款即拨，但以先救民命为主，一切不遑兼顾。现在赈务虽已办竣，而搜索已尽，尤有岌岌不可终日之势。加以铜元余利，经部章限铸，又提四成解充练兵经费。此次据报学务，专指该项余利之款几四十万，悉归无著。司库垫无可垫，委系实情。此外，各司、道库及各局所分筹学务经费至五十万两，实已多方搜括，力尽筋疲。且筹定之款，每有不能如期报解者，断无余力以济藩库之穷。近数年来，兴学之风气虽开，民力之拮据弥甚。求补助者如饥如渴，可裁省者亦至再至三。立学为自强根本，当此多难兴邦之日，敢望十年教训之功。譬诸平民之家，虽生事极艰，必不吝惜膏火修脯之资，以自误其子弟。臣前赴欧美考察政治，见各国振兴学校，岁费不赀。以江宁省会为东南之望，关于学务用项，一切并计，岁支百余万金，似不为多。所有藩库筹解学务用款，指拨铜元余利，现归无着银三十九万九千三百余两。经臣督同各司、道一再筹商，实无他项杂款可抵，惟有仰恳天恩，俯念兴学关系重要，江南财政委系万分艰窘，额支之款又难稍缓须臾，准于藩库作正开销，俾济急用，不胜感激屏营之至。除咨税务大臣、度支部、学部查照外，所有学务经费短绌，恳准作正开销缘由，谨会同江苏巡抚臣陈启泰恭折具陈，伏乞皇太后、皇上圣鉴训示。谨奏。

《端忠敏公奏稿》卷十

奏饬三省分解两江师范经费

江督片奏略谓：两江师范学堂关系三省教育命脉，所需常年经费奏准，每年江苏藩司协筹银四万余两，安徽、江西两省各按学生额数，每名协助龙洋一百元，由江宁藩司在铜元余利项下按数拨支在案。乃自开办以来，赣省应协之款，仅于三十年据江西藩司报解龙洋五千元，皖省则迄今五年丝毫未解，均由宁藩司陆续筹垫。本年按章添招新班学生三百人，并增派教习各员，额支、活支需费甚巨。以三省公共之学堂，而令江宁一省独任其费，于理固属不平，于力亦有未逮。叠据江宁布政使继昌以该堂经费无款可垫，详请另行核拨，惟有按照原案，严饬苏、皖、赣三藩司，将应协各款按期报解，通力合筹。拟令苏藩司将每年应协银四万余两，分上下两学期另筹的款汇解，上学期应解银两，限定于正月解到，下学期应解银两，限定于六月解到，不准稍有蒂欠。皖、赣两省按名津贴之款，亦令如此办理，并饬将以前欠解银两，一并筹解归垫云云。

《申报》1908 年 1 月 18 日

两江总督张人骏奏请以李瑞清署提学使片（宣统元年）

再,署江宁提学使陈伯陶请假三月送亲回籍,经臣等附片具奏钦奉硃批允准,所遗江宁提学使篆务,查有江苏试用道李瑞清,品行端洁,学问优长,堪以署理。除檄饬遵照外,谨合词附片具陈,伏乞圣鉴,谨奏。

宣统元年十月十二日奉朱批:知道了。钦此。

《政治官报》第758号

两江师范学堂移江苏教育总会文

移会事。窃照敝堂前奉前督部堂魏奏定学额,分班招集。第一次先招师范生三百名,三年后续招三百名,奉经转行遵办在案。兹查敝堂第一次招集三省师范各生,业遵定章分班教授,计算至本年第二学期止,适届三年期满,所有第二次续招师范生三百名,自应照章,先期由各省、府(厅、州)、县考选备文,连同试卷保结申送来堂试验,以便如额取录。兹定于七月初一日,齐集来省,听候本堂定期牌示招考。除登报广告外,合亟备文移会,为此合移贵总会,请烦查照须移。

计招考章程

一本堂此次系按照优级师范章程办理,所招新生须由中学堂及初级师范毕业考取升入。现在尚无此项毕业生,须通融办理。凡有与中学堂毕业之程度相当者,即为及格,无论举、贡、生、监,均可与考。

一学生年龄,自二十岁以上至三十岁为限,过幼者不胜师范,过长者人事纷心,均非所宜。

一愿与考者,各由本籍地方官或教育会具结保送,其在各本省或他府、县不及回籍起文者,在省由本省教育总会或学堂出结咨送,在他府、县由所在地方官或教育会具结保送。

一到宁后即行来堂投文报名,由本堂视人数之多少分日考试。

一考取入堂者,均应遵照学部新章,纳保证金银十圆送堂,俟毕业后发还,并觅保证人来堂出具保证书。

一入堂后听候分班授课,不得以己意辄请改易,应恪守本堂规则,毕业后应遵章担任教育义务。

一学部新章师范生所有各费一律免收,入堂后如中途退学,应按时日久暂追缴各费。

一毕业后给予文凭,如有不尽义务及其他败坏行检,违犯法律之事,查明将文凭追缴。

《申报》1907年5月24日

周馥奏为江南办理学务情形折（光绪三十二年七月二十四日）

奏为缕陈江南近年办理学务情形恭折仰祈圣鉴事。窃臣自奉明诏永停科举，多建学堂，设官定制，注重教育，仰见圣谟广远，文教覃敷，凡属士民，同深钦忭。臣维东西各邦，每于学校之兴衰，定国势之强弱，化民成俗，最为要图。臣承乏江南，将近两载，一意兴学，勉力经营，殚智虑之所周，冀教育之普及。兹将年来筹办学务情形，谨为我皇太后、皇上详陈之。

查大江南北，人文渊薮，开化既早，风气易移。自经前督臣魏光焘、署督臣端方极力提倡，承学之士，翕然从风。臣抵任后，就原有之始基，期教化之进步，两年以来，廓所未充，补所未备，敬教劝学，继长增高。如原有之三江师范学堂，易名两江。初次收三百人，本年新建斋舍落成，即可续收学生三百人，连前合计六百人。复于堂外附设小学，选该学堂之毕业生，往充教员，以为实地练习。原有高等学堂，按普通预科办法，定额一百二十人。本年旧班各生冬间毕业以后，改办专门预科，学额当可扩充至二百人。原有农、工、商、实业学堂，向就格致书院改设，学额有限，迭经分别改造，可收学生至二百人。现拟将商科专归商业学堂，将原有实业学堂专课农、工、矿学，增定规制，俾速造就，以济时用。原有算绘学堂，科学未能完备，学额止四十名。本年已另筑校舍，改为宁属初级师范学堂，以去年新设之师范传习所归并其内，课程完密，每年收简科生一百人，本科生五十人，递加至第五年，可得简科毕业生五百人，本科生二百五十人。上年所开传习所原有各生，本年五月毕业一百○一人，已分派各县为小学教习。前设之蚕桑公所，去年归并实业学堂，本年五月毕业，择其尤者派赴各县，巡回教授，以期普及，现改名江南蚕桑学堂，增置斋舍，续招新生六十名，定期开办。此外省城新增官立之学堂，一为商业学堂，教授普通中等学科，专为造就各商子弟而设，其收学生八十人。一为简字半日学堂，专为开通下流社会易习官音而设，城内分设四所，开办以来分期毕业，并通饬各属推广办理。一为四区两等小学堂及教育研究所。从前城内原有小学堂四十所，校舍未广，科学不完，现已购地兴工于四城，各设完全小学一所，以为小学模范。每所收高等小学生四十人，初等小学生四十人，以后逐年递收四十人，至第五年四所其收八百人。一为旅宁第一女学堂，本由官绅集资创设，旋由司局月贴经费，专延女师教导，踵设者复有惠宁、毓秀两校，亦皆整饬有法。又幼稚园为小学之预备，去冬经官绅开办，稍拨经费奖助，以端蒙养之基。此宁省改良新建各学堂之情形也。

其师范学堂在省外者，江北则高等学堂改为初级师范，附设高等预科，经臣会同江北提督奏报有案。徐州由道筹设初级师范学堂，扬州由学务处议员卢晋恩设立速成师范学堂，如皋、六合、盐城有初级师范学堂，海州、泰州、宝应、高邮有师范传习所，均经详报有案。其余民间之自设师范研究会禀请学务处立案者，计其二十余起。又中学为完全普通之学，从前宁属官立中学，祗有江、淮、徐、海四所。现在续立者有淮安、通州、泰州、高邮四所。其在省会官助民立者，有钟英、正谊、达材三所。民立者有湖南、湖北、浙江、皖江、江西各旅学及培元中学各一所。各府(厅、州)、县两级蒙小学堂,去冬曾经调查填表,综计已有小学三百四十七所。本年绅民呈请立案,及徐州等属册报者,共增一千一百余所。其私塾改良仅有形式者,尚不在内。此外府(州)、县分设各学堂情形也。

学校林立,考核宜严。去冬学务处详派通晓学务之员,分路调查。嗣据各员详细禀复,经学务处悉心考较,证以平日报告,自以江宁、通州两处成效为最著。余如扬属之泰州、东台、兴化,淮安之盐城、安东、阜宁,徐属之邳州、睢宁以及海州各处,俱能认真经理,日起有功。其有课程不完善者,为之整顿。教习不当者,为之改延。学科不合者,为之釐订。经费不足者,为之另筹。并饬各州、县邀集绅耆开办劝学所及传习所,以期逐渐改良。一面酌派员绅,分赴城乡演说劝导,启发民智,俾知兴学之益。至各州、县办理学务,均已严核功过,由司分别注册。绅士教员,则酌给匾额、奖札以示鼓励。此查考各学堂之实在情形也。

宁垣为南洋总汇,负笈出洋之士,请咨求试,络绎于途。从前陆续派赴东西各国官费学生,约计二百余名。去岁详定分别文、武,陆军学生归督练公所经理,文学生归学务处经理,学费由江藩司筹防局、支应局按季筹汇。其习日本师范者,则由各州、县认解。现计师范速成毕业学生十余名,均已分派委用。学习法政速成之官绅二十名,亦皆毕业回国,分别任使。本年选派赴日本学警察、监狱十二人,与北洋现派各生合为一班咨送。东渡费由宁、苏、皖分认。又宁、扬各州、县承办学务,管理需员,曾统饬就地筹款,选绅赴东考察,以四月为限,亦经陆续派往。此外,赴东自费各生,照章考验,随时咨送。迨奉学部电饬,认真考核,旋奉文将速成科一律停止,均已照章办理。此选派学生出洋之实在情形也。

综是数端,皆由两年中苦心焦虑,竭力经营,大江南北之士,喁喁向风,咸思以学自奋。惟是经制既定,经费难筹。从前学堂支款,向由司局筹拨,多恃铜元余利以为挹注。嗣经限制鼓铸,利源遽绌。而事关兴学,仍须勉筹。上年冬间,经设立筹款局,抽收宁属州、县牙帖、捐输,略资补助。各州、县承办学务,往往以无款为辞,只可饬令就地筹款,移款就急,以地方之公财,谋地方之公益。通行以来,尚无扞格。惟是民力拮据,财政困绌,一年统计,预算不敷尚多。风气虽已开通,规模尚多缺略。欲图教育之普及,非收学费不能持久而广陶成。查东西各国,除武备、师范、蒙小学堂外,凡入学校之士,皆取学费。盖以坚向学之志,并可绝依赖之心。惟是从前已招之官费生,必须待其毕业,方能改章收费,尤须官绅察看情势,询谋佥同,方能酌定数目。然非学部举其大纲,妥定章程,通行各省,诚恐难于定议。又中学以上收费,大都取于力足自赡之家、有志向学之士。至于蒙小学堂,尤为易俗移风之本,多系贫寒子弟,不便收取学费。闻之外洋各国,其建舍延师之费,皆系绅富捐助,学生仍纳纸、笔、书籍小费。而其强迫教育,则在明定国律,凡有子弟不学,罪其父兄。此制中国不能遽行,似亦宜酌量仿照,略示惩劝。如初等小学堂毕业,应稍示优异不同。齐民按村庄户口若干,应立小学若干,如能及格,地方官应即表明旌异,并将劝学绅耆酌奖等类。总之,此时兴学,非收学费不能普及,而普及尤以小学为要。小学不便收费,非宽其程度以歆动之,别有甄录以董劝之,难期遍行设立。前准学部定章,只有劝学一条,而无酌收学费及向学与否。劝惩各条,只有高等小学堂毕业奖励之条,而无初等小学堂毕业奖劝之条,未免缺而不备。相应请旨,饬下学部会同政务处核议施行。至江宁官立高等中学已酌收操衣、书籍各费。东洋留学生每年官助学费三百元,其旅行、医药、书籍等费,拟每人每年以一百元为限。从前按月原领之赡家银两,自本年暑假后,一律停发。惟西洋各生,各国不能一律,应由各驻使监督,就近查明,酌中厘定。至出洋武备各生,现在核实给费,随后应由练兵处详查订章,不在此列,合并声明。除将日本学校收费、激劝章程译录,咨明学部以备采择外,合将江南办理学务大概情形恭折具陈,伏乞皇太后、皇上圣鉴训示。谨奏。

《周悫慎公奏稿》奏稿电稿卷四

两江师范学堂案揭晓

两江师范学堂于去年十月考选新班,十月二十日复试。又于十月十六日考补苏、赣缺额,及曾列备副取复试各生。今因添建堂舍,冬间可以告竣,此案未便久悬,现即作为考补最速成班缺额。兹将试卷评定去取,分别正备,列榜宣示,并出示,仰宁、苏、皖、赣四属复试,正取各生,于七月十六日暑假开学时一律入堂。如逾限一星期不到,即行扣除,以此次备取挨次传补。无文者仍当由籍备文,以符定制。

(宁属正取十名)智贞益、柳大经、王秉衡、孙汉三、陶隆谦、朱振宇、胡光炜、葛家伟、□俊才、陆长庠

(宁属备取八名)卢文虎、邢超曾、黄奎辅、陈维国、陈景星、朱昌言、郑廷模、杨彭臣

(苏属正取二名)吴怀林、金望巅

(苏属备取二名)王丹序、蔡燮臣

(皖属正取四名)季光藻、朱克诚、吴席珍、刘寿曾

(皖属备取四名)万恩煦、任熙春、倪则均、王宗镜

(赣属正取八名)项正纯、张炳驯、张起权、罗藻、黄圣时、李兆曾、王之屏、黄继农

(赣属备取四名)徐安石、周化南、蔡大枋、王朝桢

(苏属曾经正备取补覆各生)黄钟槐、王梦兰

(赣属曾经正备取补覆各生)彭育才、李健、刘祥钟、吴骏、吴世昌、范恽桂、彭学干、邓文辉。

又去年二、三两次投考新班各生,因添建斋舍工程完竣尚需时日,前案未便久悬。最速成班尚有缺额,拟按空额选补若干名。现经监督将试卷评定去取,列榜宣示,仰录取各属学生,准七月二十日来堂听候复试,不得逾期,一再渎请补复。

(宁属列取三十四名)贾先甲、杨承均、王郊麟、吉世隆、施应生、刘荣椿、张楫、凌寿昌、薛沐清、刘钟璘、李丙尘、张培、陈连孙、魏琳、脱树□、杜廷绅、黄金科、汪寿序、徐庭贻、朱瑞年、易春宇、徐庭澜、吴振远、贡长泰、王杰、冒兴、王启锦、左友松、乔竦、鲍庆霖、王光福、杨蔚宗、顾炳麟、卞季昌。

（苏属列取三十二名）吴式鑫、钱青、华襄治、高士英、潘守权、贡儒珍、吴良澍、徐则林、戴濂、周征莘、周廷鸾、朱焕章、周祯、杜文泳、鲍长叙、瞿祖雄、袁之翀、朱惟章、唐凤采、罗蓬瀛、孙似康、徐均、张瑛、归曾祚、俞殿华、李修则、周国南、杨定补、席德馨、张杰、程廷晋、罗鼎新。

（皖属列取三十三名）朱长庚、金壁、王典章、郑震谷、胡炳麟、陈书、傅鹿、曹云、桂绍烈、方东、程策勋、张树荣、程海鹏、王钟□、章尚璜、沈达、曹琳、冯景荣、莫如汉、余□□、汪崇瀛、吴钟骆、汪迪哲、谢莹、凌□、孙大材、桂赟、余鸿书、倪国华、穆海鹏、王宗兰、章光泰、郑铭溍。

（赣属列取二十四名）周久恒、欧阳咸、邹继龙、蔡震离、叶世楷、夏振清、陈赞成、谢□龙、宋福群、胡鄂勋、屈轶、汤壮飞、王国辉、徐致和、张世英、易景中、蔡祯、夏景复、艾毓蕃、夏欣泉、蔡师襄、叶炳蔚、陈师亮、李道罩。

（京口驻防取列二名）炳元、延昌露。

《申报》1906 年 8 月 15 日

学堂消息数则

中国教育一斑　学堂记事:三江学务

三江师范学堂,此次考选教习,系由学务处司道代考,当由藩司李方伯派委府州县八员,公同阅卷,共取八十一名,示期十一日仍在贡院内覆试。当日张宫保因探知所取各卷,其中不无冒滥,特派差弁某员,于午刻至贡院守取试卷,令各生只需以一艺为完卷。计覆试到者,仅七十五人。各卷缴后,即交某弁带呈,宫保即于当晚传集正途道府八员,至署分校,自为总裁。只以各卷佳者甚少,故减额仅取二十八名云。

《蒙学报》1903 年第 01 期

三江师范学堂收考师范生

南京去年设了个师范学堂,规模极大,各门科学,皆是备的,现今方一切完工,一个月前即行文各属招考,考期定于本月十五日,宁苏两属到了三百多人,安徽只有四五十人,江西尚无人到。此次考过,十月初五日再考一次,就不考了。我们内地的人,千万不可自误。内地的风气不开,由于学堂不能速办。学堂何以难办,由于难聘教习。得能多成一师范生,内地即多一教习,以后办教育的事,即多一分把握。倘因府县官不肯备文,即由教官起文亦可,好在十月初五,也还赶得上的。

《安徽俗话报》1904 年第 14 期

三江师范学堂总办撤调

三江师范学堂开办年余,全无成效。前者端午帅权任两江时,即将该堂总办撤委,旋以匆匆解任不果。兹经江督周玉帅查悉观察实系不明教育,有徐积余观察屡游日本,尝考究管理教授诸法,堪称斯差,昨特将杨观察撤委,另派徐观察承之。

《时报》光绪三十年十二月二十日

纪三江师范学堂

三江师范学堂现有师范生七十名,拟俟新校舍落成后,再行增募。即以前次卒业之师范生,充当分教。以后每年仍续招三百名,以备毕业后,遣往各属充当小学教习。其教科为教授法、文学、物理、经济、生理、数学、农学、理财、博物、绘图、手工、东语、体操等科。建筑规模,极其壮丽,故需费至三十五万之多。

《教育世界》1904 年第 72 期

三江师范学堂总办易委

三江师范学堂总办徐积余观察入京赴引禀请交卸遗差,现玉帅委师范传习所总办李梅庵观察接充,更以上海滩地局总办梅斐漪观察委办师范传习所,均于日前下札矣。

《时报》1905 年 7 月 10 日

三江师范学堂改设特别科

三江师范学堂定章向设速成科、最速成科,以及甲、乙、丙、丁四本科,分班教授。近以翻译一门为教育中至要之务,肄业诸生必须先通语言文字而后能习专门。故稍为变通,将本科分出二科,改为特别科,专授东文、东□、算学、体操,以冀学识日增,较为速捷云。

《申报》1905 年 9 月 22 日

三江师范学堂易名两江师范学堂

江苏绅士上江督公函,复议学额学务事,帅批有云:三江即是两江。两江总督兼辖江南、江西(江南兼辖苏皖)。故此项学堂应定名为两江师范。庶几名实相符,仍照前议厘正名称为是。

《时报》1905 年 1 月 6 日

三江师范设附属小学

三江师范学堂最速成科学生于今年十二月毕业,监督李观察曾禀督宪准于本堂内附设小学,藉为师范生实验之地。现拟招学生二百名,分高等、寻常二班,即以本堂毕业生充任教员。惟所建房舍一时尚难告竣,已借忠祠先行开办。日来业已出示招考,闻须赶年内开校云。

《时报》光绪 1905 年 12 月 17 日

三江师范添设师范传习所

金陵三江师范学堂去岁额设学生三百名,兹闻周玉帅札饬加额三百名。并考试各教习,将劣者黜退,次者减修金,即以所减之数加给优者,以示奖励。又在三江师范学堂之旁另造房屋,添设师范传习所,额设学生一百名,每名月给膏火银二两,按节甄别,另加奖赏。每五日由教习登堂开讲一次,其经费即以各书院原有膏火奖赏银两如数拨入,倘不敷开支,由各局所筹款津贴。已札饬各学堂拟议章程,赳日详□核夺。

《湖南官报》第九五二号

时闻:记三江师范学堂

三江师范学堂监督徐积余观察,悉心整顿,诸称完备。前已实行检查学生身体,竣事。近又向日本购置运动器械来宁,请定菊池谦二郎洋总教习教授,俟有进步,即开陆上大运动会。至音乐一科,闻亦与菊池商酌,将来拟添授此课云。(录《中外日报》)

《教育杂志(天津)》1905 年第 8 期

三江师范学堂招考学生

三江师范学堂额收宁、苏、皖、赣学生九百人,去年已陆续考取六百人入堂肄业。因斋舍仅敷住宿,未继续收。嗣经周督饬将校舍扩充,再将学额补足,委人监造,行将落成。适值科举已停,各处士子呈请地方官咨送,及自行赴堂报考者趾错踵接。总办李瑞清观察拟即订期考选学生三百人,以附定额。并虑苏、皖、赣各属人士及宁省人之远游于外者,未能如期齐集,凡咨送投考,有在试期以后者,准其随到随考,以免虚延时日,多耗川资。

《申报》1905 年 11 月 16 日

三江师范考试情形

三江师范学生添额招生已志前报。兹悉自初九日开考新班以后,人数不齐,以致展期,直至二十三日始行续考。宁、皖两属应考者计五百余人。题为“小学教育与家庭教育并重论”。又二十四日续考,苏、赣两属应考者亦五百余人,题为“孔子三人行必有我师,子贡谓孔子何常师,近人谓儒家专守一先生之说,试辟其谬”。闻各属投文请考者现尚陆续不绝,顷已由该堂牌示,随到随考矣。

《申报》1905 年 11 月 23 日

两江师范学堂刊换关防

日前江督批师范学堂详文云:该堂所刊改正关防自应先行启用,仰候察核奏咨,仍将旧刊关防呈销在案。兹悉刊换木质关防一颗,文曰“两江师范学堂关防”。已于正月二十六日启用。

《申报》1906 年 3 月 1 日

饬议三江师范学额

三江师范学堂现届招考之期,而各省、各县学额尚未议定。江督端午帅特于日前咨行苏提学使转饬各县劝学所,将各县学额速行议定,以便揭示,俾昭公允。昨武阳劝学所已奉到陆署学札饬函知各府、县劝学所会同商议。

《申报》1907 年 8 月 1 日

两江师范招考新班

两江师范学堂去岁四月间,由学务处来堂局试皖、赣两属投考新班。前因新建斋舍、讲堂尚未竣工,致未发榜。现定于七月初一日招考新班。所有前次考取诸生亦须一律复试。兹将名单照录如下:

(皖属十八名)耿伯埙、欧阳佶、史秉书、谢觉东、齐宗洛、杨钟华、范高奎、汪开楣、雷雨生、胡晋林、方灼、张哲生、汪鸿昌、叶振麟、何慕仑、万致庆、凌锐、鲍光煦。

(赣属十六名)王有华、黄日华、周道、江起、钟祥鸾、程家祥、巫祺、董开勋、方挹芳、徐戴光、廖瑞宦、王锡畴、胡志周、刘世英、蔡吉士、刘铣。

《申报》1907 年 7 月 28 日

批准两江师范禀请添置校具

南京两江师范学堂前日禀请江督端午帅添招新班,应添校具已先期定办,其余未定器具可否随办随禀等情。兹奉批云,该堂新建斋舍,添置器具,业已订办,应即照准。其未定各器具,姑念为时甚迫,亦准随禀随办,以免迟误。惟须详考□价,撙节订购,毋得稍有虚糜。俟完竣后,请委验收汇总,核实造报,仰即遵照办理。

《申报》1907 年 8 月 11 日

咨请考送两江师范生

苏提学司近接宁提学使咨开,两江师范学堂招考新班学生,前经移请饬县一体考送。兹因考送到宁及先期呈报者均属寥寥,故特续行咨催,以七月初十日为期,务于期前考送到宁等因。当即移知师范中学堂,转饬各县遵限考送。现镇江府属四县均已奉文遵照矣。

《申报》1907 年 8 月 17 日

江苏教育总会选送学生文牍

监督两江师范学堂江苏候补道李为移会事。案照敝堂招考二班师范生三百名,前奉督宪札饬宁、苏两属各定额八十名,皖、赣两属各定额七十名,并由敝堂抄案,咨明藩、学两司查照在案。所有各属文送投考各生,现经分期考覆,宁、皖、赣三属均已遵照定额录取足数。惟苏属投考寥寥,未能取足。姑先从宽录取六十名,其余空额二十名,亟须招考。除常州之靖江、宜兴两县,镇江之丹徒县,录取已居多数,毋可再增外,其余各属应再由地方官员另行选送。合亟抄案备文,移请贵总会烦为查照施行。

《申报》1907 年 9 月 30 日

奉饬续招两江师范学生

江宁两江师范学堂监督李瑞清观察,因此次续招各属学生尚未足额,日前又札镇江府承太守转饬各县再行招考。各县奉文后已出示晓谕,如有举、贡、生、监等程度及格愿赴两江师范学堂肄业者,赴县报名考试后备文申送云。

《申报》1907 年 10 月 10 日

催缴两江师范皖籍学费

两江师范学堂皖籍学生照章每名年缴学费洋一百元。此款本定各州、县就地筹解,现积欠计有一万四千余元。日前江督函催皖抚饬司筹解,冯中丞当即行司筹议具复。兹据复称,皖省库款之绌,甲于他省,断难筹此万金。然仍令宁藩司独任其难,亦非平允。惟有请将前项欠款暂缓拨解。一面由司饬属补解,或有不敷,由司弥补,所有本年第二学期学费,即请在江宁代皖铸造铜元余利项下动拨等情。现冯中丞已据情咨明江督查照矣。

《申报》1907 年 10 月 11 日

两江师范新班开学之牌示

南京两江师范学堂近日牌示事云:本堂新班斋舍已经告竣,所有取定宁、苏、皖、赣四属各生一律于九月二十九日入堂,先行邀同保证人到堂填志愿保证书,并缴保证金,以十月十五日为限,如逾期不到者,开除另补。

《申报》1907 年 11 月 4 日

催缴两江师范学费

皖抚顷接两江端制军来咨,以两江师范学堂系苏、皖、赣三省共之,各省所派学生,每名每年应筹助学费百元。现该堂需款甚殷,又届年关,伊迩用款,更属浩繁。所有皖省派送学生应摊学费银两,请饬速为筹解赴宁,以济要需云。

《申报》1908 年 1 月 28 日

两江师范学堂摊派仪器药品价银

江督端午节以两江师范学堂创办已历五年,本年开办优级本科暨专修科。所有各种科学,非有仪器药品不足以资实验。现经该堂监督李瑞清就目前急需之品购置,计费洋二万七千一百六十元,已由宁藩司先行筹垫。惟查两江师范学堂为三省造就师资之地,该学堂所需常年经费奏准每年由江苏藩司协筹银四万两,安徽、江西两省各按学生额数每名每年协助龙洋一百元。此次购备仪器药品价银自应由宁、苏、皖、赣四藩司,按照四股分摊,以昭公允。业已会同皖、赣、苏三省大府附片奏明矣。

《吉林教育官报》1908 年第 8 期

两江师范毕业展限

南京两江师范学堂原定五年毕业,计期约在明冬。兹闻监督禀明端午帅展限一年,以六年为毕业之期,各学生无不怨声载道。闻其原因,以学生毕业即须为之代谋位置,目下府中学堂各毕业生请求派事者麋积,若将师范生早日毕业,则求事者更多,故展缓一年,以免拥挤。此说未知确否。

《申报》1908 年 4 月 13 日

两江师范招考期之误传

两江师范学堂复江苏教育总会函云,敬复者,接奉来函,藉悉敝校前次所发电码有误。查月上系二字,非本字。敝校此次招考系定二月初五、十五两期,因皖赣多僻远之地,文牍未免稽迟,故先以电闻。容即备文分别咨会矣。合即肃复。

《申报》1909 年 12 月 21 日

学堂消息:两江师范招考优级学生

南京北极阁两江师范学堂,明年所设优级本科,定以中学堂及初级师范学堂五年毕业为合格,议以明年二月初五、十五两日为招考之期,业已函致上海教育总会,布告各属,以便愿往肄业者届期赴试云。

《教育杂志》第 1 卷第 13 期

堂长教员均须受过教育

两江师范学堂本科学生已满五年二级者共有三百余人,将举行毕业,提学李文宗久以各州县学堂堂长教习等席,均须曾受教育者为合格。现在拟实行其事,决于该班卒业后,将省内外学堂堂长、监学、教习等人,察看学问陋劣,不堪胜任者,即行撤换,以该班学生主任。惟各学堂在事人员,多系从前速成学生,该班一出,定行压倒侪辈,故刻下旧日之师范生,异常惶恐云。

《时报》1910 年 1 月 5 日

两江师范同学通信处来函

两江优级师范学校因武昌起义即行停课,南京光复,忽遭蹂躏,仪器等件损失殆尽,良深痛惜。现在南北统一,共和已建,各项学校相继开学。惟敝校则寂焉无闻,不知何故。鄙人等筹思再三,特设同学通信总机关部于苏州胥门内吉庆街五十三号,务祈同学诸君速示通信处所,以便联名要求教育总长从速开学,或改办大学堂。不胜盼切。两江优级师范学堂同学通信总机关部帅身润、褚纲顿首。

《申报》1912 年 3 月 11 日

赣抚为条陈开办初级小学事批两江师范毕业生禀

查初等小学为普及学龄儿童而设，凡城乡市镇以及僻壤穷乡均应遍设。若立论过高，视学堂为别有秘传，则人皆视兴学为畏途，教育焉能普及？现在风气初开，推行求速，宜从简易说法，使村私塾、蒙师均能闻风继起，效法改良，不数年间举国无不识字之人，岂非明效大验。故能阅新出课本者，即能为教员。至管理之法，亦有专书教授之法，新出课本均另编一册，以资研究。更可按图而索，不难人□为师。此属简易办法。若求完备，自有完全科办法，即先入简易科者如欲升学，亦可补习。该生等以造就教员必待数月，缓不及事，而又以蒙师懵然为虑，于本部院力求简易速广师资之意既未能体及。至其余所论各节，不无可采，仰学务处酌核办理可也。

《申报》1906 年 10 月 19 日

江宁提学使转详两江师范学堂毕业生遵章请领文凭缘由书册（宣统二年五月初一日）

署理江宁提学使为转详事。窃准两江师范学堂咨称，案照前准司移奉学部定章，高等以上各学堂毕业生文凭及存根簿应归本部刊印备用，并移送条例一册，案照办理，等因。查敝堂去年理化数学分类科甲班毕业学生三十五名，农学博物分类科毕业学生四十六名，理化数学选科毕业学生三十一名，农学博物选科毕业学生三十八名，图画手工选科甲班毕业学生三十三名，于本年二月间遵章咨司转详督宪颁发咨文送部复试，并开具各班毕业生履历分数册及简明履历册送呈；请将选科优等中等各生按照分数册列，由部一律先行发给凭单在案。现毕业各生已奉部复试，事竣应行给发文凭。查奉发文凭条例第九条载明，学堂遇举行毕业时，应将毕业生姓名及人数先期造册，报明应行给领文凭之衙门，按照人数呈缴工价，请领若干张，并准于定数外，每次多领备号文凭若干张，如填写错误，特准其更换。其有因事故未与毕业考试者，准将文凭暂存本堂，俟补考时仍行发给，惟其剩余空白及填错作废之文凭，须一律缴销，以备核数等语。是此项册籍已经敝堂先行送呈，计五班毕业学生共一百八十三名。又条例第八条所载，中等以上各学堂文凭纸墨工价每张银一钱，由各学堂或各衙门汇齐解缴给领文凭之衙门验收等语。按各班学生全数应需文凭一百八十三张，另领备号文凭十七张，共二百张，应缴价银二十两，相应备文如数，咨司转解学部请领，等因。并咨解凭单工价银二十两到本署司。准此理合具文转详，并将凭单工价银两填批呈解，仰祈钧部鉴核兑收，俯赐印掣批回，并将文凭如数批发下司，以便转给，实为公便。为此备由开册，伏乞照详施行。须至书册者，计呈解文凭工价银二十两解批一张。

· 129 ·

宣统二年五月初一日
署江宁提学使李瑞清
"国史馆"档案

江宁学司呈请发给两江师范选科生毕业文凭（宣统二年十月二十二日）

署理江宁提学使为呈请事。准两江师范学堂咨称，案照学部定章，高等以上各学堂毕业文凭及存根簿应归本部刊印备用，等因，奉经遵照办理在案。敝学堂图画手工选科乙班及历史舆地选科两班学生，均于本届年终照章肄习期满。查本□学堂毕业文凭条例第九条载明，学堂遇举行毕业时，应将毕业学生姓名及人数先期造册报明，应行给领文凭之衙门，按照人数呈缴工价，请领若干张，并准于定数外每次多领备号文凭若干张，如填写错误时，准其更换，其有因事故未与毕业考试者，准将文凭暂存本堂，俟补考时仍行发给，惟其剩余空白及错填作废之文凭，须一律缴销以备核数等语。敝堂两班毕业□□□计六十八名，应领毕业文凭六十八张，并请备号文凭十张，共七十八张。此项文凭奉定工价银每张一钱，该银七两八钱，如数备齐，理合先行造具毕业人数姓名清册，连同银两一并备文咨请查照，转详学部照数请领等因，并清册及工价银两到司。准此理合连同清册具文呈请，并将文凭工价银两备批交由商□□□□钧部鉴核兑收，俯赐印掣，批回备案，并将前项文凭如数□□下司，以便转给，实为公便。为此备由呈乞照验施行。须至呈者，计呈送清册一本，并文凭工价银七两八钱。解批一纸，右呈学部大堂

宣统二年十月初三日
署提学使李瑞清
"国史馆"档案

江苏咨议局调查两江师范学堂报告

咨议局调查员到该堂时（今年尚未上课），监督李梅庵学使即历述该堂程度之高，班级之繁，学生之众，常年经费迭次裁减后，已较从前节省倍蓰，并出示油印之件三纸，内开宣统三年预算表，核减经费碍难裁减情形，说明理由七条。当日调查员仍继续调查其去年下学期学级编制法及学生名数。计理化分类科一班，农博选科二班，理化选科一班，公共科四班，史地选科一班，图画手工选科一班，以上共十班。计毕业者两班，史地选科、图工选科是。毕业升学者四班，公共科是。十班并计共有学生四百五十九人，其职员细目如左。

职务	员数	姓名	每月支薪数
监督	一	李瑞清	湘平三百两
教务长	一	雷恒	银元一百四十元
斋务长兼庶务长	一	张通谟	一百四十元
监学兼检察	四	汪秉忠/李鸿才/汪律本/戴汝定	四百元
文案兼会计	一	季光镜	七十二元
会计	一	陈名骥	五十元
医官	二	易润模/陈介忠	六十元
讲义处管理员	一	吴逸	三十元
农务试验场管理员兼经学教员	一	倪宝琛	六十元

以上共职员十三人,月支湘平银三百两,银元九百五十二元。全年计支湘平银三千九百两,折合库平银三千七百四十四两,银元一万二千三百七十六元,折合库平银八千六百六十三两二钱。两共支库平银一万二千四百零七两二钱。

教员细目:

职务	员数	月修数
修身经学	一	九十元
伦理	一	六十元
文学	二	一百二十元
历史	一	一百元
历史	二	一百二十元
算学	一	一百二十八元
算学	一	一百二十元
算学	一	九十元
算学	一	六十元
舆地	一	一百五十元
毛笔画	一	四十元
音乐	一	六十元
日文	一	六十元
体操	二	一百二十元
编译讲义	一	六十元
英文	三	三百元
英文、德文西人	三	三百元

（续表）

职务	员数	月修数
日本总教兼教育	一	三百五十元
教育日人	一	一百七十元
化学日人	一	三百元
物理日人	一	三百元
博物日人	二	六百元
农学日人	一	二百五十元
图画日人	一	二百元
翻译	十一人	一千二百七十一元
理化/博物/手工助教兼管各科试验	三	一百八十元

以上共教员四十六人（除经学教员一已见职员细目），计教员属于本国人者二十三，属于西洋人者三，属于日本人者八，为翻译者十有一，编译讲义者又一，每月支修银五千六百二十一元，全年支银七万三千零七十三元，折合库平银五万一千一百五十一两一钱。

司事二十六人，月支银二百八十七元，年支银三千七百三十一元，折合库平银二千六百十一两七钱。员司三目，年共支库平银六万六千一百七十两。

复调查其夫役名数并工食数。据云，用夫役共一百三十五人，月支工食银七百三十三元，全年支银九千五百二十九元。折合库平银六千六百七十两。

复调查其员司火食价格及每月每年支数，据云职员司事书记共八十二人，每月火（伙）食银三元，共月支二百四十六元，十三个月计共银三千一百九十八元，折合库平银二千二百三十八两。

复调查其学生火食价格及每月每年支数。据云预算学生六百名，每名每月支火（伙）食银三元（七人一桌，三荤二素），十三个月计共支银二万三千四百元。折合库平银一万六千三百八十两。管理员轮上饭厅。

复调查其学生服装费，据云系学堂供给，不问其穿着与否、敝旧与否，每人每年发给单操衣两身，呢操衣一身，冠履称是。预算每生每年约支银十两，定额六百名，即年应支银六千两。

复调查其图工科生毕业时，所有校中公备图工用器具，是否听其携去。据云确许其携去，因学生毕业出校后，欲使用油画及手工器具，无处购买故。

复调查其灯火是否用洋烛，据云系用洋烛，每生每月发给三筒，有余与否，堂中不复过问。今年将改用电灯，较洋烛或可略省。

复调查今年用款总数，据册原定今年共支库平银十二万三千四百六十两，认减后即年支库平银十一万三千四百五十八两。

复调查其预算册中，除员司薪水、火食，学生火食，夫役工食四项外，其余各项尚及库平银二万二千两。

杂支总目：

项目	年支库平银数
学生用书籍器具衣履费	七千二百两
办公用消耗品	五千两
学生试验消耗品	二千两
学生实习用费	二千两
书籍报章	三百两
添置	四百两
医药费	七百两
修缮费	一千六百两
毕业用费	三百两
印刷费	一千二百两
杂费	一千三百两
合计二万二千两	

　　调查员案：两江师范用款之多，为全省各校冠。监督李学使虽亟以程度高深，科学完全，学生繁多为言，然核其开支情形，似可以节省者，尚不止一端，抑且无碍于学堂之程度之科学。据调查员所闻，该校监学四员，而切实在校任事者，不过一二员。学生间所常接触者，亦唯此一二员，是监学可裁其半也。且该校为优级师范学堂，贵学生能自治，更无庸如许管理员。事实上，理论上，可以节省之费一也。日本教员延聘至八人之多，实为岁出上最大之损害。然合同将陆续届满，自后可勿续订，今姑置不议。但有日本教员仅八人，而译员乃十一人者，何也？此事实上应行节省之费二也。即有教员，有译员，复有编译讲义者一人，何也？此又事实上应行节省之费三也。司事多至二十六人，实为中外办学者所未闻见，若择留誊写讲义司事三四人，杂物司事一二人，管书、管彝器司事一二人，书记一二人，已绰敷办公，需此纷纷者，何为也？此又事实上可以节省之费四也。东西洋专门学堂、大学堂中学生多者数千，少亦千余，然用夫役之数不过一二十人，今两江师范虽称一时巨校，然学生不足六百，而夫役之多至一百三十五名，年费至九千余元，实起腾笑。且学堂之中，而有亲兵，有巡丁，有茶房，有鼓号兵，有薙发匠，尤奇者有用印家人，此何为者也？虽藉口校舍较宏，学额较多，然裁减三分之二，当已足资指挥矣。此事实上、名誉上应痛加裁减之费五也。员司学生火食，原表中俱作十三个月计，员司能在学校十三个月否，已属疑问，至学生在校时日，大抵不足十个月，观该校正月尚不能开学，则火食断不必作十三个月计，可知作十个月计足矣。此又事实上可以裁减之费六也。我国高等学堂，学生体操多不注意，故操衣几等于无用。闻两江师范学生体操科告假之多，尤较他校为甚，有在校数年，仅至操场三五次者，人言凿凿，当是实情。今乃不问其体操与否，年发操衣冠履三副，

坐糜巨款,毫无实效,似可从此废止,此项类似乾修之费,以纾本省有用之财力。若学生果愿上操者,旧生则前领之操衣尚在,毫不为难,新生则可限令自制。外国师范学校,制服本亦有此办法,此事理上可以节省之费七也。至杂支各项目中,可以裁减者尚不止一二数,大约一年支款,总可再加裁减二万余金。

记者曰:吾国以患贫之故,教育之费,少之又少。然若用之得道,则一千六百万两,以吾国生计程度言之,未始不能有所为也。乃办事之人,耗糜特甚,一钱不能得一钱之用,于是教育愈竭蹶矣。今读此报告,未尝不废然叹也。该校办事人,在今日官场中已为佼佼,犹复若此,则彼贪鄙庸劣之俦,更何论焉。今将该校经费状况,与日本高等师范学校并列一表,以资比较。

项目	两江师范	东京高师
学级数	理化分类一 农博选科二 理化选科一 史地选科一 图工选科一 公共科四 共十级	研究科二 文科六 史地三 数理六 博物三 预科四 专修四 共二十八级 中学五级 小学十八级 合计五十一级
学生数	十级共四百五十九人	师范约七百人,附属中学三百七十八人,小学六百零一人。共约一千七百人
经费总数	约二十万元(照原册十二万三千余两加二万一千两,共十四万五千两,约合二十万元)	十八万元
平均一级费用	约二万元	约五千元(十八万元之中,以四万元为中小学费用,余十四万元以二十八级分摊)
职教员俸	约九万元(即在前二十万中)	九万六千元
监督校长俸	三千六百两约五千元(即在前九万元中)	三千元(敕任官)
教务长俸	一千六百八十元(又何廉也)	二千元(首席教授敕任官)

《教育杂志》1911年第3卷第3期

两江师范学堂辨正报告书

贵杂志第三期调查门载有江苏咨议局调查敝学堂报告一则,所列各项除蒙将敝校切实答复该局原函一并登出以供众览外,复谬承贵社执事案(按)语,谓敝校办事人在今日已为佼佼,犹复有虚糜情事云云,一若不胜其惋惜者,并将敝校经费状况与日本高等师范学校列一比较表,俾资匡正。隆情厚意,惭与感并。惟查原表所列敝校学级数及学生人数、经费总数,多与敝校实在情形不符。而所列东京高等师范学级数亦多溢出之处。(中略)今将敝校最近状况并调查日本明治四十三年东京高等师范状况重列一比较表,仍希登入贵杂志中,俾供办学者之研究。庶虚糜学款之学堂,不致以敝校为藉口。(下略)两江师范学堂监督李瑞清谨启。

项目	宣统三年之两江师范	明治四十三年之东京高师
学级数	理化分类二 文语分类一 史地分类一 农博分类一 农博选科二 理化选科一 公共科一 补习科一 普通科二 单级练习一 共十三级 附属中学五级 小学五级 共十级 合共二十三级	研究二 博物三 史地三 文科三(内国语半英语半故原表称六) 数理三(内数理半理化半故原表称六) 专修四 预科四 共二十级(内研究二不成级/每班不过数人) 中学五级 小学十八级 合计四十三级
学生数	师范十三级共五百九十九人 附属中学二百三十七人 小学一百三十九人 共九百七十五人	师范二十级共五百七十一人 附属中学三百五十三人 小学五百九十八人 共一千五百二十二人
经费总数	约十八万二千元 本校十一万三千四百两,中小学一万四千两,约十八万二千元 中小学生自缴膳费在外	约日金十九万一千八百元 十八万六千八百元,又临时费五千元
平均一级费用	约一万二千四百元 十八万二千元之中,以二万元为中小学经费	日金九千六百元 十九万六千八百元之中,以一千六百七十元为中学经费,以二千二百二十元为小学经费
职教员俸	约九万四千五百元 即在前十八万二千元中	日金九万六千元
监督校长俸	三千六百两	日金三千六百元
教务长俸	一千六百八十元	二千元

记者按:第三期原表,两江师范人数,概依咨议局报告,殆宣统二年之状况,记者固未知宣统三年之两江师范状况如何也。经费总数小有讹误,应照此表改正。至谓东京高师级数、经费数目,有溢出之处,当即检查明治四十三年东京高师一览。文科确系分国语、汉文部、英文部各三学级;数理科确分数学、物理及物理化学各三学级。原表称文科六级,数理六级,似未为过。且四十二年嘉纳报告固谓本科(含博物、史、地、文科、数理)十八学级

也,附属中学确系三百七十八人,并非三百五十三人。附属小学,男四百五十五人,女一百四十六人,确系六百〇一人,并非五百九十八人。师范生五百七十六人,加外国人一百零九人,计六百八十五人。原表略举成数,谓约七百人,不免稍溢,然不得谓之五百七十一人也。研究科生第一年三十五人,第二年十一人,何得谓之每班不过数人,不能成级也。由是言之,原表二十八级,毫未讹误。且此表经费总数,经常费十八万六千八百元,而每级费用,则照十九万六千八百元算,前后相差一万元。即照二十级算,每级亦仅九千一百元,不得谓之九千六百元。如照二十六级算,每级仅七千元,列入研究科,则每级六千五百元耳。附属中、小费用,东高四千余元,两江则用二万元,抑又何也。至此表斤斤于日金,盖谓目下日金,较银元高一成许也。抑知日金价落时,尚较低于银元耶。抑知日本东京物价,固较我国南京高二三倍耶。总之,谓该校浮费过于官立各校,则冤;谓其毫不浮费,则记者不敢承认;谓浮费之罪在李监督一人,则冤;谓官场办事竟不浮费,则记者不敢承认。质之李公以为何如。

两江师范监督答咨议局函

前因贵局对于敝堂宣统三年预算表,核减经费,已将本堂碍难裁减情形,说明理由。于贵局调查员来敝堂调查时,面交油印件三纸,兹阅初十日贵局会期日刊内,载调查两江师范学堂报告,所列应行节省各条,综核精详,具征卓识。然就实在情形论之,其中有逐渐设法,已经实行省啬者。有乍观似耗,而已无可裁减者。兹更不惮琐屑,为贵局缕述之。

一原称裁减监学一节。敝校学生多至六百人,监学仅只四人,每人所管理之学生,以平均算之,应各得一百五十人。在事实上、理论上,似亦未为多也。且本堂监学兼办检察、稽查等事,职务最烦。每夜查寝室时,分路点名,尚须一句钟之久。况本堂校址寥廓,管理不便,若更裁去二人,必多疏忽。顷因贵局开会,汪监学秉忠,兼充议员,因三人办事不及,尚添派汪教员兼办检察(不支薪水)。按部章职务条内,载有监学多用数人,以资轮替。日本高等师范生徒监学,亦有四人,请与省中各学校,平心一比较之,似难再议裁也。

一原称日本教员用至八人之多,译员复用十一人。诚如贵调查员所云,为岁出之害。瑞清接办斯校时,即以是为患。其时日教员十一人,且有总教习,月薪四百元,并不授课。频年重聘及辞退已递减员数,现时薪金已较前减省,岁逾万金。近来法制、音乐、手工图画,改用中教员,复留毕业生最优者为助教,无非为将来渐次裁减计也。按高等师范教授,以大学毕业,得有学士学位者为合格。现本国无大学毕业之人,其留学外洋大学,正当毕业者,又皆留部,或已得最高之位置。敝校毕业生,为三省将来树中学初级师范之种子,何能苟简,故凡主课,不得不借材异地,以求学生得正当之知识,实万不得已之苦衷也。译员至十一人者,初因翻专门功课,非仅学普通者所能译,其薪金以钟点计,不得不从厚。今年添补习公共科,不必用专门翻译,故添本堂毕业生二人,分译普通功课,是人添多,而薪金反减少耳。

一原称既有教员译员，复有编译讲义员者，何也。查译员系在讲堂口译东教员所讲者，而本堂学生，除当堂笔录东教员口授外，必另取讲义参考。而东教习所发各科讲义皆日文，故必译成汉文，每班学科，或数门，或十数门，程度不同，讲义各异，原设二人，后裁并为一人。现在译稿甚多，拟俟讲义出版以后，再行酌议，此时尚难骤裁。

一原称裁并司事一节。敝校讲义处写生十人，内八人专供写钢笔板，每日每人限写六页，计三千四百字以上。现学生分十三班，敝校普通班二，系新生五班，旧生八班，共十三班。每日需讲义平均计算数，约在一百四十页内。除同级各班公用讲义者，实需缮写七八十页以上，故每日于定限外，尚需加写，写生已不堪其苦。余二人管收发校对，有暇亦需缮写。贵调查员谓三四人已足，实不知敝校内容也。至书记五人，亦有不能多裁者，敝校为三省公共设立，申移三省督、抚学使，教育会及报部各种表册文牍，已视他校加繁。而每年皆有毕业学生，分数表册缮写多份，尤为困难，东西储藏室两所，以司事二人筦之，各司事三百学生，存物出入登簿，势难兼理，惟杂物司事，近正议于无可裁减之中，酌量归并耳。

一原称裁减夫役一节。敝校夫役一百三十五人，较之他校，实居多数。惟敝校学额既多，校地面积过大，如寝室夫役，每斋一人，实司二十寝室，七十五学生之役务。自修室夫役二十一人，每二斋三人，实司十自修室，九十学生之役务。讲堂二十四所，试验室八所，中外教员准备室二所，夫役共十三人，器械标本室十二所，夫役二人，业已一人兼数室。同时上课，尚不敷用。储藏室分东西两所，全校学生衣箱什物，存储甚多，每所二人，搬移收发，责任綦重。调养室共屋三进，计房二十余间，夫役五人。平时供病者煎药、煮粥、买物、伺应之役务。每遇夏秋，病人多时，尚须添雇短工。浴室本校及附属中小学堂千余人，公用之所夫役四人。夏时亦须添雇印刷讲义夫役八人，每人每日限定印刷一千余页。厨房食堂夫役十四人，司本堂八百余人食品之料理。城内饮料太劣，每日用运水车夫，拉车出城汲取江水，非十人无以供给。热天亦须添雇，道路辽远，隙场空阔，清道除草，扫涤污秽。夜间巡夜守更尚患人少。打扫夫，清厕夫，更夫，虽视他校为多，实亦无可议减。各所夫役，合之见多，分之见少，又未可全凭理论也。其他杂役等（亲兵即听事信差之类；用印家人，即监督室听事；茶房即学生接应室夫役）如仍有可裁减者，敝堂应再酌裁，然人数亦无多耳。

一原称火食以十三月计算，系是闰年预算，敝校尚系实报实销，宣统二年册报可证，兹列表如左。

正月　一百七十三名
二月　二百三十二名
三月　四百六十八名
四月　四百六十八名
五月　四百六十七名
六月　二百三十九名
七月　四百零八名

八月　四百四十九名

九月　四百四十九名

十月　四百四十八名

十一月　四百四十九名

十二月　三百九十六名

右系学生火食报销实数(学生年暑假路远不回籍者常有二百人上下)。至职员火食则按人计算,全付厨役,无可议减也。

一原称高等学堂学生体操多不注意,并谓本堂学生在校数年,有仅至操场三五次者,此甚易明。除操场记到簿可稽外(请假者照章扣分),去岁五班毕业生赴部复试考体操时,并无不及格者。服务诸生充他校教员,并多兼授体操课者。即此两端,已可证明传闻之误。至谓操衣冠履可限令学生自制,无如部定学堂学费章程,有师范学堂各费一律免收之明文。且师范生寒畯居多,若迫令学生自制,恐将来真有不能到操之现象,何以养成军国民之教师? 当非贵局所望于优级师范生之本心也。

一原称图画手工科生毕业时,凡校中公备图工用器具,听其携去。堂中定章有公用器具(贵重品及不常用品),有独用器具(寻常品人各一份,如颜料、纸笔、刀鑿之类,毕业大半毁坏消耗)。公用器具,断无听其携出之理。若独用器具,至毕业时收回,已不能为下班之用。况此科敝堂现已停办,可置之不论矣。

国事亟矣,来日大难。愿与诸君同心合力,但求事实之可行,毋为意气之争执,平心议之,当谨受教焉。

《教育杂志》1911 年第 3 卷第 3 期

两江师范校友会会长李鸿才等请转详教育部开办国立第二高等师范上巡按使禀

窃闻国家之危,莫危于无教。人民所痛,莫痛于失学。此实古今中外不易之定理。鸿才等按省垣两江师范学校,自前清江督张奏办以后,两江人士成就甚众。不幸经辛亥兵事,风云扰攘,生徒星散,黉宇荡为兵舍,校舍鞠为茂草,迁延三载,以迄今日。续办之耗审□无陈□□本省教育行政月报,知部意已拟就该校旧址,设立国立第二高等师范学校,并已将该校经费列入国家岁出预算,本省人士方私相庆幸,以为自兹以往国家当不致无教,本省中等毕业生亦当不致失学,其为可幸,无甚于此。乃迟至今日,而音仍寂然。明亦知办学缓急,在大部自有权衡,然鸿才等私相拟议,窃以为南京国立第二高等师范学校有必须急办者数端,请为我钧使陈之。

查泰西教育家多谓立国大计,国民教育固急,而中等教育亦不可缓。今第就本省现状论,试问现有中学生在本省人民全数中能有几人? 将来中等教育有扩张之必要否? 如需扩张,试问本省现有之中等教员能足用否? 如曰未足,试问造成中等教员之学校,能缓办否? 愚以为自今日始,即使全国上下急起直追,欲养成中等教员,已需时日。若再迁延贻误,将来本省中等教育,能有扩张之希望否? 此为本省中等教育前途计,而知国立第二高等师范有不能缓办之理由一。

再就本省教育论,省立师范学校九,省立中学亦有九,平均计算,设每校每年有毕业生二十人,年当有三百六十人。再合私立中学计,年有毕业生五百人,此五百人中设有三分之一愿习高等师范者,则其数为百七十人。设第二高等师范一日不办,至少即有百七十人废学。两江优级停办至今,已三年矣,合三年以计之,其因此废学者,尚不下五百人。此等莘莘学子,类皆可造之士。其家计充裕,能往北京就学者能有几人? 设北京不能往,南京之国立师范又不即办,势即不得不废学,居诸坐误,韶华不再,其情岂不可悯? 此为本省中等毕业生升学计,而知国立第二高等师范有不能缓办之理由二。

再查两江优级师范旧生中,本科、选科、补习科各级尚未毕业,中途废学者当不下三四百人。此三四百人者,皆昔年竭人民脂膏养育培植之,冀成将来之中等教员者也。然自两江师范停办,该生废业在家已三年矣。若不设相当学校,资其转学,该生等岂不长此废弃。譬诸树木,十年育之,一朝弃之。追维往昔,绝无痛心。此为造就两江师范旧生计,而知国立第二高等师范有不能缓办之理由三。

再查旅宁美人所办之金陵大学,自今年来特开优、初两级师范,招收多生,分为四年、二年毕业不等。此等学生皆由我国昔日为预造成合格人材,以供其今日之用者也。将来毕业该校后,必且为教会之用,而尽力于教会教育。夫我国昔日劳多人心血,耗多数金钱,施长期教育,经营培植,造成多数学生未能收丝毫之效者。外人则以短期教育坐享其利,收用之而有余。我愈弃之,人愈收之。数年以后,现在中等教员既以衰老引退,后起者又未能接续,青黄不接之交,其时中等教育当呈若何景象,其危险当达若何程度,不急设相当学校以抵制之,可乎? 此为收回教育权计,而知国立第二高等师范万万不容缓办之理由四。

总上四端,或关系国家大计,或关系学子前途,或关系对外政策,虽事在数年以后,必规画于数载以前。鸿才等于国家教育大计利害所关心,所谓危不敢缄默,惟有恳请钧使俯念国立第二高等师范办理之迟速,所关极重。据情转请教育部,速委定该校校长,早赐实办。俾国家无教而有教,人民失学而得学,教育前途拜日举大,无任迫切待命之至。谨呈。

《申报》1914 年 8 月 4 日,1914 年 8 月 10 日

第四部分　教师与学生

三江师范学堂聘请日本教习约章（光绪二十九年正月二十九日）

江宁现设三江师范学堂拟聘请日本教习由。

署理两江督宪张电商日本同文会会长公爵近卫，特派该会总董事根津，会同督宪特派委员江苏候补道三江师范学堂总办兼学务处杨、江苏候补道江南陆师学堂总办兼学务处俞、江苏候补道三江师范学堂总办兼学务处刘，订立聘请日本教习约章。所有议定各款开列于后：

第一款

所有聘请教习共为十一员，议定各教习应任专科如左：

总教习一员

伦理及教育科一员

物理及化学科一员

农学科一员

理财兼商业科一员

博物科一员

工业科一员

医科一员

日语科兼翻译二员

图画科一员

第二款

所聘各教习共十一员，均归学堂总办节制。

第一年系练习教员，中国教习与所聘各教习作为学友彼此互换知识，第二年分教学生。

第三款

受聘各教习由学堂每月应照西历给予薪水，其额数如左：

总教习鹰银四百元

伦理及教育科教习鹰银三百元

物理及化学科教习鹰银三百元

农学科教习鹰银三百元

理财兼商业科教习鹰银三百元

博物科教习鹰银二百五十元

工业科教习鹰银二百五十元

医科教习鹰银三百元

日语科教习二员每员鹰银二百五十元

图画科教习鹰银二百元

以上各教习薪水每逢西历初一日由学堂照数发给,从受聘之月起算。

第四款

受聘各教习住房及房内所需床铺、桌椅等器具由学堂预备,与教习应得礼遇相符。

第五款

受聘各教员来华川资由学堂给每员洋银三百元。期满回国川资仍由学堂给洋银三百元,并给两个月薪水以为酬劳。

第六款

医科教习兼充堂内各员有病诊察之事以及卫生一切事宜。农业科教习遇有督宪谕饬及学堂总办嘱托兼任考察农业事宜。各教习均可兼教日语,惟日语专科教习须兼充翻译各科授业之事。

第七款

受聘各教习除每礼拜日及两国大节一律停习外,每天授业以四点钟为率。查中外各学堂每年夏季及过岁歇业为例,本学堂亦应照例停习。而停习定日内,各教习任便回国以及游历他处,均无不可,惟不得逾定例停习期限。除每月薪水照给外,川资无须发给。

第八款

受聘各教习均自光绪二十九年四月(明治三十六年五月)起以西历三十六个月为限,限内无故彼此不得辞退,惟受聘各教习或有教课不勤或任意紊乱功课、章程各情事,无论年满与否,由学堂总办禀明督宪有辞退之权。只照第五款川资银数照给外,不给酬劳之资。

第九款

总教习统理所聘各教习之教务,且商量本学堂中国教习,参订教育一切事宜之外,兼任江南学务处参议。

第十款

所聘各教习如合同限内患病,据洋医验明,辞退回国,除照给路费银三百元外,应照月薪加给两月薪水。或在学堂患病遇有不测,除照给路费银三百元外,应照月薪加给四月薪水以示体恤。

第十一款

第七款所开限内,如有两江督宪交代之事,与本约章无涉。

第十二款

本约章缮写二份,由督宪特派委员与同文会总董事署名盖印,彼此各执一份外,仍请督宪写明批准字样,以昭信守。

俞明震

杨觐圭

刘世珩

根津

光绪二十九年正月二十九日

明治三十六年二月廿六日

中央大学档案

欢送日本教习祝词

清国两江总督,经由我东亚同文会招聘三江师范学堂教习,诸君之人选业已终结,近日即赴南京,谁皆为诸君此行而喜。再者,南京为江南雄都,而该师范学堂为培养江苏、江西、安徽三省中小学教员之处所,其教育之结果,不仅关系清国文化之发达,且亦对日清两国关系有至大之影响。其责任甚重,其荣誉亦甚大。况该学堂总教习由文学士菊池谦二郎担任,各科教习亦由各专门学士充任,吾等希望诸君诚意热心承担此一任务,开发江南文化,提高我邦人之名誉与势力,迅速追上湖北、直隶二省之教育事业,三足鼎立,于中日二国均有所裨益,对促进东亚之和平,亦所厚望焉。

苏云峰:《三(两)江师范学堂》

练习教习之新法

署江督张之洞,以中小学堂教员咸取材于师范学堂,是师范学堂为教育造端之地。三江需用教员,何可胜计。爰于江宁设立三江师范学堂,定额江苏五百名,安徽二百名,江西二百名。延日本高等师范教习十二人,专司讲授教育各等学,中学教习五十人,分授各学。虽将来成就不可知,而设此学堂之意则甚善也。最奇者开办练习教员之法。令东教习就华教习学中国语言文字及中国经学,华教习就东教习学日本语言文字及理化学、图画学,谓此法在日本为互换知识。夫互换知识,诚善也。东教习讲授可以参用中国语,不至隔阂,亦何尝不然,而试问俨然日本之高等师范教员,肯甘心俯首以听中国教员之讲授乎?日人以支那教育权自任,中国待命于日本之情形,又如是其急,即不习中国语言,亦安虑中国之不聘请耶?且所谓经学者果如何之经学也,以一年习语言文字之日力,而兼习经学。复欲以如是之经学,饷馈中国他日之中小学堂教员,又何理也。且华教习能以经学授东教习矣,则与现在之师范生固可有直接之教育。他日师范生又以此递传于生徒,而中国经学之种子,为不绝矣,授之于东教习,何为者也。推张氏之意,以为华教习既就彼习理化学、图画学矣,我更持何物以互换之。环顾中国之旧物,独此经学为日本所尊为汉学者,或正以夸耀于外人,而足以抵理化学、图画学之价值。于是决计以此互换之,特吾不知日本教员肯崇拜此学否,肯出其理化学、图画学以互换此经学否,此亦颇难之问题也。既慨本国教员之不足,而求助于邻邦,彼昂然庞然来占此教育之位置,乃欲以彼所不屑过问者,而强其肄习,其甘心服从此主义者,其真日本高等师范之学员耶? 吾徐以察之矣。

《新民丛报》1903 年第 27 号

署江督张创建三江师范学堂延致教员示文

为保荐教员入堂练习事。

照得各省钦奉谕旨兴办大中小各等学堂,业经通饬遵行在案。查各国中小学堂教员,咸取材于师范学堂,是师范学堂为教育造端之地,关系尤为重要。本部堂衙门兼辖江苏、安徽、江西三省,此三省各府州县应设中小学堂为数浩繁,需用教员何可胜计。若未经肄业师范学堂,延访外国良师,研究教育之理,讲求教授之法及管理之法,遽任以中小学堂教员,必致疏漏凌躐,枝节补救,徒劳鲜功,且详略参差,各学堂学派学程终难划一。兹特于金陵省城创建三江师范学堂一所,凡江苏、安徽、江西三省士人皆得入堂受学。江苏省宁属定额二百五十名,苏属定额二百五十名,安徽省定额二百名,江西省定额二百名,共定额为九百名,先收六百名,俟三年后再行续收在额。其附属小学堂定学额为二百名。除学习师范之学生,应俟今冬学堂造成再行分饬保送考取,现拟于第一年先行筹办练习教员之法。现已延聘日本高等师范教习十二人,并拟选派中学教习五十人,分门教授。日本教习专司讲授教育学及理化学、图画学各科,中学教习分授修身、历史、地理、文学、算学、体操各科。开办第一年,先令东教习就华教习学中国语文及中国经学,华教习就东教习学日本语文及理化学、图画学,彼此互换知识,作为学友。俟一年后,中国教习于东文东语已经明悉,理化学、图画学亦能通知大略;东教习亦能参用华文华语以教授诸生,于问答无虞扞格,再行考选学生入堂开学,分堂分班教授此九百学生。此举似乎目前学生上学较缓,而两年以后收效甚速,事半功倍,无过于此。华教习藉此一年工夫,可考求外国教育理法及理化学、图画学门径,一年后并可轮流派往日本考察彼国各种学校规制章程及一切有关教育事宜,以广见闻而资阅历,裨益良多。凡有志讲求学术教科者必所乐为。惟此项中学教习必须举贡廪增出身,品行端谨,学问优长,于经学、史学、地理、文学、算学、体操各有专长可信者,以八十人为率,不拘系何省人,亦不限其年岁,准三省官绅各举所知,切实保荐。外省官员如有所知,亦准保荐。务以得人为主,不得瞻徇情面。应荐之人,由各该官绅开具出身履历,注明所长何学,限于今年正月二十日以前到省取齐,以凭本部堂亲自分门考试,择尤选录。其本有著述文字可以呈览,及曾经中式进士、曾任实缺京外官者,即毋庸考试。此八十人内,以五十人备本学堂常年定额分科教习,以十人轮流派赴日本考察学校一切事宜,余二十人备一年期满时遇有事故不能入堂,就此数内选补足额。入堂之日,每员各给薪水五十元,其实系品学著闻众望交推者不在此限,合行示谕保荐。为此,示仰所属官绅及举廪增各生一体遵照,须知此举。本部堂为慎重师范教员得人起见,凡与我裁成后进之员素抱育才兴学之志者,其各勉赴嘉招,仰赞国家敬教劝学造就人才之大政,本部堂有厚望焉。特示。

《湖南官报》第 302 号

两江师范学堂续聘东教习

两江师范学堂东洋教习曩由署督南皮张宫保聘定,总教习菊池谦二郎及分教习十人,今届期满,各教习自行告退。现由该堂总办李梅庵观察到东另聘教习,以图学科进步。今已在东由私人交涉,聘定文学士松本孝次郎。松本君向在日本充当东京早稻田大学及高等师范教授员,素为我国留学早稻田大学及高等师范诸生所推服,此番膺选任两江教育教授兼理教务,将来造就实不可量。其次博物、理化两教授,则聘定日本理学士,现任东京帝国大学教授。尚有农学士、法学士及音乐教员三员,亦皆日本专科大学家,闻不日将由李观察偕同各教员内渡。自今以往,两江师范既得此诸大教育家担任教务,复得李观察热心提倡,两省学界前途将发一异常之光彩乎!

《时报》1906 年 5 月 16 日

两江师范学堂教职员履历表

职员履历表

姓名	字	年龄	籍贯	住址	职衔	服务
李瑞清	梅庵	43	江西抚州临川	延龄巷	署江宁提学使翰林院庶吉士江苏存记道	监督
雷 恒	见吾	44	江西南昌新建	唱经楼	翰林院检讨	教务长
张通谟	仲纯	45	湖南长沙湘乡	四牌楼	江苏特用知县	斋务长
汪律本	菊友	43	安徽徽州歙县	工艺局	拣选知县	监学检察
戴汝定	寿予	44	安徽庐州合肥	工艺局	同知衔尽先即选知县	监学检察
李鸿才	希白	39	安徽宁国旌德	秦状元巷	分省试用府经历	监学检察
汪秉忠	怡伯	36	江苏扬州扬子	工艺局	花翎三品衔知府用分省试用直隶州知州	监学检察
崇 樸	辉山	39	京口驻防	昭忠祠	举人	修身经学教员
曹绪祥	幼桥	43	江苏扬州江都	大石桥	举人两浙试用盐大使	伦理教员

（续表）

姓名	字	年龄	籍贯	住址	职衔	服务
卢重庆	善之	40	江苏江宁上元	纱帽巷	附生	历史教员
陆长康	凤笙	36	江苏江宁上元	福民坊	廪生	历史教员
管祖式	伯言	40	江苏江宁上元	新街口	内阁中书	文学教员
徐淮生	汉侯	42	安徽池州石埭	小王府巷	岁贡生	文学教员
顾厚辉	葆光	43	江苏江宁江宁	状元境	举人	算学教员
包荣爵	墨芬	30	江苏镇江丹徒	扬州卸甲桥	廪生	算学教员
佘　恒	雨东	27	江苏扬州扬子	大石桥	附生	算学教员
汪开栋	东木	28	安徽滁州全椒	中正街	附生	算学教员
姚明辉	孟埙	29	江苏松江上海	上海西门内嘉定南翔镇南京大石桥		舆地教员
周培懋	薰农	46	湖南长沙善化	居安里	江苏试用巡检	舆地教员
任元德	寿华	46	湖南长沙长沙		湖北试用知县	舆地教员
赵　祜	岘亭	33	江苏江宁上元	二郎庙	毕业生	英文教员
赵仕法	振亭	29	江苏江宁上元	金陵医院	毕业生	英文教员
李作舟	幼卿	28	江西抚州	四牌楼	花翎同知衔候选通判	英文教员
赵尔枚	柳塘	42	安徽宁国太平	估衣廊	江苏试用县丞	日文教员
都鸿藻	质甫	26	浙江嘉兴桐乡	工艺局	附生	日文教员
高秉彝	仲南	28	湖北襄阳襄阳	大石桥	毕业生	体操教员
刘先俊	定坤	28	湖南宁乡	大石桥	毕业生	体操教员
张永熙	子和	36	江苏镇江溧水	纱帽巷	优廪生	译员
徐绍端	履卿	29	安徽池州石埭	颜料坊	副贡生	译员
许　诚	振吾	35	浙江台州黄岩		日本毕业生	译员
朱锡琛	献之	36	江苏扬州扬子	工艺局	日本毕业生	译员
钟育华	钟山	22	江苏江宁上元	天青街	日本毕业生	译员
叶基勤	功甫	24	江苏苏州太湖	工艺局	日本修业生	译员
顾宝瑜	珊臣	21	江苏松江金山	松江朱泾镇	日本物理学校毕业生	译员
赵正平	厚生	24	江苏太仓宝山	上海江桥镇	日本毕业生	译员
张　楠	孝楼	33	江苏常州江阴	成贤街	候选通判	译员
吕联垣	勉之	28	湖北武昌江夏	双龙巷	试用县丞	译员
闵　灏	仲谦	24	江苏常州阳湖		日本毕业生	译员

（续表）

姓名	字	年龄	籍贯	住址	职衔	服务
李光镜	桐君		江苏通州	四牌楼	安徽直隶州同	文案官
陈名骥	幼卿		湖南长沙	四牌楼	候选府经历	会计官

曾任本堂职员履历表

姓名	字	年龄	籍贯	住址及通信处	服务	
缪荃孙	筱珊		江苏常州江阴		总稽查	
方履中	玉山		安徽安庆桐城		总稽查	
陈三立	伯严		江西南昌义宁		总稽查	
杨觐圭	锡侯		湖南长沙善化		监督	
徐乃昌	积余		安徽宁国南陵	芦妃巷	监督	
吴獬	凤笙		湖南岳州临湘		教务长	
陈玉树	惕庵		江苏淮安盐城		教务长	故
汪文绶	佩臣	45	安徽滁州全椒	小油坊巷	庶务长	
何毓骏	季芳		安徽宁国南陵		斋务长	
杨邦彦	振声		江苏镇江丹徒	镇江中学	修身教员	
程鹰	绥青		江苏江宁		修生教员	故
窦昀	田莱		江苏江宁上元	两江法政	修身教员	
盛平章	子云		江苏常州阳湖		历史教员	故
黎承福	寿臣		湖南长沙湘潭		历史教员	
刘师培	申叔	26	江苏扬州扬子	北洋督署	历史教员	
柳诒徵	翼谋		江苏镇江丹徒	南洋商业	历史教员	
侯必昌	萃生		江苏江宁上元		历史教员	
随勤礼	爵三		江苏江宁江宁	北京吏部	文学教员	
吴荣萃	拔其		江苏江宁六合		算学教员	
徐德培	笃夫		江苏扬州兴化	爪哇学堂	算学教员	
邓承昕	俊民		广西		舆地教员	
陈贞瑞	墨西		湖南衡州衡阳	宁属师范	舆地教员	
张曾谦	幼昭		安徽和州含山		舆地教员	
武同举	霞峰		江苏海州	海州劝学所	舆地教员	
陈国徽	联祥		广东	江南高等	英文教员	
邓瑗	云溪		广东嘉应		英文教员	
周恩纶	经耕	39	浙江杭州仁和	江西督练公所	体操教员	

（续表）

姓名	字	年龄	籍贯	住址及通信处	服务	
陈振	雄州		广西		体操教员	
叶文萃	会之		江苏江宁上元		体操教员	
池涵光	辑生		浙江台州黄岩		体操教员	
赵均腾	南山		湖北汉阳黄陂		体操教员	
赵廷玺	玉书		湖北		体操教员	
蒋与权	秋平		安徽广德	钞库街	监学	
郭文辙	小庭		安徽颍州亳州	北京法部	监学	
陈光熙	纯一		江苏江宁上元		编译员	故
蒋邦彦	晋英		浙江金华金华	江宁江防署	编译员	
赵连璧	星三		江苏扬州江都	南洋商业	译员	
魏光铺	振金		福建		译员	
汪树璧	佛生		安徽徽州休宁		译员	
范恩溥	汉声		安徽徽州黟县		译员	
沈鸿	孝侯		江苏苏州常熟		译员	
张铠	济威		广东		译员	故
王祥麕	月湖		江苏扬州扬子		译员	
朱椿林	仲云		广西		文案官	
游毅之	九云		江西		会计官	

日本教员履历表

姓氏	籍贯	学位	职务
松本孝次郎	日本东京人	日本文学士	教育兼总干事
松浦秋作	日本群马县人	日本文部省检定伦理科及教育科教员	教育教员
小川市太郎	日本秋田县人	日本法学士	法制教员
小川邦人	日本广岛县人	日本理学士	物理教员
森佑好	日本大阪人	日本理学士	化学教员
志贺实	日本宫城县人	日本理学士	博物教员
粟野宗太郎	日本东京人	日本理学士	博物教员
伊藤邨雄	日本爱知县人	日本农学士	农学教员
盐见竞	日本冈山县人	日本美术毕业	图画教员
石野巍	日本东京人	东京音乐毕业	音乐教员
一户清方	日本青森县人	日本文部省检定手工科教员	手工教员
山田荣吉	日本大阪人	日本美术毕业	图画教员

曾任本堂日本教员履历表

姓氏	学位	职务
菊池谦二郎	日本文学士	教务干事
亘理宽之助	日本仙台陆军教员	图画教员
杉田稔	日本高等工业学校教师	手工教员
平田德太郎	日本理学士	理化教员
增田贞吉	日本农学士	农学教员
须田哲三	日本农学士	农学教员
小野孝太郎	日本理学士	博物教员
早濑完二	日本法学士	法制教员
松田茂	日本东京国语复习所修业生	东语教员
西泽勇志智	日本理学士	理化教员
管虎雄	日本文学士	教育教员
松原俊造	日本理学士	理化教员
志田胜民	日本法学士	法制教员
安藤安	日本农学士	农学教员
大森千藏	日本理学士	博物教员
岸廉一	日本医学士	生理教员
柳原又熊		东语教员
那部武二		东语教员

《两江师范学堂同学录》

本署司详复奉饬核议两江师范学堂教授管理办事出力人员照章分别请奖及删减各员文

为详复事。窃奉宪台札开:据两江师范学堂详称,窃职堂奉前督宪张于光绪二十九年正月奏请创办。原奏先行举办练习教员,一年后再分年招考宁苏皖赣三省师范生,以储备各州县中小学堂教员之选。三十年,各教员练习期满,招生开学,第一届一年最速成科学生毕业五十九人,第二届二年速成科毕业二十六人,第三届三年初级本科学生毕业三十二人,历经先后照章造册报部。其速成科及本科生并蒙详请准照初级师范简易科奏请奖励各在案。其优级师范完全科及选科各生系于上年十二月同时毕业,计理化数学分类科三十五人、农学博物分类科四十六人、理化数学选科三十一人、农学博物选科三十八人、图画手工选科三十三人,并于本年三月遵章送京复试,业蒙学部考试分等奏准给奖复在案。至历届办理之补习科、公共科及选科之预科毕业各生共五百五十四人,经陆续届期考验合格升入各本科,现均留堂肄习功课。综计自光绪二十九年开办扣至本年六月,前后将及八年,其学生毕业照章准得奖励者二百四十余人,毕业报部留堂升学者又六百余人。所有在堂教员管理办事各员任差多年,教科则力求完备,规则则务期严明,劳怨不辞,均不无微劳足录。伏查《奏定学务纲要》内载:学务员绅每届五年准奖一次。又政务处奏准,并以成就学生人数为衡。职堂开办已近八年,毕业学生人数在八百以上,自职道接办以来五年于兹,夙夜兢兢,勉图报称,职守所在,不敢仰邀奖叙。惟在堂各员认真办事,其年月最久、深资得力者实居多数,自应照章呈请保奖,以酬劳勣,而资激劝。兹拟照五年准保异常劳绩,三年准保寻常劳绩请奖定章,将各员姓名、职务及到差离差年月,开单呈请,俯赐察核,准予奏请给奖,仍候钧示批准饬堂。再将各该员年岁、籍贯开具履历清册,详情咨部,以备查核。所有职堂开办已久,拟将管理教授办事出力人员照章呈请奏奖等情,并清单到本部堂。据此,除批"详悉。核堂创办将及八年,所有在堂教授办事人员照章自应给奖,惟查核清册所有请照异常、寻常核奖者综计五六十员,人数未免过多,与定章择优之意未符。又查书记员向无准奖明文,兹一并开列亦嫌漫无限制,仰候札行宁学司查照定章,认真核减,详候核夺。此缴,印发"外,合将清单札发,札司遵照认真核减详复等因。计发清单一扣仍缴。奉此。署司正在核复间,又准两江师范学堂移开:查内有单列之道员用江苏候补班补用知府汪文绶,原请归入异常,保以道员,仍归江苏补用,现拟改为请保赏给三品封典,俟过道员班加二品顶戴,仍恳列入异常,并分省试用。直隶州州同顾厚辉,该员系光绪三十一年三月回堂,前单误作三十一年六月,原拟请保免补本班,以直隶州知州仍分省补用。又安徽试用直隶州州同季光镜,原拟请保免辅直州同以直隶州知州,仍归原省补用。嗣查新章,直州同得有异常劳绩者,只准以知州请奖。顾厚辉应请改拟免补本班,以知州仍分省补用。季光镜应请改拟免补本班,以知州仍归原省补用。又附生佘恒、都鸿藻,原拟请保以厅丞分省补用,现拟请保以厅丞不论双单月选用。又銮舆卫经历叶基勤,实系光绪三十一年五月到堂,派充东文翻译,供差已逾五年,原单误作三十一年九月到堂,供差已逾三年,系属笔误。又教员吴荣萃,原请以府经历厅丞选用,惟查该员现以留日专门法政毕业生资格,由部考取法官,是已属司法专官,自未便以行政官请奖,拟请保俟试署审判厅推检后,即按试署之级准以应升之级候补。咨请一并更正等因,准此。窃查该堂教授管理请奖各员到堂年分,核与奖励章程尚属符合,惟其中年月稍有参差,由署司详加复核,仍照定章五年准保异常三年准保寻常之例,分别核明。兹查有銮舆卫经历叶基勤到差已届五年,应改列异常。其佘恒、都鸿藻二员在堂亦已五年,所保以县丞不论双单月选用,亦系异常劳绩,应仍列入异常。其余各员所请奖励有不合保奖章程者,亦经改正,以昭核实。惟陈介忠等九名专司杂务、书记等差,诚如宪饬,向无准奖明文,未便议保,业已另缮清单,分别更正删减。所有遵饬核复两江师范学堂教授管理、办事出力人员,遵照定章分别异常、寻常劳绩及删减各员缘由,理合开单具文详复,并将原发清单呈缴,仰祈宪台鉴核,俯赐准予奏咨给奖,以示鼓励。再由该学堂造具各员履历、年貌、三代清册,呈送宪台转咨部核,并乞批示只遵,实为公便,为此备由开册呈乞照详施行。

本署司详复奉饬核议两江师范学堂日本教员请奏奖文

为详复事。窃奉宪台札开：据两江师范学堂详称，窃职堂自开办以来，各种学科多系延聘日本专门教习担任教授。其图画科教习，系聘用日本文部省允许图画科教员资格亘理宽之助，自光绪二十九年开办时即经到堂，至上年六月始辞退回国。手工科教习，系聘用日本高等工业学校教师杉田稔，亦系光绪二十九年开办时到堂，三十三年十二月辞退回国。该二员在堂均满五年，指导多方，成效卓著。总教习日本文学士松本孝次郎，于光绪三十二年四月到堂，除按钟点任教育学科外，兼总理各东教员课程，四年以来孜孜不倦。又音乐科教员日本东京音乐学校教师石野巍，于光绪三十二年四月到堂。教育科教员文部省允许教育科及论理科教员资格松浦杕作，博物科教员理学士志贺实、粟野宗太郎等，均于光绪三十三年七月到堂，总计各该员在堂亦均阅时三年，教授各班专门学科，毕业成就人才甚众。现职堂正拟授照奏定学务纲要，准奖学务员绅定章，将在堂出力人员择尤请奖。该日本教习事同一律，自未便没其劳勚，合亟仰恳宪台，准援外务部奏定各学堂教习给予宝星章程，奏请照章给奖，以资鼓励。为此备由开册呈乞照详施行等情到本部堂。据此，除批："据详已悉，此项日本教员指导多方，自未便没其劳勚。惟查各教员年限不齐，一律请奖宝星，未免漫无区别，应如何择尤给奖，仰候札行宁学司汇入全案，一并核明，详复察夺缴印发"外，札司遵照核明，详复察夺等因。奉此。查该堂日本教员亘理宽之助、杉田稔二员，在堂均满五年，现已辞退回国。其余松本孝次郎、石野巍、松浦杕作、志贺，深资得力，毕业已经数次，成材亦复不少，教授各班学科与中教员事同一律，自应援案分别奖给宝星，以昭优异而资激劝。所有遵饬核议两江师范学堂日本教员请奖缘由，理合具文详复，仰祈宪台鉴核，俯赐奏请给予奖励，以示鼓励，并乞批示只遵为公便，为此备由开册呈乞照详施行。

《江宁学务杂志》1910年第10册

本署司详复奉饬核议两江师范学堂教务长翰林院检讨雷恒请援案奏奖文

为详复事。窃奉宪台札开："据两江师范学堂详称：'窃职堂自光绪二十九年奉前督宪张奏请创设，开办至今将及八年之久。毕业学生照章准得奖励者二百四十余人，毕业报部留堂升学者又六百余人。所有在堂教员、管理办事各员，除经援照定章择尤开单详请核奖外，至职堂教务长、翰林院检讨雷恒总持教务，学识宏深，志量渊雅，自光绪二十九年五月入堂，三十年练习期满毕业，任文学、舆地教员，三十一年九月任教务长，奏留供差在堂已逾五年。举凡教科之完备，教规之严明，均系该员不辞劳瘁，认真办理，是职堂各事悉资擘画,其劳勘实较别员为尤甚,自应援照江南高等学堂办学期满教务长、翰林院编修缪荃荪赏加四品卿衔成案,奏请给奖。所有详请附奏职堂教务长奖励缘由,理合具文详请,仰祈鉴核俯赐,附片奏请将该员赏加四品卿衔,俾资激励,伏候钧示批准,再由职堂开具年岁籍贯履历清册,详请咨部照章奏奖,等情,到本部堂。"据此,除批:"详悉,仰候札行宁学司汇入该堂请奖全案一并核明,详复察夺,缴,印发"外,合行札饬札司遵照核明,详复察夺等因。奉此,查该教务长在堂七载,始则担任学科,热心教授,继则总持教务,严定规则,扩充班次,毕业已经多次,成材正不乏人,其劳勘似与别员有间,请援江南高等学堂办理学期满教务长、翰林院编修缪荃荪赏加四品卿衔成案奏咨给奖,自无不合,应请宪台附片具奏,以资激励。理合具文详复,仰祈宪台鉴核,批示只遵,实为公便,为此备由开册,呈乞照详施行。

本署司详复奉饬核议两江师范学堂练习教育服习义务应援章请奏奖文

为详复事。窃奉宪台札开:"据两江师范学堂详称:'窃职校于光绪二十九年经前督宪张奏准创建,并先行开办练习教员,毕业后留堂任用,派充教员、管理员服习义务各在案。伏查该员等学识宏通,办事勤慎,职校设立之始,由各省官绅保送,经前督宪先后考取官立优级师范学堂教习,其程度本在初级师范完全科毕业、中学毕业堪充小学堂教习者之上,复与具有专门学识之日本教习互换知识,练习教授管理法及各科学。自光绪二十九年五月十月先后开学,至光绪三十年十月毕业,练习之期皆在一年以上,留学服务历年较多,自与延聘者有别。查宣统元年二月二十五日,学部奏给出洋学习师范毕业奖励,以习师范者,须效力义务,未能再入他项学校奖励,遂所不及。现在兴学孔亟,师资缺乏,师范人材自应特予鼓励,而此项学生转以效力义务之故,不得出身奖励,似非持平之道等因。该员等考充优级师范学堂教习,徒以效力义务不得出身奖励,其非持平,实较出洋师范班为尤甚,且出洋学习寻常师范班及专为中国设立之长期师范班,其学期皆不及五年,然犹得照初级师范完全科优等毕业奖励,该员等具有优尚之资格,以之俯从初级师范简易科中等毕业奖励,虽其学期稍有不足,与师范班相同,而较资实已多所降抑。且职校设立在未经奏定学堂章程之先,前督宪张特奏练习教习专章,诚有如光绪二十九年三月初五日学部议奏,所谓体会精审,用以知该督用心之密者,决非他项学员所能比拟。除未在职校服习义务及义务未久,因事出校及自有出身等员,毋庸另请给奖出身。又,卢重庆、汪开栋、赵尔枚、张永熙、陆长康等员,现在本校服务因未满五年,应俟五年期满再请奖予出身外,其都鸿藻、李鸿才、戴汝定等员,在堂服务已满五年,拟请按照出洋师范班毕业尽义务期满照初级师范毕业优等奖给出身官阶,仍照教员五年期满准保升阶之列,递降二等,照初级师范简易科毕业中等义务期满奖给师范科贡生,仍照教员五年期满准保升阶,再减简易科中等毕业奖励之加衔。似此斟酌变通，于鼓励之中，仍寓裁成之意，可否？奏请给奖之处，伏候宪裁等情，并清单到本部堂。据此，除批：'据详该堂教员义务期满请变通请奖等情是否与定章相符，仰候札行宁学司汇入该堂请奖全案，一并核明，详复察夺，缴，印发'外，合将清单札发札司遵照核明，详复察夺"等因，计清单到司。奉此。查该堂练习教员，系由前督宪张奏定专章，自与他项延聘之教员有别，练习毕业均在一年以上。所有都鸿藻等三员在堂服务已满五年，拟请照初级师范二年简易科中等给奖，似属可行，应请宪台俯准奏咨给奖，以示鼓励。所有遵饬核明两江师范学堂练习教员毕业义务期满，应援章请奖缘由，理合具文详复，并将原发清单呈缴，仰祈宪台鉴核，批示只遵，实为公便，为此备由开册，呈乞照详施行。

两江总督张人骏奏两江师范学堂管理等员请奖折并单

奏为两江师范学堂学生陆续毕业拟将在堂总理员教员照章请给奖励，恭折具陈仰祈圣鉴事。

窃查两江师范学堂于光绪二十九年正月奏请创办，原奏先行举办练习教员，一年后再分年招考宁苏皖赣三省师范生，以储备各州县中小学堂教员之选。三十年各教员练习期满，招生开学，第一届一年最速成科学生毕业五十九人，第二届二年速成科学生毕业二十六人，第三届三年初级本科学生毕业三十二人，历经先后。照章造册报部。其速成科及本科生，并经奏请奖励。其优级师范完全科及选科各生于上年十二月同时毕业，计理化数学分类科三十五人，农学博物分类科四十六人，理化数学选科三十一人，农学博物选科三十八人，图画手工选科三十三人，并于本年三月遵章送京复试，经学部考试，分等奏准给奖各在案。至历届办理之补习科、公共科及选科之预科，毕业各生共五百五十四人，经陆续届期考验合格升入各本科，现仍留堂肄习功课。综计开学至今将及八年，所有在堂各教员、管理员教科则力求完备，规则则务期严明，毕业已有多人，不无微劳足录。拟照五年准保异常劳绩、三年准保寻常劳绩请奖定章分别请给奖励。据署理江宁提学使李瑞清详请具奏前来，伏查该堂开办已近八年，学生成就实居多数，各教员、管理员教授认真，悉心经理，成绩既经昭著，于例亦属相符，自应一并开列请奖，以资鼓励。所有拟奖两江师范学堂管理员、教员谨开具清单恭呈御览，应请敕部核议施行。除咨部查核外，谨恭折具奏，伏乞皇上圣鉴训示。谨奏。宣统二年正月初十日奉硃批，该部议奏，单并发。钦此！

谨将两江师范学堂管理员教员照章拟奖开具清单恭呈御览。

计开：

江苏特用知县张通谟拟请免补知县，以直隶州知州仍归江苏补用。拣选一等举人，分省试用知县汪律本拟请免补本班，以直隶州知州分省补用。分省试用直隶州知州汪秉忠拟请免补直隶州知州,以知府分省补用,同知衔不论双单月仅先即选。知县戴汝定拟请免选本班,以直隶州知州遇缺即选。分省试用府经历李鸿才拟请免补府经历,以知县分省补用。举人陆军部车驾司七品笔帖式崇朴拟请免补笔帖式,以主事仍留原部,遇缺仅先即补,拣选分发浙江试用盐大使。捐升知县曹绪祥拟请仍以知县归浙江补用。内阁中书管祖式拟请免补本班,以主事分部尽先补用。分发河南知县徐淮生拟请免补知县,以直隶州知州仍留原省补用。分省试用直隶州州同顾厚辉拟请免补本班以知州分省补用。安徽试用直隶州州同季光镜拟请免补本班,以知州仍归原省补用。通判职衔陈名骥拟请以通判,不论双单月尽先选用。銮舆卫经历叶基勤拟请免补本班,以同知分省补用。附生佘恒、都鸿藻均拟请以县丞,不论双单月选用。以上十五员供差已及五年,现仍在堂,拟请照异常劳绩保奖。附生卢重庆、倪宝琛、廪生包荣爵、陆长康、江南汇文书院毕业生赵祜、赵士法、县丞职衔高秉彝均拟请以县丞选用。江苏试用县丞赵尔枚拟请俟补缺后以知县用。附生汪开栋、许城府、经历职衔钟育华均拟请以府经历选用。盐大使职衔廪贡生张永熙拟请以盐大使选用。副贡生就直隶州州判徐绍端拟请俟补缺后以知县用。以上十三员供差已及三年,现仍在堂,拟请照寻常劳绩保奖。道员用江苏候补班补用知府汪文绶拟请赏给三品封典,俟过道员班加二品顶戴。以上一员现已离堂,因供差已及五年,开办之初一切皆该员经画,其劳绩实非他员可比,拟请照异常劳绩保奖。拣选一等举人分省试用知县蒋兴权同知衔河南补用知县侯必昌、补用知县张曾谦均拟请俟补缺后,以直隶州知州补用。举人窦昀拟请以知县尽先选用。廪贡生陈贞瑞拟请以县丞,俟指分到省后试用。湖北试用县丞任元德拟请俟补缺后以知县仍归原省补用。候选县丞增贡生周培懋拟请俟得缺后以知县归部选用。江南陆师学堂毕业生附生周恩纶、江南陆师学堂毕业生叶文萃均拟请以县丞选用。岁贡生吴荣萃拟请俟试署审判厅推检,即按试署之级准以应升之级候补。吏部候补主事随勤礼拟请赏加四品衔。江苏议叙知县朱椿林拟请俟补缺后以直隶州知州仍留原省补用。江苏试用巡检吴培垚拟请俟补缺后以县主簿补用。岁贡生杨邦彦、江南陆师毕业生增生池、涵光、廪贡生徐德培均拟请以府经历县丞选用。拔贡生黎承福拟请俟就职补缺后以知县用。以上十七员现已离堂,因在堂已及三年,拟请照寻常劳绩保奖。

宣统三年正月初十奉朱批:览。钦此。

《政治官报》第 1187 号

两江总督张人骏奏两江师范学堂教员都鸿藻等变通请奖片

再,据署理江宁提学使李瑞清详称:查学部奏给出洋学习师范毕业奖励,以习师范者须效力义务,未能再入他项学校,奖励遂所不及。现在兴学孔亟,师资缺乏,师范人才自应特别鼓励,而此项学生转以效力义务之故,不得出身奖励,似非持平之道等因。两江师范学堂,前于光绪二十九年创设,奏请先行开办练习教员班,其程度本在初级师范完全科毕业、中学毕业堪充小学堂教习者之上;复与具有专门学识之日本教习互换知识,练习管理教授及各科学,于三年毕业练习之期皆逾一年留堂服务历有年所,徒以效力义务,不得出身奖励,其非持平,实较出洋师范班为尤甚。查有教员都鸿藻、李鸿才、戴汝定三员在堂服务已满五年,拟照出洋师范班毕业尽义务期满,得照初级师范毕业优等奖给出身,官阶仍照教员五年期满准保升阶之例递降二等,请照初级师范简易科毕业优等义务期满奖给师范科贡生,出身仍照教员五年期满准保升阶,再减去简易科优等毕业奖励之加衔。其卢重庆、汪开栋、赵尔枚、张永熙、陆长康等员现在服务未满五年,应俟期满再请奖予出身。似此斟酌变通,于鼓励之中仍寓裁成之意等情,详请具奏前来。

查该堂练习教员系由奏定专章,与他项延聘之教员有别,练习毕业均在一年以上,所有都鸿藻、李鸿才、戴汝定三名在堂服务已满五年,可否照初级师范二年简易科毕业优等奖给师范科贡生出身,其卢重庆、汪开栋、赵尔枚、张永熙、陆长康等员俟服务期满再请给予出身之处。拟请敕部核议施行。除咨部查照外,理合附片陈请,伏乞圣鉴训示。谨奏。

宣统三年正月初十日奉硃批:该部议奏。钦此。

《政治官报》第 1187 号

端方选派学生赴美留学折

奏为选派学生赴美留学谨将办理情形恭折具陈仰祈圣鉴事。

窃臣前次衔命出洋考察各国政治,行抵美洲参观美国各种学校,与各校校长周旋款洽,对于中国教育前途极为关注,其耶路、幹尼路大学、威尔士利女大学,均愿赠给学额。惟须程度合宜,方可免收学费。臣莅任两江,札饬宁学司就江南各学堂详慎挑选其苏皖赣各学生,由各该学司及教育总会咨送投考,分科考试,评定录取。据署江宁提学司陈伯陶详请咨送前来。臣传见诸生,考其学业、气质均堪造就,遴委候选道温秉忠护送赴美,赶于美国学校下半年开学之前,按程分选肄业,并分咨学部及驻美使臣梁诚各在案。该员温秉忠带领学生于中历七月二十六日行抵美国,驰赴各校谒商入学事宜。男学生胡敦复等十一名已一律收入。计耶路大学四名,幹尼路大学七名,威尔士利大学以女学生胡彬夏、王季茝、曹云芳三名程度稍有未合,令入附设预备学堂,俟试验及格再行升入。其宋庆林一名,另择相当学堂送入。伏查此次派送留学美洲各学生,原因耶路各校赠有学额,而其程度能否赠给学额,尚须待各校校长察看功课方能定议。所有学额及宿膳各费仍应一律照给。查学部定章,留学美洲大学,每人每月美金八十元。预备学堂比照大学专门减去五分之一,每人每月美金六十四元。此次派送男女学生共十五名,除内有旅宁浙江男学生曹云祥一名,学费咨由浙江巡抚臣筹还不计外,共男学生十名,每年共需美金九千六百元,入预备学堂女学生四名,每年共需美金三千七十二元,两项并计美金一万二千六百七十二元,札由宁苏皖各藩司筹拨汇解,援案每人每月给赡家银十二两。由该管藩司给折支领。所有治装费以及川资旅费等项,先后札饬宁藩司发银一万五千两,交由护送员温秉忠核实支用造报。到美后如有赢余即存驻美使署，留作各学生学费、津贴之用。复经咨由驻美使臣派二等参赞候选知府容揆为江南留美学生监督，由江南汇给津贴每月美金一百元以资办公。前项学费即由该监督收领，转发需用款目应准作正开销。除咨度支部、学部查照外，所有选派学生赴美留学缘由谨恭折具陈，伏乞皇太后、皇上圣鉴。谨奏。

《端忠敏公奏稿》，卷十

咨两江师范学堂监督李保送学生赴考文

咨送事。接准大咨内开：敝堂第一次招集三省师范各生定章，业遵定章分班教授，计算至本年第二学期止，届三年期满。所有第二次续招师范生三百名，自应照章考选。附到章程内载，原与考者各由本籍地方官或教育会具结保送，其在各本省或他府县不及回籍起文者，由省教育总会或学堂咨送等因到本会。准此。兹有张生汉威等六名，取具保证与所开资格相符，相应咨送贵堂查照办理施行。须至咨者。

《江苏教育总会文牍二编》（上）

端方奏请选派师范生及教员出洋留学片（光绪三十年十月）

再，各州县设立小学堂，往往因陋就简，不合程度，其故皆由于师资乏人。臣在江苏，先经电商本任督臣魏光焘，拟于宁、苏各属，按厅州县咨送学生二人，前往日本学习速成师范。毕业回华，仍分派该厅州县充当教习。当于苏、松、常、镇、太各属选送学生六十八名，又于京口、江宁两驻防选送旗生四名，业于八月间咨送在案。其宁属各厅州县，现据学务处司道详报，亦经考选得师范生五十二名。当因现派补用道徐乃昌护送学习陆军、实业各学生赴日之便，派令一并督同赴沪放洋。一面咨商出使日本大臣，俟其到后，妥为照料，送校肄业。所需学费、川资，由各州、县分筹济用，为数无多，尚属轻而易举。

又前署督臣张之洞奏设三江师范学堂，原定章程先于第一年举办练习教员之法，俟一年后再行招考，三省师范学生即以练习之教员分科教授。现在练习期满，考其程度尚未能遽臻完全，并经臣挑选二十一员，一并咨送出洋，俾令再加学习，精益求精，回华之日，分任教员，当更益臻美备。所需学费、治装、川资，即由三江师范学堂经费内拨支。所有咨送师范生及教员前赴日本学习缘由，除分咨外务部户部学务大臣查照外，理合附片具陈，伏乞圣鉴训示。谨奏。

《端忠敏公奏稿》卷四

端方选派学生出洋折(光绪三十年十月)

奏为选派学生分赴东西洋学习陆军实业恭折具陈仰祈圣鉴事。

窃近年迭奉谕旨,饬派学生出洋游学,领有凭照,回华考验奏请奖励,准将游学经费作正开销,仰见圣谟广运,首以作育人才为救时要策,薄海同钦。臣窃见日本前四十年贫弱过于中国,维新以来,首派学生分赴欧美各洲游学。归而转相传授,一切工艺制造之门径无不通知,因而精益求精,或且自出新裁,几有出蓝之誉。至其陆军水师进步之速,则尤为各国所称羡。即今国势日强,而学生之萃处于英美各国学堂者未尝少减,其注重游学如此。迩者中国行省文武实业各项学堂均已次第兴办,而规模粗具,研究未精,自非恪遵谕旨多派学生出洋,不能网罗英隽,宏济艰难。早有一日之经营,即早收一分之效验,断未可置为缓图。当饬苏省各学堂挑选曾习普通并已习外国文语之学生送赴学务处严加考试,其有绅民自立学堂及曾在学堂已毕业诸生,亦准其报名投考,并由江宁、京口驻防旗生择尤选送。凡得八十人,以四十人送赴日本,半习陆军,半习实业。以十二人送赴德国,十人送赴英国,十人送赴法国,八人送赴比国,各令分习武学及农工、制造、路矿、商务各项实业。其应入何项学堂,则咨商出使大臣分别酌定。现已于本年十月二十日由宁启程赴沪放洋,即委江苏补用道徐乃昌送赴东洋,候选内阁中书饶智元送赴西洋,各带翻译一人帮同照料,并委饶智元充当留学生监督,责令随时约束学生,督查课程,禀报考核。并于各生临行时谆谆勖以热心爱国,刻志励学,务成伟器,勿误歧趋。所有此次选派出洋学生八十人需用治装、川费及将来按年留学经费、委员薪资合之为数颇巨,江南库帑支绌,本不易筹。惟事关根本至计,遵旨筹办要务,不得不竭力挹注。臣已督饬司道熟商,拟即在司局各库移缓就急,随时拨付,按年核实报销。除将学生姓名、履历咨外务部、练兵处、商部、户部、学务大臣、各国出使大臣查照外,理合恭折具陈,伏乞皇太后、皇上圣鉴训示。谨奏。

《端忠敏公奏稿》卷四

奏奖两江师范学堂毕业生折(光绪三十四年四月)

奏为两江师范学堂速成科学生毕业照章奏请奖励恭折仰祈圣鉴事。

前准两江总督端方咨称:据江宁、苏州、安徽、江西提学使司详称:"两江师范学堂自光绪三十年十月开学,内设速成科一班,两年毕业。三十二年十二月毕业期满,按照学科严加考试,核定分数取列等第,派赴各州县充当教习,其时尚未奉到学部考试新章,遵照奏定章程取列等第。嗣于光绪三十三年三月,奉到学部奏定师范奖励义务,章程内有初级师范简易科一条注明,此项简易科,指由官设立年限在二年以上,成绩优著者言之。今两江师范之速成科,学科完备,实与简易科相同,请援新章给奖钞册,咨请查照核奖。"等因到部。

曾经臣部咨复查两江师范学堂所设二年速成科,经管学大臣于光绪二十九年奏准有案,是该学堂确系由官设立,与他省未经奏咨之师范简易科有别,毕业年限亦与奏定师范奖励章程内简易科年限相符,自应援案议奖。惟奖励既照新章,其核定分数编列等第均应照本部奏定考试章程办理,应饬该学堂另造清册,呈由提学使司查核转详咨部,再行核议等因在案。现在两江总督将该学堂另造清册咨送前来,臣等查册内学生分数等第尚属核实,应照臣部奏定师范简易科奖励章程议奖,以昭激劝。所有考列最优等之谢学霖、马家镛二名,拟请比照初级师范中等奖励办理,作为师范科贡生以训导用,俟义务年满,以应升之阶尽先补用;考列优等之齐宗浩、易树声、严桂彬、张嗣恩、李澍、汪宪钧、陈桂生、王述彭、凌文渊、江沅湘、项金珥十一名拟请比照初设师范下等办理,给及格文凭,俟义务年满作为师范科贡生奖,给训导衔,均照章派充小学教员,俾尽义务;其考列中等下等者应照章无庸给奖。所有两江师范学堂速成科学生毕业,照章请奖缘由,谨恭折具陈,伏乞皇太后皇上圣鉴。谨奏。

光绪三十四年四月二十六日奉旨:依议。钦此。

《学部官报》1908 年第 55 期

学部奏两江师范学堂初级本科学生毕业请奖折

奏为两江师范学堂初级本科学生毕业酌请奖励恭折仰祈圣鉴事。

窃据调任两江总督端方咨,据宁、苏、皖、赣四学司会详称:两江师范学堂初级本科师范学生,于光绪三十三年十二月毕业,当经考试给凭在案。查该堂开办之时,原系奏准三年毕业,嗣经奏定学堂章程颁发初级师范,限定五年毕业。因于招考时格外从严,并多派教员,增加授课钟点,务求以五年功课并入三年之内。计自光绪三十年十月授课,至三十三年十二月,已届三年期满,应请将考列最优等顾良杰等十二名,优等陈光甲等十四名,中等查瑞等五名,下等秦缵曾一名,照初级师范奖励章程请奖等情,并咨送清册二本到部。臣部查奏定学堂章程,初级师范完全科五年毕业,该学堂自光绪三十年十月授课,至三十三年十二月毕业,计其肄业年限实止三年有余,且设立虽在定章未颁以前,而授课实已在定章颁行之后,即使招考格外从严,并增加授课钟点,究与五年完全科有别,未便一律给奖。查臣部奏准改定师范奖励章程,订有初级师范简易科奖励一条,毕业考列最优等者,比照初级师范中等奖励办理;考列优等者,比照初级师范下等办理。并经声明,此项简易科,指由官设立,年限在二年以上,成绩优著者言之。臣部前办山东、福建等省初级师范学生毕业各案,核其肄业未满五年,均比照简易科给奖,叠经奏准在案。兹查该学堂肄业年限与山东福建师范大略相同,自应援照办理。拟请将考列最优等毕业生顾良杰、黄辉、汪长清、张瑞本、徐金崧、黄次山、张明新、程桂南、陶绪曾、黄师宪、潘镕金、罗会仁等十二名,比照初级师范中等,作为师范科贡生以训导用,俟义务年满,以应升之阶尽先补用。考列优等之毕业生陈光甲、周嘉诇、况书田、孙祖仁、张宗明、贡元炳、范起杰、吕国铨、杨绪蕃、刘庆淦、储迎吉、杨蔚霖、陈藩、朱以儒等十四名，比照初级师范下等给予及格文凭，俟义务年满，作为师范科贡生，奖给训导衔。至考列中等之毕业生查瑞、周懋第、李锡庚、湧潮、郑灏等五名，及考列下等之秦缵曾一名，拟均请无庸给奖。如蒙俞允，即由臣部行知该督遵照，并转饬该毕业生等分尽义务，以符定章。所有两江师范学堂初级本科学生毕业请奖缘由，谨恭折具陈，伏乞皇上圣鉴。谨奏。

宣统元年七月十八日奉旨：依议。钦此。

《政治官报》第 672 号

学部奏两江优级师范选科毕业请奖折

奏为两江优级师范选科学生毕业照章请给奖励恭折仰祈圣鉴事。

窃臣部前准两江总督张人骏咨开，据署提学使李瑞清详称，两江师范学堂优级分类科两班、选科三班，毕业遵章送京覆试，并分别将毋庸覆试之选科优中等各生试卷，一律解部，连同履历、分数表册详情，转咨前来。臣部查该省优级师范各班年限、程度均与定章相符，除分类科两班及选科取列最优等者，前经臣部严加覆试奏蒙给奖外，所有理化数学、农学博物、图画手工三类选科优等中等各生试卷，臣等督率司员细心覆校，遇有评骘失当、予分宽滥者，均一律妥为更正。并查照改定分数办法，凡主课不及格者，分别降等以昭核实。计选科三班共取得理化数学科优等归希明、刘维焕、胡鄂勋、黄开祥、屈轶、庄礼陶、叶锡荣、黄用中、王之屏、吴永洋、汪凤渠、李彭昌等十二名；农学博物科优等周征萼、乔竦、徐渭贤、陈维国、吴复振、莫如汉、朱振宇、胡延禧、贾先甲、朱长庚、瞿祖镳、周斯觉、陈锡周、徐著勋、朱瑞年、马鸿宾、张望熊、龚景韩、王杰、时雄飞、陈蔚光等二十一名；图画手工科优等仲民新、屠方、吴良澍、陈景行、张衮、雷宾、杨师颜、乔治恒、佘鸿藻、延昌、王宗南、朱瑊、程振东等十三名；理化数学科中等沈达、叶钧等二名；农学博物科中等凌锐一名；图画手工科中等洪觉一名，应请比照优级师范下等办理。令允中学堂及程度相当之各项学堂副教员，或高等小学以下各项学堂正教员，俟义务年满，作为师范科举人奖给中书科中书衔。如蒙俞允，即由臣部分别咨行遵照办理。所有两江优级师范选科学生毕业照章请奖缘由，谨恭折具陈，伏祈皇上圣鉴。谨奏。

宣统二年十二月二十六日奉旨：依仪。钦此。

《政治官报》第 1200 号

两江师范学堂造呈职堂考选新班补额学生年籍三代履历清册（宣统二年十二月）

第一公共科

姓名	年岁	籍贯	三代	入堂年月	出身及何学堂毕业
毛保恒	二二	安徽合肥	启厚　允耀　承先	宣统二年二月	皖江中学堂毕业
鲁邦瞻	□七	安徽巢县	金玉　大文　正清	宣统二年二月	庐州中学堂毕业
以上补入公共科学生二名

第二公共科

姓名	年岁	籍贯	三代	入堂年月	出身及何学堂毕业
汪霖龙	二八	江苏阳湖	业　燮调　赞纶	宣统二年二月	东吴大学堂预科毕业
李砚田	□九	江苏盐城	应时　攀桂　秉钧	宣统二年二月	淮安中学堂毕业
费焌	二〇	江苏泰州	锡平　文琥　樾	宣统二年二月	京口八旗中学堂毕业
蒋有达	二四	江苏宜兴	诚　尊　兆兰	宣统二年二月	八旗中学堂毕业
张可文	一八	江苏上元	日亨　升云　鑑堂	宣统二年二月	钟英中学堂毕业
聂钦谋	二二	江西金谿	光銮　幻涪　炳蔚	宣统二年二月	钟英中学堂本科毕业
邱嵩焘	一九	江苏江宁	德森　锡畴　衡岱	宣统二年二月	钟英中学堂毕业
陈绍彬	一八	安徽石埭	明勤　嘉信　峤	宣统二年二月	江南高等学堂预科毕业
陈宗藩	二二	江苏盐城	恪　蔚林　玉冠	宣统二年二月	淮安中学堂毕业
寿荣	二〇	京口驻防	邬尔□佈 瑞禄　秉钧	宣统二年二月	八旗中学堂毕业
周慰恩	二一	江苏上海	昌　长龄　钟瑞	宣统二年二月	龙门师范学堂毕业
陈光鼎	二一	安徽石埭	嘉圆　会友　绍业	宣统二年二月	钟英中学堂毕业
华超	二三	江苏金匮	白　宜　仁	宣统二年二月	苏州府中学堂毕业
张金树	二三	江苏常熟	定球　葵卿　之璜	宣统二年二月	龙门师范学堂毕业
姚沄	二六	江苏如皋	映奎　钧　森林	宣统二年二月	如皋初级师范毕业
以上补入公共科学生十五名

第三公共科

姓名	年岁	籍贯	三代			入堂年月	出身及何学堂毕业
李荫堂	二二	江苏铜山	永成	绪文	凤岗	宣统二年二月	徐州府初级师范毕业
陈殿荣	二四	江苏江都	大堃	万霖	文德	宣统二年二月	京口八旗中学堂毕业
袁蔚文	二二	江苏青浦	景安	鼎爵	昌言	宣统二年二月	龙门师范学堂毕业
邱宗濬	二四	江苏阜宁	南滨	栋材	绍林	宣统二年二月	江南高等学堂预科毕业
骆文麟	二一	江苏句容	伟	步云	金门	宣统二年二月	京口八旗中学堂毕业
春年	二一	京口驻防	福志	文翰	世隆	宣统二年二月	京口八旗中学堂毕业
汪文珩	二〇	安徽和州	金涛	锡藩	廷桢	宣统二年二月	和州中学堂毕业
章瑨	二二	安徽和州	兰	甫	蔚	宣统二年二月	和州中学堂毕业
锡璠	二五	京口驻防	邬朗阿	宝全	兴照	宣统二年二月	京口八旗中学堂毕业
臧琥	二二	江苏盐城	宰衡	茂勋	镕成	宣统二年二月	淮安中学堂毕业
左凤翥	二三	江苏阜宁	廷英	桐	燦之	宣统二年二月	淮安中学堂毕业
唐渐逵	二二	安徽桐城	世讲	礼庸	义诠	宣统二年二月	桐城中学堂毕业
以上补入公共科学生十二名							

第四公共科

姓名	年岁	籍贯	三代			入堂年月	出身及何学堂毕业
李云衢	二七	安徽和州	上序	福林	大勋	宣统二年二月	江南蚕桑中学堂本科毕业
李振亚	二一	安徽旌德	允魁	显转	日新	宣统二年二月	江南蚕桑中学堂本科毕业
朱声树	二一	江苏奉贤	鸿儒	士璋	家驹	宣统二年二月	龙门师范学堂毕业
以上补入公共科学生三名							

理化数学选科乙班

姓名	年岁	籍贯	三代			入堂年月	出身及何学堂毕业
马汝骥	二三	安徽亳州	长庚	凤山	兴邦	宣统二年二月	安徽高等学堂肄业
以上补入理化数学选科学生一名							

农学博物选科乙班

姓名	年岁	籍贯	三代			入堂年月	出身及何学堂毕业
糜赞治	二七	江苏无锡	春年	增卿	世锴	宣统二年二月	锡金初级师范学堂毕业
杨仕璋	二二	安徽巢县	献雯	光第	彭龄	宣统二年二月	本堂附属中学肄业
刘省三	二三	江苏六合	士登	志华	云曙	宣统二年二月	本堂附属中学肄业

（续表）

姓名	年岁	籍贯	三代			入堂年月	出身及何学堂毕业
孙鸿钧	二四	安徽涡阳	大士	占一	玉□	宣统二年二月	本堂附属中学肄业
周銮生	二四	江苏六合	嗣达	俅	惠臣	宣统二年二月	本堂附属中学肄业
陈凤翔	二二	江苏海门厅	廷佑	文运	振福	宣统二年二月	本堂附属中学肄业
桂一清	二五	安徽宣城	季雨	聘之	承露	宣统二年二月	本堂附属中学肄业
章相家	二三	江苏铜山	长余	名阁	兴礼	宣统二年二月	徐州师范学堂毕业
李万镒	一八	江苏扬子	广兴	殿邦	开第	宣统二年二月	扬州府中学堂修业
陈家德	二三	安徽英山	辅仁	定吉	盛忞	宣统二年二月	本堂附属中学肄业
王卓群	二二	江苏武进	稷	鲁元	阐道	宣统二年二月	本堂附属中学肄业
高建藩	二二	江西都昌	西雄	五垣	应瑞	宣统二年二月	本堂附属中学肄业
江伯良	二〇	安徽六安州	希珊	天基	选汲	宣统二年二月	六安中学堂肄业
王时彦	二一	江西德化	昆玉	良弼	子庚	宣统二年二月	九江府中学堂肄业
祝跻黄	二一	安徽寿州	珮	能安	兆成	宣统二年二月	太平府中学堂肄业
张志和	二〇	江苏宜兴	光岳	汝琛	学骞	宣统二年二月	本堂附属中学肄业
曾格	一九	江苏常熟	佑谦	绍文	有章	宣统二年二月	上海龙门师范学堂毕业
周国江	二二	江苏东台	遵义	发育	家骥	宣统二年二月	宁属初级师范学堂毕业
杨培天	二一	江苏青浦	国藩	履道	光霖	宣统二年二月	上海龙门师范学堂毕业
陈肃	二三	安徽芜湖	玉贵	余三	竹轩	宣统二年二月	皖江中学堂肄业
赵骞	二一	江苏丹徒	裕	金	景庆	宣统二年二月	南洋方言学堂肄业
唐寿	二〇	江苏甘泉	启昌	岐	志朝	宣统二年二月	宁属初级师范学堂肄业
葛维汉	二二	江西丰城	博元	易金	良泉	宣统二年二月	本堂附属中学肄业
陈蕴彬	二二	江苏通州	允武	元寿	汝昌	宣统二年二月	南洋方言学堂肄业
李文华	二四	江西丰城	汉钤	观术	丰美	宣统二年二月	本堂附属中学肄业
顾宝璜	二二	江苏昆山	世德	春荣	其华	宣统二年二月	上海龙门师范学堂毕业
帅润身	二一	江苏长州	富昌	国选	福清	宣统二年二月	上海龙门师范学堂毕业
李安	二三	江苏通州	宏远	拱辰	金树	宣统二年二月	本堂附属中学肄业
傅启楣	二二	安徽全椒	廷扬	邦彦	兆麒	宣统二年二月	本堂附属中学肄业
黄履瀛	二〇	江苏六合	孝琨	昭贵	德钧	宣统二年二月	江宁府中学堂修业
吴可贞	二六	江西宜黄	希伯	慎衡	济川	宣统二年二月	本堂附属中学肄业
余树声	二九	安徽潜山	宗彝	发	烈	宣统二年二月	安徽高等学堂肄业
张廷栋	一八	江西丰城	瑞桢	云取	嗣鸾	宣统二年二月	本堂附属中学肄业

（续表）

姓名	年岁	籍贯	三代			入堂年月	出身及何学堂肄业
耿朝辅	二四	安徽巢县	光华	思孝	宝珠	宣统二年二月	本堂附属中学肄业
邓璧如	二一	安徽桐城	梦翼	尔昌	嘉樾	宣统二年二月	安庆府中学堂肄业

以上补入农学博物选科学生三十五名

农学博物选科丙班

姓名	年岁	籍贯	三代			入堂年月	出身及何学堂肄业
陈锦	二五	江西瑞昌	勃然	戒之	协恒	宣统二年二月	九江府中学堂肄业
刘丕基	二四	江苏江阴	礼宗	诚敬	子封	宣统二年二月	江阴师范学堂毕业
刘泽群	十八	江西新建	爱仁	其龙	荀	宣统二年二月	章江中学堂修业
田振凡	二四	江西瑞昌	健亭	作新	再庭	宣统二年二月	九江初级师范毕业
李寿翔	二九	安徽阜阳	廷幹	尊联	玉方	宣统二年二月	达材初级师范毕业
赵修五	二一	江苏铜山	住吉	资敏	凭恩	宣统二年二月	徐州师范学堂毕业
王光亚	二〇	江苏山阳	德诚	秉初	恩庆	宣统二年二月	淮安敬恭学堂修业
张绍志	二七	江苏江都	元恺	为霖	齐云	宣统二年二月	镇江承志中学肄业六学期转学扬州法政毕业
车轼	二四	江西临川	秉泰	际盛	尚宾	宣统二年二月	抚州师范毕业
黄赞元	二一	江西萍乡	思澶	敬熙	承瀛	宣统二年二月	中国公学肄业
徐舒声	一九	江西丰城	吉人	庚耀	膺荣	宣统二年二月	江西初级师范肄业
余焕廷	二一	江西新建	处仁	醉月	国选	宣统二年二月	章江中学堂修业
陶人杰	二七	安徽庐江	永清	广才	佳福	宣统二年二月	本邑师范学堂毕业
张樾	二二	江苏溧阳	继昌	廷槐	锡瑨	宣统二年二月	镇江府中学堂肄业
韩德润	二〇	江苏桃源	文林	钧	维翰	宣统二年二月	淮安中学堂肄业
柳允恭	二三	江苏六合	志怀	文科	循仁	宣统二年二月	承志中学堂修业
倪吉康	二三	江苏南汇	肇曾	陛襄	衡章	宣统二年二月	龙门师范学堂肄业
褚纲	二二	江苏奉贤	献廷	金和	方亮	宣统二年二月	龙门师范学堂肄业
刘肇绣	二一	江西永新	梦未	黎照	锡龄	宣统二年二月	永新师范学堂肄业
刘纪	二六	江西庐陵	幹	贵昌	桂林	宣统二年二月	吉安初级师范肄业
匡文涛	二六	江西泰和	常春	恭人	道生	宣统二年二月	江西初级师范毕业
罗世杰	二三	江西南昌	福遇	享琳	运滨	宣统二年二月	江西方言学堂修业
熊通艺	二五	江西南昌	时德	钦叶	淑平	宣统二年二月	江西高等农业学堂普通科毕业

（续表）

姓名	年岁	籍贯	三代	入堂年月	出身及何学堂毕业
涂润霖	二八	江西新建	兰玉　英甲　鋐鼎	宣统二年二月	附生方言预备学堂修业
李文诰	二〇	江西南昌	映芳　念祖　士杰	宣统二年二月	江西方言学堂修业
周伟仁	二六	江苏山阳	和安　允中　怀镛	宣统二年二月	宁属师范学堂毕业
仲漱渠	二五	江苏沭阳	珠之　廸庆　士立	宣统二年二月	宁属师范学堂毕业
陈彝鼎	二〇	安徽英山	辅仁　正兴　鸣球	宣统二年二月	师范传习所毕业
管岚	二六	安徽霍邱	谐铎　咏仁　维翰	宣统二年二月	安徽师范学堂毕业
朱亦彰	二〇	江苏武进	文藻　琪　声光	宣统二年二月	江苏师范学堂毕业
程振祺	二二	江西新建	秀辉　茂英　材	宣统二年二月	江西洪都中学堂毕业
方腾骧	二二	江苏溧阳	澧　有燧　德积	宣统二年二月	镇江府中学堂肄业
张家俊	二四	江苏江阴	同恺　午煊　公辅	宣统二年二月	本邑初级师范毕业
欧阳绶	二五	江西宜黄	树声　作猷　垣	宣统二年二月	本堂附属中学肄业
曹桢	二五	江苏泰州	龄　余庆　骏才	宣统二年二月	两淮中学堂肄业
吴鹏	二七	安徽阜阳	馥圃　慕韩　毓琦	宣统二年二月	安徽理化专修科毕业
赵鹏搏	一八	江苏溧阳	文斌　怀清　阳英	宣统二年二月	镇江中学堂肄业
刘小云	二四	江苏盐城	学书　文田　映东	宣统二年二月	初级师范学堂肄业
邵福永	一九	江苏太仓州	大乾　邦德　承烈	宣统二年二月	龙门师范学堂修业
薛德燦	二五	江苏江阴	人鉴　桂沅　嘉树	宣统二年二月	上海理数专科毕业
陈达	二四	江苏吴县	庭芳　铭勋　文圻	宣统二年二月	两淮师范学堂肄业
范循舆	二一	江苏靖江	觐　恺　楳	宣统二年二月	两淮师范学堂肄业
孙广钊	一八	江苏无锡	元模　显烈　宗培	宣统二年二月	本府中学堂修业
余宗振	二四	江苏无锡	大鹏　孟雏　汝谐	宣统二年二月	龙门师范学堂修业
谢承瑛	二八	江苏靖江	锦　鸿浩　誉梓	宣统二年二月	宁属初级师范学堂毕业
杨荫淮	二五	安徽寿州	盛容　玉山　立洪	宣统二年二月	六安中学堂肄业
吴鑫	二一	江西宜黄	煌　树勋　弼尧	宣统二年二月	抚州中学堂修业
鲍长谷	二五	江苏丹徒	□上傅　心源	宣统二年二月	曾在丹徒师范讲所肄业
戴华龄	三〇	江苏丹徒	存诚　永庆　保申	宣统二年二月	曾在镇江中学堂肄业后在上海理科毕业
陈祖濂	二〇	江苏句容	朝良　培　汶济	宣统二年二月	两淮师范学堂肄业
陈鉴	二六	江苏宿迁	懿泗　修和　鉴坪	宣统二年二月	徐州师范学堂毕业
以上补入农学博物选科学生五十三名					

宣统二年十二月

江苏候补□李瑞清

"国史馆"档案

江宁提学使转呈两江师范学堂咨送学生清册请鉴核备案由（宣统三年六月初八日）

江宁提学使司为转呈事。窃准两江师范学堂监督李瑞清咨称，案照前准司移奉学部札开，凡高等以上各学堂及与高等以上程度相等之各种学堂如续收新生，即将该生姓名、年岁、籍贯三代及由何处学堂毕业造册报部，以备毕业请奖时核对年限等因，历经遵照办理在案。查敝堂去年优级选科两班学生毕业，今考取新生补额，又附设单级教授练习班，所考取学生均于今年二月一律入堂上课，所有考取补额新生及单级教授学生相应分班，造具清册，备文咨送，查照转呈学部暨督宪备核等因，并清册到司。准此，理合连同清册具文转呈，仰祈钧部鉴核备案，实为公便。除呈督宪外，为此备由，呈乞照验施行，须至呈者。

　　计呈送清册一本
　　右呈
　　学部大堂

宣统三年六月初八日

江宁提学使司劳乃宣

"国史馆"档案

两江优级师范学堂造呈职堂考选补额新生及单级教授班学生年籍三代履历清册

公共科

姓名	年岁	籍贯	三代			入堂年月	出身及何学堂毕业
刘景瑞	27	江苏如皋	邦庆	兆勋	鈇	宣统三年二月	如皋初级师范毕业
朱子渐	23	安徽桐城	真儒	可韬	德周	宣统三年二月	桐城中学毕业
都如春	21	安徽桐城	德温	荫轩	慕周	宣统三年二月	本邑中学毕业
陈承志	23	江西清江	日恭	廷黻	肇龄	宣统三年二月	优附生中学毕业
程安华	20	安徽旌德	熙祥	朝发	英铎	宣统三年二月	太平府中学毕业
王琦	24	安徽桐城	文成	海滨	步瀛	宣统三年二月	本县中学毕业
姚国珉	22	安徽贵池	振武	时和	赓廷	宣统三年二月	通州初级师范毕业
杨孚光	26	安徽桐城	柳西	春旗	靖	宣统三年二月	本邑中学毕业
何鸿烈	24	安徽桐城	日眺	守道	以畀	宣统三年二月	本省高等预科毕业
吴季超	23	安徽桐城	长荣	熙廷	絜中	宣统三年二月	本县中学毕业

(续表)

姓名	年岁	籍贯	三代			入堂年月	出身及何学堂毕业
唐炳文	24	安徽桐城	宗奕	盛□	世儒	宣统三年二月	本县中学毕业
叶璋	20	安徽桐城	焕奎	铭	懋修	宣统三年二月	本县中学毕业
甘天保	19	安徽芜湖	嗣赵	元森	泽	宣统三年二月	芜湖高等小学、太平府中学毕业
汪绥和	24	安徽桐城	呈祥	甫田	汉舟	宣统三年二月	本县中学毕业
吴清溪	24	安徽桐城	敦厚	洁	观㳼	宣统三年二月	本县中学毕业
郑璋宝	23	江苏上元	兆桐	士豆	熙龄	宣统三年二月	优贡生两淮中学第一次毕业
柳之枌	21	安徽凤阳	增美	铭	汝杰	宣统三年二月	本邑中学毕业
柳之栋	24	安徽凤阳	增义	录	汝僖	宣统三年二月	本府中学毕业
武崇经	18	安徽凤阳	寅斗	运昌	世铭	宣统三年二月	本府中学毕业
陈秉枢	24	江苏盐城	鹤山	雨时	之瑞	宣统三年二月	淮安中学毕业
陈咸熙	24	江苏盐城	鹤山	雨时	之瑞	宣统三年二月	淮安中学毕业
殷元度	25	江苏丹徒	玉山	得中	宗湔	宣统三年二月	镇江中学毕业
周锐锋	23	江西安福	元梅	景辉	作孚	宣统三年二月	附生吉中学毕业
陈栋材	25	江苏溧阳	乐赏	廷鳌	德懋	宣统三年二月	镇江中学毕业
张智川	26	安徽凤阳	作梅	汉槎	南汲	宣统三年二月	江南高等预科毕业
熊骧	23	安徽凤阳	重□	贤醇	良钰	宣统三年二月	本县中学毕业
范期鉴	22	安徽和州	如璋	基材	大理	宣统三年二月	本州中学毕业
邱宗吉	24	江苏阜宁	南滨	栋材	绍康	宣统三年二月	江南高等预科毕业
贺国俊	22	安徽宿松	锦芳	萱	人凤	宣统三年二月	安庆中学毕业
沈秉钧	23	安徽合肥	天序	秀元	家祥	宣统三年二月	庐州中学毕业
叶蓁	22	安徽怀宁	纯如	苍培	荣茂	宣统三年二月	本县中学毕业
邰履文	22	安徽当涂	家桂	治元	士荣	宣统三年二月	太平中学毕业
姜文彬	22	江苏铜山	廷贞	道心	有仁	宣统三年二月	徐州中学毕业
赵子文	24	江苏铜山	朝桢	住渠	资本	宣统三年二月	徐州中学毕业
王荫棠	26	江苏宿迁	泽芸	膺华	化宇	宣统三年二月	徐州中学毕业
李迺瑜	23	安徽合肥	本善	东曙	宗洛	宣统三年二月	江西高等预科毕业
吴元弼	22	江西宜黄	文焕	朝杰	羣	宣统三年二月	抚州官立中学毕业
张可尧	19	安徽芜湖	丙炎	骏德	郁文	宣统三年二月	太平中学毕业
程孝思	21	江西宜黄	培仁	其藻	忠谟	宣统三年二月	抚州官立中学毕业

(续表)

姓名	年岁	籍贯	三代			入堂年月	出身及何学堂毕业
孙钟骏	21	安徽怀远	良镜	和铺	宗防	宣统三年二月	江南高等预科毕业
谢广来	23	安徽青阳	炽	纯青	朝彬	宣统三年二月	江南高等预科毕业
许廷樱	20	安徽来安	希祯	兆然	昌龄	宣统三年二月	安徽高等预科毕业
李翰青	20	安徽怀宁	定焜	英储	贤珥	宣统三年二月	本邑中学毕业
贾宗荧	21	江苏上元	鸿源	庆云	传芳	宣统三年二月	钟英中学毕业
许文诚	24	安徽合肥	继兴	祥礼	秉钧	宣统三年二月	安徽公学毕业
汪椷菁	22	安徽怀宁	晋康	容光	纵府	宣统三年二月	本邑中学五年毕业
谢涛	25	江西宜春	昆绥	春庭	国球	宣统三年二月	江西优级师范理数科毕业
宗旭	21	安徽怀宁	德纯	廷金	兆鸿	宣统三年二月	本县中学毕业
桂兴	21	京口驻防	良惠	春光	善述	宣统三年二月	京口八旗中学毕业
李家骅	19	安徽怀宁	锦童	秉衡	盛鸣	宣统三年二月	本县中学毕业
孟德沂	24	安徽和州	忠信	芳年	铭恩	宣统三年二月	本省高等毕业
陈均以	28	江西龙泉	儒为	有朋	兰堂	宣统三年二月	本堂补习科毕业
谢汝霖	28	江苏邳州	景文	良弼	相廷	宣统三年二月	本堂补习科毕业

以上考入公共科学生五十三名

补习科

姓名	年岁	籍贯	三代			入堂年月	出身及何学堂毕业
旋祖方	19	江苏甘泉	乾	杰	斌	宣统三年二月	本府中学肄业
刘新华	22	江西永新	魁祖	文蔚	独占	宣统三年二月	初级师范毕业
瞿鼎勋	24	江苏靖江	铣	江	桂山	宣统三年二月	师范速成科毕业
程南	25	江西瑞昌	书鹏	家德	傅学	宣统三年二月	九江师范毕业
董嘉栋	21	江苏宿迁	春荣	昌瑞	恒德	宣统三年二月	江北公学肄业五学期
金树荣	22	江苏清河	岌峰	殿华	庆澜	宣统三年二月	江北师范简易科毕业
傅用梁	22	安徽英山	以勋	文元	龙章	宣统三年二月	安徽实业中学肄业二年
李文拔	20	江西新建	全金	盛泮	家桢	宣统三年二月	本省师范毕业
赵显曾	23	江苏阜宁	幹	一鹏	承嘏	宣统三年二月	附生,江北高等预科修业
邵善铨	25	江苏山阳	熙昌	承霖	崇瑞	宣统三年二月	监生,江南自治研究所毕业
邓英	25	江西瑞昌	象雄	九元	朗清	宣统三年二月	九江初级师范毕业
蔡葵	23	江苏宿迁	书融	长醒	克傲	宣统三年二月	徐州官立初级师范毕业

（续表）

姓名	年岁	籍贯	三代			入堂年月	出身及何学堂毕业
邹振球	23	江西德化	萃五	鸿爕	鉴心	宣统三年二月	监生，九江初级师范毕业
吴极群	23	江西德化	绍唐	象贞	明曙	宣统三年二月	本府师范毕业
朱文棣	22	安徽太湖	兆凤	名盛	延熙	宣统三年二月	湖南高等工业预科修业三学期
管 筠	26	江西雩都	华春	传祺	作城	宣统三年二月	监生，江西优级师范专修科毕业
陈庆云	30	江西武宁	金 彬 杰			宣统三年二月	监生，江西优级师范简易科卒业
万慕韩	23	江西南昌	永拱	孟胸	叶模	宣统三年二月	监生，江西优级师范专修毕业
盛世雄	24	江西武宁	明暾	遇远	启翰	宣统三年二月	江西优级师范专修毕业
罗振云	26	江西雩都	理堂	崇朴	昌福	宣统三年二月	江西初级师范毕业
余念祖	20	江西新建	心田	煜清	懋德	宣统三年二月	本省师范毕业
卢升堂	27	江西万载	洪渊	申发	镜蓉	宣统三年二月	江宁达材师范毕业
谭鼎臣	24	江苏邳州	守清	朝举	庆安	宣统三年二月	江宁达材师范毕业
王孺年	29	江苏邳州	汇川	厚昌	景文	宣统三年二月	附生，江北师范修业
刘朝选	20	江苏铜山	子明	汝运	廷佩	宣统三年二月	本府师范三年毕业
李介眉	23	江苏宿迁	景贤	纯粹	芳龄	宣统三年二月	徐州师范卒业
汪瑞容	24	江苏东台	光祉	全柱	存礼	宣统三年二月	达材学堂卒业
陈子和	27	江苏阜宁	立选	正情	如爱	宣统三年二月	本县师范简易科卒业
沈 斌	24	江苏东台	文丽	芹光	三槐	宣统三年二月	达材初级师范卒业
周龙标	26	江苏阜宁	寿春	瑄	尔信	宣统三年二月	明达中学简易科卒业
刘明道	22	江西永新	元龙	继先	泰岳	宣统三年二月	初级师范卒业
蔡庭藩	23	江苏宿迁	长均	克振	绍祯	宣统三年二月	徐州师范卒业
陈廷杰	26	江苏睢宁	九亮	伯月	万理	宣统三年二月	徐州初级师范毕业
张寿彤	22	江苏睢宁	有浩	振纲	铠勋	宣统三年二月	徐州初级师范卒业
夏祥露	22	江苏睢宁	恒德	景贤	朝传	宣统三年二月	徐州师范毕业
戴谦吉	20	江苏阜宁	□园	实夫	承德	宣统三年二月	初级师范简易科毕业
戴卓然	25	江苏阜宁	师才	茂苣	曰友	宣统三年二月	明达师范简易科毕业
周士杰	22	江西临川	翰	呈芸	益三	宣统三年二月	抚郡初级师范修业
刘冠南	23	江西临川	龙昭	满先	全乡	宣统三年二月	抚郡初级师范修业
徐守仁	26	江西临川	应会	待聘	铭镇	宣统三年二月	初级师范简易科毕业

（续表）

姓名	年岁	籍贯	三代			入堂年月	出身及何学堂毕业
高尚志	21	安徽旌德	国祖	运理	经有	宣统三年二月	中一淮安中学修业
李严	26	江西临川	清桂	锡兰	兰阶	宣统三年二月	初级师范简易科毕业
万机新	26	江西临川	贵和	祥发	国鑫	宣统三年二月	初级师范简易科毕业
张乃桢	24	江苏丹阳	国晋	鸿	学书	宣统三年二月	扬州师范简易科毕业
殷序	19	安徽灵璧	长超	绍康	锡畴	宣统三年二月	本府中学、达材师范修业
孙殿臣	27	安徽亳州	若磐	从云	慎徽	宣统三年二月	千仓师范简易科毕业
杨殿甲	21	江苏兴化	崇兰	履墀	炳章	宣统三年二月	江南蚕桑学堂毕业
法度	22	江苏丹徒	鸣球	霁唵	德新	宣统三年二月	本邑师范简易科毕业 两淮初级师范修业
张洪模	21	江苏宿迁	肇鼎	锡钜	琴庄	宣统三年二月	达材师范毕业
杨雨襄	29	安徽霍邱	邦元	志发	滋荣	宣统三年二月	千仓师范毕业
张墨林	24	江苏宿迁	毓丰	肇凤	锡胜	宣统三年二月	浙江旅宁公学师范毕业
卢继纶	21	江西南昌	寿龄	棉堃	文照	宣统三年二月	达材初级师范毕业
阮启霖	26	安徽全椒	芝泉	科甲	作邦	宣统三年二月	千仓师范毕业
顾绍塘	20	江苏新阳	大成	瑞清	裕樑	宣统三年二月	龙门师范修业
以上考入补习科学生五十四名							

单级教授练习班

姓名	年岁	籍贯	三代			入堂年月	出身及何学堂毕业
张国华	21	江苏盐城	遇春	佩金	宝善	宣统三年二月	职监生,江南高等修业
赵云清	25	江苏宿迁	辅庭	吉祥	龙文	宣统三年二月	徐州宿迁师范毕业
陈作孚	20	江苏阜宁	廷怡	占五	海岩	宣统三年二月	高等小学毕业
刘云英	21	江苏山阳	蘋	国瑞	沛	宣统三年二月	监生,淮安敬恭中学修业
程正铺	25	安徽合肥	先正	履兴	克明	宣统三年二月	本邑师范传习所毕业
易树勋	34	江苏江宁	文江	麟郊	渭滨	宣统三年二月	职监生,江南汇文书院修业
张复华	22	江苏桃源	献书	竹清	宴春	宣统三年二月	江北高等预科修业三年
王光祖	34	江苏上元	增	寿仁	鹏年	宣统三年二月	从九品,江苏师范研究所卒业
徐炎森	40	江苏江宁	忠岐	德旺	永元	宣统三年二月	附生,法政讲习所卒业
许子昇	27	江西雩都	受唐	玉鸣	品方	宣统三年二月	本邑师范简易科卒业
郭寿松	27	江西南康	庆杨	尧材	福昭	宣统三年二月	附生,初级师范简易科卒业

（续表）

姓名	年岁	籍贯	三代			入堂年月	出身及何学堂毕业
刘定邦	27	江西赣县	文彩	明泗	盛柯	宣统三年二月	附生,初级师范简易科卒业
蔡为璋	25	江苏宝应	日康	庆元	徵明	宣统三年二月	地方自治研究所毕业
刘光藻	25	江苏靖江	肇鲸	佩璋	钧洪	宣统三年二月	靖城速成师范毕业
鞠志沂	37	江西高安	祖接	世双	心田	宣统三年二月	增生,江西师范毕业
甘诚和	35	江西丰城	学椿	尚志	道钦	宣统三年二月	初级师范肄业
廖应庚	47	江西丰城	光财	锦兰	运兴	宣统三年二月	监生,初级师范毕业
廖希庚	42	江西丰城	光财	锦兰	运兴	宣统三年二月	优附生,初级师范毕业
万春林	26	江西南昌	叶焰	发琛	连	宣统三年二月	优附生,达材初级师范毕业
吴镜铭	44	江苏六合	枚	声元	永聪	宣统三年二月	附生,府中学堂修业
黄镕	23	安徽泗州	学清	之銮	久贞	宣统三年二月	安徽尚志中学修业二年
罗金镕	30	江西临川	允林	智忠	铭铨	宣统三年二月	江西高等农学预科毕业
吴宝铭	26	江苏宝应	榛	巨川	锡洪	宣统三年二月	扬州宜董学堂肄业
李福增	21	江苏泰兴	成	绍基	桂生	宣统三年二月	
鞠文源	23	江苏泰兴	金麟	佩兰	蔚英	宣统三年二月	宁属师范简易科毕业
黄文杰	31	江苏泰兴	臣万	瑜章	怀廷	宣统三年二月	江苏教育总会法政讲习所毕业
张荣甲	33	江苏泰兴	龙腾	谦	伯埙	宣统三年二月	两江督标学堂毕业
吴俣	24	江苏上元	家楷	志炜	北棠	宣统三年二月	
以上考入单级教授班学生二十八名							

单级教授补习普通甲班

姓名	年岁	籍贯	三代			入堂年月	出身及何学堂毕业
蒋子谦	23	江西乐平	中旺	先盛	家余	宣统三年二月	达材初级师范修业
陈秉钺	32	安徽当涂	元会	守宽	正兴	宣统三年二月	附生
宛汉黎	32	安徽庐江	秉彝	长安	懋昌	宣统三年二月	监生
宛觉先	27	安徽庐江	育才	乐仁	启德	宣统三年二月	监生
方树荣	27	江苏宿迁	开基	维乔	德源	宣统三年二月	
夏宾	25	江西新建	庆柏	廷汶	寅	宣统三年二月	监生,洪都中学肄业二年
杨克余	21	江苏六合	启业	正先	琴堂	宣统三年二月	本府附属中学肄业
尹士珥	29	江西永新	家职	沛清	在鹏	宣统三年二月	
尹士瑞	27	江西永新	家职	沛清	在鹏	宣统三年二月	高等小学修业

（续表）

姓名	年岁	籍贯	三代			入堂年月	出身及何学堂毕业
吴让三	24	江西崇仁	嘉祥	登瀛	士豪	宣统三年二月	江西农业师范毕业
李增瀛	29	江苏阜宁	志同	秀文	德昌	宣统三年二月	
张士进	29	安徽英山	兴诚	永镰	茂海	宣统三年二月	
唐耀青	26	江苏盐城	殿臣	福隆	寅汉	宣统三年二月	本府中学修业
朱光亚	27	江苏桃源	炳桐	静庭	鸣九	宣统三年二月	师范传习所毕业
赵继志	27	江苏海州	圣美	克宪	同澍	宣统三年二月	本邑中学肄业一学期
王海珊	25	江苏海州	克勤	宾文	儒山	宣统三年二月	精勤学堂修业一年
姜国元	25	江苏海州	德修	长埠	景康	宣统三年二月	本邑中学修业一年
蒋廷弼	27	江苏砀山	与立	怀古	继韶	宣统三年二月	徐州师范肄业
陈光清	23	江苏海州	长青	方员	子人	宣统三年二月	本邑中学修业五学期
梁舜傅	29	江苏赣榆	凤奎	鸿焘	恒昌	宣统三年二月	附生
李世麟	30	江西临川	宗滩	联拭	翊顶	宣统三年二月	
章玉麒	34	安徽泾县	石卿	用康	茂生	宣统三年二月	廪生,芜湖师范传习所毕业
陈献琛	27	江苏宿迁	修和	尔柏	家强	宣统三年二月	本邑栅渊师范修业
江家障	25	安徽庐江	准清	耀隆	履谦	宣统三年二月	
任占超	24	江苏海州	瑞图	魁五	益卿	宣统三年二月	本邑师范毕业
陈锡爵	39	江苏东台	开山	重玺	东昇	宣统三年二月	本邑师范修业
罗谦	24	江苏宜黄	韶	炜	典	宣统三年二月	抚郡中学修业
黄效廉	25	江苏泰州	禹门	心存	敬修	宣统三年二月	
许镇藩	29	江苏泰州	钧	松峻	庆崇	宣统三年二月	
李心敏	29	安徽霍邱	连云	晴江	恩培	宣统三年二月	附生,颍州中学毕业
任叔彝	31	江苏海州	昌	道洪	立钊	宣统三年二月	本邑中学肄业一年
张武	26	江苏丹徒	上拔	以勤	志瑜	宣统三年二月	镇江师范传习所修业
魏瑶	25	安徽桐城	时	启	贤	宣统三年二月	本邑师范简易科毕业
仝寿彭	21	江苏睢宁	溪	树	锡金	宣统三年二月	徐州中学修业二年
陈文伯	27	江苏桃源	錞	湛	梯	宣统三年二月	高等小学毕业
汪声名	40	安徽当涂	大承	荣职	家和	宣统三年二月	廪贡生
张门	26	江苏六合	福缘	贡鑫	树屏	宣统三年二月	宁省测绘师范二年修业
葛耀中	24	江苏宿迁	昌期	启元	贤举	宣统三年二月	上海理科专修学校一年毕业

姓名	年岁	籍贯	三代			入堂年月	出身及何学堂毕业
汪懋勋	23	安徽当涂	荣职	家政	声举	宣统三年二月	附生,芜湖师范传习所毕业
高瀛洲	24	江苏睢宁	玉成	达万	云峰	宣统三年二月	徐州师范修业二年
张端	23	江苏萧县	兴	梦	庆瑞	宣统三年二月	
吴昱恒	27	安徽英山	燦汉	型顺	著亮	宣统三年二月	
朱善荫	28	安徽当涂	汝桂	兆鋐	联喆	宣统三年二月	附生
鲍管	24	安徽桐城	盛雅	光复	徐	宣统三年二月	
施定安	22	安徽英山	天树	心鉴	顺城	宣统三年二月	本邑思益学堂修业
缪斌	24	江苏泰州	芬	骥	肇修	宣统三年二月	

以上考入单级教授补习普通甲班四十六名

单级教授补习乙班

姓名	年岁	籍贯	三代			入堂年月	出身及何学堂毕业
王志仁	29	江苏桃源	执中	庆丰	受印	宣统三年二月	
徐干臣	26	江苏邳州	化远	泰林	复言	宣统三年二月	徐州中学肄业二学期
章起	29	江苏海州	士杰	裕泰	登陞	宣统三年二月	海州中学肄业二学期
吴凤喈	38	江苏睢宁	振基	学训	沂川	宣统三年二月	附生
陈为佐	25	江苏阜宁	大全	干卿	虎侯	宣统三年二月	监生
张相府	27	江苏桃源	萃堂	锡昌	鸿疆	宣统三年二月	高等小学毕业 中等商业学校修业
吴崇光	20	安徽合肥	毓芬	兆荣	懋纶	宣统三年二月	金陵大学肄业一学期
王同福	29	江苏桃源	执中	庆丰	受印	宣统三年二月	高等小学肄业二学期
史汉清	25	江苏泰兴	正川	春雨	辅经	宣统三年二月	监生
周志骧	23	江苏上元	经元	丽	绐虞	宣统三年二月	上元师范研究所肄业
张晨熙	23	江苏砀山	梦龄	庆长	召堂	宣统三年二月	徐州师范肄业
夏钟璟	25	江苏扬子	枚	兆燕	祥墀	宣统三年二月	本府中学修业
项权	24	江苏江都	大亨	锦波	恩溥	宣统三年二月	本府中学修业
赵子精	27	江苏邳州	廷光	丰恒	彩章	宣统三年二月	监生,宁属初级师范毕业
陈相时	25	江苏宿迁	允修	尔怀	家学	宣统三年二月	本府中学毕业
张光铖	28	安徽当涂	起明	正仁	家兴	宣统三年二月	附生
高星烺	27	江苏铜山	学勤	凤阿	占功	宣统三年二月	
刘杰	15	江苏江宁	砚宋	伯屏	□棠	宣统三年二月	教育会师范讲习科修业

（续表）

姓名	年岁	籍贯	三代			入堂年月	出身及何学堂毕业
杨国璋	21	江苏江宁	晋奎	鸣之	竺樵	宣统三年二月	上元学堂毕业
陆福庭	24	安徽灵璧	简臣	崧生	荫培	宣统三年二月	监生,凤阳初级师范肄业
杨雨春	26	江苏盐城	蕙芬	守余	有勋	宣统三年二月	东台师范修业
萧善扬	28	安徽合肥	阳春	相猷	佐廷	宣统三年二月	合肥师范传习所毕业
顾镇东	28	江苏阜宁	元禧	杲之	汝瑜	宣统三年二月	本邑明达师范简易科卒业
张季龙	27	江苏铜山	锴	仁莅	友让	宣统三年二月	本府师范学堂毕业
王济	21	江苏江宁	景荣	锡龄	树培	宣统三年二月	监生,本府中学肄业
徐文修	27	江苏铜山	煜	凤苞	德钊	宣统三年二月	附生,日本宏文学院警察科毕业兼师范科修业
赵秀	23	江苏铜山	资铨	凭杰	丰礼	宣统三年二月	本府师范传习所一年毕业,又中学二年毕业
吴九章	23	安徽临淮	文忠	秉鉴	德新	宣统三年二月	
陈瑜	35	安徽当涂	应聚	兆华	家道	宣统三年二月	优增生
刘锦	21	江苏甘泉	国安	庆年	桐林	宣统三年二月	监生,镇江承志中学肄业
王璞	26	江苏沭阳	可观	有泰	子廉	宣统三年二月	海州中学肄业
殷南生	41	江苏沭阳	开第	守道	怀仁	宣统三年二月	优附生
赵骏声	36	江苏高淳	允德	宗恩	仲河	宣统三年二月	监生
韦指南	29	安徽合肥	尚恭	朝兴	基兴	宣统三年二月	本县师范传习所毕业
杨东寅	25	安徽合肥	石田	振甲	少轩	宣统三年二月	
殷锡祚	28	安徽合肥	其健	祥海	载学	宣统三年二月	
葛锦标	27	江苏睢宁	香圃	友分	爱卿	宣统三年二月	徐州师范毕业
张杰	28	江苏桃源	在清	文华	子番	宣统三年二月	高等小学毕业
陈序潊	27	江苏桃源	克成	怀新	锦明	宣统三年二月	
陈文蔚	26	江苏桃源	鏣	潢	桀	宣统三年二月	
陈天如	27	江苏桃源	建功	立业	有志	宣统三年二月	
陈廷鏊	38	江苏泰兴	掌珠	绛	汝球	宣统三年二月	廪贡生
陈宇清	38	江苏宿迁	修缘	商杰	家聚	宣统三年二月	附生,珊渊学堂修业
沈铨	32	安徽无为	德新	原琨	尽善	宣统三年二月	监生,本州师范传习所肄业
叶先荫	23	江苏江宁	永清	延祺	少祥	宣统三年二月	附生,公立府中学肄业
李实	26	江苏甘泉	景标	上林	辅臣	宣统三年二月	附生

（续表）

姓名	年岁	籍贯	三代			入堂年月	出身及何学堂毕业
季慧堂	25	江苏铜山	永成	绪	凤岗	宣统三年二月	本府初级简易科毕业
王振东	22	江苏邳州	景沂	书堂	怀新	宣统三年二月	本府中学肄业五学期
以上考入单级教授补习普通乙班学生四十八名							

宣统三年五月
"国史馆"档案

两江师范学堂本届毕业学生姓名清册（宣统二年九月）

两江优级师范学堂谨将职堂本届年终毕业学生姓名造具清册呈请鉴核。

计开：图画手工选修科乙班毕业学生三十五名。

邓观涛	郑燕
朱辂	姚兰熏
潘景洛	程用宾
俞锡荣	潘宗张
储灏	王景祥
杲光藻	唐尧臣
夏焕云	罗鼎新
钟祥鸾	冯撷馨
卢志鸿	徐保和
夏敬怿	尹士珍
利德芹	方鸿藻
汪同洙	姜丹书
王希庄	黄镇平
刘铣	孙应受
陈琦	沈企侨
蔡师襄	汤有光
朱葆望	周作孚
朱太荫	

历史舆地选科毕业学生三十三名。

奚先	鲍光清
叶学远	张国翰
贾观霄	金守诚
程永成	姚鹏
张宝琳	凌毅
蒋贞金	黄盛时
赵宪	杨匡
钱振椿	施保昌
柳肇嘉	狄咏棠
刘世英	钟腾瀚
谢霆锐	潘宗煦
江起鹏	李云鹏
巫祺	林葆坊
余湘	潘兆瑞
刘鲁璜	王家吉
陈亦庐	章顺湘
祝公望	

以上图画手工选科、历史舆地选科共计毕业学生六十八名。

宣统二年九月
"国史馆"档案

江宁提学使转呈两江师范学堂公共科毕业生分数履历清册（宣统二年正月初十日）

署理江宁提学使转呈两江师范学堂公共科毕业学生分数、履历各册请查考由。

署理江宁提学使为转呈事。窃准两江师范学堂□称，窃照敝堂开办优级师范遵照定章，先入公共科，并经敝堂于招考时取入。学生凡非初级师范□□学堂毕业者，先入补习科二年。期满然后升入公共科。当经开具学生名□册暨课表，送司呈明学部在案。查敝堂公共科学生，系于光绪三十四年下学期开班，授至本年陆月，两学期肄习届满。即经会同陈前司大考毕业。除照章升入分类科学习外，所有各生在堂两学期肄习各门分数，按照奉订表册开列备文送呈咨请查核，并希转呈学部备案等因。并分数履历册□。本署司准此理□□□分数履历册具文转呈仰祈大部鉴核查考。为此备□呈乞照验施行。须至呈者。

计呈送分数、履历册各一本

右呈

大部

宣统元年十二月十四日

署江宁提学使李瑞清

"国史馆"档案

两江优级师范学堂造呈职堂公共科学生年籍履历毕业平均分数清册

两江优级师范学堂谨将公共科学生年籍、履历、毕业平均分数,分别等第,造册送呈鉴核。须至册者。

计开:

最优等二十三人			
谢 莹	年二十二岁	安徽芜湖县监生	毕业平均分数八十八分五厘七毫
张鹏飞	年二十一岁	江苏江宁县人,水师学堂卒业生	毕业平均分数八十八分四厘六毫
脱树藩	年二十一岁	江苏甘泉县监生	毕业平均分数八十六分九厘九毫
朱铭麒	年十九岁	江苏泰兴县监生	毕业平均分数八十六分九厘
吴式鑫	年二十七岁	江苏武进县附生	毕业平均分数八十五分八厘九毫
谭曾烈	年二十二岁	江苏高邮州附生	毕业平均分数八十五分六厘九毫
华襄治	年二十四岁	江苏无锡县附生	毕业平均分数八十五分四厘一毫
顾综礼	年二十三岁	江苏泰兴县人	毕业平均分数八十四分八厘二毫
孙锦江	年三十岁	江苏丹徒县人,中学毕业生	毕业平均分数八十四分四厘四毫
张廷献	年二十一岁	江苏宝应县监生	毕业平均分数八十三分九厘一毫
傅元衡	年二十二岁	江西高安县附生	毕业平均分数八十三分八厘五毫
施应生	年二十六岁	江苏沭阳县廪生	毕业平均分数八十三分六厘
成 恕	年二十二岁	江苏静海乡人	毕业平均分数八十一分七厘五毫
封沛恩	年二十二岁	江苏六合县人	毕业平均分数八十一分五厘八毫
吴钟麟	年二十七岁	江苏海州附生	毕业平均分数八十一分四厘三毫
喜 源	年二十三岁	江宁驻防附生	毕业平均分数八十一分三厘一毫
金望巅	年二十四岁	江苏靖江县监生	毕业平均分数八十分九厘五毫
郭源泉	年二十一岁	江苏泰兴县监生	毕业平均分数八十分八厘四毫
秀 嵩	年二十六岁	江宁驻防	毕业平均分数八十分七厘八毫

（续表）

范恽桂	年十九岁	江西丰城县附生	毕业平均分数八十分六厘七毫
叶寿昌	年二十七岁	江苏江宁县附生	毕业平均分数八十分三厘九毫
吴 骏	年二十九岁	江西南丰县增生	毕业平均分数八十分二厘七毫
炳 元	年二十六岁	京口驻防	毕业平均分数八十分一厘三毫
优等二十人			
王景琦	年二十二岁	江苏上元县人	毕业平均分数七十九分六厘九毫
王郊麐	年二十二岁	江苏甘泉县监生	毕业平均分数七十九分六厘五毫
黄继农	年二十八岁	江西崇仁县附生	毕业平均分数七十九分六毫
方绪墀	年二十三岁	江苏海州人	毕业平均分数七十八分七厘五毫
丁曾藩	年二十五岁	江苏山阳县附生	毕业平均分数七十八分二厘九毫
张震西	年十九岁	江苏元和县人	毕业平均分数七十七分八厘七毫
周久恒	年二十八岁	江西鄱阳县廪生	毕业平均分数七十七分一厘一毫
崧 寿	年二十五岁	江宁驻防附生	毕业平均分数七十六分七厘六毫
杨宝鼎	年二十五岁	江苏上元县人,中学毕业生	毕业平均分数七十六分五厘六毫
徐廷澜	年二十二岁	江苏甘泉县附生	毕业平均分数七十六分八毫
王鼎新	年二十五岁	江苏靖江县人	毕业平均分数七十五分七厘九毫
继 宽	年二十五岁	江宁驻防附生	毕业平均分数七十五分二厘五毫
封激云	年二十六岁	江苏泰兴县人	毕业平均分数七十五分二厘
吴世昌	年二十四岁	江西湖口县附生	毕业平均分数七十四分八厘三毫
张小宋	年二十二岁	江西德化县监生	毕业平均分数七十四分六厘六毫
凌希汉	年二十三岁	江苏太平厅人	毕业平均分数七十四分三毫
张世英	年二十九岁	江西万载县廪生	毕业平均分数七十三分八厘八毫
苏维障	年二十六岁	江苏崇明县人	毕业平均分数七十三分五厘七毫
易景中	年二十七岁	江西宜春县附生	毕业平均分数七十二分六厘二毫
甘 潚	年二十三岁	江苏江宁县人,中学毕业	毕业平均分数七十分九厘一毫
中等六人			
罗 藻	年二十五岁	江西新建县附生	毕业平均分数六十九分九厘七毫
方 灏	年二十岁	江苏江宁县附生	毕业平均分数六十八分九厘七毫
程廷晋	年二十二岁	江苏新阳县监生	毕业平均分数六十八分七厘四毫
刘人炯	年二十四岁	江西永新县附生	毕业平均分数六十七分四厘五毫
邹继龙	年二十五岁	江西新淦县廪生	毕业平均分数六十六分一厘三毫
王朝桢	年二十五岁	江西崇仁县附生	毕业平均分数六十二分五厘一毫
彭育才	年二十八岁	江西万安县附生	毕业平均分数六十分六厘五毫

宣统元年十一月
"国史馆"档案

两江优级师范学堂造呈本堂各科学生年籍三代出身入堂年月及所习功课清册

两江优级师范学堂谨将各科学生年籍三代出身入堂年月及所习功课列表造册呈送鉴核，须至册者。

计开：

理化数学分类科

姓名	年岁	籍贯	三代	出身及何学堂毕业	入堂年月
史楫	二四	江苏仪征	国华　攀龙　常镳	附生，本堂预科毕业	三十年十月
顾遂銮	二六	江苏南汇	王畿　显散　忠宣	附生，本堂预科毕业	三十年十月
汪秉文	三〇	安徽休宁	庆琪　原珪　德谊	廪生，本堂预科毕业	三十年十月
吴逸仙	三三	江苏通州	鞏　干瀛　庆余	附生，本堂预科毕业	三十年十月
倪宗伊	三三	江苏华亭	树棠　毓圃　锦堂	附生，本堂预科毕业	三十年十月
盛建勋	二五	江苏南汇	锡中　朝珪　本杰	附生，本堂预科毕业	三十年十月
陈楫	二〇	江苏靖江	立基　金诏　汝承	监生，本堂预科毕业	三十年十月
丁民忠	二五	江苏东台	宏勋　杏堂　文藻	监生，本堂预科毕业	三十年十月
张倚	三三	江苏泰兴	耀　铣　澄然	附生，本堂预科毕业	三十年十月
单毓苏	二三	江苏泰州	缵之　蒲南　肇熊	附生，本堂预科毕业	三十年十月
程晋焘	二六	江苏上元	传厚　肇鏊　祥蔚	附生，本堂预科毕业	三十年十月
何其焯	三〇	江苏阳湖	存仁　德盛　佩绍	附生，本堂预科毕业	三十年十月
赵元成	二四	江苏阳湖	曾向　执治　仪年	监生，本堂预科毕业	三十年十月
丁兆华	二六	江苏武进	嘉葆　绍基　同方	监生，本堂预科毕业	三十年十月
张鼎荃	二四	江苏崇明	鸿逵　鹤皋　模	本堂预科毕业	三十年十月
姚丙奎	二五	江苏华亭	憩舟　一峰　鸿标	本堂预科毕业	三十年十月
陆裕枏	二〇	江苏上元	学林　濂　善师	附生，本堂预科毕业	三十年十月
胡（植）	二二	江苏上元	先德　泽源　起胜	附生，本堂预科毕业	三十年十月
陈兆琛	二八	江苏丹徒	书田　壬龄　廷焯	附生，本堂预科毕业	三十年十月
汪开崧	二〇	安徽全椒	鎏　振篯　文绶	附生，本堂预科毕业	三十年十月
曹毓骐	二三	安徽歙县	坦　文亮　榕	附生，本堂预科毕业	三十年十月

（续表）

姓名	年岁	籍贯	三代	出身及何学堂毕业	入堂年月
叶维翰	二二	安徽怀宁	以永 义路 瑶	监生,本堂预科毕业	三十年十月
朱正言	二二	江苏六合	方 瑞芝 少泉	附生,本堂预科毕业	三十年十月
沈迺颐	二三	江苏山阳	德华 泰占 步梁	附生,本堂预科毕业	三十年十月
王勋	二六	江苏无锡	以铨 縡 蕴时	附生,本堂预科毕业	三十年十月
钱树霖	二三	江苏六合	沂 国全/国宝 翻/缉	附生,本堂预科毕业	三十年十月
刘传经	二五	江西新建	爱仁 其龙 巽	附生,本堂预科毕业	三十年十月
卢焘钱	二五	江苏宝应	梧慎修(鸿宾) 焕廷	附生,本堂预科毕业	三十年十月
李乃昌	二三	江苏通州	恩荫 魁第 元藻	监生,通州师范本科毕业	三十三年正月
汪树德	二六	安徽盱眙	珮 立珍 英	附生,日本明治大学经纬学堂毕业	三十三年正月
查绍夔	二二	安徽泾县	德蔚 焕修 履鳌	监生,江南实业普通毕业	三十年正月
汪敬源	二六	江苏元和	肇晋 浩先 茂松	监生,上海数理化学校毕业	三十三年正月
孙昌宸	三〇	安徽休宁	延龄 广基 懋绅	附生,江南实业学堂普通毕业	三十三年正月
季闳概	二〇	江苏通州	之品 兆禧 光镜	江南实业学堂普通毕业	三十三年正月
王锡三	二七	江苏通州	芾(著)元俦 昂	附生,江宁算绘师范学堂毕业	三十三年正月

以上共学生三十五名,并将所习功课列表附后。

本科理化数学分类科课程及每周授业时数

学年	第一学年			
学期 学科目	每周时数	第一学期	每周时数	第二学期
伦理	一	伦理学	一	同上
经学	一	经学大义	一	同上
国文	一	练习各体文字	一	同上
心理学及教育学	二	心理学	二	同上
数学	八	代数学、几何学、三角法	八	同上
物理学	四 实验四回	力学	四 实验四回	力学 物性学

（续表）

学年	第一学年			
学期 学科目	每周时数	第一学期	每周时数	第二学期
化学	四 实验四回	无机化学 附化学通论	四 实验四回	同上
天文气象				
英语	三	讲读	三	同上
图画及 手工	二	写生画、投影画法、照 镜画法	二	水彩画 图案及各种画法
体操	三	普通体操及游戏 兵式训练	三	同上
合计	二九 实验八回		二九 实验八回	
随意科目：德语或日语音乐				

学年	第二学年			
学科目	每周时数	第一学期	每周时数	第二学期
伦理	一	伦理学	一	同上
经学	一	经学大义	一	同上
国文	一	练习各体文字	一	同上
心理学及 教育学	四	教育学	四	同上
数学	六 演习二回	解析几何学 微分积分	六 演习二回	同上
物理学	四 实验四回	物性学 音学	四 实验四回	热学 光学
化学	四 实验三回	矿物学大义 有机化学	四 实验三回	同上
天文气象				
英语	三	讲读	三	同上
图画及手工	二	竹木工	二	同上及金工
体操	二	普通体操及游戏 兵式训练	二	同上
合计	二八 实验及演习九回		二八 实验及演习九回	
随意科目：德语或日语、音乐				

(续表)

学年	第三学年			
学科目	每周时数	第一学期	每周时数	第二学期
伦理	一	伦理学	一	同上
经学	一	经学大义	一	同上
国文	一	练习各体文体	一	同上
心理学及教育学	四	教育史教授法	四	教育史、教授法、学校卫生、教育法令
数学	六演习二回	解析几何学微分积分	六演习二回	同上
物理学	四实验二回	热学、光学、静电气学	四实验二回	磁气学动电气学
化学	四实验三回	理论及物理化学	四实验三回	同上
天文气象	二	天文学	二	气象学
英语	二	讲读	二	同上
图画及手工	二	木金纸、粘（黏）土石膏等细工	二	同上
体操	二	普通体操及游戏兵式训练	二	同上
合计	二九实验及演习七回		二九实验及演习七回	
随意科目：德语或日语、音乐				

农学博物分类科

姓名	年岁	籍贯	三代	出身及何学堂毕业	入堂年月
郑祖武	二四	江苏上元	世明　光铨　中颉	附生,本堂预科毕业	三十年十月
徐承禧	二五	江苏南汇	熙玉　耀曾　润德	附生,本堂预科毕业	三十年十月
胡颐福	二一	安徽巢县	忠　效骞　维藩	附生,本堂预科毕业	三十年十月
方　敏	二二	江西南昌	嘉栋　国梁　鼎昌	监生,本堂预科毕业	三十年十月
殷　楷	二三	江苏江阴	执衡　启瑞　葆诚	监生,本堂预科毕业	三十年十月
臧祜	二八	江苏江都	之江　澍　杰	附生,本堂预科毕业	三十年十月

(续表)

姓名	年岁	籍贯	三代	出身及何学堂毕业	入堂年月
刘永翔	二二	江苏江宁	发元　长鑫　庆林	监生,本堂预科毕业	三十年十月
许人杰	二五	江苏吴县	有福　本华　家鼎	附生,本堂预科毕业	三十年十月
缪兆桂	二二	江苏江阴	松龄　同书　圻	监生,本堂预科毕业	三十年十月
张景龄	三二	江苏兴化	必仁　国桢　金鳌	附生,本堂预科毕业	三十年十月
端木忱	二六	江苏江宁	堉　锡保　沅	监生,本堂预科毕业	三十年十月
张嘉行	二三	江苏六合	宪　维麒　镒	附生,本堂预科毕业	三十年十月
郭澄江	二五	江苏江宁	嗣伋　长泰　金辰	监生,本堂预科毕业	三十年十月
周开鍪	二八	江苏江宁	存福　启德　宗沂	附生,本堂预科毕业	三十年十月
贾其桓	二五	江苏丹徒	元俊　鹤龄　联秀	监生,本堂预科毕业	三十一年正月
徐莹石	二三	江西德化	永寿　仁义　石麟	附生,本堂预科毕业	三十年十月
丁铭礼	二五	安徽五河	毓歧　起泰　嘉贞	附生,本堂预科毕业	三十年十月
胡光炜	二一	江苏江宁	兆兰　炳昌　赢	宁属初级师范毕业	三十二年八月
吴宝琪	二三	江苏丹徒	鹏　锡麟　长庚	附生,本堂预科毕业	三十年十月
苏简	二四	江苏武进	品三　应琛　际羿	监生,本堂预科毕业	三十年十月
杨佩璋	二七	安徽巢县	献雯　光第　彭龄	附生,本堂预科毕业	三十年十月
郭成沛	二七	安徽歙县	国东　桢安　集松	廪贡生,本堂预科毕业	三十年十月
章鑫培	二二	安徽滁州	腾甲　庚云　家礽	附生,本堂预科毕业	三十年十月
孙毓琨	二六	安徽凤阳	宝海　继宽　庆云	附生,本堂预科毕业	三十年十月
王樾	二四	安徽怀宁	璪　绍曾　彤寿	监生,本堂预科毕业	三十年十月
杨光国	二三	江苏海州	聘三　熙龄　昀	江南实业学堂普通毕业	三十三年二月
孙道东	二九	安徽庐江	汝成　广生　家仁	附贡生,本堂预科毕业	三十年十月
杨贡璠	二七	安徽巢县	献雯　光第　彭龄	江南实业学堂普通毕业	三十二年八月
王育傪	二三	江西奉新	光定　邦彦　运旭	附生,本堂预科毕业	三十年十月
孙作肃	二五	江西南昌	能志　克凤　绍禄	附生,本堂预科毕业	三十年十月
漆步蟾	三〇	江西新昌	象曾　鸣琳　焱飏	附生,本堂预科毕业	三十年十月
骆耀珊	二二	安徽六安州	如松　臣熙　长新	附生,本堂预科毕业	三十年十月
朱启恒	三三	江苏上元	蒿　兆兰　凤章	附生,本堂预科毕业	三十年十月
胡文蔚	二九	江苏高淳	正华　熙敬　儒珍	附生,本堂预科毕业	三十年十月
蒲锡康	三〇	江苏上元	学贤　淇　德瑞	附生,本堂预科毕业	三十年十月
龚长庆	三四	江苏江浦	寿彭　涛　兆礼	附生,本堂速成毕业	三十一年正月

(续表)

姓名	年岁	籍贯	三代	出身及何学堂毕业	入堂年月
丁锡华	二三	江苏阳湖	嘉琛 承衍 同曾	监生,本堂预科毕业	三十年十月
鲍宗汉	三〇	江苏武进	景山 斌和 燦	监生,本堂预科毕业	三十年十月
谢汝洤	三六	江苏上元	增 铨德 炳功	附生,本堂预科毕业	三十年十月
吴其浩	二五	江苏江宁	永昌 邦杰 锺骥	附生,本堂预科毕业	三十年十月
姚钧门	二九	安徽潜山	大林 元 子威	监生,本堂预科毕业	三十年十一月
国 璋	二二	江宁驻防	色垃善 连瑞 贵庆	附生,本堂预科毕业	三十年十月
长 亮	二二	京口驻防	萨炳阿 延丰 春兴	附生,本堂预科毕业	三十年十月
朱兆芝	二九	江苏丹徒	式忠 于保 树森	附生,本堂预科毕业	三十一年十一月
吴履刚	二三	江苏华亭	彦斋 蓉芳 效曾	附生,本堂预科毕业	三十一年二月
汪一飞	二八	江苏元和	肇泰 继先 鸿清	附生,本堂预科毕业	三十年十月

以上共学生四十六名,并将所习功课列表附后。

本科农学博物分类科课程及每周授业数

学年	第一学年			
学科目 ＼ 学期	每周时数	第一学期	每周时数	第二学期
伦理	一	伦理学	一	同上
经学	一	经学大义	一	同上
国文	一	练习各体文字	一	同上
心理学及教育学	二	心理学	二	同上
植物学	四 实验二回	外部形态学	四 实验二回	内部形态学
动物学	四 实验二回	通论 各论	四 实验二回	同上
生理学及卫生	二	人身生理卫生	二	人身生理卫生
矿物学及地质学	二 实验二回	矿物学	二 实验二回	同上
农学	四 实验四回	农学概论 作物论	四 实验四回	作物论 土壤论

(续表)

学年	第一学年			
学科目　　学期	每周时数	第一学期	每周时数	第二学期
英语	三	讲读	三	同上
图画	二	写生画	二	水彩画
体操	三	普通体操及游戏 兵式训练	三	同上
合计	二九 实验十回		二九 实验十回	

随意科目：德语或日语、音乐

学年	第二学年			
学科目　　学期	每周时数	第一学期	每周时数	第二学期
伦理	一	伦理学	一	同上
经学	一	经学大义	一	同上
国文	一	练习各体文字	一	同上
心理学及教育学	三	教育学	三	同上
植物学	四 实验二回	分类学	四 实验二回	同上
动物学	四 实验二回	通论 各论	四 实验二回	同上
生理学及卫生	一 实验一回	人身生理卫生	一 实验一回	同上
矿物学及地质学	二 实验二回	地质学	二 实验二回	同上
农学	四 实验四回	改良土壤及肥料论	四 实验四回	同上
英语	三	讲读	三	同上
图画	二	各种画法	二	同上
体操	三	普通体操及游戏 兵式训练	三	同上
合计	二九 实验十一回		二九 实验十一回	

随意科目：德语或日语、音乐

学年	第三学年			
学科目＼学期	每周时数	第一学期	每周时数	第二学期
伦理	一	伦理学	一	同上
经学	一	经学大义	一	同上
国文	一	练习各体文字	一	同上
心理学及教育学	五	教育法 教授法	五	教育法、教授法、学校卫生、教育法令
植物学	四 实验二回	生理学	四 实验二回	同上
动物学	四 实验二回	发生学 进化学	四 实验二回	同上
生理学及卫生				
矿物学及地质学	四 实验二回	地质学	四 实验二回	同上
农学	四 实验四回	农业经济论 养畜及养蚕论	四 实验四回	同上
英语	二	讲读	二	同上
图画				
体操	三	普通体操及游戏 兵式训练	三	同上
合计	二九 实验十回		二九 实验十回	
随意科目：德语或日语、音乐				

公共科

姓名	年岁	籍贯	三代	出身及何学堂毕业	入堂年月
祝纪藩	二〇	江苏元和	钊 寿仁 肇纲	江苏初级师范毕业	三十三年十月
吕日东	二一	江西兴国	殿彪 茂祥 瑞霖	附生	三十三年八月
朱铭麒	一八	江苏泰兴	树仁 士荣 邦杰	监生,实业学堂普通修业	三十三年八月
封沛恩	二一	江苏六合	燮臣 竹林 章	元宁学堂毕业	三十三年九月
方灏	一九	江苏江宁	柏年 庆福 长海	附生,江宁府中学堂毕业	三十三年十月
谭曾烈	二一	江苏高邮	燔 贵三 庆藻	附生,镇江承志中学堂肄业四年	三十三年八月
孙锦江	二九	江苏丹徒	延华 焱森 立言	镇江中学最优等毕业	三十三年八月

姓名	年岁	籍贯	三代	出身及何学堂毕业	入堂年月
吴式鑫	二六	江苏武进	桂轩　汝源　尔亮	附生,本堂补习科毕业	三十二年七月
郭源泉	二〇	江苏泰兴	德有　盛华　勋	监生,江苏南菁高等学堂肄业二年	三十三年九月
顾综礼	二二	江苏泰兴	峯　洛　进	本邑高等小学肄业三年	三十三年九月
邹继龙	二四	江西新淦	思池　其位　凤翔	廪生,本堂补习科毕业	三十二年七月
喜　源	二二	江宁驻防	和明阿　景春　宝昌	附生,江南高等毕业生	三十四年二月
谢　莹	二一	安徽芜湖	承垲　福祺　庆奎	监生,本堂补习科毕业	三十二年七月
炳　元	二五	京口驻防	穆都哩　惠庆　文秀	本堂补习科毕业	三十二年七月
叶寿昌	二六	江苏江宁	兴佐　觐扬　文铨	附生,本堂补习科毕业	三十二年七月
张鹏飞	二〇	江苏江宁	春海　鉁　兆爵	南洋水师学堂卒业生,本堂补习科毕业	三十二年七月
秀　嵩	二五	江宁驻防	春奎　福陞　炳瑞	本堂补习科毕业	三十二年七月
王朝桢	二四	江西崇仁	能川　洪吉　维城	附生,本堂补习科毕业	三十二年七月
周久恒	二七	江西鄱阳	家镗　运淦　世泽	廪生,本堂补习科毕业	三十二年七月
易景中	二六	江西宜春	谦　树芬　称心	附生,本堂补习科毕业	三十二年七月
傅元衡	二一	江西高安	崇光　树杞　培生	附生,瑞州府中学肄业三年	三十二年七月
吴世昌	二三	江西湖口	叶谟　广进　在魁	附生,本堂补习科毕业	三十二年七月
张世英	二八	江西万载	明潽　新榛　士菜	廪生,本堂补习科毕业	三十二年七月
周化南	二三	江西安义	彩瑞　勤璧　修鉴	增生,本堂补习科毕业	三十二年七月
封激云	二五	江苏泰兴	魁　予缙　万璐	江苏全省南菁高等学堂学生	三十三年九月
程廷晋	二一	江苏新阳	大栋　昱　祖伊	监生,本堂补习科毕业	三十二年七月
金望巅	二三	江苏靖江	度　鳌　鎏章	监生,本堂补习科毕业	三十二年七月
吴　骏	二八	江西南丰	家鹤　庭修　盛唐	增生,本堂补习科毕业	三十二年七月
范恽桂	一八	江西丰城	德三　绍远　绪金	附生,本堂补习科毕业	三十二年七月
罗　藻	二四	江西新建	召棠　茂林　云祥	附生,本堂补习科毕业	三十二年七月
柳大经	二〇	江苏仪征	恒春　庆昌　承元	附生,本堂补习科毕业	三十二年十月
脱树藩	二〇	江苏甘泉	国栋　复元　世忠	监生,本堂补习科毕业	三十二年七月
丁曾藩	二四	江苏山阳	晏　寿祺　升福	附生,江苏师范毕业生	三十三年八月

（续表）

姓名	年岁	籍贯	三代	出身及何学堂毕业	入堂年月
华襄治	二三	江苏无锡	燠　大奎　保钧	附生,本堂补习科毕业	三十二年七月
张廷献	二〇	江苏宝应	蕙芳　遐龄　秀儒	监生,江南高等学堂肄业二年	三十四年二月
张忠镠	一九	江苏吴县	光铺　裕润　书绅	中学堂毕业生	三十四年二月
王景琦	二一	江苏上元	有来　易堂　殿魁	宁属初级师范毕业	三十三年十月
王鼎新	二四	江苏靖江	琪　起鸾　溶	宁属初级师范毕业	三十三年十月
成　恕	二一	江苏静海乡	镕　邦彦　谙	通州师范生	三十三年八月
凌希汉	二二	江苏太平厅	学诗　凤来　桂芬	宁属初级师范毕业	三十三年八月
徐庭澜	二一	江苏甘泉	王举　彦林　奉辉	附生,本堂补习科毕业	三十二年七月
方绪埠	二二	江苏海州	宏铨　其立　犖基	苏州师范学堂毕业	三十三年九月
吴钟璘	二六	江苏海州	民望　养斋　仲寅	附生,上海龙门师范修业	三十三年九月
施应生	二五	江苏沭阳	德灏　省衷　云鹭	廪生,本堂补习科毕业	三十二年七月
杨宝鼎	二四	江苏上元	型　廷焯　道生	江宁府中学堂毕业	三十四年二月
苏维障	二五	江苏崇明	炳辉　鹏飞　春	本堂补习科毕业	三十二年七月
甘　潚	二二	江苏江宁	熙　均　铺	江宁府中学堂毕业	三十四年二月
张小宋	二一	江西德化	廷椿　尚明　学铺	监生,本堂补习科毕业	三十二年七月
黄继农	二七	江西崇仁	嘉乐　廷璧　修梅	附生,本堂补习科毕业	三十二年七月
彭育才	二七	江西万安	先理　德继　启贤	附生,本堂补习科毕业	三十二年七月
刘人炯	二三	江西永新	梦朱　蔡照　彭龄	附生,本堂补习科毕业	三十二年七月
张震西	一八	江苏元和	鳌　玉田　鸿甲	通州高等小学肄业三年	三十二年八月
房崧宸	二九	江苏宝应	安元　立朝　嘉谷	江南高等学堂毕业	三十四年二月
纪　宽	二四	江宁驻防	志兴　长永　文瀛	附生,江南高等学堂毕业	三十四年七月
崧　寿	二四	江宁驻防	顺奉　喜纳　锦山	附生,江南高等预科毕业	三十四年七月
王郊麟	二一	江苏甘泉	训　德昌　锡辉	监生,本堂补习科毕业	三十二年七月

以上共学生五十六名,并将所习功课列表附后。

公共科课程及每周授业时数

学科目	每周时数	第一学期	每周时数	第二学期
伦理	一	伦理学	一	同上
经学	二	群经源流	二	同上
国文	三	文章之大要	三	同上

（续表）

学科目	每周时数	第一学期	每周时数	第二学期
英语	一二	讲读、文法、作文、会话、书取	一二	同上
日文	四	讲读、普通文法及作文	四	同上
数学	五	算术、几何	五	代数、三角
论理学	二	总论、演绎法　归纳法、方法学	二	同上
图画	二	临画、写生画、几何画、水彩画	二	同上
音乐	二	声乐练习及理论	二	同上
体操	三	体操及游戏　兵式训练	三	同上
合计	三六		三六	

补习科乙班

姓名	年岁	籍贯	三代	出身及何学堂毕业	入堂年月
丰华爵	三〇	安徽歙县	正朽　光照　明绅	附生	三十三年十月
李程远	二三	江苏兴化	繁祉　传声　家骥	附生	三十三年十月
刘起	二一	江苏靖江	泰鸿　颖　绍爆	巡警学堂毕业	三十三年九月
徐芝实	二〇	江苏甘泉	彦林　泰辉　庭贻	监生	三十三年十月
王汝南	二三	江苏东台	紫亭　希颜　培森	监生	三十三年九月
秦铸华	二三	江苏清河	永龄　维信　汝恒		三十三年九月
徐正权	二一	江苏青浦	锡文　昌镐　公修	监生，松江融斋师范毕业	三十三年十月
卫肇煌	一八	江苏青浦	炳魁　朝鼎　人骥	监生	三十三年十月
黄启东	二一	江苏泰州	谨轩　鹤庆　贵	监生	三十三年十月
赵鸣韶	二四	江苏太平厅	张渝　颐寿	监生	三十三年九月
韩大受	一九	江西金坛	庭秀　金诏　元杰	监生	三十四年二月
于时	二〇	江苏金坛	念修　廷洛　骏良	附生	三十三年九月
杨元白	二二	江苏江都	金门　国枢　悦林	宁属初级师范毕业生	三十三年十一月
陈湛恩	二〇	江苏兴化	国　镇军　世杰	监生	三十四年二月
张石槎	二三	安徽宁国	万世　□贤　玉成	附生	三十三年九月
舒斌	二二	江西靖安	遇宽　允藻　恭森	附生	三十三年十月
简宗实	二二	江西奉新	成鹏　启贤　焕然	优附生	三十三年十月

（续表）

姓名	年岁	籍贯	三代	出身及何学堂毕业	入堂年月
张颐时	一七	江苏泰州	浦　少泉　子南	监生	三十四年二月
任厚生	二一	江苏兴化	槐里　邺书　傲谦	监生	三十三年九月
王庆喆	二九	江西庐陵	韵芳　其瀚　念瑜	附贡生	三十三年十月
黄执礼	二〇	江苏句容	汉升　书绅　炳	本堂中学肄业	三十三年九月
田　泽	二四	江苏泰兴	贡禾　情　锡康		三十三年十月
黄绍洽	二二	江苏靖江	思荣　在中　兰		三十三年十月
任夏常	二二	江苏荆溪	敬修　光佐　卓章	附生	三十三年九月
陈　樽	二〇	江苏靖江	立基　金诏　汝彭	监生	三十三年九月
李景阳	二三	江苏泰兴	虹玉　森　兆祺		三十三年十月
张在田	二五	安徽潜山	相之　纯　大猷	附生	三十三年九月
夏艺珩	二三	江苏丹徒	文藻　焱　元勋	监生	三十三年九月
荣棣辉	二〇	江苏无锡	汉钰　璋　汝菜	锡金初级师范肄业	三十三年十月
丁昭仁	二一	江苏江都	光燦　绍恩　文瑾		三十三年九月
胡宗鲁	二三	安徽盱眙	开宏　德纯　裕光	监生	三十三年十月
许之藩	一九	江苏荆溪	锡璋　乃武　时中	监生,达材初级师范修业	三十三年十月
郑方炽	二二	安徽英山	家/还　华宝　衍炜	皖江中学师范毕业	三十三年九月
诸寿康	二四	江苏上海	邦彦　佩玉　惠	附生	三十三年九月
黄声远	二一	江苏仪征	恩锡　序金绶	监生	三十三年九月
朱正色	二二	江苏无锡	毓秀　福金　柄	锡金初级师范肄业	三十三年十月
张邦铭	一九	江苏上元	镇　承铎　明钊	附生	三十三年九月
戴宗球	二〇	江苏无锡	玉书　彭龄　慈恩	锡金初级师范肄业	三十三年十月
刘宝源	二六	江苏东台	尧　南宫　仿全	附生	三十三年十月
朱锡珍	二三	江苏仪征	起楞　焘　德培		三十三年十月
沈绍梁	二四	江苏泰兴	湛　琨　焕卿	本县师范肄业	三十三年十月
杭　斌	二〇	江苏东台	敬之　占魁　荣		三十三年十月
陈宝南	二四	江苏高淳	学纯　士禄　兴瑞	监生,宁属师范简易科毕业	三十四年十一月
饶思诚	二一	江西临川	赞　秉经　廷爵	附生,江西优级师范选科预科毕业	三十四年十一月

（续表）

姓名	年岁	籍贯	三代	出身及何学堂毕业	入堂年月
郭选英	二〇	江西南康	世枢　钟佳　以道	附生，江西优级师范预科毕业	三十四年十一月
郭元梁	一九	江西武宁	辉宇　敬斋　铭鼎	监生，江西优级师范选科预科毕业	三十四年十一月
谢翰清	二一	江西赣县	嵩　荣恩　芝生	附生，江西优级师范选科预科毕业	三十四年十一月
钟文藻	二一	江西宁都州	观仁　光沂　腾广	廪生，□南师范毕业	三十四年十一月
李子荣	二二	江西瑞昌	衔芝　震飞　春官	附生，江西优级师范预科毕业	三十四年十一月
沈少材	二三	江苏阜宁	廷幹　美斯　育才	江南高等学堂预科毕业	三十四年十一月
以上共学生五十名					

补习科丙班

姓名	年岁	籍贯	三代	出身及何学堂毕业	入堂年月
徐启政	二三	安徽建德	德卿　傅厚　家言	附生	三十三年十月
刘祖勉	二四	江西南昌	邦华　遵训　春晖	附生	三十三年九月
陈　均	二五	江西龙泉	儒为　有明　兰堂		三十三年十月
杨守约	二四	安徽五河	如冈　大恺　怀初	附生	三十三年十月
汪玉藻	二三	江西万载	元英　良琦　敷恩	优附生，本郡中学肄业	三十三年十月
袁重怡	二二	江苏兴化	青黎　养存　彦和	贡生	三十三年十月
李国焜	二三	江西奉新	塈　安　寿龄		三十三年九月
黄光瑶	二四	江西石城	远志　大承　有文	附生，初级师范毕业	三十四年二月
陈如怀	二四	江苏江浦	庚　朝政　尔耆	附生	三十三年九月
路敏文	二五	江苏荆溪	莘庵　苹苏　芝庭		三十三年十月
余松龄	二四	安徽宿州	兴诗　正明　永平	宿州中学肄业	三十三年九月
丁蔚若	二五	江苏丰县	光璧　凤翔　志圣		三十三年十月
闻之駬	二六	江苏清河	培祖　肇麟瀚/溥	廪生	三十三年十月
陈树芬	二四	安徽英山	辅仁　正兴　鸣球		三十三年九月
晏道藩	二一	安徽含山	鹏飞　继才　齐政		三十三年十月
沈全懋	二六	安徽霍山	贤仰　道襄　可振	附生	三十三年九月

(续表)

姓名	年岁	籍贯	三代	出身及何学堂毕业	入堂年月
王述曾	二〇	安徽婺源	大炽 肇沣 跃鳌	附生,紫阳师范毕业	三十三年十月
汪家达	一八	江苏江宁	精一 桂琴 启琛	监生	三十四年二月
夏承纲	二〇	江西新建	廷棻 献烈 敬禔		三十三年十月
张才斌	二六	江苏高邮	璧 燮 其章	附生,宁属初级师范毕业	三十三年九月
吴 双	二二	安徽无为州	荣 文炳 守诚	附生	三十三年九月
张哲生	二二	安徽含山	际昇 学明 曾乾		三十三年十月
汪开楣	一八	安徽全椒	鎏 振篪 文绶	附生	三十三年十月
徐嘉鱼	二一	安徽建德	元音 德辉 传薪	附生	三十三年九月
孙 宸	一九	江苏江宁	毓川 之模 永安	宁属初级师范毕业	三十三年十月
王 灏	二三	安徽灵璧	金标 凤鸣 作新	附生	三十三年十月
周介藩	一七	安徽全椒	振宗 肇修 暹	附生	三十三年十月
李春山	二一	江苏萧县	鉴 恒伦 兆珠	教员养成科毕业	三十三年九月
奎 照	二五	江宁驻防	贵明 庚祥 吉元	监生	三十三年九月
陈廷杰	二三	江苏山阳	荫礼 钟 骏观	监生	三十三年十月
吴运乾	二一	江苏上元	祥麟 光恰 文藻	元宁学堂毕业	三十三年九月
程希亮	二一	江西南城	继醅 家骏 兰阶	监生	三十三年九月
周垚章	一九	江苏上元	霖 存智 楠鉴	监生	三十三年九月
刘乐群	二三	江西赣县	鸿裕 正昌 开瑞	附生	三十三年九月
郭鸿采	二二	江西万载	功澍 师履 沛霖	附生	三十四年正月
郑昂青	一九	江苏江宁	保 家兰 炳浏	附生	三十三年九月
冯振江	二〇	安徽涡阳	尚谟 殿祥 守礼	附生	三十四年二月
萧立纲	二五	江西萍乡	文才 凤仪 咏梅	本邑师范传习所毕业	三十三年九月
陶 铨	二〇	江苏高淳	子章 作琏 祚曾	本邑高等小学肄业	三十三年十月
蒋学礼	二一	江苏清河	纯熙 士贤 煦林	监生	三十三年九月
崔克庆	二三	江苏荆溪	景曜 书冕 征彦	监生	三十三年九月
坤 幹	一九	京口驻防	哈丰阿 廷秀 永庆		三十三年九月
王仁峰	二二	安徽舒城	丰 珍 本源		三十三年九月
陆凤藻	二二	江苏泰州	鸿宾 光庭 联珠	监生	三十三年九月

（续表）

姓名	年岁	籍贯	三代	出身及何学堂毕业	入堂年月
胡璘	二四	安徽霍邱	本 长庚 文聘	监生	三十三年九月
施恽生	二〇	江苏沭阳	德灏 省□ 云鹭	监生	三十三年十月
刘复振	二六	江苏赣榆	玉 应坤 镜心	本县高等小学毕业	三十四年正月
以上共学生四十七名					

补习科丁班

姓名	年岁	籍贯	三代	出身及何学堂毕业	入堂年月
夏宝珩	二二	江西东乡	庆耀 春芳 兴吉		三十三年十月
陈应乾	二六	江西赣县	庆本 中佳 和奂	监生	三十三年十月
张庆生	二四	江苏桃源	鹏焘 建奎 亦罗	附生	三十三年十月
李瀚	二二	江苏如皋	馨远 德祥 宗运		三十三年十月
张文轩	二三	安徽临淮乡	琴堂 敏斋 荫南	监生	三十三年九月
沈宗瓛	二二	江苏溧阳	云栋 楚望 士林		三十三年十月
刘苏	一九	江西峡江	□逊 日嘉 崇道		三十三年十一月
叶振麟	二七	安徽庐江	文洙 章超 茂枝	附生	三十三年十月
陈齐恪	二五	江西义宁州	规志 观云 三泰		三十四年正月
章复聪	一九	江西南丰	盛光 松云 元荫	监生	三十三年九月
程荣文	二二	安徽婺源	辉 元恺 学诰	监生	三十三年十月
皮祖蕴	二二	江西建昌	嘉言 宗治 绥墀		三十三年十月
洪焕南	二一	江西宜黄	辉廷 仲元 国桢	优附生	三十三年十一月
曾惠光	二六	江西南康	恭德 鸿昌 纪才	廪生	三十三年九月
李训祥	三一	江苏江宁	仁溥 杏林 海寿	附生	三十三年九月
危尔昌	二三	江西南丰	选琬 贤任 舆靖	监生	三十三年十月
张四明	二二	安徽庐江	光虔 祚恒 孟龙	附生	三十三年九月
蔡春元	二三	江苏沛县	庚渊 梦兰 宪锐		三十三年十月
姜葵	二四	江苏阜宁	赐镜 瑶 之骥	附生	三十三年十月
汪祖涵	二九	安徽潜山	国红 朝昆 显翰	附生	三十三年十月
梁际运	二〇	安徽寿州	巨珍 秉成 儒宗		三十三年十月
徐苏中	二二	江西清江	载添 世俊 似叶	附生	三十三年十月

(续表)

姓名	年岁	籍贯	三代	出身及何学堂毕业	入堂年月
吴振华	二九	安徽合肥	永安　载书　春城	附生	三十三年十月
杨映隍	二四	江西雩都	开河　方佳　峻圖	附生	三十三年十月
陈鎤	二一	江西奉新	镛　蕴　光裕	附生	三十三年十月
鲍典龙	二三	安徽歙县	颂埧　伦淦　锡章	附生	三十三年十月
袁季梅	一九	江苏丹徒	恒　淇　善	监生	三十三年九月
蒋造	一九	江苏溧阳	向玉　洪广　启武		三十三年十一月
戴亚楣	二〇	安徽合肥	昌祚　凤飞　声洋	监生	三十三年十月
向道成	二二	安徽霍邱	宗棠　锦文　焕章		三十三年九月
方敬言	二八	江西乐平	来淑　传兴　德贞	优附生	三十三年十月
黄守日	三〇	江西进贤	纲　方治　迪谟	增生	三十三年十月
刘振武	二四	安徽广德州	勤　福兰　锦恩		三十三年十月
李一鸣	二三	江苏阜宁	培固　瑸　宗绛	附生	三十三年十月

以上共学生三十四名

补习科戊班

姓名	年岁	籍贯	三代	出身及何学堂毕业	入堂年月
张家楷	三四	安徽和州	成恺　之刚　文周		三十四年正月
吴瀛	二一	安徽休宁	家楷　志炜　兆棠		三十四年正月
陈祚昌	三一	江苏南汇	坤璧　嘉谟　世珍	廪生	三十四年正月
翟家骥	二九	江苏甘泉	有邻　汉轮　光弼	监生	三十四年二月
曾琦	二四	江西进贤	贞皀　尚塈　衍劲	监生	三十四年二月
裴德煌	二七	江西新建	尹耕　树珍　友梯	附生	三十四年二月
胡钟岳	二三	江西奉新	朗轩　介眉　殿香	附生	三十四年二月
程良贵	二〇	江苏山阳	凤韶　钟　福莱	监生	三十四年二月
章栋培	二三	安徽滁州	腾甲　赓五　家祉	附生	三十四年三月
汪惺	二三	江西上饶	汝淮　文彬　立勋	增生	三十四年二月
刘校经	一八	江西新建	爱仁　其龙　巽		三十四年二月
凌沧洲	二一	江苏泰州	长庚　桢　文锦	监生	三十四年三月
刘叙伦	二二	江苏砀山	茎九　敏德　润文		三十四年二月

(续表)

姓名	年岁	籍贯	三代	出身及何学堂毕业	入堂年月
吴欲鸣	二四	江苏宜兴	启宇 夔卿 楚□	附生,上海竞存公学毕业	三十四年二月
刘静海	二二	江苏泰州	振疆 树滋 斌	监生	三十四年二月
林承元	二〇	江苏泰州	荣昌 宝山 恩培	监生,泰州高等小学毕业	三十四年三月
徐震龙	一九	江苏泰州	铮 佩芝 荫棠	监生	三十四年三月
徐立道	二一	江西上饶	德薪 文锦 敬思	附生	三十四年二月
周日忠	二〇	江西丰城	焕仁 定邦 淑南	监生	三十四年二月
王梓材	二〇	江西德化	宜埔 以槐 元治	监生,九江中学毕业	三十四年二月
汪瑞盈	二三	江西崇仁	宇辉 执中 思梗	附生	三十四年二月
谢镇埙	二四	江西高安	朝栋 景沟 德光	附生	三十四年二月
孙祖智	二二	江西丰城	源治 本泉 光绅	监生	三十四年二月
凌其渊	二二	江苏泰州	重华 锦柏 昆玉	泰州高等小学毕业	三十四年三月
程希文	二七	江西南城	继醅 家骏 兰阶	监生	三十四年二月
段演乾	二〇	江西萍乡	若荃 廷衔 升级	袁州官立师范学堂毕业	三十三年九月
吴振乾	二〇	江苏泰州	夔 端 万钟	本邑高等小学毕业	三十四年二月
孙立成	二一	安徽巢县	世发 文治 克明	本邑高等小学毕业	三十四年二月
邓 嘉	一九	江西南城	邦楫 复兴 廷献	监生	三十四年二月
沈 端	二七	安徽英山	盛慈 德余 自虚	本县师范传习所卒业	三十四年二月
徐士琦	二〇	江苏荆溪	尔炽 禄培 致谦	监生	三十四年二月
沈爵天	二二	江苏吴江	俊业 富谷 宗麟	附生,江震师范讲习所卒业	三十三年十月
舒象煦	二四	江西靖安	清珀 凌润 景权	附生,南昌府中学肄业	三十三年二月
程文植	二七	江苏仪征	申 恩濊 宗岱	附生	三十四年二月
周雍度	二〇	江西鄱阳	运澜 世熙 久常	附生	三十四年二月
潘惕黄	二三	江西乐平	自显 本庆 熙成		三十三年二月

（续表）

姓名	年岁	籍贯	三代	出身及何学堂毕业	入堂年月
朱映辰	二三	安徽桐城	松 文涛 观成		三十四年二月
锐 明	二二	江苏丹徒	都亨 德喜 恩秀	江南蚕桑学堂毕业	三十四年二月
杨世荃	二一	江苏江阴	昕 丕显 承本	佾生,江阴师范传习所卒业 翰墨林高小学毕业	三十四年三月
石联云	二二	江西乐平	金亨 种玉 之标	附生	三十四年二月
盛维清	二二	江西上饶	必纯 有显 如松		三十四年二月
盛 朴	二四	安徽合肥	恩锡 致忠 济光		三十四年二月
金 璜	二〇	安徽无为州	新侯 献之 济臣		三十四年二月
吴均五	三〇	江苏江都	尧年 斌 骅	监生	三十四年正月
程 谟	二〇	安徽休宁	启陛 春藻 承澍	监生	三十四年二月
刘鸿铸	二一	江苏元和	启祥 谦 声铺		三十三年八月
赵经程	一九	江苏新阳	之骐 福昌 诒谟	高等小学毕业	三十四年二月
以上共学生四十七名					

补习科己班

姓名	年岁	籍贯	三代	出身及何学堂毕业	入堂年月
余辉岳	一九	江西上饶	锡怀 纯瀚 良训		三十四年正月
司志麒	二〇	江苏沭阳	廷垣 兆瀛 荫暄		三十四年正月
长 庚	二七	京口驻防	萨炳阿 廷康 春和		三十四年正月
王立权	二〇	安徽怀远	习槐 大祥 来猷	监生	三十四年正月
朱 埔	一八	江苏靖江	敦源 祚 一鸣	监生	三十四年二月
谢汝霖	二五	江苏邳州	景文 良弼 大为	徐州中学肄业	三十四年二月
陈凤楼	二三	安徽临淮乡	及中 锡春 宗田	附生	三十四年二月
张正谟	一九	江苏沛县	世英 学显 延龄	徐州府中学堂教员养成所毕业	三十四年二月
徐宗钰	二一	江苏泰州	兰 直 燮垚	监生	三十四年三月
姚承弼	一九	江苏丹徒	旭昌 遵梁 酒铨	监生	三十四年二月
王振纲	二五	江苏赣榆	景舜 耀玉 德谨	高等小学毕业	三十四年二月
齐天久	二三	江苏砀山	赓瞻 大成 有信	附生	三十四年二月
戴洪宇	二三	安徽凤阳	景曾 学基 文江		三十四年二月

（续表）

姓名	年岁	籍贯	三代	出身及何学堂毕业	入堂年月
刘仁航	二四	江苏邳州	向辰　信章　思九	廪生	三十四年二月
蔡洪钧	二一	江苏安东	松泉　竹坪　召农	高等小学毕业	三十四年二月
黄诏	二二	江苏靖江	承志　景贤　国钧	本邑速成师范毕业	三十四年二月
施恒庆	二一	江苏崇明	镐　起麟　庭□	本邑学堂毕业	三十四年二月
管国柱	二四	江苏如皋	慎铨　永清　俭坤	附生，江苏南菁高等学堂预科毕业	三十四年二月
施钟秀	二〇	江苏崇明	佩玺　鼎昌　少华	本邑学堂毕业	三十四年二月
顾偿基	二五	江苏通州	鸿　金标　曾焯	附生，江苏南菁高等学堂预科毕业	三十四年二月
陈谔	二三	江苏通州	溶　煊　廷玉	附生，江苏南菁高等学堂预科毕业	三十四年二月
刘义达	二三	安徽桐城	士堂　文魁　著成		三十四年二月
方华	二〇	安徽桐城	宗寅　豫桢　大中		三十四年二月
陈烈	二三	安徽桐城	克进　兰生　芳璧		三十四年三月
汪泰麟	一八	安徽旌德	玉财　云庭　勋	监生	三十四年二月
余瀚秋	二八	江苏泰兴	介礽　允元　文鲤	附生，上海理科专修毕业	三十四年二月
卞正印	二六	江苏盐城	兆荣　冠群　龙珠	附生	三十四年二月
曹煋	二八	江苏泰兴	恒谦　金鹤　维正	师范传习所毕业	三十四年正月
王同烜	二〇	安徽当涂	家麟　声振　树仁	监生	三十四年二月
刘善居	二〇	江苏赣榆	伯晓　俊吾　肇典	本邑高等小学毕业最优等	三十四年二月
李恩湜	二一	江苏兴化	春阳　云上　希贤		三十四年二月
朱莹	二五	江苏泰兴	正已　藻　槐		三十四年二月
王诒孙	二一	江苏江宁	世徽　延询　慈劭		三十三年二月
刘镇	一九	江苏泰州	禄寿　文贵　澂清	监生	三十四年三月
方孝宽	一九	江西上饶	建昆　维圻　秀钟		三十四年二月
萧培菜	二四	江西鄱阳	纯选　璟　鼎臣	本府中学毕业	三十四年二月
蔡克钧	二五	江苏宿迁	兹政　聿香　长玲	宁属初级师范毕业	三十四年二月
王典穆	二二	江西鄱阳	煌度　献俞　培元	附生	三十四年二月
严爽	一七	江苏泰兴	贵年　玉文　绍先		三十四年正月
戴维祺	三〇	安徽临淮乡	大春　殿邦　厚培	附生	三十四年二月
张贻佶	一六	安徽全椒	天秩　保衡　德霈		三十四年二月

（续表）

姓名	年岁	籍贯	三代			出身及何学堂毕业	入堂年月
樊清华	二〇	江苏崇明	铜士	庆良	思贤	本邑高等小学毕业最优等	三十四年二月
刘渭清	二二	江苏通州	谷语	承恩	树森	附生，本邑师范学堂测绘专修科毕业	三十四年二月
顾建勋	二〇	江苏崇明	永熙	献清	乾贞		三十四年正月
汪培英	二二	安徽定远	嗣龙	桂卿	凤鸣		三十四年正月
郑国材	二四	江西浮梁	点鳌	学海	星汉	附生	三十四年正月
以上共学生四十六名							

补习科乙、丙、丁、戊、己五班，统共学生二百二十四名，查本堂补习班系因招收初级师范及中学堂毕业，或曾在中学有二三年程度入堂试验不及格者，本堂从权先设补习科，照中学堂五年科目缩为两年，加多授课时间，俟补习期满，再入公共科，并将所习功课列表附后。

补习科课程及每周授业时数

学年	第一学年				第二学年			
学期 学科目	每周时数	第一学期	每周时数	第二学期	每周时数	第一学期	每周时数	第二学期
修身	一	道德之要领	一	同上	一	同上	一	同上
教育	二	教育史	二	同上	二	教育学	二	同上
国文	一	文章源流	一	同上	一	同上 练习各体文	一	同上
历史	三	中国史	三	同上	二	外国史	二	同上
地理	三	象数地理 自然地理	三	中国地理	二	同上 外国地理	二	同上
数学	七	算术	七	同上 代数	七	代数 几何	七	代数 几何 三角
博物	三	矿物	三	植物	三	植物 生理卫生	三	动物
物理及化学					五	物理化学	五	同上
英语	七	读法译解习字	七	同上、会语、书取、文法	七	同上 作文	七	同上

(续表)

学年	第一学年				第二学年			
学期 学科目	每周时数	第一学期	每周时数	第二学期	每周时数	第一学期	每周时数	第二学期
法制及经济	一	法制经济	一	同上	一	法制经济	一	同上
图画	二	自在画	二	同上	二	自在画 用器画	二	用器画
手工	一	简易细工	一	同上	二	简易细工	二	同上
音乐	二	单音唱歌	二	同上	一	复音唱歌	一	同上
体操	三	普通体操 兵式训练	三	同上	三	同上 游戏体操	三	同上
合计	三六		三六		三九		三九	

理化数学选科

姓名	年岁	籍贯	三代	出身及何学堂毕业	入堂年月
孙多蓁	二二	安徽寿州	树楠　家笃　傅沂	监生,江南高等学堂毕业	三十四年二月
张元宰	二一	江苏昭文	凤池　树福　景范	常昭公立高等小学堂附设师范科毕业	三十四年二月
汪凤渠	二七	江苏元和	承烊　鹏　源淦	附生,本府高等学堂肄业一年	三十三年八月
庄礼陶	二六	江苏奉贤	成煦　德奎　仁锴	附生,上海师范毕业	三十三年八月
朱焕章	三二	江苏南汇	南成　友良　士生	附生,本堂预科毕业	三十二年七月
李道罩	三一	江西宜春	建春　巨波　培芬	附生,本堂预科毕业	三十二年七月
李洁	二八	江苏□山	举善　作人　克宽	本堂预科毕业	三十二年九月
叶锡荣	二八	江苏奉贤	锦芳　鹤皋　其蓁	附生,融斋师范毕业	三十三年九月
叶钧	二八	江西萍乡	声　绍基　康年	本堂预科毕业	三十三年十一月
周国南	二七	江苏奉贤	达德　锡康　耕华	附生,本堂预科毕业	三十二年七月
李方谟	二七	江苏仪征	廷祜　长德　蓉镜	宁属初级师范毕业	三十三年十一月
鲍长叙	二七	江苏丹徒	邃　上傅　心源	监生,本堂预科毕业	三十二年七月

(续表)

姓名	年岁	籍贯	三代	出身及何学堂毕业	入堂年月
潘 镇	二六	江苏南汇	廷标 鸿耀 增美	附生,融斋师范毕业	三十三年七月
刘维焕	二六	江西萍乡	源泽 文毓 懋昌	优增生,本堂预科毕业	三十三年十月
任崇璟	二六	江西德化	学儒 启耀 春焕	附生,本堂预科毕业	三十二年七月
冯宗毅	二五	江苏宜兴	济元 国相 燮侯	江苏游学预科毕业	三十三年十月
黄开祥	二五	安徽休宁	懋源 耀德 祖荫	附生,旅芜徽州公学毕业	三十三年九月
黄用中	二五	江西高安	焕样 恒昌 文成	本堂预科毕业	三十年十月
朱 亮	二五	江苏昭文	大衔 昌念 崇纲	上海竞存公学毕业	三十三年八月
吉世隆	二四	江苏宝应	蠋亭 弼生 蕭昌	附生,本堂预科毕业	三十二年七月
方振东	二四	安徽桐城	康泰 退珍 敬之	附生,本堂速成毕业	三十四年二月
王之屏	二四	江西金溪	羽凰 洵 觐光	本堂预科毕业	三十二年九月
邢绍贞	二四	江苏高淳	士桢 济川 璧琛 培谷	附生,本堂预科毕业	三十二年九月
胡鄂勋	二三	江西湖口	乂乐 勤桂 价万	本堂预科毕业	三十二年九月
魏 琳	二三	江苏山阳	有贵 九仁 炳垣	廪生,本堂预科毕业	三十二年七月
沈 达	二三	安徽含山	驯德 自岳 周炽	监生,本堂预科毕业	三十二年七月
屈 轶	二三	江西湖口	绩熙 允中 晋藩	附生,本堂预科毕业	三十二年七月
归希明	二三	江苏常熟	庆枡 彭寿 昕	监生,本堂预科毕业	三十二年七月
汪 幹	二三	安徽绩溪	士贤 学孔 锦标	附生,江南钟英中学肄业三年	三十二年九月
李彭昌	二二	江苏丹徒	文煜 召猷 丙熙	江宁府中学毕业	三十四年三月
鲁嵩云	二一	安徽当涂	有茆 道明 式谷	附生,本堂预科毕业毕	三十一年正月
吴永洋	二七	安徽当涂	敬盛 万兴 世元	监生,江南高等学堂毕业	三十三年三月
张 沂	三〇	江苏武进	伟 鸿模 念诒	附生,本堂预科毕业	三十年十月

以上共学生三十三名,并将所习功课列表附后

理化数学选科课程及每周授业时数

学年	第一学年				第二学年			
学期　学科目	每周时数	第一学期	每周时数	第二学期	每周时数	第一学期	每周时数	第二学期
伦理	一	伦理学	一	同上	一	伦理学	一	同上
教育	三	教育学	三	同上 教育史	三	教育史 教授法	三	教育史 教授法 学校卫生 教育法令
数学	八	代数 几何	八	同上 三角	六	三角 解析几何学	六	微分积分 解析几何学
物理学	四 实验 三回	物性学 热学	四 实验 三回	光学 音学	四 实验 四回	磁学 静电气学 动电气学	四 实验 四回	动电气学 力学
化学	三 实验 三回	总论 无机化学	三 实验 三回	同上	四 实验 四回	无机化学 有机化学	四 实验 四回	有机化学
手工	一	竹木工 金工	二	同上	一	金木纸粘(黏)土 石膏等细工	一	同上
英语	四	讲读	四	同上	四	讲读	四	同上
体操	三	普通体操及游戏 兵式训练	三	同上	三	普通体操及游戏 兵式训练	三	同上
合计	二八 实验 六回		二八 实验 六回		二八 实验 八回		二八 实验 八回	

随意科目：德语或日语、音乐

农学博物选科

姓名	年岁	籍贯	三代	出身及何学堂毕业	入堂年月
郭世绶	二五	安徽亳州	克家　玉珑　文庆	附生,本堂预科毕业	三十年十月
乔竦	二九	江苏桃源	恒复　冠令　著书	附生,本堂预科毕业	三十二年八月
倪则均	二二	安徽望江	人泽　文蔚　世熙	监生,本堂预科毕业	三十二年八月
瞿祖镳	二五	江苏崇明	珍　熙　庆龄	监生,本堂预科毕业	三十二年八月
桂琛	二三	京口驻防	良智　春寿　善康	本堂预科毕业	三十二年七月
席德馨	二六	江苏吴县	椿元　烜　裕仁	附生,本堂预科毕业	三十二年七月
吴怀林	二五	江苏丹徒	在铨　家树　保升	附生,本堂预科毕业	三十二年八月
陈维国	二二	江苏溧水	光寿　耀东　德芳	附生,本堂预科毕业	三十二年八月

（续表）

姓名	年岁	籍贯	三代	出身及何学堂毕业	入堂年月
贾先甲	二二	江苏高邮	庶康 引贤 曾培	附生,本堂预科毕业	三十二年七月
周征尊	二七	江苏宜兴	应麟 德瓒 受宣	附生,本堂预科毕业	三十二年七月
胡延禧	二一	安徽巢县	忠 效骞 维藩	监生,本堂预科毕业	三十二年八月
周斯觉	二六	江苏荆溪	天宝 寿昌 桂林	监生,本堂预科毕业	三十二年七月
江鸿昌	三一	安徽霍邱	金城 泰来 世惠	附生,本堂预科毕业	三十二年九月
徐著勋	二八	安徽寿州	朝暄 仲方 协中	监生,本堂预科毕业	三十二年九月
刘寿曾	二四	安徽巢县	余德 觐璋 原道	附生,本堂预科毕业	三十二年八月
尹锡熊	二五	江苏华亭	鹤 春及 瑞藻	本堂预科毕业	三十一年三月
陈连孙	三三	江苏仪征	嘉桂 亮宣 瑞庆	增生,本堂预科毕业	三十二年八月
朱瑞年	二二	江苏宝应	念祖 云生 荃孙	优附生,本堂预科毕业	三十二年八月
莫如汉	三〇	安徽繁昌	明辉 素封 秉钧	优廪贡生,本堂预科毕业	三十二年十月
薛沐清	二〇	江苏通州	承尧 葆森 士富	附生,本堂预科毕业	三十二年七月
蔡 桢	二四	江西上犹	声遴 启香 庆霖	监生,本堂预科毕业	三十二年七月
陈锡周	二五	江西萍乡	道斋 见心 增煌	监生,本堂预科毕业	三十二年八月
张起权	三三	江西德化	仰云 恒荣 宪文	优增生,本堂预科毕业	三十二年七月
王秉衡	二〇	江苏江宁	复初 紫麟 舜年	附生,宁属初级师范毕业,本堂预科毕业	三十二年七月
王 杰	二七	江苏上元	泽沛 肇元 澄	监生,本堂预科毕业	三十二年七月
朱振宇	二三	江苏六合	京 廷硕 逢泰	附生,本堂预科毕业	三十二年七月
龚景韩	一九	江苏崇明	大年 荣桂 致祁	本邑县学修业四年	三十三年八月
吴复振	二九	安徽桐城	向黎 延生 道久	附生,本邑师范毕业	三十三年十月
吴锡龄	二六	江苏仪征	家驹 志南 在坤	附生,宁属初级师范毕业	三十三年十月
时雄飞	二四	江苏常熟	培 宝钺 济清	附生,苏省高等学堂毕业	三十三年八月
徐允颐	二五	江苏丹徒	增福 琳 宝年	镇江中学修业	三十三年十一月
张望熊	二三	江苏崇明	晋藩 鼎和 发华	监生,本邑师范传习所卒业	三十三年十月
凌 锐	二三	安徽定远	树荃 梦魁 启文	江南实业学堂普通毕业	三十三年九月

姓名	年岁	籍贯	三代	出身及何学堂毕业	入堂年月
陈蔚光	二四	安徽全椒	宏 国材 之翰	附生,本堂预科毕业	三十年十月
马鸿宾	三〇	安徽亳州	显爵 峻岚 心端	附生,本堂速成毕业	三十年十月
冒兴	二七	江苏如皋	士杰 春淮 锡奎	监生,本堂预科毕业	三十二年七月
汪寿序	三〇	江苏海州	志镛 鸿龄 仁保	廪生,本堂预科毕业	三十三年七月
徐渭贤	二九	安徽建德	述吉 冠英 光耀	附生,本堂预科毕业	三十二年七月
刘锺璘	二五	江苏宝应	鹓 苏 启纶	监生,本堂预科毕业	三十二年七月
朱长庚	三一	安徽芜湖	锡藩 恒桐	监生,本堂预科毕业	三十二年八月

以上共学生四十名,并将所习功课列表附后

农学博物选科课程及每周授业时数

学年	第一学年				第二学年			
学科目 / 学期	每周时数	第一学期	每周时数	第二学期	每周时数	第一学期	每周时数	第二学期
伦理	一	伦理学	一	同上	一	伦理学	一	同上
教育	二	教育学	二	同上 教育史	一	教育史 教授法	一	教育史、教授法、学校卫生、教育法令
农学	四 实验二回	作物论 土壤及肥料论	四 实验二回	同上	四 实验二回	农学经济论 养畜及养蚕论	四 实验二回	同上
植物学	三 实验三回	外部形态学	三 实验三回	内部形态学	四 实验三回	分类学	四 实验三回	生理学
动物学	二 实验二回	通论 各论	二 实验二回	同上	三 实验二回	发生学	三 实验二回	进化学
矿物学	二 实验二回	矿物学	二 实验二回	地质学	二 实验二回	地质学	二 实验二回	同上
生理学	二	人身生理及卫生	二	同上	二	人身生理及卫生	二	同上
图画	二	临画、写生画	二	同上 水彩画	一	临画、写生画、水彩画、各种画法	二	同上
英语	四	讲读、文法、作文、会话、书写	四	同上	四	讲读、文法、作文、会话、书写	四	同上

（续表）

学年	第一学年				第二学年			
学期 学科目	每周时数	第一学期	每周时数	第二学期	每周时数	第一学期	每周时数	第二学期
法制经济	二	经济学	二	同上				
体操	二	普通体操及游戏兵式训练	二	同上	二	普通体操及游戏兵式训练	二	同上
合计	二六实验九回		二六实验九回		二六实验九回		二六实验九回	

随意科目：德育或日语、音乐、图画

图画手工选科

姓名	年岁	籍贯	三代	出身及何学堂毕业	入堂年月
雷　宾	二四	江西新建	新荣　铭德　恒	附生，江西武备学堂普通毕业	三十三年十月
章　超	二九	江苏海州	士杰　裕泰　敦培	附生	三十三年九月
延　昌	二一	京口驻防	万庆　春华　德源	本堂预科毕业	三十二年七月
乔治恒	二二	江苏丹徒	炳聪　士柱　钰连	监生，镇江中学毕业	三十三年九月
程振东	二六	江苏如皋	彝　亿　德元	江南达材初级师范毕业	三十三年十月
陈赞成	二六	江西德化	先亲　遂中　文焕	附生，本堂预科毕业	三十二年八月
洪　觉	二一	安徽泾县	锡炉　汝汴　杰	江南实业学堂修业	三十三年九月
潘钟骧	二六	江苏宝应	世俊　玉梁　幹桢	附生，本邑乐育学堂暨师范传习所肄业	三十三年九月
仲民新	二四	江苏如皋	贻鼎　续富统基	监生，宁属初级师范毕业	三十四年二月
张宗明	二五	江苏华亭	朝玲　源　树棠	附生，本堂本科毕业	三十年十月
杨师颜	二五	安徽临淮乡	道安　觉宽　维汉	附生，本堂预科毕业	三十二年八月
王宗南	二七	安徽五河	所坦　德琳　文桂	监生，本堂预科毕业	三十二年八月
屠　方	二二	江苏武进	有纶　炜　启秀	监生，本堂预科毕业	三十一年正月
陈景行	二二	江苏江宁	培玉　以庄　介明	附生，本堂预科毕业	三十三年二月
程鹏光	二七	安徽桐城	朝瑞　建中　裕武	附生，本堂预科毕业	三十二年七月
桂绍烈	二七	安徽石埭	道识　如志　嵩生	附生，本堂预科毕业	三十二年七月

（续表）

姓名	年岁	籍贯	三代	出身及何学堂毕业	入堂年月
郑铭濬	二三	安徽来安	玉堂　锡九　畹香	附生,本堂预科毕业	三十二年七月
李　健	二四	江西临川	庚　必昌　瑞祖	附生,本堂预科毕业	三十二年七月
徐作哲	二六	江西瑞昌	凤沼　步瀛　鼎炎	廪生,本堂预科毕业	三十二年八月
张炳驯	三一	江西上饶	镛　景渠　庭杰	附生,本堂预科毕业	三十二年七月
余鸿藻	二九	安徽铜陵	龙泉　以景　植囷	附生,本堂预科毕业	三十二年七月
张　衮	二三	江苏静海乡	宝琛　书彝　荫谷	增生,南菁高等预科毕业	三十三年十月
史邦翰	二七	安徽桐城	承沛　荫隆　策	安徽高等师范毕业	三十三年十月
汪孔祁	二二	安徽歙县	运镳　宗沂　福熙	附生,江南实业学堂修业	三十三年十月
项正纯	二三	江西靖安	玉珺　麟生　晖	监生,本堂预科毕业	三十二年七月
吕　濬	二二	江苏丹阳	镜　焕　泊颖	附生,宁属初级师范毕业	三十三年十月
谢　坦	二二	江苏江宁	焘　克昌　文光	宁属初级师范毕业	三十三年十月
晏富霖	二二	江苏上元	锦元　长海　春泉	宁属初级师范毕业	三十三年十月
艾毓藩	三〇	江西临川	世奇　韶昭　文华	廪生,本堂预科毕业	三十二年九月
吴良澍	二五	江苏溧阳	祖诰　咏言　贤瑞	附生,本堂预科毕业	三十二年七月
朱　瑾	二〇	江苏上元	溶　朝柱　文鏊	监生,江南钟英中学肄业三年	三十三年十月
刘浦芬	二五	江苏兴化	尚忠　成高　幹臣	附生,宁属初级师范毕业	三十三年十一月
朱克诚	三二	安徽太湖	炳忠　荣发　绣	附生,本堂预科毕业	三十二年七月
穆海鹏	二八	安徽定远	其昌　傅文　家邦	附生,本堂预科毕业	三十二年八月

以上共学生三十四名,并将所习功课列后。

图画手工选科课程及每周授业时数

学年	第一学年				第二学年			
学期 学科目	每周时数	第一学期	每周时数	第二学期	每周时数	第一学期	每周时数	第二学期
伦理	一	伦理学	一	同上	一	伦理学	一	同上
教育	二	教育学	二	同上 教育史	二	教育史 教授法	二	教育史 教授法 学校卫生 教育法令

（续表）

学年	第一学年				第二学年			
学科目＼学期	每周时数	第一学期	每周时数	第二学期	每周时数	第一学期	每周时数	第二学期
手工	四实验五回	纸粘土豆石膏细工	四实验五回	同上	四实验五回	竹木工金工	三实验五回	同上
图画	一四	写生画、几何画法 照镜画法 投影画法	一四	同上	一四	水彩画图案及各种画法	一四	同上
数学	二	代数 几何	二	代数 几何 三角				
物理	二	热学 光学 音学	二	电气学 磁气学 力学				
音乐	二	乐典 唱歌练习	二	同上	四	乐典 唱歌练习	四	同上
体操	二	普通体操及游戏 兵式训练	二	同上	二	普通体操及游戏 兵式训练	二	同上
合计	二九实验五回		二九实验五回		二七实验五回		二七实验五回	

随意科目：英语或德语或日语

选科预科甲班

姓名	年岁	籍贯	三代	出身及何学堂毕业	入堂年月
利德芹	二五	江西龙南	有循 贤福 功性	附生	三十三年十月
夏伦彝	二六	江苏南邮	长瀛 庶谐 骏声	附生	三十三年十月
徐保和	二一	江苏兴化	作体 懋康 文杰		三十三年十月
刘家驹	二一	江苏如皋	铎 煌 邦彦	监生	三十三年十月
奚 先	二八	江苏南汇	瑞华 志成 亦芹	竞存公学初级师范毕业	三十三年十一月
刘世英	三〇	江西泰和	森严 梦弼 云宾	优附生	三十三年十月
周 实	二四	江苏山阳	侍臣 殿乔 鸿礜	附生	三十三年九月
王希庄	二五	江西新建	秀廷 吉人 葆宽	廪生	三十四年正月

（续表）

姓名	年岁	籍贯	三代	出身及何学堂毕业	入堂年月
祝公望	二九	江苏靖江	应嵩　冠军　平治	廪生	三十三年十月
倪纬汉	二五	安徽无为州	以翁　承绪　在沂		三十三年十月
钱振椿	二〇	江苏长洲	爽泉　复述　汝嘉		三十三年九月
徐文凤	二四	江西乐平	朝度　云蔚　景僖	优廪生	三十三年九月
夏焕云	二七	江苏山阳	长春　蕃裕　暌墀	附生	三十三年九月
卢志鸿	二九	江西南昌	方俊　兴琅　福忠	增生	三十三年九月
李廷实	二七	江西浮梁	荫美　国栋　文治	附生	三十三年九月
季处	二八	江苏泰兴	慕昭　春　明畴	本邑速成师范毕业	三十三年九月
戴鑫	三〇	安徽婺源	荣昌　应鸾　肇达	附生，紫阳师范普通毕业	三十三年十月
朱太荫	二三	安徽当涂	汝桂　兆鋐　联喆	附生	三十三年九月
蒋元凯	二二	江西上饶	廷柯　大宾　宗周	附生	三十三年十月
宋咸德	二二	江苏溧阳	元淇　邦溥　献廷	高等小学毕业	三十三年十月
夏敬怿	二九	江西新建	修真　廷楫　献兴	附生	三十三年九月
柳肇嘉	二三	江苏丹徒	谷　旭　预生	肄业中学二年	三十三年十月
谢霆锐	二三	江苏宜兴	公钊　城蕃　彦求	锡金初级师范毕业	三十三年九月
储灏	二六	江苏宜兴	进　赓扬　之允	锡金初级师范毕业	三十三年九月
张海潮	二九	安徽凤阳	泰祥　九龄　文谟	附生，日本明治大学经纬学堂速成师范卒业	三十四年三月
徐刚	二一	江苏通州	世科　金炳　克昌	监生	三十三年九月
潘宗煦	三〇	安徽六安州	仕敬　依书　梓庭	优附生	三十三年十月
罗贞	二六	江西南城	耀文　仕超　金诘	附生	三十三年十月
鲍光清	二三	安徽芜湖	榛　源濮　文铎	附生	三十三年十月
吴朝点	二九	安徽凤阳	长椿　江　廷樟		三十三年九月
瞿建勋	二二	江苏靖江	铣　江　桂山	速成师范毕业	三十三年十月
丁伟东	二二	江苏上元	松　学固　昌启	附生	三十三年九月
刘愚	二三	江苏泰兴	光照　绍林　国桢		三十三年十月
陈龙	二一	江西新淦	树松　鹤翔　汝梅		三十三年十一月
杨梓材	二六	安徽亳州	宪彩　映辰　心忠		三十三年九月

（续表）

姓名	年岁	籍贯	三代			出身及何学堂毕业	入堂年月
汪同洙	二七	江苏宿迁	应森	承龄	桂祥	本邑速成师范毕业	三十三年十月
章祖光	二二	安徽无为州	体仁	声铎	鸿飞	皖江中学毕业	三十三年十月
陈琦	二一	江苏通州	静庵	徽受	洪治	监生	三十三年十月
欧阳栻	二二	江西兴国	步韩	德成	隽人	附生	三十三年九月
钟祥鸾	二三	江西兴国	鸣喤	音鸿	启岷	监生	三十三年九月
潘景洛	二七	江苏宜兴	骏	承基	钟瑾	附生	三十三年十月
刘敬熙	二二	江西兴国	伦燦	誉丕	晋升	附生	三十三年九月
蒋贞金	二八	江苏句容	玉成	明麒	裕善	附生	三十三年九月
程用宾	三一	安徽歙县	三乐	贤声	可壬	廪生	三十三年九月
吴成章	二二	安徽桐城	诒松	廷幹	祖承	候选县丞	三十三年十月
何宗轼	二三	安徽宿松	福申	承恩	子魁		三十三年九月
俞锡绂	二五	江西广丰	茂楷	绍蒸	凤林	附生	三十三年十月
朱葆望	二四	江苏通州	松林	文杰	懋春		三十三年十月
黄圣时	二三	江西萍乡	思滃	敬熙	承瀛	监生	三十一年八月
罗象离	三五	江西庐陵	光诰	振云	承祖	优廪生	三十三年九月
刘铣	二六	江西南昌	斗阶	极儒	耀昰	附生	三十三年九月
范培新	二二	安徽阜阳	登瀛	蕴玉	东华	颍州师范修业	三十三年十一月
巫祺	二六	江西玉山	品德	文贞	恒	附生	三十三年十月
狄咏棠	二四	江苏溧阳	元任	尔勗	念慈		三十三年十月

以上共学生五十四名

选科预科乙班

姓名	年岁	籍贯	三代			出身及何学堂毕业	入堂年月
商文傆	二八	江苏靖江	寅和	作体	懋康	附生，辅延师范学堂	三十三年十月
郑燕	二一	江西广丰	日书	朝瞻	应鹏		三十三年十月
赵宪	二二	江苏溧阳	德钟	振法	启源	监生	三十三年九月
徐致和	二八	江西上饶	师铭	州翰	鹤龄	优附生	三十三年十二月
钱祖谟	二六	江苏泰州	汝元	兆麟	庆和	附生	三十三年十月
郑庚元	二七	江苏上元	绍成	景源	宝田	附生	三十三年十月
黄镇平	二五	江苏溧阳	焕章	大椿	兰荪	附生	三十三年十月
孙应受	二六	安徽庐江	淮扬	砥柱	乐山	本邑速成师范肄业一年	三十三年十月

（续表）

姓名	年岁	籍贯	三代			出身及何学堂毕业	入堂年月
呆光藻	二七	江苏邳州	百安	华祥	为屏	监生	三十三年十月
潘宗张	二六	安徽婺源	廷试	滋藩	国槐	本邑紫阳师范毕业	三十三年十一月
吴引湘	二五	江苏清河	尹田	直中	德臣	附生	三十三年十月
唐绳豸	二九	安徽宣城	裕绪	及之	后林	附生	三十三年十月
贾观霄	二九	江苏仪征	天晟	启琅	翼林	优附生	三十三年九月
姜丹书	二一	江苏溧阳	以春	为桢	宝成	监生	三十三年十月
王景祥	二五	江苏金檀	光燮	定邦	家楫	镇江中学堂肄业三年	三十三年十一月
汤有光	二九	安徽太平	至彦	遵善	衡	附生	三十三年九月
蔡师襄	二六	江西新昌	腾骐	镇堃	用仪	附生	三十三年九月
沈企侨	二九	江苏江阴	育才	沄	楚洲	优附生	三十三年十月
漆中玙	二五	江西新昌	日华	傅芬	资深	附生	三十三年十月
林葆坊	二七	江苏奉贤	钧	道淮	端文	附生	三十三年九月
张国翰	二二	安徽盱眙	沅	万春	质□	附生	三十三年十月
王式金	二七	江西南城	旭晖	昭德	燠坤	优增生	三十三年十一月
朱辂	二六	安徽泾县	廷魁	宗耕	余庆	附生	三十三年九月
程永成	二三	江苏仪征	莱	嘉特	朴	优附生	三十三年九月
平宝善	二一	江西彭泽	大钊	治	仲瑜	监生	三十三年十月
唐尧臣	二六	江苏丹徒	宫铨	抡元	彭年	镇江府中学堂肄业	三十三年十月
李云鹏	三〇	安徽霍邱	百川	汝成	文华	江南实业学堂肄业	三十三年九月
钟腾瀚	三一	江西瑞金	道怡	观昌	光琨	廪生	三十三年十月
尹士珍	二八	江西永新	家职	沛清	在鹏	附生	三十三年九月
许树灌	二六	江苏如皋	凤文	德桂	鹏程	附生	三十三年十月
潘启铧	二八	安徽婺源	杰	澍	懋勋	优附生	三十三年十一月
刘鲁璜	二六	江苏靖江	光治	荣	良骥	优附生	三十三年十月
张宝琳	二八	江苏吴县	竹卿	逢庚	善铎	监生	三十三年十月
张国璠	二七	江苏泰州	思谦	允安	文启	监生，南菁高等学堂肄业	三十三年九月
汪耀庭	二六	江西上饶	汝淮	文渠	立人	增生	三十三年九月
潘兆瑞	三〇	安徽婺源	进良	招兰	肇鹏	优增生	三十三年十一月

（续表）

姓名	年岁	籍贯	三代	出身及何学堂毕业	入堂年月
周作孚	二九	江西金溪	琠 守训 镐	增生	三十三年十月
邓观涛	二三	江西新城	文燮 湘 师锡	附生	三十三年十一月
涂宗萧	二六	江西新城	嘉膺 启耀 传孟	附生	三十三年十一月
汪起鹏	二四	江西都昌	功衡 景春 海澜	附生	三十三年九月
方鸿藻	二三	江苏江阴	以成 简书 宰	本县高等学堂毕业	三十三年十月
邱开梅	二八	江西大庾	华庭 光禧 明垣	附生	三十三年十一月
魏贞元	二五	江西德化	富昇 江洲 馨山	附生	三十三年十月
俞锡荣	二六	江苏甘泉	宏基 兆龙 伯川	附生	三十三年九月
何国宣	二四	安徽霍山	登培 贤交 才绵	监生,本州中学肄业	三十三年九月
朱彭龄	二二	江苏江都	德龙 炎 恩泽	佾生,肄业两淮中学	三十三年九月
姚兰薰	二七	安徽颍上	国德 恩光 成章	监生	三十三年十一月
饶暎祥	二三	江西南城	一夔 旬宣 士腾	本邑中学堂肄业生并师范传习所肄业	三十三年十一月
陈祖培	二七	江西新建	铠士 大鸥 廸吉	监生	三十三年十月
史维孝	三〇	安徽全椒	国本 德 铭华	拔贡	三十三年十月
陆耀文	二一	安徽来安	自得 长龄 天生	附生	三十三年十月
余 湘	三二	江苏泰兴	介初 允元 文鲤	附生	三十三年十月
叶学远	三〇	安徽太平	培元 根雅 敦五	附贡生,江南法政学堂毕业	三十四年二月
王家吉	二三	江苏丹徒	椿 焕 杰	附生	三十三年十月
以上共学生五十四名					

选科预科甲乙班统共学生一百八名,并将所习功课列表附后。

选科之预科课程及每周授业时数

学科目	每周时数	第一学期	每周时数	第二学期
修身	一	人伦道德之要领	一	同上
教育	三	教育史	三	教育学
国文	一	文章源流	一	同上
历史	二	中国史	二	外国史
地理	二	中国地理	二	外国地理
博物	三	矿物学 植物学	三	动物学、生理卫生

学科目	每周时数	第一学期	每周时数	第二学期
物理	二	物性学、热学 光学、音学	二	磁学、电气学、力学
化学	二	总论、无机化学	二	无机化学、有机化学
数学	四	算术	四	代数、几何初步
法制	二	法制总论	二	法制各论
农学	二	栽培汎论	二	同上
图画	二	铅笔画、用器画理论	二	铅笔画、用器画
手工	二	纸　粘(黏)土及石膏细工	二	竹木工
音乐	二	声音练习及理论	二	同上
英语	三	讲读、文法、作文、会话、书取	三	同上
日文	三	讲读、书取、翻译	三	同上
体操	三	普通体操及游戏、兵式训练	三	同上
合计	三九		三九	

光绪三十四年十二月

"国史馆"档案

两江师范学堂最速成科同学录(光绪三十年十月入堂)

◎最速成科　光绪三十年十月入堂
光绪三十一年十一月卒业

姓名	字	年龄	籍贯	住址	服务处
盛於斯	际虞	三十六	安徽舒城	舒城城内	本县高等小学教员
马昌期	觊生	三十五	安徽庐江	庐江城内	本县高等小学校长
徐燮	理侯	三十五	安徽望江	石牌乡	广西候补知县
徐继声	子纯	三十四	江苏宜兴	县城内	河桥镇两等小学教员
全刚	子建	三十三	江宁驻防	南京城东	两淮高等小学教员
润年	爕青	三十三	京口驻防	移居南京城北	□□□□□□学校 □□□学□□□□□中小学校教员
禄全	莆斋	三十二	江宁驻防	南京城东	两淮高等小学教员
余怀东	竹谿	三十二	安徽东流	安庆省城	爪哇华侨学校教员
范循源	质夫	三十二	江苏靖江	县城西乡	本县民立学校教员
倪宝琛	筠瑞	三十二	江苏江都	扬州霍家桥市	本校附属中小学校 兼育德女学校教员
宋道一	贯之	三十二	江苏句容	县城内	本县四区学堂教员

（续表）

姓名	字	年龄	籍贯	住址	服务处
史庆美	仲余	三十二	江苏江都		两淮四区小学教员
卓璋	觐廷	三十一	江苏江宁	南京城南	本校附属中小学堂教员
汪佑玲	启我	三十一	安徽旌德	寄居扬州城内	京师大学堂历史教员
邓振寰	致轩	三十一	江苏上元	南京城内	故
王宗臣	小严	三十一	安徽东流	安庆省城	两淮高等小学教员
张彦深	庆润	三十一	江苏丹徒	丹徒城内	两淮高等小学教员
翁世基	养初	三十	江苏江浦	移居南京城北	本校附属中小学校教员
钱树模	时生	三十	江苏六合	县城内	本校附属中小学校兼开通学校教员
段振基	秋根	三十	江西南昌	县城内	瑞金县高等小学教员
管建勋	竹铭	三十	江西丰城	县城内	宁都州高等小学教员
操持	畹轩	二十九	安徽怀宁	安庆城内近圣街	广西候补知县
朱敦儒	竹铭	二十九	江苏江宁	南京城内	南京四区模范小学教员
桂金	铸秋	二十九	京口驻防	镇江旗营	本营女学校教员
施纯德	次衡	二十八	江苏上元	南京安品街	江宁府署公学兼思益学校教员
朱友和	酿春	二十八	江苏六合	县城内	
叶金扬		二十八	江苏山阳	县城内	留学日本
鲍光宇	于门	二十八	安徽芜湖	迎秀门外笆斗街	本校附属中小学校教员
富彭	寿籛	二十八	京口驻防	镇江旗营	木营学校教员
清铨	兰亭	二十八	京口驻防	镇江旗营	南京暨南学校教员
吴佐宸	小墀	二十八	江苏江都	扬州城内	两淮四区小学教员
赵致远	乐山	二十八	江西南昌	南昌城内	本省区学校教员
周荣星	少白	二十八	江苏铜山	府城内	徐州师范学校教员
杨化南	薰甫	二十七	安徽灵璧	县城内	凤阳师范传习所教员
王濮	子梧	二十七	江苏上元	南京城内	江宁四区模范学校教员
李道昆	信卿	二十七	江西南昌	南昌城内	本县师范学堂兼高等小学堂教员
刘懋昭	勉之	二十七	江苏铜山		仍在本校理化专科肄业
张亮采	寅伯	二十七	江西萍乡	县城内	本邑高等小学教员
刘天择	优点	二十七	江西南昌	县城内	留学日本
汪泰桢	峙生	二十六	江苏句容	县城内	本县高等小学教员

（续表）

姓名	字	年龄	籍贯	住址	服务处
张照南	潮象	二十六	江苏无锡	县南门外	常州府中学文学教员
高士骊	亚宾	二十六	安徽凤阳		
潘寿元	鲁庵	二十六	安徽桐城	安庆城内	清江师范学堂教员
黄金鑑	镜秋	二十六	江西南昌	县城内	广昌县高等小学教员
熊锦奎	霞仙	二十六	江西新昌	县城内	运花厅高等小学教员
罗景畴	晓湘	二十六	江苏靖江	县城东门外罗家桥	江宁四区模范小学教员
徐矞	卓夫	二十五	江苏江宁	南京乌衣巷	本校附属中、小学校教员
杨葆琛		二十五	江苏上元	南京城内	两淮四区小学教员
善准	簧平	二十五	江宁驻防	南京旗营	留学日本
李师		二十五	江西萍乡	县城内	本府中学堂监学
王嘉曾	晴轩	二十四	江苏溧阳	武昌省城	本校附属中小学校兼督署模范学校暨南学校教员
熊钧	乔松	二十四	江西南昌	省城	乐平县师范学堂兼高等小学教员
唐毓麟	仪鲁	二十四	江苏高淳	县城内	故
丁德	迈臣	二十三	安徽怀宁	移居南京	江宁候补知县
胡俊	庠东	二十三	安徽和州	南京南门外	留学日本
方振东	恒其	二十三	安徽桐城	安庆省城	庐江高等小学教员
樊懿	伯恺	二十二	江西萍乡	县城内	留学日本
王思齐	仰之	二十二	江西南昌	省城	玉山县高等小学教员
沈季陶	柳塘	二十二	江苏甘泉	移居南京	江宁四区模范小学教员
熊樊儒	勉斋	二十二	江苏高邮州		留学日本
姜伟章	浙潮	二十二	江苏海州		留学日本
汤增璧	仲奎	二十二	江西萍乡	县城内	留学日本
杨秉笙	衍宾	二十二	江西湖口	县城内	瑞昌县高等小学教员
仲湫蓉	芙江	二十一	江苏海州		留学日本
曹桢	干伯	二十一	江西新建	移居南京	留学日本高等商业学校
罗永清	月秋	二十一	江苏靖江	县城东门外罗家桥	
章登元	抡青	二十一	江苏海洲	板浦镇	留学日本
钱倬	逸尘	二十一	江苏阳湖	南京双龙巷	

中央大学档案

速成科同学录(光绪三十年十月入堂)

◎速成科 光绪三十年十月入堂
光绪三十一年十二月卒业

姓名	字	年龄	籍贯	住址	服务处
陈桂生	□芗	四十	江苏上元	本城高道街	本校□□□□学校教员
李钟毓	殿扬	三十九	安徽贵池	池州府城内	东流高等小学校教员
凤 起	振光	三十六	安徽泾县	南京钞库街	本校附属中、小学校教员
沈庆芳	观莲	三十六	江苏金山	掘挞泾东现居洙泾镇	本邑高等小学校教员
江沅湘	馥五	三十六	安徽寿州	老庙集	亳州高等小学校教员
□长庆	□唐	三十六	江苏江浦	江浦镇	仍留本校农学博物分类科肄业
窦福樑	栋臣	三十四	江苏上元	本城大板巷	上江句高等小学校教员
汪宪钧	甄陶	三十二	安徽贵池	殷家汇桥	如皋高等小学教员
石毓光	季禄	三十一	江苏如皋	石庄镇	南通州师范学校教员
吴 观	元如	三十一	江苏如皋	东门冒巷李府	留学京师
周钟庆	曼年	三十一	江苏江宁	本城钓鱼台	故
凌文渊	植支	三十一	江苏泰州	城内董家小桥	江南商业学校庶务长兼国文教员
方松乔	新柏	三十一	安徽桐城	西乡金石里	宿州高等小学教员
易树声	显廷	三十一	江苏上元	江西瑞州府灰埠	江西泰和县师范学校兼高等小学校教员
陈其锐	敏仲	三十	江苏兴化	城内杨家巷	爪哇华侨学校教员
李 澍	雨农	三十	安徽怀宁	安庆小南门内高井头	故
保汝极	时谙	三十	江苏通州	城内蒋家巷	江浦高等小学校教员
王述彭	左明	二十九	江西新建	本邑洪崖乡	本校附属中、小学校教员
陶时琳	炳章	二十九	安徽南陵	黄暮渡镇	广德州中学校教员
齐宗浩	恼士	二十六	安徽芜湖	东门官沟沿	庐江师范学校兼高等小学校教员
鲍光熙	北滨	二十六	安徽芜湖	东门官沟沿	本校附属中小学堂教员
谢学霖	泽同	二十五	安徽芜湖	北门内同风里	本校附属中小学校教员
项金珥	子貂	二十五	江西靖安	安城南门外	江西广信府师范学校教员
严桂培	笃栽	二十四	江苏如皋	西门金水港	阜宁县师范学校兼高等小学教员

(续表)

姓名	字	年龄	籍贯	住址	服务处
马家镛	亚雄	二十四	江苏太仓镇洋	城内江家弄	海州板浦北礤公学教员
张嗣恩	锡荣	二十四	江苏江浦	汤泉镇	本校附属中小学校教员
吴敬寿	颂南	二十三	江苏太仓	城外岳王市	故
陈亦庐	襟三	二十二	江苏靖江	北门布市里	仍留本校理化数学分类科肄业

中央大学档案

两江师范学堂本科同学录(光绪三十年十月入堂)

◎本科　光绪三十年十月入堂
光绪三十三年十一月卒业

姓名	字	年龄	籍贯	住址
吕国铨	子钦	三十九	江苏宜兴	荆溪张绪
涌潮	惠卿	三十八	江宁驻防	皇城内洪武门西街
李锡庚	孟亭	三十六	安徽霍山	西乡西石门
杨蔚霖	少□	三十三	江西南昌	三益巷
贡元炳	藜青	三十二	江苏丹阳	北门外桐村
孙祖仁	靖宰	三十	江西丰城	城西巍里村
查瑞	雪村	三十	安徽泾县	城内
张明新	又之	三十	江苏铜山	城北三乡
刘庆淦	晴帆	二十九	江苏江宁	奇玩街
况书田	礼耕	二十九	江西高安	高沙村
陈光甲	文化	二十八	江苏宿迁	洋河镇
周嘉咏	可琴	二十八	江苏东台	安丰场
杨绪蕃	衍椒	二十八	江西南昌	东乡程坊村
陶绪曾	仲余	二十七	江苏海州	板浦镇
程桂南	仲琛	二十七	江苏海州	板浦镇
潘镕金	惜余	二十七	江西广丰	东街田里
汪长清	石泉	二十七	江苏铜山	南关
陈藩	界英	二十七	安徽青阳	梅溪村
范起杰	莘峰	二十七	江苏通州	西城内
罗会仁	宅盦	二十六	江苏甘泉	南门街
郑灏	启雯	二十六	安徽英山	施家湖

（续表）

姓名	字	年龄	籍贯	住址
秦缵曾	亦游	二十五	江苏六合	东门街
朱以儒	毓生	二十五	安徽无为州	登澶街
储迎吉	熙安	二十五	江苏泰州	城内州署东
张端本	正侯	二十三	江苏江宁	南门边营
顾良杰	少仪	二十三	江苏江宁	南门花盈岗
张宗明	伯厚	二十三	江苏松江	西门外诸行街
黄次山	仙铭	二十三	江苏铜山	二府街
黄师宪	度汪	二十二	江西崇山	西下乡舍溪村
徐金崧	拍岳	二十二	江西广丰	鸟林街
周懋第	兆蓉	二十一	安徽绩溪	金陵城内
黄　辉	耀丞	二十	江西临川	战坪村

中央大学档案

两江师范学堂数理化分类科同学录（光绪三十年十月入堂）

◎数理化分类科　光绪三十年十月入堂				
姓名	字	年龄	籍贯	住址
周　藩	慕范	三十四	江苏金匮	本城内大成巷
张　倚	策清又字小轩	三十二	江苏泰兴	南门外前李家营
倪宗伊	伯英	三十二	江苏华亭	府南
吴逸仙	漱渠	三十二	江苏通州	三十里镇
汪秉文	选楼	三十一	安徽休宁	东乡四都
孙昌宸	紫枫	三十一	安徽休宁	仝右
张怡然	慕亮	三十	江苏吴县	寄居宿迁太平巷
何其焯	汝霖	二十九	江苏武进	城中西瀛里史家衖东
汪树惠	雨芗	二十九	安徽盱眙	滁州城内
陈兆琛	席儒	二十七	江苏丹徒	泰州城内
王锡三	式恭	二十六	江苏南通州	南门域内
王　勔	公侠	二十六	江苏无锡	城中大成巷
顾逐銮	仲鸣	二十五	江苏南汇	南门内
张宗艺	仲矩	二十五	江苏武进	城中东下塘

（续表）

姓名	字	年龄	籍贯	住址
丁兆华	赤楼	二十五	江苏武进	城中府学傍
程晋焘	鲁斋	二十五	江苏上元	城内郭家巷
刘传经	藜阁	二十五	江西新建	江西太平乡
汪敬源	润生	二十五	江苏元和	苏州城内侍其巷
姚丙奎	海珊	二十四	江苏华亭	城内琴桥
朱正言	柳篴	二十四	江苏六合	城内东门大街
丁民忠	业哉	二十四	江苏东台	南安丰
卢寿籛	效彭	二十四	江苏宝应	本城大街
盛建勋	铭书又字梦醒	二十四	江苏南汇	大团镇
张鼎荃	襄臣	二十三	江苏崇明	城内南街
罗人骥	菊生	二十三	江苏奉贤	南桥镇
查绍夔	龙友	二十三	安徽泾县	太平府城内东街何家巷
赵元成	镜眸	二十二	江苏阳湖	城中青果巷
李乃昌	弁都	二十二	江苏南通州	南门外马家巷
曹毓麒	致远	二十二	安徽歙县	严镇
钱树霖	雨生	二十二	江苏六合	前街
沈遒颐	幼成	二十二	江苏山阳	城内东长街
陈亦卢	襟三	二十二	江苏靖江	北门
史楫	汝舟	二十二	江苏仪征	扬州埂子街体仁斋后
胡堃	培之	二十二	江苏上元	城北鸡鹅巷
单毓苏	景轼	二十二	江苏泰州	北门外板桥口
叶维翰	西园	二十一	安徽怀宁	安庆三步两桥
季阌概	准平	十九	江苏南通州	西北城脚
陆裕枬	森云	十九	江苏上元	汉西门大街
陈楫	作舟	十九	江苏靖江	北门
汪开崧	松山	十九	安徽全椒	南门
樊爱萱	季怡	十八	江西萍乡	南门龙家坊
陆祥震	幼庄	二十五	江苏华亭	故

中央大学档案

两江师范学堂农博分类科同学录(光绪三十年十月入堂)

◎农博分类科　　光绪三十年十月入堂				
姓名	字	年龄	籍贯	住址
邵钦元	税青	三十七	安徽宿州	北乡
龚长庆	集唐	三十六	江苏江浦	浦口镇
谢汝芳	铭祺	三十四	江苏上元	龙潭镇
朱启恒	幼文	三十二	江苏上元	城内白酒坊
张鹤龄	泉生	三十二	江苏吴县	寄居宿迁城太平巷
张景龄	伯英	三十一	江苏兴化	东门内长安桥
蒲锡康	寿民	三十	江苏上元	城内大夫第
周开鋆	仲睿	三十	江苏江宁	城内明瓦廊
漆步蟾	宋邨	二十九	江西南昌	城南
鲍宗汉	钟霖	二十九	江苏武进	城中西瀛里史家衖
姚钧门	公衡	二十八	安徽潜山	寄居扬州常府巷
孙道东	起吾	二十八	安徽庐江	本城
郑苹	振支	二十八	江苏长洲	寄居南京武定桥
杨贡璠	味壎	二十七	安徽巢县	柘皋镇
汪一飞	怡之	二十七	江苏元和	本城侍其巷
郭成沛	卓云	二十六	安徽歙县	严镇
胡文蔚	豹如	二十六	江苏高淳	西门外长芦村
臧祜	福根	二十六	江苏江都	扬州府东大街
孙毓琨	筱初	二十五	安徽凤阳	本城
吴其浩	瀚卿	二十五	江苏江宁	城内九儿巷
朱兆芝	云青	二十五	江苏丹徒	城外东码头
吴宝琪	述周	二十四	江苏如皋	本城
苏简	讷侯	二十四	江苏武进	本城织机坊
端木忱	丹铭	二十四	江苏江宁	门东小心桥
杨佩璋	纫兰	二十四	安徽巢县	柘皋镇
贾其桓	季周	二十四	江苏丹徒	镇江杨家门
丁铭礼	稺仙	二十四	安徽五河	大井岗
刘永翔	云鹄	二十四	江苏江宁	城内奇望街
郭澄江	静波	二十四	江苏江宁	城内文德桥口
许人杰	文炳	二十四	江苏吴县	本城因果巷

(续表)

姓名	字	年龄	籍贯	住址
孙作肃	敬之	二十四	江西南昌	城南内南营坊
吴履刚	步蟾	二十三	江苏华亭	本城府署东
王樾	荫午	二十三	安徽怀宁	安庆司下坡
陈蔚光	荫楣	二十三	安徽全椒	全椒县陈家浅
王育债	俊苏	二十二	江西奉新	从善乡
骆耀珊	霞洲	二十二	安徽六安	城内云路街
张嘉行	顾言	二十二	江苏六合	南门外土桥
丁锡华	捷臣	二十二	江苏阳湖	本城局前街
徐莹石	季超	二十一	江西德化	封廊乡
长亮	明之	二十一	京口	镇江水陆寺巷
国璋	席珍	二十一	江宁	本城大五马桥
缪兆桂	子香	二十一	江苏江阴	西门外申港镇
杨光国	爵人	二十一	江苏海州	本城
方敏	文甫	二十一	江西南昌	寄居南京金陵闸
章鑫培	铸黄	二十一	安徽滁州	滁州城十字街
胡颐福	仰吾	二十一	安徽巢县	本城
徐承禧	子萱	二十	江苏南汇	南门
殷楢	露声	二十	江苏江阴	西门外申港镇
胡光炜	肖石	二十	江苏江宁	城内梧桐树

中央大学档案

两江师范学堂专修预科同学录(光绪三十二年六月入堂)

◎专修预科 光绪三十二年六月入堂

姓名	字	年龄	籍贯	住址
陈连孙	琴舟	三十三	江苏仪征	宝应姜家巷
任熙春	春农	三十二	安徽舒城	城内
蔡震离	风权	三十二	江西新昌	南源
张起权	紫蘅	三十二	江西德化	通远张家山
李兆曾	鲁斋	三十一	江西上饶	东乡沙溪
朱克诚	少迁	三十一	安徽太湖	北乡罗溪河
江鸿昌	镜亭	三十	安徽霍邱	东乡三流集
钱青	文津	三十	江苏阳湖	城中打索巷

（续表）

姓名	字	年龄	籍贯	住址
张炳驯	俊三	三十	江西上饶	府城西门外雷公庙
朱焕章	亮臣	三十	江苏南汇	大团镇
李道罩	化陔	三十	江西宜春	城西久籍村
艾毓蕃	亦修	二十九	江西临川	涌桥
穆海鹏	翼南	二十九	安徽定远	城内十字街
陈锡周	伟民	二十九	江西萍乡	小西路茅园
汪寿序	雁秋	二十九	江苏海州	本州板浦
马鸿宾	翰仙	二十九	安徽亳州	州城南门外
莫如汉	绰云	二十九	安徽繁昌	芜湖澝港镇
乔竦	际云	二十八	江苏桃源	云家渡
佘鸿藻	丽春	二十八	安徽铜陵	大通和悦州
陈书	镜笙	二十八	安徽广德	本州状元坊
智贞益	亭孙	二十八	江苏盐城	伍祐场夹河边
吴东垚	象峰	二十八	安徽全椒	城内
蔡师襄	觉友	二十八	江西新昌	城东
孙汉三	鼎候	二十八	江苏盐城	本城居仁里
王宗南	绍庭	二十八	安徽五河	城内
王恒	吉占	二十八	江西瑞昌	本邑北乡罗城坂
徐作哲	复初	二十七	江西瑞昌	清溢乡
张杰	适如	二十七	江苏奉贤	城内
王钟鳌	悦陶	二十七	安徽歙县	府城府学前
李洁	子清	二十七	江西玉山	玉山新街门
徐渭贤	思齐	二十七	安徽建德	东门徐村
朱长庚	星伯	二十七	安徽芜湖	扬州
尹锡熊	叔平	二十七	江苏华亭	松江城内
刘荣椿	启庭	二十七	江苏仪征	扬州
王之屏	剑秋	二十六	江西金谿	城内
程鹏□	室甫	二十六	安徽桐城	南乡棕阳镇
王国辉	灵均	二十六	江西安义	城南小湖村
周征□	□五	二十六	江苏宜兴	城内营前
桂绍烈	承之	二十六	安徽石埭	南京水西门仓巷

（续表）

姓名	字	年龄	籍贯	住址
金遂	希袁	二十六	安徽无为	西乡花家渡
徐著勋	□阁	二十六	安徽寿州	正阳关
王杰	幼恭	二十六	江苏上元	南京南门蓖街
陶隆谦	秀夫	二十六	江苏江宁	南门房子巷
周国南	志凌	二十六	江苏奉贤	大团镇
鲍长叙	敦典	二十六	江苏丹徒	城内第一□街
陈赞成	创时	二十五	江西德化	封二乡杨港埠
吴怀林	慎图	二十五	江苏丹徒	宝应芦家巷
吴振远	觉民	二十五	江苏泰州	本城孙家桥大街
王丹序	公竞	二十五	江苏镇洋	北门大街
席德馨	桂山	二十五	江苏吴县	泰州北门外西街
张其绳	百青	二十五	江苏阳湖	府城内千秋坊
任崇璟	相唐	二十五	江西德化	大姑塘
黄高□	昂青	二十五	安徽歙县	西乡潭渡中圈门
苏炳恕	幼安	二十五	江西萍乡	城内乾村
周斯觉	今思	二十五	江苏荆溪	西乡张堵镇
屈轶	剑秋	二十五	江西湖口	江桥南岭镇
冒兴	振卿	二十四	江苏如皋	南门内闸桥北
魏琳	景崔	二十四	江苏山阳	车桥镇
蔡突灵	少黄	二十四	江西新昌	南城内
戴仁宇	泽均	二十四	江苏丹阳	本城旧当铺内
杨师颜	铸农	二十四	安徽凤阳	城内
邢绍贞	幹臣	二十四	江苏高淳	西门薛城
王武英	韵茎	二十四	江西瑞昌	故
刘钟璘	玲生	二十四	江苏宝应	姜家巷
郭世绥	新吾	二十四	安徽亳州	州城南门内
黄佐庭	孕民	二十四	江西高安	南乡四都下村
洪恩焕	尧臣	二十四	安徽绩溪	
瞿祖雄	景撝	二十四	江苏崇明	城内南街
汪迪哲	英甫	二十四	安徽黟县	黟县五都闾山村
吴良澍	溉亨	二十四	江苏溧阳	本城前街

(续表)

姓名	字	年龄	籍贯	住址
罗蓬瀛	乃秋	二十四	江苏靖江	县东罗家桥
樊时北	雨亭	二十三	安徽亳州	州东北樊村
刘寿曾	晦九	二十三	安徽巢县	城内新城街
李 健	仲乾	二十三	江西临川	寓南京
陈维国	宾于	二十三	江苏溧水	宝应县桥大街
吉世隆	厚甫	二十三	江苏宝应	府城北门外
潘守权	钧甫	二十三	江苏丹阳	扬州新城
方 东	□初	二十三	安徽贵池	城内□家巷
朱瑞年	颂符	二十二	江苏宝应	城内潞家巷
叶鸿玑	伯衡	二十二	江西萍乡	城西湘东市
胡鄂勋	焕凯	二十二	江西湖口	流淅桥
罗鼎新	咏仙	二十二	江苏靖江	城西上六圩港
瞿 翔	晨甫	二十二	江苏崇明	城内南街
朱振宇	威普	二十二	江苏六合	县东门内
桂 琛	献之	二十二	京口驻防	旗营水陆寺巷西
廷 昌	吉臣	二十二	京口驻防	水陆寺巷
沈 达	敬之	二十二	安徽英山	同里黄林冲
项正纯	渡儿	二十二	江苏靖江	本城东门外
郑铭潘	伯川	二十二	安徽来安	本县东门内
贾先甲	启新	二十一	江苏高邮州	菊花巷
王秉衡	鑑伯	二十一	江苏江宁	状元境
凌 锾	权生	二十一	安徽定远	南门后街
王梦兰	寿铭	二十一	江苏常熟	城内西太平巷
蔡 桢	松筠	二十一	江西上犹	寓湖南省城
陈景行	仰山	二十	江苏江宁	东门新郭
鲁嵩云	涤文	二十	安徽当涂	北门外采石镇
杨定辅	随庵	二十	江苏常熟	紫金街
屠 方	心矩	二十	江苏武进	城中麻巷
胡廷禧	庆之	二十	安徽巢县	城内
归希明	熙民	十九	江苏常熟	春风巷
薛沐清	穆卿	十九	江苏通州	张家园

（续表）

姓名	字	年龄	籍贯	住址
倪则均	式球	十八	安徽望江	寓南京
周廷鸾	润生	十八	江苏镇洋	城内

中央大学档案

两江师范学堂本科补习科同学录（光绪三十二年六月入堂）

◎本科补习科　光绪三十二年六月入堂				
姓名	字	年龄	籍贯	住址
张世英	伟如	二十八	江西万载	县城小北门
吴　骏	晋丞	二十八	江西南丰	城东
傅林焜	仁甫	二十八	江西临川	西乡上顿渡
叶寿昌	明斋	二十八	江苏江宁	南京九儿巷
彭育才	菁谷	二十七	江西万安	弹子前
周久恒	养浩	二十六	江西鄱阳	城内十八坊
吴式鑫	咏笙	二十五	江苏武进	府城内青里巷
苏维障	励哉	二十五	江苏常熟	城内北街
易景中	文由	二十五	江西宜春	石外乡西溪
黄继农	情田	二十四	江西崇仁	圆芳村
炳　元	抢三	二十四	京口驻防	镇江红旂口
秀　嵩	维狱	二十四	江宁驻防	省城皇城御道街
施应生	心权	二十四	江苏溧阳	城内小南门
吴世昌	盛庵	二十四	江西湖口	城外马影桥
邹继龙	造神	二十三	江西新淦	城北埠头
王朝桢	贞木	二十三	江西崇仁	秋溪街
华襄治	享平	二十二	江苏无锡	城内三下塘
刘人炯	明安	二十二	江西永新	县北花溪村
杨承荫	松如	二十二	江苏溧水	省城四象桥
罗　藻	慰农	二十二	江西新建	西乡
金望巅	伟民	二十二	江苏靖江	东城内
周化南	行之	二十二	江西安义	南京乌江镇
彭学幹	素尊	二十一	江西清江	本邑樟镇衣服街
黄圣时	叔芸	二十一	江西萍乡	大西路马嘴塘
谢　莹	时同	二十	安徽芜湖	北门内同凤里

（续表）

姓名	字	年龄	籍贯	住址
王郊麟	慕徐	二十	江苏甘泉	泰州大林桥
程廷晋	阶云	二十	江苏新阳	昆山正义镇
张小宋	宗祁	二十	江西德化	城内三圣庙旁
徐庭渊	季海	二十	江苏甘泉	邵伯镇
徐启政	伯庶	二十	安徽建德	东门徐村
柳大经	伟如	十九	江苏仪征	城内仓巷
张鹏飞	小楼	十九	江苏江宁	省城高家巷
脱树藩	襄武	十九	江苏甘泉	扬州南皮市街
范恽桂	友杰	十八	江西丰城	寄居省城学院前

中央大学档案

第五部分　教学情况

李瑞清：两江师范学堂同学录叙（光绪三十三年腊月）

　　记曰："玉不琢，不成器。人不学，不知道。""木中绳则直，金就砺则利"，非虚言也。虽有骐骥，不调驯之，奔蹄泛驾，不如驽骀；盲女暗童，收而训之，式语手视，比于全人，教与不教也。是以王者之民知，伯者之民勇，弱国之民私，亡国之民无耻。环球之上，自古以来，未有无学而国不亡，有学而国不兴者，故师重焉。师者，所以存亡强弱而致伯王之具也。李瑞清曰：古无师，有君若相而已。其时天下未平，教民求饮食、谋栖处而已，无学也。余稽之载籍多阙，不可得而详。至于帝舜使契为司徒，敷五品之教，于是始有教民之官。命夔典乐教稚子，小学从此兴焉。虞有米廪，夏有序，殷有鼓宗。司徒者，司土也，职兼教养，故教于米廪、鼓宗。盖乐师云，学制至周而大备。周立三代之学，小学在公宫南之左，大学在郊。立之师氏以教德，立之保氏以教道，立之司徒施十有二教焉。五家为比，比有长；五比为闾，闾有胥；四闾为族，族有师；五族为党，党有正；五党为州，州有长；五州为乡，乡有师，有大夫，皆师也，属于司徒。小学则掌之乐师，有师职，无师学。师学之兴，自孔子。孔子门人盖三千，受业身通者七十有七人焉。孔子既没，七十子之徒各处四方授学，子路居卫，子张居陈，澹台子羽居楚，子贡终于齐，子夏教于西河，最称老师。孔子师学无专书，其说往往散见于论语。其后学者，颇采摭其轶言为学记，是为中国教育学焉。当是时，身毒有释迦牟尼，雅典有苏格拉底、柏拉图、亚里士多德，皆教育大家，或并孔子世，或后孔子。后世言欧洲学术者，莫不诵言希腊，苏伦言法学，毕达哥拉言天算，诺芬尼言名学，额拉吉来图言天演学。自时厥后，中国当秦时，燔诗书，坑术士，以吏为师，民学从此阙，而希腊学术亦稍凌迟衰微矣。迄汉，朝廷尚黄老，政沿秦法，学立儒家，政学遂分。俗儒不察，往往缘饰诗、书，附会时政，以希苟合，所谓利禄之徒也。当时学者，董仲舒、贾谊、司马迁、刘向、扬雄、郑康成、许慎最著。司马迁为史学大宗；孔子微言得董仲舒而传；拾残补阙，古学不至坠地者，郑康成功也；许慎盖比于欧洲之达泰云。而耶稣基督以此时兴于犹太，犹太人恶之，遂杀基督，耶教于是大行。欧洲教育家颇因其说，有所损益焉。基督既没四百七十余年而罗马亡，千余年间，而欧洲教育亦浸衰，赖僧徒、骑士，不沦于亡而已，西人所谓之晦霾时代是也。是时正当中国齐梁之际，缙绅先生好清谈，放恣自喜，滑稽乱俗，往往称老子，而佛学遂乘隙入中国，世并称佛老云。至于唐时，海内既平，太宗喟然叹兴于学，建首善京师，立二馆六学，由内及外，郡县分三等，各视其地以立学，崇化修理，以广贤才焉。然其取士也以诗赋，四方之士靡然争骛于文章矣。韩愈悼大道之郁滞，而嫉世人营于佛学，信因果,于是辟佛,作原道,述唐虞三代之意,以自比于孟子,当世莫知也。其后宋有程灏、程颐、朱熹、陆九渊之属。朱、陆为宋儒大宗,朱学尚穷理,陆学尚明心,其学咸不同,要皆探综佛学,因发明以序孔子之指意,而中国、身毒之学术合矣。东学遂通,然往往为世诟病,学者颇自讳,岂以孟子拒杨墨,韩愈辟佛故耶?孔子问礼于老聃,学乐于长宏,达巷党人七岁而为孔子师,孔子不以为耻。夫子焉不学?石垒成山,水衍成海,学集成圣,盖贵通也。至于元,尚武功,务在强兵并敌,无暇教育,学术复衰。及明王守仁创良知之说,颇近陆九渊,陆学复大明。世之言王学者则绌朱,言朱学者则绌王。是时,意有麦志埃、威里伯鲁那,德有哥比尼、加士亚格腊巴,法有门的伊尼,丹有泰哥伯里,英有培根,自此以来,欧西科学蒸蒸日兴焉。至明之季,利玛窦以耶教来中国,徐光启颇从之言天算,此西学入中国之始。清兴,承明之令,朝廷推崇朱学,背朱者至以背道论,著为功令,六艺皆折衷焉。其试士亦遵朱注,其有异解及新说者,有司不得荐,辄罢之。乾嘉以来,天下承平久,士大夫好治经,言训诂,号为"汉学",江淮之间最盛,学者多称郑康成,朱学少衰矣。自常州二庄子、刘逢禄习公羊春秋,喜言微言大义,黜东汉古文,自号为今文家,盖即西汉博士学也。邵阳魏子颇采刘逢禄之术以纪文,而世之言今文者由此盛。湖南罗泽南与曾国藩、刘蓉讲朱学于湘中,洪杨之乱卒赖以平。蒋益沣、杨昌浚、李续宾、李续宜,皆泽南弟子,其后均为名臣,此非其效耶?故自来言学术者,未有盛于本朝者也。显皇帝时,海禁大开,与欧西互市,于是西学遂东入中国。其时士大夫颇易之,以为殊方小道不足学。甲午以来,国势日蹙,有志之士,莫不人人奋袂言西学,留学英、日、德、法、美一辈,大者数千百人,少者亦数十人。中国率一岁之中,相望于道,颇苦烦费,于是于京师设大学,各省皆立高等或中学。南皮张相国于江南建两江师范学校,中国师范学校之立,以两江为最早。聘日本教师十一人,综合中西,其学科颇采取日本,称完美焉。日本教育初师中国,实近隋唐,其后尤喜王守仁。明治变法,则一法欧西,王学益重。南房琉球,西败强俄,遂为环球强国,侔于英、德矣。由此观之,有教育若此,无教育若彼,强弱之原,存亡之机,讵不重耶?顷者欧美日盛,有并吞东亚,囊括全球之势,非以其有教育耶?然欧美教育之兴,实始于培根、笛卡儿;统系之定,自廓美纽司;澡垢曙昏,乃由陆克、谦谟、非希最为教育大家;近世学者,又多折衷威尔孟教育之学。数百年中,经名人数十辈积思参究,盖其成立,若斯之难也。两江本江南、江西地,本朝以来,名儒硕彦,飙起云兴。江宁程廷祚,扬州阮元、汪中,金坛段玉裁,高邮王念孙,常州孙星衍、洪亮吉、庄存与、刘逢禄,长洲宋翔凤。徽歙之间,则有汪绂、江永、戴震、凌廷堪、程瑶田、金榜之属。宣城有梅文鼎、方苞、姚鼐,起于桐城。江西则有魏禧诸子、王源、刘继庄、谢秋水、朱轼、李绂、裘曰修,或显或晦,皆笃学异能之士也。故中国之言文学者,必数东南。今学校肄业士,非诸先生子弟,即乡里后学,愿毋忘其先,溺于旧闻,一志力学,为中国之培根、笛卡儿耶?廓美纽司耶?陆克、谦谟耶?非希、威尔孟耶?国且赖之矣。余尝东游日本,见其学校,综其学科,表其程度,其教师弟子详记其年名,兹效其意著于编,使参观者有所考览焉。

光绪三十有三年岁次丁未腊月

李瑞清叙

中央大学档案

李瑞清：诸生课卷批

　　谓孔子为教育家，非宗教家，时论皆如是，故西人讥我为无教之国。又曰宗教家必有崇拜鬼神之性质，不知孔子者，宗教之革命也。殷宗教立国者也，殷之开国，伊尹、巫咸，巫古于官属谏职，假神道以规君教民者也。殷人又尚鬼，墨子口称大禹，实殷学也。伊尹重任，墨子尚同，《抱朴子》有墨子符，《墨子》有《尚鬼篇》。孔子知后世哲理日明，鬼神不能使众人迷信，人心不可无所注意，故以孝悌革鬼神之命。宗教国粹也，教亡则国亡。崇之者至以耶稣纪年，至谓时移势易，孔子之论不必字字珠玑，愿收三教之精英，不作六经之奴隶。古人读书，本不禁后人之迷信。孔子与颜渊论，为邦采择四代礼乐，不泥一朝。择善而从，不善而改，方为孔教之真。故颜渊于言无不悦，孔子有非助我之叹。盖学以反对而日进。凡学必具一个体段，以成其一种之学问。故有一时之学问，有一种之学问。孔子之学，不局于一定之时代，不囿于一个之体段，因时因地以立学。所谓凡宜于现今之学，皆孔子之学；凡不宜于现今之学，皆非孔子之学。春秋分三世之治，无一定死法也，何也？孔子之学，以时为宗旨者也，以孝悌为本，以忠恕为用，以改良进化为目的。其所用以达其目的者，知仁勇也。其迹则载在《春秋》、《孝经》。吾非为孔子讼直，吾断断奉孔子为中国宗教家，吾愿吾全国奉孔子为教主。现今灭国之公例，必先灭吾文字，灭吾言语，灭吾宗教。语言、文字知有保之者矣。至于宗教则忽之，何也？宗教者，群学之母。使人之有爱力合群者，孰与于宗教也。况孔教又无一切之魔魔，又无缚束人之才智之桎梏，为地球上纯粹完美之第一宗教乎。愿子毋以哥白尼、达尔文之言，遂疑宗教之可废，毋惑于远藤隆吉、白河次郎之言，而自破坏我宗教。此卷颇喜其有言论自由，学术独立之概，故尤乐与详论之。

　　首篇略形势而言精神哲学家名语也。徒习政法，人乌足以语，此必谓专制不如立宪。法立于少数人，皆形势之论也，亦视其法之搉于道否耳。何谓道，人人所由之谓道，即西人所谓公理也。今欧西各国法律之大纲，皆本于拿破仑，岂必多数人所立乎？大约专制与立宪异者，民智未开之日，一二人豪哲度众人之情以立法，遂由一二人自荷其责任，谓之专制。民智大开之日，则由众人共议以达其情而立法，谓之立宪。为时不同，则事变也。若教育未遍之时，幕立宪之美名，放弃其责任，与无学识、无经验之人，共图立宪，势必掳掠劫夺，陷于无政府之惨状。其祸更甚于专制。几何不为佛西哥、高田早苗所笑也。诸卷皆就形势上比较，故为发之。次文家言不如质家言，三本汤蛰仙说诸卷同此意。文学子派而类龚定盦美才也。

　　文笔沉痛，识解超越，所云秦汉而降，专制习深，此未为知言也。秦为法家之一完全专制政体，明亦实行专制者也，汉唐宋皆带有杂质者也。国朝政治，三代后莫之与京也。官人议于吏部矣，军政议于兵部矣，财政议于户部矣，刑人、罚人议于刑部而后定，建造兴作议于工部而后定，大政内议于王大臣、六部九卿，外议于各直省督抚司道，又立御史以达民情，病民之奏朝上，而停止之旨夕颁。且宫廷之内，起居有规，饮食有制，黜陟之事，天子不能以一喜而官人不能以一怒而杀人。有以专制忧中国者,皆皮相者也。今日之患,不在宪之不立,而在民智之未开。上有谋公益之心,下无议政法之识,是则可忧也。

《清道人遗集》

李瑞清书信数则

与某君书

山川迢递,相见末由,忽奉手书,有如对面。并承远寄多金,适逢岁暮,诚如雪炭。不善营生,累及良友,但有惭汗,却之不恭,受之不忍。贫道业已黄冠为道士,谢绝荣利,饿死分也,亦复何虑。乃为故人忧,况君境亦非裕,犹恋恋世外人。此种风谊,岂图复见之今世士大夫哉。感刻感刻!又来书云贵部长有聘鄙人编辑教科书意。此事关于全国教育,非不肖所能胜任。贵部长能谋及此,尤为伟识,最难为初等教科书。所谓国民教育,现止定四年。此四年中,所有国民知识,皆须完全付予。七岁入小学,七八两岁,案儿童心理,皆须于游戏中输入,不能正言告之也。又当斟酌此四年中应识若干字方能够用,何种知识当于何种书中输入,皆须先为筹画。鄙意以为京师高等师范当由学部聘大教育家主持之,更立一编辑教科书局,先翻各国初等教科书,视其用何法输与人民知识,讨论其每课之意与中国合否,(其教科书必经多少教育家讨论经验而成)而后共讨论而编辑之。编成后即于师范附属小学中试用之,不合者则更改之。故日本文部省以高等师范为试验场也。高等师范经验有何教育须改良之处,报告文部省。文部省遂因之而更革全国教育。故其命令皆由经验而出之,非理想摹仿而出之。文部省本教育行政机关,不得不倚高等师范为研究所。中国向来则以学部理想摹仿命令,反以改革高等师范,此何说也?故教科书非但一二有学问之人所能编也。贫道前在江南学司任内,见学部所颁简易识字学堂教科书,偶阅一课,即见其不合用。今不复忆其何课上有"果腹"二字,明明饱字上通经书,下可通俗,而不用。而"果腹"二字,与儿童言之,恐二三十分钟犹不能了然也。而外间学堂通用则多商务印书馆,今又有中国图书公司,皆为射利起见,以中国孩提幼童之教育,皆付之一般书贾,诚足痛心。彼二局之书,未尝读之,不知其如何,未敢妄说。去年在江西于友人案头见商务印书馆之《文字源流》一书,曾经贵部鉴定,又著之功令,中学通用者,其中荒谬百出。尤陋者,则有石鼓文及诅楚文。此本二石,非二种文字也。况诅楚文为伪物乎。公何妨取阅,大可下酒也。今贵部长发此宏愿,此诚为救中国第一要策,然非贫道所能胜任,急聘中国宿儒大教育家研究讨论之。中国即亡,或有更生之一日。贫道自出家以来,鬻书营生已成一贾人矣。学殖荒落,精神遐漂,安能为重任以误天下青年。但愿伏处海上,以终余年而已。春气仍寒,千万珍卫。

《清道人遗集》

与张季直书

数辱手书,卒卒未及作报,幸勿为过。江阴设女师范事,无人不知其不可,必如尊示办之。但现在议案尚未交议(闻日内已油印,数日间或有会议)。清又不能直接咨议,故尚未得上详也。省视学为教育行政上之大机关,必须曾学师范,于教授管理心理学均有根底而曾办学富于经验之人,乃为合格。此总机关不灵而望学堂进步难矣。又能短定任期(久则调查之心不热,而于各学界私交深)。由教育会公举或察善者,再由敝所择留,乃为正当办法。中国前途,除办学外更无第二条生路,公不可不一注意也。高等学堂蒋季翁求治太急,小有风潮,望公极力维持之。两等商业得公乃大进步,慕韩代表望表同情,大能行公之志。大凡学堂与其用新人不如择旧人而量才使之之为有益,以其中利弊熟也。严生笃哉,本清门人,当为留意。雪寒尤厉,它冀珍卫。

《清道人遗集》

与伍仲文书

昨承王君书招,极愿趋闻高论。乃为人事牵继,不得躬与盛会,殊为邑邑。今世豪杰之士,往往远言富强以救国,促进立宪以维亡。当知犹太人非不富,国非政府所能亡,亡在社会耳。救社会舍教育外更无他法,惟一二英杰投身教育,不但不可有富贵思想,即名誉思想亦不可有。当如老牧师除救世外无他思想。政治之良否,须仰望于政府诸公。而教育则匹夫皆能胜其任。现今现象往往学校之力量不及社会,而其故实在一二办学者,虽无富贵心,不能不有要求时誉心,故不能不有所牵(迁)就。须知社会既坏,不能不望吾辈转移时誉,不足欣即时便消灭也。吾辈果能舍身教育中,牺牲富贵名誉无论,国不亡便可致富强。即使亡亦有翻身之一日,不能尽铲除吾人之爱国心也。如无教育便无人安有国。吾教育诸公人人皆有此责,愿以此贡之。

《清道人遗集》

与熊乔松书

递中得吾弟兖州所寄书,俟宁定后当为图之。顷闻弟已来镇,确否?柳同学拟奉访,故特寄一书。舍侄贲甫尚困危城中,因保守两江师范学堂故未得出,心甚悬念。全眷老弱二十余人,现寓三牌楼吉祥里对街后进第一家,与英领事署文案陈墨憨先生最近,询之即明。恐城破仓卒遇险,愿设法保护之。张大帅前不妨一言。贫道卒卒未得上书也。贫道居沪上,病脚弥月,比股臀间又生一大疮,痛苦不可言。未多道余贡禾能面言之。秋凉珍卫。

《清道人遗集》

江宁江楚编译书局条具译书章程并厘定局章呈江督禀

窃维作兴人才全凭教育，整顿教育，端在书籍。有学堂无教科书，何以为教？有书而不能画一，教何以良？顷年学堂广开，自省城高等以迄府州县之中小学亦既次第皆兴，其特设除格致现拟改并外，如水师、陆师、将备等学堂，问其所以为教，率皆依稀仿佛，无一定等级之可寻。以故高级之书或移授下级，而此校之书并不同于彼校，甚有一校之中今年教习用一课本，明年易一教习又换一课本，而废前教习之书者，其故由于无官颁定本，各学堂不得不杂取私家所编译，任听教习之择用，而外府州县之稍僻远者，既苦无师，又苦无书，徒改书院之旧名绝无教授之程式。士即稍知改图，各自访购其所能得。不过前所谓私家编译之书，而诐辞邪说遂得以浸入乎人人之心，学术歧而士风为之一变，其患不可胜言。前宪刘会同湖广督宪张创设江楚编译官书局，延聘通儒编译各种教科书，呈由京师大学堂鉴定。原以正学术而免分歧。开局以来总纂、分纂未尝不力为其难，一意编纂，而迄今两载，成书之多尚不足应学堂所需十分之二。盖编纂之书势难以急就，而硕学之士力未能多延，以数人所编辑而供四省上中小各学堂之求，安得有济？此则重编不重译，积久而后知其弊者也。近三江师范学堂又将招考拟取生徒数百人，而教科书悉无所定。职道经理书局，又监督三江学堂，统筹全局，实切疚心。爰与在局总纂、总校诸君悉心筹画，以为日本兴学之初，其教科书悉取材于西译，而鉴定于文部。厥后由学堂教授时经验屡加更改，乃成今日完善之书。今官书一局，莫若广译书而兼编纂译出之书，随时颁发各学堂由教授时加以经验而增删之。一学期毕，仍令将教习改本送回书局，重行编定，则数年而后，悉成完善之教科书矣。夫译书克期可成，不同编著之迟缓，只需筹定款项，择定译本，派多人分译，将来译费即可于学堂收回。就三江师范一学而论，照生徒额数派发已有三百分之多，即不另行销售，可保无虚掷巨款之虞。至书局，应之书仍可照常编辑，藉以标明学旨，而辅助译书所不备。应请宪台饬知省城所有学堂，将每年各学应用之书开明书目，咨送本局以便照译，庶不至有译非所用之讥。译成之书即派发省城各学堂应用，准其随时更改，惟改本仍须送回书局鉴定。至外府州县，应请咨会江苏、江西、安徽抚宪，通饬各属学堂，由江楚书局出书后，随时颁发。俾教科有画一之规，款项无虚糜之患。此禀。

《东方杂志》第 1 卷第 9 期

纪两江师范学堂考试事

苏省两江师范学堂此次与考者近 4000 人，而投到者尚有 1400 余人。兹将逐日试题录下：

初十日考苏赣两属及京口驻防。

第一题　欧西大教育家莫不曰养民使自尊，纵民使自由。然不能自治，而自尊者骄；不知公德，而自由者乱。教也者，长善而救其失者也，诸生果何以救其失也？

第二题　英人霍布士其学绝近杨朱，论者比之孙卿，误矣。霍布士虽纵乐派，又倡命令主义者也。杨朱学识出于老，申韩法家亦老氏之支流学者，试稽其学派而纵论之。

十一日考皖属。

第一题　自达尔文种源论出，而改良进化之义遂播于欧洲，学术政治乃一大变。不知周易本为改过之书，故长于变化，春秋张三世之例，进化之说也。中国兹义发明最早，而沈（沉）昧至今者何耶？试详论之。

第二题　天子将出征受成于学，执有罪反释奠于学，以讯馘告义。

十二月考宁属及江宁驻防。

第一题　有粘合力，然后有地球，不尔为野马世界；有群而后有人，不尔为草木虎豹世界。物以合成，人以群存，世愈进，则其群愈大，故春秋繇其国而至于大同，是以印度之亡亡于分，德意志之强，强于合。英条顿种人也，不闻疑贰峨特忒。使同舟共济，风起涛涌，不救危亡，乃相哄阋，颠复之祸，捷于眉睫，其急明期旨，以曙昏雾。

第二题　教育尤重宗旨，无宗旨之教育，虽全国博士，不足以救危亡论。

以上每二题听人自择其一，于限时内交卷。

《北洋官报》第 1477 册

两江师范优级本科生修学旅行

南京两江师范学堂曾于去年增设数理化、农博物两分类科，研究高等学问。兹该堂监督李梅菴观察，以东西各国高等各学堂时有修学旅行之举以资实习，而增学识，爰于本月十五日，先由动植矿诸东教员率领农博物科全班学生，携带一应器械整队出太平门，先至皇陵四近，继登钟山之巅，采集动植矿各物满载而归，用制标本而资研究。又于十七日由理化诸东教员率领数理化科全班学生，往水西门银元局及聚宝门制造厂研究机械，参观制造，抵暮始返。闻该两科学生尚拟于下学期旅行各处名山及上海汉口各大工厂云。

《四川教育官报》第 7 期

两江师范学堂第二次招考师范生录取名额

宁学司会同两江师范学堂考试，新招二班师范生，前已出案文云：本学堂招考二班师范生，奉督宪批定，宁苏两属各 80 名，皖赣两省各 70 名。兹经本署司会同本监督，将七月二十五六两日复及本月初三日补复各生试卷，分属录取，评定甲乙。宁属及皖赣两省均已录取足额，惟苏属投考者寥寥，未能取足，应候行文苏属各地方官，另行选送投考，再行补录 20 名,以足 80 名之额。所有录取各属学生合行榜示,为此仰后开各生一体遵照另候示期入堂。(榜开名单略)。

又牌示云:照得本堂考取新班学生除苏属尚未足额,当即行文苏属州县再行考送外,其宁皖赣三属均已取足。所有各属前今数次考取复试未到诸生,不得以前案有名再请补复,果其有志向学,俟年底本科毕业后招补缺额时,另行投考可也。此示。

《南洋官报》旬报第 91 册,光绪三十三年八月二十日

两江师范学堂第二次招考师范生照会各省府厅州县文

窃照敝堂前奉前督部堂魏奏定学额,分班招集。第一次先招师范生 300 名,三年后续招 300 名,奉经转行遵办在案。兹查敝堂第一次招集三省师范各生,业遵定章分班教授,计算至本年第二学期止,适届三年期满,所有第二次续招师范生 300 名,自应照章先期由各省府厅州县考选备文连同试卷保结申送来堂试验,以便如额取录。兹定于七月初一日齐集来省,听候本堂定期牌示招考,除登报广告外,合亟备文照会贵□,请烦查照。

附录招考章程五条:

——本堂续招第二次新班 300 人,于七月初一日齐集江宁省城,携带相片来堂投文报名定期考试。

——此次照优级师范章程办理,应以在中学堂初级师范学堂毕业者升入。现在量为通融,其有与中学及初级师范毕业之程度相当者均为及格,不分举贡生监均可与考。

——年龄自 20 岁以上至 30 岁为限。

——愿与考者,在籍,由地方官及教育会具结保送。不在本籍者,在省,由本省教育总会出结咨送,在他府州县者,由所在地方官及教育会具结保送。

——考取者,均于暑假满后,开学时入堂,入堂后一切照章办理。

《南洋官报》旬报第 79 册,光绪三十三年四月二十日

督帅端两江师范学堂速成毕业生训辞

本部堂今日来观毕业盛举,都诸生名籍计之数十人百人止耳,然以今所成就,期之将来,其教泽被于千人万人,甚则循几何级数累积,以至倍蓰于千人万人。学风由此广,国力由此厚,民格由此进,皆诸生责也!夫古无师范之名也,然而师必有范。古昔乡有庠,州有序,其所谓师,大率皆父师、少师、乡大夫之类。其人皆有政治知识,与官师合一制度,并致仕于国,以教其乡,故其时乡治不减于国。孔子曰,吾观于乡而知王道之易易,盖其乡之先生,皆有师范资格,其乡之人民,皆有普及教育,故宜叹美不置也。秦郡县天下后,文物声名萃于帝畿,郡国豪俊又大都网罗于京师,以重内轻外,于是乡治乃稍稍衰,而学亦陋。科

举时代,文人学士又率群于通都大邑。全国国民乡为多数,教育命脉多在无数村学究手,以致谬种流传,群治日下,以此民质出于民族世界,相见焉得不绌。然则诸生能出所学,以教成国民,所以复古者在此,所以与世界民族相见者亦在此,诸生勉之哉!惟是一国有一国之国民,一国有一国之教育。日本师范取法于美,今则能自以国粹陶铸变化之。吾国国风首以忠君爱国为主,诸生欲实以此忠爱普及国民,宜从存公心、求实事入手。公者何,有教无类,诲人不倦是也。实者何,虚往实归,以其昭昭使人昭昭是也。曩者家自为学,专已守残苟求禄利,私而已矣。书院林立,博士倚席不讲,师俸等于祠禄,虚而已矣。诸生者今日全国教育之母,宜亟于公实两字加意。本部堂敬诸生,爱诸生,尤敬爱诸生能以学术道德普及国民,故乐详言之如此。

《南洋官报》1907 年第 33 期

两江师范毕业生答词

昔普之胜法也,卑斯马克尝指小学校言曰,非我辈之力,实此等学校之功;日之胜俄也,欧洲政治家调查两国学校以为,俄之民数数倍于日本,而学校乃仅倍于日本,故俄卒败。由是言之,教育之关系人国,顾不重哉?虽然一国之强固由教育,而教育不能为我之教育,则所造国民即非我之国民,其教育亦必无效。我国国于东亚之上近五千年,其所以能立国如此其长其久者,必有我之特别不同于人之处。此特别不同于人之处,即我之国粹也。本年恭奉上谕,明定教育宗旨,曰爱国,曰忠君,曰尊孔,曰尚武。爱国忠君为我国数千年立教之大端。孔子者,所以发明爱国忠君之理者也。即尚武一端,求之诗经秦风诸什,则固有尚武之特质也,此皆我之国粹也。诚能本此上谕之宗旨,而定我教育,则此教育乃真中国教育,此教育所造之国民乃真为中国之国民。近日新学家常持欧化主义,学生等以为言欧化不如言化欧。言欧化则轻国粹,而异日之所造就,必为非中非西,不今不古之人才。言化欧则必有所以化之者,化之者何,即吾国粹是也。以吾国粹化欧,则不必言保国粹而自能存国粹。学生等所以志愿以求上副督帅、学使、监督及教育界热心诸君子之望者在此,敢不慎哉,敢不勉哉。

《南洋官报》1907 年第 33 期

两江师范学堂课程

优级本科理化数学部:伦理学、经学、教育、物理、化学、手工、图画、音乐、英文、文学、体操。

优级本科博物农学部:伦理学、经学、教育、动物学、植物学、矿物学、生理学、卫生学、农学、图画、英文、文学、体操。

· 231 ·

优级本科公共科:修身、教育、物理、化学、博物、手工、图画、法制、音乐、文学、数学、地理、历史、英文、东文、体操。

优级选科预科:修身、教育、物理、化学、博物、手工、图画、法制、农学、音乐、文学、数学、地理、历史、英文、东文、体操。

初级本科:修身、教育、物理、化学、博物、法制、手工、图画、农学、音乐、英文、东文、文学、历史、地理、数学、体操。

《学部官报》1908 年第 70 期

两江师范学堂添招新班广告

1. 学科。照奏定章程四分类开办:第一国文外国语部,第二地理历史部,第三数学物理化学部,第四农学博物部。

2. 入学资格。以中学五年毕业及完全初级师范(五年毕业),年在二十岁上三十岁以内,貌端身健者为合格。

3. 毕业年限。照章先入公共科一年,再入优级分类科三年毕业。

4. 试验程度(科目)。文学、历史、地理、算学、物理、化学、博物、英文、东文。

5. 考期。二月初五、十五两期。

6. 额数。宁属五十九名,苏属一百一十名,皖属七十九名,赣属五十名。

7. 报名。由各地方官及教育会、劝学所、各中学及初级师范文送,并携带凭单照片来省,先行投递。

8. 附件。取定后须觅妥实保人,填写保证书并先缴保证金十元。

《时报》1909 年 12 月 26 日

张子和编两江师范教育学讲义序及目录

《大教育学》序

余初游学日本习普通学,于一切主要学科,皆得稍稍窥其门径,而惟教育一科非普通级所应有,不惟不好且并未尝一寓目焉。乙巳年(1905)冬归国,就职南京两江师范学校东文教习兼翻译。翌年春,适有日本教习松本孝次郎应聘来华主讲本校教育,校长李梅庵先生命余为之译,先后同事六七年,余因得于教育一门,耳闻目染,口传心诵者数十遍。洎后本校增加学级扩充员额,每周应有之教育时间,溢出日本教习原订应授时间之数,校长委余分担十小时,余于编纂日文讲义外,故有《大教育》之著。但其原本,实草创自日本教习松本、松浦二氏之手。余为中国产,思欲讨论修饰,以适合于中国教育界之理想实际,遂不惮搜集近今东西人之名著,参合而折衷之,思想之崭新,资料之弘富,盖皆余事也。本年在安徽省立师范学校复任教育讲席,课余之暇,以经验所得量加修整,俾成一册完好教科书,不独冀其可备高等师范生之研摩,亦且足供我同志诸君担任是科者之采撷,文字之谫陋所不惶恤耳。日来师范林立,友人从事其中而知余有是帙者,每来函索稿,抄录不遑,遂畀印刷并述其事于弁端。时民国二年癸丑秋九月也。著者自识于邗上忆旧草堂。

《大教育学》目录

第一编　绪论　共六章:教育学之起源;教育之意义;教育之效力及限定;教育之必要(个人方面,社会方面);教育学与术之关系;教育学之范围及与他科学之关系。

第二编　教育者论　共二章:教育者之天职;教育者之资格(身体上之资格,精神上之资格)。

第三编　被教育者论　共九章:概说;被教育者身体之组织;身体发育之顺序;身心之关系;心之所在与特质;知情意;个性及男女性;被教育者之社会的关系;教育期之区分。

第四编　目的论　共四章:意义及关于目的论之诸家见解(关于教育对象之见解,关于教育目的与人生目的之见解,关于社会与个人之见解);关于目的思想及历史的变迁;教育之十原则;结论。

第五编　教授论　共九章:教授之意义及目的;教授之心理的以及理论的基础;教材之选择及分类(修身、语文、历史、地理、理科、数学、图画、手工、音乐、游戏、体操、裁缝);教材之排列法(直进法、圆周的循环法、中心统合法);教授细目教案及日课表;关于教授方法之三条件;形式的阶段(教授概括的知识之阶段,教授事实的知识之阶段,教授技能的教科之阶段);教式(注入式,开发式);教态。

第六编　训育论　共六章:训育之意义及目的;训育之二主义(服从主义,道德自由主义);训育与教授之关系;训育之心理的基础[意思(识)之要件,意思(识)陶冶之法则,品性];训育之统一(家庭训育、学校训育、社会训育);训育之方法(教授、示范、游戏体操、作业、威权、命令、惩罚、褒赏)。

第七编　学校论　共三章:教育场;学校系统;各种学校(普通教育之学校,职业教育之学校)。

张子和:《大教育学》

李瑞清详请学部准选科学生将英文时间改习东文(宣统元年十一月十六日)

署理江宁提学使为详请事,所有详准两江师范学堂咨,据选科学生潘兆瑞等禀,请将英文时间改习东文乞示遵由。除全详载入书册,不复重叙外,理合据情详请仰祈大部鉴核,迅赐批饬遵办,为此备由另册呈乞照详施行。须至详者。

右详
学部

宣统元年十二月十六日
署江宁提学使李瑞清详请事

署理江宁提学使司为详请事。准两江师范学堂咨开，据敝堂历史舆地选科学生潘兆瑞等禀称，窃以开办选科，原视地方中学堂及初级师范学堂缺乏某科教员，斟酌特别建设。今岁本堂开办历史舆地选科，生等自应遵章肄业，以为他日应用之地。惟历史舆地日新月异，今日之材料断难悉合，诸他日世界情势又为中国现译各书所不详，则材料选择势不得不求之于外国文字中。顾生等在堂年限仅四学期，即以此四学期之时间尽读英文，恐亦不能达看书之程度。况生等半中年就学，若徒耗脑力于此，则主课反致无暇深求。顾此失彼，恐负开办历史舆地科之初意。伏思外国文字，以日本为最易学步。而日本书籍大半译自西洋。生等如能直接披读日本书，即无异于西书间接。且日本书价颇廉，较西洋易取。生等他日亦可随时多购，以资参考。为此，恳求体察生等微情，将学习英文时间改习东文等情，前来相应咨请查核，希即转呈学部核办，并祈见复，等因，奉此。理合据情详请仰祈大部鉴核，迅赐批饬遵办。为此备由开册呈乞照详施行。

"国史馆"档案

选科历史地理学生准援案专习东文此外各科情形不同仍照定章办法由（宣统二年二月十一日）

普通司案呈

为咨行札覆事。

据署理江宁提学使详称，据选科学生潘兆瑞禀请将英文时间改习东文，据情详请批饬。等因，到部。查本部前据贵州学司电称，选科日英文难以合习，可否分班学习等因。曾经本部电复，选科功课应准察看学生程度分别办理，等因，在案。今该司所请历史地理选科学生专习东文一节，与黔省情形略同，应准援案办理。至此外各科学生情形与此不同者，仍应照定章办法相应咨行贵督查照，转饬提学使司遵办可也。须至咨者。

右咨

两江总督

为此札行该提学使司遵办可也。此札。

右札　江宁提学使司

宣统二年二月十一日

李瑞清呈请学部允两江师范学堂招收新班变通办理事（宣统元年十二月十九日）

署理江宁提学使为呈请事。

窃准两江师范学堂移开，□照部办理优级师范，其理化数学分类科、农学博物分类科，又理化数学选科、农学博物选科、图书手工选科，各班学生均于本年年终毕业。至宣统二年即应添招学生选补足额。谨案学部奏准学堂招考限制章程，优级师范学堂应考选中学堂毕业学生、初级师范学堂毕业学生及与中学堂程度相等之学堂毕业学生升入肄业。凡在戊申年六月以后添招新班，自应遵照办理。惟查江宁、江苏、安徽、江西四省，各属中学堂及初级师范学堂开办均先后不齐，现欲招收完全毕业学生，一时恐难多得。本年江南法政学堂，曾因限定招收中学堂毕业学生，致报名应考者仅有三人。现宁属考送京师优级师范应选者亦属寥寥。此其明证。况敝堂此次添招新班约三百人之多，设若合格升入者人数太少，则遵章限制，额缺必致虚悬，其已聘之中东教习将必坐旷以待，殊为可惜。此不得不设法变通，请示办理者也。查敝堂前届招考时，曾因合格人少，特从权先设补习科选取□□□有根底曾入学堂稍通科学者入之，令补习完备之中等普通学，限二年期满□□公共科，曾经学部批准立案。现在此项补习科已将届二年期满，考验成绩，较中学及初级师范程度，似尚在其上。推原其故，各处所立初级师范及中学学堂，科学无此完备，教习无此学问。查中学虽五年，而国文钟点最多，如取国文稍有根底之人，则以国文钟点移习科学，加多钟点，程度必无不及之虞。此次招补足额，拟请于考录入学之时，择其受有中学堂及初级师范学堂凭照者，照章令入公共科，一年后再入本科。其曾在中学堂或与中学堂程度相等之学堂肄业满二年以上，及曾习初级师范简易科之学生，令入补习科。二年期满，再入公共科，一年后入本科。此与《奏定学堂章程》展长公共科为三年之意亦恰合。敝堂系因现时合格升学之学生不多，故请暂从权宜办法，至将来各属中学堂、初级师范学堂学生逐渐毕业，自应遵章，只准升学，不再迁就。咨请转详学部，请示遵行等因。准此。理合具文呈请，仰祈大部鉴核批示饬遵，实为公便。为此备由呈乞照验施行。须至呈者。

　　右呈
　　学部

宣统元年二月十八日
署江宁提学使李瑞清呈请事
"国史馆"档案

学部覆江宁提学使两江师范毕业生俟明春补行复试由（宣统二年二月初七）

　　普通司案呈　江宁提学使：马电悉。本部定章，每年三月举行考试一次，两江师范毕业生如今春不能赴京复试，应俟明春补行复试，未复试以前仍准照常服务。学部。

宣统二年二月初七日
"国史馆"档案

江宁学司为招考优级师范合格甚少拟取中学补习升入公共科致学部电（并复）（宣统二年二月二十三日）

江宁学司电

学部堂宪钧鉴：本年招考两江优级师范，考合资格者甚少。拟变通考取中学二三，并拟补习后升入公共科，是否？乞示遵。瑞清叩。祃。

"国史馆"档案

普通司案呈

江宁提学司：祃电悉。本部现定优级师范变通招考办法，招取二年简易师范毕业生，补习三年，考试及格者，升入公共科，该省应遵照办理。学部。

宣统二年三月初四日
"国史馆"档案

为两江师范毕业生赴部复试并送履历等咨学部事（宣统二年三月十七日）

陆军部尚书兼都察院都御史总督江南江西等处地方张为给咨事。

据署江宁学司李瑞清详称，准两江师范学堂咨称，窃照敝堂办理优级先按定章设第三类、第四类两本科，其理化数学分类科甲班、农学博物分类科甲班，系于光绪三十三年正月由公共科毕业学生升入，又理化数学选科、农学博物选科、图画手工选科，系于光绪三十三年十月考录选科之预科毕业学生升入，均经造具姓名履历清册，咨部准予立案，现于宣统元年年终各班学科业已教授完毕，当经详请督宪委派会考官，举行毕业考试，各按成绩严定分数，分别等第榜示在案，唯前准贵司移奉学部奏各省高等各学堂毕业生一律调京复试，优级师范自应遵照办理。兹查敝堂理化数学分类科甲班毕业生三十五名，农学博物分类科毕业生四十六名，理化数学选科毕业生三十一名，农学博物选科毕业生三十八名，图画手工选科毕业生三十三名，共一百八十三名，至选科已请部示。唯最优等必须遵章复试，计理化数学选科考列最优等者十六人，农学博物选科考列最优等者十六人，图画手工选科考列最优等者十九人，共五十一名，一律遵照随同赴京，所有优等中等各生应请按照分数册列由部先行发给凭单，一俟服务期满，照章给奖。除五班毕业试卷及讲义、笔录、旷课表册、成绩品交由本堂监学官知府用分省直隶州知州汪秉忠随带到京赍呈外，相应将历学分数与毕业考试分数平均计算，造具履历、分数册各三大套，备文咨送。惟敝堂开办较早，其分类科及选科学生多由文理优长者考取，公共科及预科毕业后以次升入，既非概有中学程度,加以年齿稍长,赶习英文困难尤甚。后数学期注重科学,英文益复荒落,分类科于毕业考试时未考英文,选科于第二学年兼有习东文者以备参考日本书籍之用,拟请援照京师优级两次毕业第三、第四两分类科免考英文例,转呈督宪,咨明学部,准其免考外国文。又敝堂理化数学选科手工一科原订两学年授课完毕,因部章第二学年有地文学主课,遂将手工第二学年之钟点改授地文,其图画一科,敝堂前三学期系列为随意科目。农学博物选科、法制经济系在农学课内加授,农政经济故不另列一科。合并声明。为此咨请迅赐详请督宪给咨送部考试,发给文凭照章奖励,并请加札该员随同咨文径发到堂,以便交由送考之员带同学生赶即启程北上。等因并册,到司。准此,理合具文,详请仰祈宪台鉴核,俯赐给咨送部复试,发给文凭,照章奖励,并请加札监学官汪秉忠随同咨文径发该堂,以便启程,并批示祗遵,实为公便。再此件本应会同苏皖赣三学司会详,因复试定限三月内,不及会衔,合并声明。为此备由开册,呈乞照详施行。等情,到本部堂。据此,除批示外相应给咨。为此合咨贵部,请烦查照办理施行。须至咨者。

右咨
学部

宣统二年三月初二日
"国史馆"档案

李瑞清详请两江师范学堂附设补习班考选学生稍宽限制乞示遵书册

署理江宁提学使为详请事。

窃奉钧部札开,普通司呈,照得优级师范选科,现经本部通咨各省,自本年为始不准再招新班,一律改换优级完全科,等因,在案。各省自应按照部咨,速设优级师范完全科,以期教育日臻进步。定章优级师范招考学生,须曾在中学及初级师范五年毕业者方为合格,现在各府中学及初级师范五年毕业者人数无多,悬额待入,亦非推广教育之道。兹特定一变通办法,各省优级师范学堂均准附设补习班,考选二年以上之初级师范简易科毕业生入班补习课程,酌照初级师范后三年科目办理,期限定以三年期满时,考试及格,准升入优级师范公共科肄业。如此变通办法,优级师范学堂既有以储材,其简易科学生亦可藉资深造。惟补习班毕业,既与毕业中学及初级师范者有别,应只准升入公共科,不得援案请奖,以示限制。各处除先就中学及初级师范毕业生招考程度相合者,照章径办公共科外,所有学额不足者,并准按照此次变通办法,附设补习班,以宏造就。为此,札司遵照办理可也。等因。奉此,业经署司分别移行各学堂遵办在案。兹准两江师范学堂咨称,查敝堂原设之选科三班,及本年添招之选科两班,均在未奉此次新章以前,业经移请援照旧章转详督宪咨部立案在案。敝堂今春招考,原因限于资格,故未能如额取足,暑假时仍应续招。除考选合格者迳办公共科外,自应遵章附设补习班,以宏造就。惟查部定补习班,专考选二年以上之初级师范简易科毕业生入之。此项简易科毕业生，大都年长家贫者居多，若令由补习而入本科，先后须七年毕业，恐志愿升入者必不多，而学额师资仍形缺乏。拟请稍宽限制，其附设补习班于考选简易科毕业生外，并准肄业中学或初级师范得有二年以上之修业文凭者，一体与考。取录后，准与简易科毕业生同入补习班，三年后入公共科，再入本科。似此变通办法，庶应试者较多，而考录较易足额。敝堂系为推广师资起见，合亟咨请查照，希即据情详请部示饬遵等因。准此。理合据情详请，仰祈钧部电鉴饬遵，实为公便。为此备由开册，呈乞照详施行。须至书册者。

宣统二年四月十七日

署江宁提学使李瑞清详请事

"国史馆"档案

为两江师范毕业生瞿祖镛等三名送部补考咨学部事（宣统二年四月二十日）

陆军部尚书兼都察院都御史总督江南江西等处地方张为给咨事。

据署江宁提学使李瑞清详称，案奉宪台札开，准学部电开，京师优级师范招考学生曾经本部通电各省在案，现因各省送考人数无多，□变通办理，各省优级师范选科学生如有确合宥电所开程度者，准其择尤咨送，于本年二月补考，学部效印。等因，到本部堂。准此，除电复效电悉，已饬宁学司查明宁省优级师范学堂选科学生，如有确合宥电所开程度者，迅速传验，择尤详请如期咨送大部，听候补□□□□札司遵照办理，等因。奉此，当经转移两江师范学堂传知，在□□该堂各选科毕业生程度者，优者或经各处聘充教习，或正预备赴京听候复试，兹据两江优级师范农博选科毕业生周徵莘、瞿祖镛、张望熊禀称，愿求完全科学，恳请遵照部电援例给咨申送前来。查该生在堂历学期□□业分数平均在七十分以上，可列优等，与宥电所问程度亦属相当，可否援照前送应时等成案，给咨送考并札饬司局酌给川资之处，应候宪裁所有两江师范农林选科毕业生周徵莘、瞿祖镛、张望熊禀请给咨并援案拨给川资一案缘由，除批示外，理合具文，详请仰祈宪台鉴核，批示祗遵，并乞缮给学部咨文一角，随批发下，实为公便。等情，到本部堂。据此相应给咨，为此合咨贵部请烦查照施行。须至咨者。

右咨

学部

宣统二年三月初十日

"国史馆"档案

为两江师范学堂恳请农学、博物选科乙丙两班援旧章办理咨学部事

（宣统二年五月初一）

陆军部尚书兼都察院都御史总督江南江西等处地方张为咨明事。

据署江宁提学使李瑞清详称，窃奉宪台札开，准学部咨，普通司案呈，照得振兴教育首在培植师范人材，"未有师资缺乏而可以兴教育，学识浅薄而足以为人师者也"。"定章初级师范五年毕业，准充小学堂教员，优级师范必须初级师范或中学堂之毕业生升入公共科一年，本科三年毕业，准充中学堂及初级师范学堂教员。立法至为详备，特以兴学伊始，中小学堂急于求师，故奏定初级师范学堂章程内载，初办时可于完全科外，别教简易科，以应急需，俟完全科毕业有人，即酌量裁撤等语。又光绪三十二年，本部订定优级师范选科简章，通行各省，仍限定每省上设一所。诚以。"两级师范本以完全科为正办，其选科简易科只属一时权益（宜）之计，而非经久不易之规，现在"兴办学堂已逾五载"，各省初级简易科毕业者已不止一处，即完全科亦次第毕业，是小学堂已不患无师。又上年本部奏改中学堂分为文科、实科，以后学科既简，学生程度必将加高，是中学教员断非优级选科之毕业生所能胜任。兹由本部通（统）筹全局，自本年为始，凡各省旧设之优级选科概不准再招新班，俟现时在堂各学生毕业后一律改办优级完全科。至简易师范除边远地方，风气初开，教员缺乏，暂准办理外，其余各省亦应自本年起，一律停止招考，俟在堂各生毕业后改办初级完全科。"一切学科务求完备，教法务宜切实，以规远大而资深造。"除分咨外，相应咨行贵督查照行知提学司遵照"可也。"等因，到本部堂。准此，合行札司，移行遵照办理，等因。奉此，业经署司分别移行各学堂，一体遵办在案。兹准两江师范学堂移称，查敝堂原设之优级理化数学选科甲班、农学博物选科甲班、图画手工选科甲班，于去年岁终均经毕业，其续设之历史地理选科甲班、手工图画选科乙班均于去年正月开学，今岁年终亦届毕业之期，惟理化数学选科乙班，因预科毕业后补习英文、数学一年，应作为本年正月开学，于宣统三年年终毕业，均经咨明在案，所有今年招考新班原拟专招优级本科，而各处中学堂及初级师范学堂毕业者尚少，合计送到者仅五十余名，细加试验，可取者又止三十余名。若止收堪入本科诸生，则学额所缺太多，中东教习几于无生可教，而职堂又万不能以此辞退教习，停其修俸，学额多缺，而经费虚糜，"是两害而无一利也"。故不得不兼设选科并收在中学初级师范修业二年以上诸生及简易师范之毕业生入之。除各属之咨送中学及初级师范毕业生照章升入公共科，其未经完全科毕业者，特暂设农学博物选科乙丙两班，于二月二十日开学，至三月二十日始准奉部定新章，其时上课已久，各教员课程均早订定，一时未易改办，筹画至再，惟有陈请稍示变通，俯念敝堂农学博物选科乙丙两班，业经成立在未奉部章以前，姑准援照旧章咨明办理。至各班毕业以后，概遵新章，不再设立，希即咨部立案，等因。准此，理合具文，详祈宪台鉴核俯赐，咨部立案，并乞批示祗遵。等请，到本部堂。据此，相应咨明，为此合咨贵部，请烦查核施行。

须至咨者。

右咨

学部

宣统二年五月初一日

"国史馆"档案

江宁提学使批学生陈锡周文凭遗失呈结请补由（宣统二年六月）

批

禀悉,查毕业文凭条例三十二条载明,学生所领文凭如遗失、遇水火等意外之事以致遗失者,准由本人缕具事由、年籍三代及历年在学情形,在京取具同乡官印结,在外取具本学堂职员或学务公所人员切结,由原给文凭之衙门核明补给,其应缴工价应由该生自备等语。该学生陈锡周既系由意外之事遗失毕业文凭,准照定例由本生赴京按照办理,仰即转为知照可也,此批。

三月初一日

两江师范学堂农学博物选科毕业生陈锡周

伦理	曹绪祥	九十五分
动物	栗野宗太郎	七十分
教育	松本孝次郎、松浦枛作	七十四分
矿物及地质	森祐好	七十八分
农学	伊藤村雄	七十八分
生理	栗野宗太郎	七十八分
植物	志贺宾	七十五分
图画	亘理宽之助	八十分
英语	赵士法	七十六分
体操	高秉彝	八十五分
国文第二题		八十二分

毕业考试总平均　　七十九分二厘

历期历年考试总平均　　□□□七厘六毫

实得毕业分数　　七十六分三厘九毫

陈锡周　　年二十七岁　　江西□□□平乡县　　监生

　　　　　　曾祖道齐　　祖贝心　　父增煌

监习　李瑞清

学部咨行两江总督/札复江宁提学使师范补习班招生办法仍应遵照部咨办理由（宣统二年七月十二日）

普通司案呈为咨行/札复事。据署理江宁提学使详称，奉学部通咨，各省优级师范准设补习班一案。兹准两江师范学堂咨称，查敝堂原设之选科三班及本年添招之选科两班，均在未奉此次新章以前，业经移请援照旧章，转详督宪咨部立案在案。敝堂今春招考，原因限于资格，故未能如额取足。暑假时仍应续招，除考选合格者径办公共科外，自应遵章附设补习班，以宏造就。惟查部定补习班，专考选二年以上之初级师范简易科毕业生入之。此项简易科毕业生，大都年长家贫者居多。若令由补习而入本科，先后须七年毕业，恐志愿升入者必不多，而学额、师资仍形缺乏。拟请稍宽限制，其附设补习班于考选简易科毕业生外，并准肄业中学或初级师范得有二年以上之修业文凭者，一体与考。取录后准与简易科毕业生同入补习班，三年后入公共科，再入本科，庶考录较易足额。合亟咨请查照，希即据情详请部示饬遵等因。准此，理合据情详请饬遵，等因，到部。查中学及初级师范二年生，若准考升补习班，恐各属中学堂、初级师范学堂必至因之掣动。且此项二年生加习三年毕业，原可升入优级公共科，本不必移彼就此。自应仍按照部咨补习班办法办理，所请碍难照准。相应咨行贵督查照，转饬提学使司饬遵可也。须至咨者。

右咨

两江总督

为此札行该提学使司饬遵可也，此札。

右札江宁提学使司。准此。

学部准两江师范学堂未奉部章以前选科可照办（宣统二年七月三十日）

普通司案呈

为咨覆事。准咨开据署江宁提学使李瑞清详称，奉札开准学部咨，照得振兴教育，首在培植师范人材。两级师范本以完全科为正办，其选科、简易科只属一时权宜之计，而非经久不易之规。现在各省初级简易科毕业者已不止一处，即完全科亦次第毕业，是小学已不患无师。又上年本部奏改中学堂分为文科、实科以后，学科既简，学生程度必将加高，是中学教员断非优级选科之毕业生所能胜任。兹由本部通（统）筹全局，自本年为始，凡各省旧设之优级选科,概不准再招新班。俟现时在堂各学生毕业后,一律改办优级完全科。至简易师范,除边远地方风气初开、教员缺乏暂准办理外,其余各省亦应自本年起一律停止招考,俟在堂各生毕业后改办初级完全科。除分咨外,相应咨行贵督查照行知提学司遵照。等因,到本部堂。准此,合行札司移行遵照办理,等因。奉此,业经署司分别移行各学堂一体遵办在案。兹准两江师范学堂移称,查敝堂原设之优级理化数学选科甲班、农学博物选科甲班、图画手工选科甲班,于去岁年终均经毕业,其续设之历史地理选科甲班、手工图画选科乙班均于去年正月开学,今岁年终亦届毕业之期。惟理化数学选科乙班因预科毕业后补习英文、数学一年,应作为本年正月开学,于宣统三年年终毕业,均经咨明在案。所有今年招考新班原拟专招优级本科,而各处中学堂及初级师范学堂毕业者尚少,合计送到者仅五十余名,细加试验,可取者又止三十余名。若止收堪入本科诸生,则学额所缺太多,中东教习几于无生可教,而职堂又万不能以此辞退教习,停其修俸,学额多缺而经费虚糜。故不得不兼设选科,并收在中学初级师范修业二年以上,诸生及简易师范之毕业生入之。除各属之咨送中学及初级师范毕业生照章升入公共科,其未经完全科毕业者,特暂设农学博物选科乙、丙两班,于二月二十日开学,至三月二十日始准奉部定新章。其时上课已久,各教员课程均早订定,一时未易改办,惟有陈请稍示变通。俯念敝堂农学博物选修乙、丙两班业经成立在未奉部章以前,姑准援照旧章咨明办理。至各班毕业以后,概遵新章,不再设立,希即咨部立案,等因。准此,理合具文,详祈咨部立案。等情,到本部堂。据此相应咨请查核。等因,到部。查核省两江师范学堂所设农学博物科乙、丙两班开学既在未奉部章以前,自应准其照办,至以后该堂招生应专办理优级完全科,不得再设选科,至与定章违异,相应咨复贵督查照转饬提学使司遵办可也。须至咨者。

　　右咨
　　两江总督

宣统二年七月三十日
"国史馆"档案

咨送两江师范毕业及补行复试各生赴部复试并附履历等册（宣统三年三月十七日）

　　都察院都御史总督江南江西等处地方张为给咨事。

　　据署江宁提学使李瑞清详称,窃准两江师范学堂咨称,窃照敝堂历史地理选科、图画手工选科乙班学生系于光绪三十三年九月考选入堂。先入预科一年,毕业升入本科。当经造具姓名、履历清册详奉咨部准予立案。两班学生各门学科于宣统二年终业已教授完毕。详请督宪委派会考官举行毕业考试,各按成绩严定分数,分别等第,榜示在案。惟查学部定章,各省高等各学堂优级师范学堂毕业生,一律调京复试。优级师范选科毕业,最优等亦须遵章复试。兹查敝堂历史地理选科考列最优等者十九人,图画手工选科乙班考列最优等者二十八人，共四十七人。又宣统元年，敝堂分类科毕业生及选科毕业最优等生有十一人，因服务因病未经复试者，一律遵章赴京复试，除毕业试卷及讲义笔录、旷课表册、成绩品，交由敝堂监学官、分省补用直隶州知州汪秉忠随带到部赍呈外，相应将历学期分数与毕业考试分数造具履历分数册各三套，备文资送，迅赐详请督宪给资送部考试照章奖励等因，并履历分数册到司。准此。理合连同履历分数册具文转详，仰祈鉴核，俯赐转咨学部，并恳缮给咨文一角批发下司，以便转给起程赴部复试，实为公便等情，并册到本督院。据此相应给咨并将各册咨送。

　　为此合咨贵部，请烦查照复试施行。须至咨者。

　　计咨送毕业生履历分数册一套，补行复试学生分数册一本，简明履历册二本。（略）

　　右咨

　　学部

宣统三年三月初五
"国史馆"档案

潘宗张等禀请物理算学两门分数格外从宽（宣统三年四月）

　　两江优级师范学堂图画手工选科毕业生潘宗张、储灏、利德芹、孙应受、陈琦、程用宾、朱太荫、罗鼎新、姜丹书、夏焕云、潘景洛、邓观涛、徐保和、黄镇平、汤有光、唐克臣、王希庄、钟祥云、王景祥、朱辂、尹士珍、郑燕、李健禀大宪大人阁下，敬禀者，本班向以图画手工为主课，大抵皆注重实习，钟点繁多，日无余晷，故其他辅助各科不得不从权减少，物理讲义则仅及大纲，平面几何则仅习初步。此次大部复试命题，物理、算学两门均非生等所素习□□□。难□□□□□□□，再四思维，既未敢规避于临时，亦未便缄默于事后，伏乞大宪大人察（查）核原呈讲义，可否恩准将复试物理、算学两门分数格外从容，鉴生等委系未习之苦衷，曲赐于全，伏候钧裁，不胜惧恐待命之至。

　　恭请

　　崇安

　　学生　潘宗张、储灏、利德芹、孙应受、陈琦、程用宾、朱太荫、罗鼎新、姜丹书、夏焕云、潘景洛、邓观涛、徐保和、黄镇平、汤有光、唐克臣、王希庄、钟祥云、王景祥、朱辂、尹士珍、郑燕、李健谨禀

宣统三年四月□日（谨呈）
"国史馆"档案

两江师范学堂毕业生黄圣时恳缩短义务年限禀（宣统三年五月初十）

　　具禀两江优级师范历史地理科毕业生黄圣时为家有老母，恳缩短义务年限呈请咨送本省或邻省效力教育准予立案事。

　　窃生籍隶江西萍乡，就学宁垣，历经六载，既未报双亲顾复之恩，复未敦人子温清之礼，自知□孝，罪重难言。前年先君见背，生闻电奔归，竟不获面，抚棺长痛，几不欲生。得诸家人述先君遗训，以老母在堂乏人扶侍，令生勿久留远方，使亲失养。生思服务之期甚远，侍亲之日不长。人生在世，读圣贤书，即有□□□觉之责，博学审问之志。教育一端为士人绝对应有之事，不论受国家之陶甄与否，作育与否，皆当引为己任。生既受陶甄作育，更不敢稍怀观望，即异日不在义务年限之中，亦当以教育事拳拳服膺。惟是五目前五旬老母在堂，安忍坐视孤立，不思随侍，事出不已，情属可原。俯求大人洞鉴曲衷，依义务章程豁免年限例，准予立案，并呈请咨送江西提学使或邻省提学使，师范生有效力全国教育之义务，凡在义务期内务当委任教育事项，以免向隅。此中苦情，早邀明照，□假将近，正学堂教员更置之时，教育行政转移之际，生迅求批示，准予给咨，以便前往指派省分听候委任。俾得戮力教育，不至赋闲，失措出自鸿慈，毋任祗遵竢命之至，临颖急切，据实上禀。

　　堂宪大人台前

宣统三年五月呈
"国史馆"档案

允准两江师范学生黄圣时豁免义务回省服务请江西提学使司遵照办理（宣统三年五月十八日）

　　普通司案呈

　　一件两江优级师范历史地理科毕业生黄圣时禀恳豁免义务由

　　批

　　具禀，已悉。查师范生有效力全国教育职事之义务，早经通行在案。该生以母老恳请豁免义务年限，碍难照准，惟该生隶籍江西，准其回本省服务，以便养亲，仰候札行江西提学使酌量委派可也，此批。

　　为札行事。案据两江优级师范历史地理科毕业生黄圣时禀称，窃生籍隶江西萍乡，就学宁垣，现因老母在堂，恳请豁免义务年限，或准其仍回江西效力。等因，前来。查师范生有效力全国教育职事之义务，早经通行在案，该生以母老请豁免义务年限，碍难照准，惟该生隶籍江西，应准其回本省服务，除批示外，为此札仰该提学使遵照办理可也。此札。

右札江西提学使司准此

宣统三年五月十八日

"国史馆"档案

两江师范学堂毕业生方鸿藻为援例呈请补考事（宣统三年七月）

具禀两江师范学堂毕业生方鸿藻为援例呈请补考事。

窃生于宣统二年十二月，由两江师范图画手工选科最优等毕业，照章应于宣统三年三月前来大部复试，唯当时因在本邑小学服务，到校伊始，举凡教务各事待理甚殷，若晋京一行，往返至速须在一月以上。另请他人庖代，一时又乏相当胜任之人。该校课程琐屑未改，以学生有用之光阴沦于荒废，遂尔蹉跎，迄今尚未遵章复试。伏查两江同学郭澄江、李健、朱焕章、张沂等均以宣统元年毕业，经大部通融，迟至宣统三年春间补考在案。生事同一律，自无歧异，可否允如所请，乘本年八月江南、江苏两高等来京复试之便，给与补考，以昭公道。所有援例呈请补考缘由理合具呈上达，伏乞鉴及蚁忱，俯赐批准，不胜待命之至。

谨呈

附同乡官印结一纸

宣统三年七月　日

"国史馆"档案

裁缺许仁杰等恳请学部援例一律分部事（宣统三年八月）

裁缺中书科中书许人杰、倪宗伊、姚丙奎合具呈为援例恳请咨商内阁叙官局照师范毕业生改用章程一律分部事。

窃职等于宣统元年十二月由两江优级师范学堂完全科毕业，翌年三月，经大部调京复试，均录取优等，奏奖师范科举人，以中书科中书尽先补用，于宣统二年六月二十七日奉旨允准在案。又本年五月二十七日，中书科裁撤，所有职等师范裁缺人员经大部咨商内阁厘定改用办法，当即统以小京官奏予分部，奉旨允准在案。仰见大部鼓励教育人材，本一视同仁之至意，钦感莫名。惟查本年七月二十日，内阁官报咨行签分各部之师范录用人员，其由内阁中书及吏部司务改用之小京官，无论前此曾否到署，均一律经叙官局分部，毫无歧异（义）。独中书科一项改用之小京官，其得分部之王荣官等，皆系已到科之裁缺人员。所有职等未到科者，并未悉同分部。检阅之下，殊深惶惑。伏查大部奏定章程，优级师范毕业有效力全国教育之义务，其在义务期内不准到署当差，免扣资俸，等因。去岁部试既毕，职等当即仍往各省从教育义务。既得一官，方庆无庸再行到署，有废时日而旷义务。

今旧内阁及吏部未到署之师范裁缺人员,如王勋、吴其浩等,均经叙官局按照改用办法签分各部,亦以师范定有专章,自未便因其到署与否而有差异。职等事同一律,理无两歧,若不悉予分部,是独职等以裁缺取消,以改用而向隅。同一师范出身而有两种办法,殊不足以昭平允而释疑团。为此不得不援照未到署之内阁中书王勋、吏部司务吴其浩等例,渎恳大部将职等衔名开咨叙官局,按照师范改用章程一律分部,俾官阶不致虚悬,资俸得以计算,实为德便。伏乞鉴核施行。上呈

宣统三年八月□日具

"国史馆"档案

两江师范学堂理化数学分类科与农学博物分类科授课欠缺时间弥补办法

第三学年第六学期改定授课时间表

此表按照部章,比较本堂原定授课时间,其主课时间均已溢出,故各科酌减钟点教授。至伦理经学等科,既有欠缺,应于此学期内酌加钟点教授,即以所减得之钟点为补习之钟点,拟增减如左表。

理化数学分类科课表

学科	部章每周授课时间	每周补习时间	各科现行增减之授课时间
伦理	二时	二时	四时
经学	四时	十三时	十七时
国文	一时		一时
教育	八时	一时	九时
数学	六时		二时
物理	七时		二时
化学	五时		二时
手工	无	五时	五时
体操	三时		三时
合计	三十六时	二十一时	四十五时

农学博物分类科课表

学科	部章每周授课时间	每周补习时间	各科现行增减之授课时间
伦理	二时	二时	四时
经学	四时	十三时	十七时
国文	一时		一时
教育	八时	二时	十时
植物	四时		二时
动物	七时		二时
矿物及地质	四时		一时
农学	三时		二时
生理及卫生	无	三时	三时
体操	三时		三时
合计	三十六时	二十时	四十五时

　　按表,敝堂课程分类科第一、第二两学年及第三学年之上学期,共五学期内,理化数学分类科所缺经学、伦理、教育、手工、体操钟点,共七百二十四小时,其主课算学、物理、化学则溢出九百七十二小时,博物农学分类科所缺经学、伦理、教育、生理,共六百十六小时,而主课之植物、动物、矿物及地质、农学(农政在内)共溢出一千二百十六小时,然其初与学部课程稍有出入者,非敢显违部章,其中实有不得已之苦衷也。盖当时考选入堂之学生,廪贡生员十居七八,皆中学本有根柢,然后入学堂之人,经学、伦理皆能自修研求,非由小学升科者比,而各处正纷纷开办初级师范及中学,苦无教员,凡理化博物诸科皆请东西洋人担任,中国理科教员往往不足厌学生之望,此理科教员之席几为外人所拥据而成其私产,中国教育权何日能收回乎?故冒昧移易中学钟点,损其有余而益所所急,此所谓不得已之苦衷也。至教育本为师范要课,学部公共科无教育,敝堂高等预科已有之。故于分类科中酌为减少,然与日本高等师范钟点仍为相合,而生理、手工以他科钟点过多,亦照日本高等师范钟点减少,体操则以非要课故也。今学部既有补习完全以符定章之令,自应遵办,但敝堂学生大半寒士居多,虽例不收学膳等费,然此数学年中筹款安家支持颇困,况入堂与京师大学堂第二班优级师范同时,今毕业已在京师大学堂第二班优级师范一年之后,若再展期,情殊可悯。且此为京外优级师范第一班,毕业三省士子每以敝堂学期过长,徘徊观望,若再延长,无以示信,皆将裹足不前矣。不得已筹思补习之方,预算两分类科功课本年九月即可授完,以后皆为实地练习之期,今请即于本月及暑假期内,下学期并展至十二月中为补习期,俟毕业后再行实地练习。其补习课表分为三期:

（一）延长期之补习

本月十六日学期试验毕，奉两江总督宪端谕，天气尚凉，试验毕仍一律上课，延长二星期，至五月底放假，十七日至三十日敝堂即令分类科学生先为补习伦理、经学，其补习时间如左表：

试毕延长期内之补习授课时间表

时间 科目	上午	下午	每周补习时间
伦理	一时	一时	十二时
经学	二时	二时	二十四时
合计	三时	三时	三十六时

二星期内共补习伦理二十四时，经学四十八时。

（二）暑假期之补习

自六月初一日起至三十日止，暑假期内中间休息一星期，每日午前六句钟至九句钟补习三小时。

暑假期内补习授课时间表

时间 科目	上午	下午	每周补习时间
伦理	一时	无	六时
经学	二时	无	十二时
合计	三时	无	十八时

三星期内共补习伦理十八时，经学三十六时。

以上共补习伦理四十二小时，经学八十四小时。

（三）下学期之补习

七月初一日起至十一月底止按照部章所定钟点，将前五学期已溢出时间之各学科酌减授课时间，以为欠缺时间各学科补习钟点。其授课时间如左表：

理化数学分类科前五学期每周授课时间比较盈绌表

科目	部章所定 第一学年第一学期	部章所定 第一学年第二学期	部章所定 第二学年第三学期	部章所定 第二学年第四学期	部章所定 第三学年第五学期	本堂实行 第一学年第一学期	本堂实行 第一学年第二学期	本堂实行 第二学年第三学期	本堂实行 第二学年第四学期	本堂实行 第三学年第五学期	欠缺之时间	溢出之时间
伦理	二	二	二	二	二	一	一	一	一	一		
经学	六	六	五	五	四	一	一	一	一	一	八八	
国文	一	一	一	一	八	三	三	四	四	四	三七二	
心理及教育					八					六	六四	
数学	六	六	六	六	六	八	八	六 演习两回（二时）	六 演习两回（二时）	六 演习两回（二时）		一七六
物理	五	五	六	六	七	四 实验四回（六时）	四 实验四回（六时）	四 实验四回（六时）	四 实验四回（六时）	四 实验二回（四时）		三四〇
化学	四	四	五	五	五	四 实验四回（六时）	四 实验四回（六时）	四 实验三回（五时）	四 实验三回（五时）	四 实验三回（五时）		四二四
天文气象												三二
英语	三	三	三	三	三	三	三	三	三	一		一〇八
图画	一	一	三	三	三	一	一	三	三	一	一四八	
手工	三	三	三	三	三	三	三	三	一	一	五二	三六
体操	三	三	三	三	三	三	三	三	二	二		
合计	三六	三六	三六	三六	三六	授课二十九时，实验四回（计十二时），共四十一时	授课二十九时，实验八回（计十二时），共四十一时	授课二十八时，实验及演习十三回（计十三时），共四十一时	授课二十八时，实验及演习九回（计十三时），共四十一时	授课二十七时，实验及演习十一回（计十三时），共十八时	共欠七百二十四时	共溢一千二百十六时

农学博物分类科前五学期每周授课时间比较盈绌表

学年学期 科目	部章所定每周授课时间 第一学年 第一学期	第一学年 第二学期	第二学年 第三学期	第二学年 第四学期	第三学年 第五学期	本堂实行每周授课时间 第一学年 第一学期	第一学年 第二学期	第二学年 第三学期	第二学年 第四学期	第三学年 第五学期	欠缺之时间	溢出之时间
伦理	三	三	二	二	二	一	一	一	一	一	八	
经学	六	六	五	五	四	一	一	一	一	一	三七二	
国文	一	一	一四	一四	八	一	一	三	三	五	八四	
心理及教育						四	四	四	四	四		
植物	六	六	五	五	四	四 实验二回（三时）	四 实验二回（三时）	四 实验二回（三时）	四 实验二回（三时）	五 实验二回（三时）		一五六
动物	三	三	七	七	七	四 实验二回（三时）	四 实验二回（三时）	四 实验二回（三时）	四 实验二回（三时）	四 实验二回（三时）		一四四
生理及卫生	六	六				二 实验二回（三时）	二	一 实验一回（一时）	实验一回（一时）		七二	
矿物及地质	三	三	三	三	四	实验二回（三时）	实验二回（三时）	实验二回（三时）	实验二回（三时）	实验二回（三时）		一九二
农学			三	三	三	四 实验四回（六时）	四 实验四回（六时）	四 实验四回（六时）	四 实验四回（六时）	实验四回（六时）		七二四
英语	三	三	三	三	三	三	三	三	三	四		一〇八
图画	二	二	二	二	二	二	二	二	二			
体操	三	三	三	三	三	三	三	三	三	三		
合计	三六	三六	三六	三六	三六	授课二十九时，实验十回（计十五时），共四十四时	授课二十九时，实验十回（计十五时），共四十四时	授课二十九时，实验十一回（计十六时），共四十五时	授课二十九时，实验十一回（计十六时），共四十五时	授课二十七时，实验十回（计十五时），共四十二时	共欠六百十六时	共溢一千三百二十四时

按照上表计,所缺钟点已于暑假期内及第六学期内先后分别补习,其主课钟点虽已溢出,仍分配时间以便各科讲授完毕,兹将六学期授课时间比例盈绌列为总表。如左:

理化数学分类科授课时间比较盈绌总表

学科	前五学期欠缺/溢出时间	第三学年学期试验后及暑假期内补习时数	第六学期改定每周授课时期	六学期各科欠缺及溢出时间总数
伦理	欠八十八时	四十二时	四时 部章二　　补习二	欠六时
经学	欠三百七十二时	八十四时	十七时 部章四　　补习十三	欠二十八时
国文	不欠		一时 部章	不欠
心理及教育	欠六十四时	未补	九时 部章八　　补习一	欠四十四时
数学	溢一百七十六时		二时 部章六　　减四	溢九十六时
物理	溢三百四十时		二时 部章七　　减五	溢二百四十时
化学	溢四百二十四时		二时 部章五　　减三	溢三百六十四时
天文气象	溢三十二时			溢三十二时
英语	溢一百〇八时			溢一百零八时
图画	溢三十六时			溢三十六时
手工	欠一百四十八时	未补	五时 部章无	欠四十八时
体操	欠五十二时	未补	三时 部章	欠五十二时
合计	欠七百二十四时 溢一千一百十六时	共补一百二十六时	每周四十五时,二十星期,计共授课九百时,内补习经学伦理教育共三百二十小时,其主课钟点因溢出甚多,故酌量减少。按授课时间,未免过多,与教育法不合。但查日本东京府师范,其授课有四十一时,今学堂初立,学校求深,不得不为变通。合并声明。	欠一百七十八时 溢八百七十六时 两比总溢出六百九十八时

农学博物分类科授课时间比较盈绌总表

学科	前五学期欠缺/溢出时间	第三学年学期试验后及暑假期内补习时数	第六学期改定每周授课时期	六学期各科欠缺及溢出时间总数
伦理	欠八十八时	四十二时	四时 部章二　补习二	欠六时
经学	欠三百七十二时	八十四时	十七时 部章四　补习十三	欠二十八时
国文	不欠		一时 部章	不欠
心理及教育	欠八十四时	未补	十时 部章八　补习二	欠四十四时
植物	溢一百五十六时		二时 部章四　减二	溢一百十六时
动物	溢一百四十四时		二时 部章七　减五	溢四十四时
生理及卫生	欠七十二时		三时 部章无　补习三	欠十二时
矿物及地质	溢一百九十二时		一时 部章四　减三	溢一百三十二时
农学	溢七百二十四时		二时 部章三　减一	溢七〇四时
英语	溢一百〇八时			溢一百〇八时
图画	不欠			不欠
体操	不欠		三时 部章	不欠
合计	欠六百十六时 溢一千三百二十四时	共补一百二十六时	每周四十五时，二十星期，计共授课九百时，内补习经学伦理教育生理共四百时，其主课钟点因溢出甚多，故酌量减少。按授课时间，未免过多，与教育法不合。但查日本东京府师范，其授课有四十一时，今学堂初立，学校求深，不得不略为变通。合并声明。	欠九十时 溢一千一百〇四时 两比总溢出一千零十四时

　　总计各科欠缺钟点及溢出钟点两相比较，理化数学分类科仍溢出七百十四小时，农学博物分类科仍溢出一千零十四小时，敝堂预定第六学期课程本以二十星期计算，自七月初一起至十一月底已满二十星期，十二月内本为温习及试验之期，各科中仍有钟点未补足

者,拟于考试毕业以前一律补完,庶可以上不背于部章,下无苦于学子,理合备文咨复贵司,请烦速赐,转详学部署□施行,至为公便。

"国史馆"档案

两江优级师范学堂咨文课目

谨将两江优级师范学堂咨文课目抄呈鉴核

计开

两江优级师范学堂为咨复事。顷奉贵司移知,宣统元年四月二十四日奉学部札开,普通司案呈,有查两江优级师范学堂清册,该学堂办有理化数学分类科、农学博物分类科,其课程核与定章优级师范第三类、第四类相合,惟每星期教授钟点减缺过多。又优级师范分类科照章,必习过公共科之学生方许升入,查册开学生注明由本堂预科毕业者其数居多,并有由他处学堂毕业者,此项公共科课程极关紧要,该堂预科是否即照公共科办法未据报明,殊欠清晰,其学生缺习公共科学科及分类科所缺各科钟点,均应由该堂酌展毕业期限,补习完全,以符定章。至另办之公共选科及选科之预科,均尚合宜,而于预科添二年之补习科办理,尤为切实,应即分别准予立案。除咨行两江总督查照外,札行该提学使司遵照行知可也,等因。奉此,查敝堂开办之初,自光绪二十九年由升署督宪张奏明开办,其考取学堂章程本酌选旧有学堂之优等生、年龄稍长者入初级师范本科,挑选学问年力俱优者入优级预科,预科课程即照公共科目延长二年,增加钟点补习普通。又其时聘请日本各科教习,俱已完备,故于公共科未备科目皆即添设,号为高等预科。而师范尤重教育,当预科期内已有教育一门,其由他校考入本科者,亦必视其完全普通学科程度相当,方予收录。盖科学万不能躐等,未可通融,如算学未深,难言物理,动植未究,何能言农。敝道身负教育重任,决(绝)不敢敷衍,目前苟且滥取,内遗(贻)误于学堂,下贼害于学生,自欺欺人,其何能淑也。谨先将敝堂高等预科科目表开列于左。

学部札开,又云理化、农博两分类科教授钟点减缺过多,应由该堂酌展期限补习等因,足见学部慎重学科之盛意,但敝堂其先变通之故及现今补习之法有不得不声明者,今先谨将敝堂课程与学部课程钟点盈绌比例表开列于左。(每年上课期以十六星期计算,下学期以二十星期计算)

(下缺)

"国史馆"档案

历史地理选科讲义目录

历史地理选科讲义目录(计二十九册,又西洋通史教科书一部)			
学科	讲义细别	册数	备考
伦理	伦理学	一册	
教育	教授法	一册	
	管理法	一册	
	心理学	一册	
历史	上古史 中古史	合订一册	
	近世史	一册	
	国朝史	共二册	
	日本维新史	一册	
	西洋史	西洋通史一部	用西洋通史为教科书未另编讲义
地理	本国地理	共五册	
	东洋地理	一册	
	亚洲地理	共二册	
	欧洲地理	一册	
	非洲地理	一册	
	美洲地理	共二册	
	澳洲地理	一册	
法制经济	宪法	一册	
	国际公法	一册	
	经济学	一册	
	法制史 经济史	合订一册	
地质地文	地质学 地文学	合订一册	
外国文	日文	共二册	

"国史馆"档案

图画手工选科讲义目录

图画手工选科讲义目录(计十四册)			
学科	讲义细别	册数	备考
伦理学	伦理学	一册	讲义同历史地理选科
教育	教授法	一册	
	管理法	一册	
	心理学	一册	
手工	纸工	共三册	预科授
	粘黏土工		预科授
	石膏工		预科授
	豆工		预科授
	竹工		预科授
	木工		
	漆工		
	金工		附电镀法
图画	用器画解说上卷	一册	自在画,授铅笔画法、水彩画法、临本写生及擦笔画、油画,用日本习画帖及教习自制画稿教授,未发讲义,用器画又另授图案随时采用实物或标本,未发讲义。
	用器画解说中卷	一册	
	用器画解说下卷	一册	
物理	力学热学	共一册	
	光学音学		
	磁气学电气学		
数学	代数	一册	
	几何	一册	
音乐	音乐大意	一册	

"国史馆"档案

两江师范添设图画手工科

两江师范,是单独的优级师范,规模宏大,学生最多时有六七百人。起初几年尚是各科混合制,自始即有图画、手工、音乐等课。后来乃行分科制。那时学部(民元改称教育部)所订的分科章程,有理化科、数学科(或数理化科)、博物科(或农学博物科)、历史地理科等,独无艺术性质的专科。监督(即校长)李瑞清(字梅庵,晚号清道人,江西临川人,翰林)眼光远大,且自己擅长书画,故提出主张,同时学生又竭力争取,于是呈准学部,特别添设了图画手工科。图画包括中、西画及用器画、图案画等。手工包括各种工艺美术。这两门功课是主科;并以音乐为副主科;再附加各种普通科为副科;另外,当然以教育为总主科。每周上课有42小时之多。连办此科甲、乙两班,各三十余名学生。甲班三年半毕业(1906秋—1909冬)。乙班亦三年半毕业(1907秋—1910冬)。我是乙班毕业生。

教师,除国文、英文、日文、历史、地理、数学、体操等课是本国人外,其余许多课程,都聘日本学者任教。

(一)图画课目:素描(铅笔、木炭)、水彩画、油画、用器画(平面几何画、立体几何画—正投影画、均角投影画、倾斜投影画、透视画、图法几何等)、图案画、中国画(山水、花卉等)。

西画教师:盐见竞(日人)

用器画教师:亘理宽之助(日人)、盐见竞。

中国画教师:萧俊贤(字屋泉,湖南衡阳人)。

(二)手工课目:各种纸类细工、绳类细工、粘(黏)土工、石膏工、竹工、木工、漆工、金工等。

教师:一户清方、杉田森(均日人)

(三)音乐课目:乐典、风琴、钢琴、唱歌。(用五线谱,当时称大谱表)。

教师:石野巍(日人)、许崇光(江苏海州人)。

(四)教育课目:教育史、教育学、训育论、心理学、论理学、教授法、学校行政等。

各种副科课程从略。

学生入学资格:举、贡、生、监。(那时无中学毕业生,连高等小学毕业生也极少)。

招生范围:江苏、安徽、江西三省。(三省各县派有一定名额,且须经过三次严格考试方得录取)。

学生待遇:各费(包括膳费)全免。且供给制服及一切学业上的用品——工具、材料,等等(起初时还有零用钱津贴),此是一般情况。当时的学生用品,都是日本货,而且上海不大买得到。

其中两班图画手工科毕业生,共计只有六七十人。此六七十人为我国第一辈的艺术教育师资,也就是最早播下的艺术种子生长出来的苗秧。再移植到各地滋长起来,扩展了艺术花果的园地。

此六七十人,除当然分派在上述三省的中学、师范为图画、手工、音乐教师外,还有派别省服务的,如张衮派到四川,乔治恒派到山西,李健、陈琦、吕凤子派到湖南,郑庚元派到贵州,沈企侨派到广东,我派到浙江等。到了今日,差不多都作古人了,据我所知道的尚生存而且仍在教育岗位者,只有吕凤子、吴溉亭及我三人(或尚有不知的),也都是七十余岁的老朽了。

我曾被选拔参加过当时学部所举办的全国性的、分科性的考试,各科考生虽共有数十百人(同考生中有所谓高等学堂—大学预科毕业生,各省都有),但属于艺术科的只有两江师范及北洋师范的图画手工科毕业生数人。

姜丹书:《我国五十年来艺术教育史料之一页》,《美术研究》1959 年第 1 期

第六部分 停办与保管

张謇致马相伯函

相老大鉴：

南京甫下，民军中占住民房、掳夺财物者，指不胜屈，口不胜述，今且弗论。最可痛者，两江师范学校之军队。该校被占后，所失仪器、木器甚多。仪器有流至上海者，木器有摧而为薪者，图书册数，触地狼藉。致旧监督李梅庵痛哭诉人，谓能保全于张勋而不能保全于民军。嗣闻图书馆亦被掠取蹂躏，比在宁时，两江师范庶务员吴逸，一再来告，闻之心恻。嘱其面谒教育总长，妥商办法。吴行绝食矣，以十元资之，并属坚守残缺弗去，别请于孙总统严令保护图书馆书籍。此皆前事也。

顷见报载，两江师范复有焚毁宿室百数十间之说，咄咄怪事，是何军队也？万国战时公法，惟敌人财产，可以没收，其人民私产即不得夺取。若地方公共之物，如学校、教堂、公园、图书馆、养老育婴等堂之属，则保护之尤力。设有损坏，例得控诉索赔。民军初起颁行军律，公地亦有保护之条，其使人心之归向者在此。今民间私产私财，既不能保，已不合于文明，何至地非战国，图书之祸烈于秦人；宫非阿房，焦土之酷等于一炬！既背光复之本旨，复越公法之范围，舆论哗然，文明何在？民国新建，前途可危。

鄙意须由省议会协商各省代表，发起建议，与各军严重交涉。查明该公地之损失，军队隶于何省，即令何省赔偿。不独江宁为临时政府所在，必当如此，例须通告海内，行于全国，行于将来，或可以儆一般以邻为壑之私心，彰民军不自怙过之公义。否则，甲去而乙至，此靖而彼焚。可危者，宁止师范学校图书馆而已耶！

我公明达，同有是心，闻者必同有是感。幸赐行之，无任祈祷。

《张謇全集》函电上

两江师范学校光复沿革史

南京两江师范现由教育部改为国立第二高等师范，其已开之附属中学业经停办，两江师范名词从此消灭。该校规模宏大，于江南教育界首屈一指，从前用款达二百余万，光复后风潮变幻，兹将变迁事迹详载如下：

一、军队入校及吴逸之保管。南京闭城时,监督李瑞清住守校中,全校保存。光复后驻扎军队兵士,因天寒燃草取暖,以致失慎,斋舍、洋楼半为灰烬。有两江师范毕业生吴逸,以保管自居,而贵重仪器至此荡然无存。

二、校友会组织及改建南洋大学。两江师范学生组织校友会,推修业生刘仁航为会长,开会倡议改建南洋大学,用铅字排印理由书散布,并编张南洋大学附属中学招生广告。

三、南洋大学之驳议及优级师范之改建。当改建南洋大学喧(宣)传后,有两江师范教习佘恒宣布改建南洋大学驳议,其大旨谓:大学者,必各专科完备,方名副其实。今但开一法政班,乌足称大学。且议改法政学校,是消灭两江师范之母校,以师范校友销(消)灭母校,忍乎?会员咸为之动,遂取消改建大学之说,而设南洋优级师范,推举张季直为校长。张坚辞,荐袁观澜为校长,袁又辞,而优级师范不果设。

四、开办附属中学。校友会长刘仁航等倡议,开办附属中学,请张季直函商程都督拨款,以刘仁航为校长。校友会以刘未卒业不承认,改举佘恒为校长,余未就。于是两江师范学生各自认为教习。其时学生只四十余人,教习三十余人。开校两月,既无校长,秩序大乱,校友会遂坚约佘恒就校长职,程都督加给委任状,月拨经费五百元,招集前后旧班生中学程度二百人,小学程度百余人。

五、附属学校不能改良。佘恒虽任校长,不领薪资,夫马遂取偿于他校。故余兼第四师范教习及第一女师范教习,而校事全掌于校友会。堂中教员由校友会自由认充,堂中用款由校友会任意干涉,其校友会职员、教员日起冲突,校长佘恒势同虚设。

六、发生教员纵火案。省视学查悉,该校教员太多,胜任者十无一二。校友会往来校中,若旅客之寓旅馆。应省长谕,令佘恒裁汰教员,并将校友会迁出校外。其时校中有八十余学生毕业,佘恒即辞教员数人,留者减少上课钟点。有刘仁航所荐之英文教员李栋臣者,因钟点减少向余责问,谓钟点即薪资也,减钟点即减薪资,头可断,薪不可减。并至教育司面见黄司长争论。黄司长见其无礼,责佘恒何以聘此辈教习。余劝李另就,李栋臣向管理员鲍君云"将以手枪毙余"。鲍为李所吓,遂私与会计相商,送李川资五十元,李允次晨(十八)去校。讵次晨打扫夫走□有烧残草灰字纸灰,旋见教室玻璃窗破一扇,室内有煤油浸透麦草字纸引火烧残各件,地板、桌椅多有烧毁。自纵火案发,教育司特派科员濮祁查阅寻探草屑纸灰,至李栋臣所住之房时,李呼佘云"汝疑我纵火乎",手持石子掷余。教育司科员见势不佳,邀余他去,而探访局亦派侦探至该校侦探情形。据侦探报告,李栋臣为嫌疑犯有五。一、对于校中有极恶感情者莫若李;二、烧残之草出于李之住室;三、李于日间取得川资,夜间有纵火□;四、人未言及李而李先自辩未纵火;五、校中教员均用小灯,李独用大灯,此晚间夫役索取煤油斤许,次晨斋夫见李之灯内已无点滴煤油,而地板上有数点煤油。应省长得探访局报告书,发交检查厅,李栋臣已逃走。现检查厅已行文李之徐州原籍,传提以备详细讯究。

七、附属中学之停办。教育司将纵火情形及附属中学应否接续开办电致教育部请示,覆电令即停办,学生送入相当学校肄业。校友会张怡然等主张反对部电,举代表至通州,请张季直维持,张不允所请。校友会自电部请收回停办之命,部覆电不许。佘恒遂将校中三四年级学生送入江宁中学校,二年级学生送入钟英中学,小学生分别送入各高等小学校。中教员送薪资半月,川资各二十元,各教员亲书收条,注明从此与附属中学断绝关系云。

八、佘恒之交代。佘恒将一切收入、支出款项清单用油印分送各学界,以表明佘一人未沾分毫之意。将校中一切校具、仪器点交教育司所派保管员李君,查对明确以资守管。

《时报》1913 年 2 月 13 日

训令两江师范附属中小学校长传知理化分类科学生迅速报名以便送入北京高等师范学校补习事

为训令事。准教育部咨开,据两江优级师范理化分类科乙班学生张鹏飞等呈请,俯准给予毕业证书,以免向隅,等情。当经本部批示,师范以实地练习为最要,查该校停课距该生毕业期半载有余,功课正当吃紧之际,匪独练习期有阙,即各项主要学科亦必未臻完备。应俟将所阙程度逐一补足,成就完全师资,始行正式毕业,教育前途庶有厚望,所请通融给凭一节,应毋庸议等因在案。查该校现在停办,该生等补习无所。本部对于接收各省高等师范亦正在规划,但经费未经确定,明年暑假前尚难照办。在未经接办以前,应仍由各该原省设法维持。惟前准贵都督咨复,一时亦属无款可拨,倘明年上半年苏省仍难开校。该生等毕业期近,功亏一篑,尤属可惜。查北京高等师范学校尚有余教室,可增学生一班。倘江苏愿将该生等送入京师补习,可就该校添设一班,俾得早日毕业,但该校教室所余无多,除此班学生外,其余各班碍难并送。

又,该生等以前所授课程尚有若干项未毕,应并查明迅速覆部以便核办。为此咨请贵都督,希烦查照办理并转知该生等可也。等因,到府。准此。合行训令该校校长即便转知该师范学校理化分类科乙班学生,如有愿入北京高等师范学校补习者,报由该校长汇造名册,连同该生等以前所授课程未毕若干项,一并查明,统限于文到十五日内具呈到府,以凭转报。此令。

《江苏省公报》1912 年第 79 期

江苏都督程指令佘恒呈报接受两江师范校具仪器情形由(1912 年 8 月 7 日)

江苏都督程指令

两江师范学堂附设中小学校长佘恒呈报接收两江师范校具仪器情形并接收时费用数目由。

呈册均悉。该校长既兼任保管全校事宜,应将点收之品妥为储藏。据称,该校校具仪器等件,多为各军队及陆军医院等处借用,请按吴逸细账追还,等情。正在核办间,复据吴逸呈报交代情形,并开列借出校具清单前来。察(查)阅单开,各处有久经取销(消)者,有现已迁调者。吴逸从前既任保管,何可将校物任意动借,既借以后又何以不随时追还。惟当军务倥偬之际,或非该保管员力所能及,情尚可原。至动借各物,当有借物底册及借主收条,应饬该员悉数检呈,以资考证。除单开之内务部警务学校及马林医院两处,可由该校长查取吴逸底册收条自行追还呈报备查外,其余军队借用之物,准予分令归还。并仰转知吴逸遵照。此令。

八月七号
中央大学档案

江苏都督程训令佘恒将收回校具妥为保管事(1912 年 8 月 27 日)

为训令事/民政司教育科案呈,据陆军第三师师长陈懋修呈称,案奉钧府令开,据两江师范学校附设中小学校长佘恒呈请,驻宁军队前借该校器具,请饬归还等语前来。查单开,该校木器该炮□搬用二百余件,又铁道营搬用八十余件。该校刻下既急需用,自应即速归还。为此令仰即便转饬遵照。等因。奉此。当即令饬炮兵、交通两团,遵照办理。去后,兹据炮兵第三团长邓翊华呈称,奉令饬查明各营有无借用两江师范学校器具,具复察核。等因。奉此。当经转饬一体遵照前因,切实查复在案。兹据各该营先后报称,第一营前次借用该校木器三十二件,第二营借用七十三件,均经分别派员押运前往,由该校点收无误。并所有该校长复函并收条存案。又据交通团长邓质仪呈,据铁道营长呈称,前借住两江师范学校房屋,并借用器具,业经营长开单呈报在案。兹于本月十三日奉团长传奉师长指令,移驻卢妃巷刘公祠,所有前次借用师范学校器具八十余件,当饬材料员会同该校庶务员李、左二君照前次检查单开,逐件点交清楚,并无遗失损坏。并由该校长立具收条各等情前来。理合据情转呈钧府鉴核,转饬知照。等情,到府。据此。合行训令该校长知照。仰即将收回之校具妥为保管。此令。

中华民国元年八月二十七日
中央大学档案

江苏都督府程指令借拨公款以资开校由

中华民国江苏都督府程指令

呈请借拨公款以资开校由

财政司□□两江师范学校筹办员刘仁航等呈称,中学开校在即,请于该校所存裕宁等处款项未提出以前,先行借拨数百元以资开校等情。查光复以后,公家经济困难异常,借拨一节,本难照准。惟维持教育,亦属要政,姑暂借拨二百元,以济开校急需。该筹办员等一俟存款提出,即行归缴,以重公款,而免久悬。此令。

初七

中央大学档案

佘恒为军队送还各件开具清单呈报江苏都督文(1912 年 8 月 27 日)

呈报江苏都督呈文乙件

两江师范附设中小学校长佘恒为呈报事。

前奉指令内开:军队借用之物,准予分令归还,等因。奉此。本校遂即静候各军队归还各件。嗣于八月十三、十五、十六等日,铁道营大队、南京陆军医院、炮兵第三团一营及二营、第七师司令部即前沪军司令部先锋队等处送还各件。惟其中多有损坏者。其时,恒因图书审查会赴沪,本校司事因畏军人势力不敢与较。且前保管员吴逸尚未将各处借用物件清单移交前来,无法根究。只得如数点收,给予收条。恒归校后,询知各节,欲亲往各军队与之理论。自恃文弱,恐非力所能及,是以中止。谨将各军队送还各件分别开具清单,于损坏者特加注明,听候钧核。为此备文呈报都督鉴查。须至呈者。

计开各军界送还各件清册乙件

右呈

江苏都督程

中华民国元年八月廿七日

谨将各军界前送还各件清单录呈钧鉴

一、八月十三日铁道大队送还各件

计开:

大菜台	乙张	
大黑板	乙方	
讲堂椅	五张	
方台	二张	
白粉板	乙方	
木榻	五张	内有三张损坏
大长桌	二张	全坏
玻璃桌	二张	全坏
长靠椅	乙张	
小长桌	二张	内有乙张损坏
讲堂桌 连椅	五十四张	内有十五张损坏

木框子　　　乙只
长台桌　　　乙张　损坏
床　　　　　乙张
长凳　　　　四张
以上共计八十三件。
一、八月十五日南京陆军医院送还各件
计开：
课钟　　　　乙架
圆木凳　　　七十张　内有十三张损坏
小镜框　　　十只
水车　　　　二副　损坏
以上共计八十三件。
一、八月□日第七师司令部即前沪军先锋队送还各件
计开：
课桌　　　　三十九张
以上共计三十九件。
一、八月十六日三师炮兵三团一营送还各件
计开：
方桌　　　　四张　内有二张损坏
长桌　　　　六张　内有三张损坏
小黑桌　　　九张　内有六张损坏
长椅　　　　三张　全坏
自修室椅　　九张　内有四张损坏
以上共计三十乙件。
一、八月十六日三师炮兵三团二营本部送还各件
计开：
红板　　　　四十三块
椅子　　　　十张　内有五张损坏
桌子　　　　五张　全损坏
长椅　　　　三张　内有式张损坏
大板凳　　　三张
小板凳　　　二张
书架　　　　式张
茶箱　　　　三个　内有乙个损坏
西式床　　　乙张
方桌　　　　乙张

以上共计七十三件。

统共三百〇九件。

中华民国元年八月二十七日
两江师范附设中小学校长佘恒谨呈
中央大学档案

佘恒为铁道大队送还各件并赔偿损坏呈报江苏都督文(1912年8月27日)

呈报都督呈文乙件

两江师范附设中小学校长佘恒为呈报事。

窃以铁道大队前借本校西偏之两排楼房驻扎,经本校迭次函促该营择地另迁,遂于本月二十二日开拔搬让。陆续用大车运出本校内所原有之条凳约二三十张、牌杌五六张、圆凳五六张、小水缸式口、小桌三四张、方杌式三张、一字椅三张、地板乙百五六块、板垫三四十块。当经司事左千柏等出而拦阻扣留。不料该营兵士恃众不服,用荷枪□击,并捣毁门房窗格玻璃三块。旋即函请该营长来本校验看。讵该营长置之不理。遂函告宪兵司令部长茅。当蒙派宪兵第一营第三连向排长率领宪兵六人来校验明属实,允以回营面奉,照偿在案。继又检知铁道大队所借住之前楼西偏储藏室又为该营兵士将后面之百页(叶)窗撬开,玻璃冲破,潜形入内,窃去多物。其正面前由恒凭同贵司科员汤允中加封之封条依然如故。只缘该储藏室内所存各件,前保管员吴逸未有清单移交,无法稽核,其损失又不知几何。因思军人本赖以保卫地方,似此攫取用具,捣毁窗户玻璃,撬开窗户,殊属□违军纪。请令知该营长送还各件,并赔偿损坏,实为公便。为此备文呈请都督鉴察,仰祈批准施行。须至呈者。

右呈

江苏都督程

中华民国元年八月廿七日
中央大学档案

佘恒为校具被军队所借呈报江苏都督文(1912年8月31日)

呈报都督呈文乙件

为呈报事。窃以前沪军司令部曾向本校借用课桌八十二张,后因改编为沪军第七师司令部,此项物件遂为第七师所认借。本月第七师司令部送到课桌三十九张,当经本校给予收条,一面呈报钧核在案。惟前保管员吴逸移交清册内注明,沪军司令部借课桌八十二张,除收三十九张外,仍有四十三张未曾交到。即乞令知第七师师长洪饬所部将未还清之课桌如数送还，以应本校开学之用。

又，前保管员吴逸移交清册内注明，卫戍第一团一营一连连长薛楷借用校具二百八十六件。卫戍第一团二连连长范借用校具八十六件。卫戍第一团一营三连连长周借用校具共二百七十三件。第四连连长周借用校具四百卅八件。第一营营本部营长李借用校具一百四十二件。卫戍一团三营营本部营长郭借用校具四十三件。卫戍一团三营九连连长马借用校具四十一件。卫戍一团三营十一连借用校具八十二件。卫戍一团三营十二连连长赵借用校具一百十二件。卫戍一团标本部及二营共借用校具二百〇八件。查卫戍军队现归第七师管辖。亦乞令知第七师师长洪转饬该团，将本校校具如数归还，以重公物。为此备文呈请都督鉴查核准施行。须至呈者。

右呈

江苏都督呈

中华民国元年八月卅一日

中央大学档案

南洋优级师范学校筹备员为移请代为呈报事

南洋优级师范学校筹备员谢莹、张怡然、刘仁航、赵光远为移请代为呈报事。

窃怡然等自五月间被校友会公推筹办附属中小学校后，奔走多日。得蒙都督垂许开办办理，稍有端倪。并承财政司长金鼎拨借银元贰佰元为开办费，由怡然等出领状，具领在案。附属中小学校开办后，计收得学生学膳费三百十六元七角，小银元二十四角，钱八十文，共计收入银元五百十六元七角，小银元二十四角，钱八十文。此为收入之总数。至支出之款，计分三大项。（一）附属中小学校筹办期内，赴苏四次，由苏赴沪一次，与民政司及张公謇接洽之川资及电报等费用；（二）自六月初五号开校起，至七月十四号止，教员学生饭食及夫役工食、添置物件等用一切杂用；（三）筹办大校，赴沪等川费及电报等杂用。三项共计支出五百十三元四角三分七厘，小银元二十四角，钱八十文。此为支出总数。收支两抵，实存银元三元贰角六分三厘。此项余款，暂行移交贵校长。又移交学生所欠学膳费六十元八角。另附清单，请为追缴。惟大校筹办费用，尚有由他处挪移，未经归还者。且来日方长，需费若干，未能预定。他日或须向贵校长量为移借。特先声明。附粘收支清单一纸，请贵校长将大概情形并收支清账代为呈报都督察（查）核存案备查。须至移者。

右移

两江师范附属中小学校校长佘

计附粘收支清单一纸、学生欠缴学膳费清单一纸

中华民国元年九月

中央大学档案

江苏都督程训令佘恒将军队交还器件接收（1912 年 9 月 18 日）

为训令事。

前据该校长呈请转饬各营，将所借该校木器归还。单开，一百一团一三营搬用计八百余件。当即转饬去后。兹据第七师呈复内开，该团解散后，敝师第八团一营迁入，所留器具并无交代。虽迄今并非据吴君逸会同点验，而实在动用存留器具四百五十件，早已具册备查。佘校长声称八百余件，实难依据。等情，前来。除指令既只有四百五十件，仰即作速归还分行外，为此令仰该校校长即便遵照接收。勿得自误。此令。

中华民国元年九月十八日
中央大学档案

佘恒为将未归还各件查明交还呈报江苏都督文（1912 年 9 月 23 日）

呈报都督呈文乙件

为呈报事。窃以前保管员吴逸移交各军队借用各件清单内开，驻扎昭忠祠之卫戍第一团各营各连借用校具八百廿三件，驻扎宁属师范学校之卫戍第一团标本部及二营借用校具二百〇八件。查卫戍第一团后改为一百〇一团。一百〇一团取消时，该团团长邓超并未通知本校，令接收该团前借用之校具。而昭忠祠又有第七师八团一营迁入宁属师范校舍。又有宪兵营即今改定之宪兵练习所迁入。其用具想为该二处接收。现第七师八团一营迁往他处，交还木器四百五十三件，下少三百七十件。宪兵练习所则全未归还。拟请令知前一百〇一团团长邓超会同宪兵练习所所长及第七师八团一营营长将未归还各件查明交还，以重公物。为此备文呈请都督鉴察，仰祈批准施行。须至呈者。

右呈

江苏都督程

中华民国元年九月廿三日
中央大学档案

佘恒为请派员来校亲验启封呈江苏都督文（1912年9月29日）

呈请都督府呈文一件

为呈请事。窃本校于本年上学期继续开办，除高等小学、初等小学各开一班外，中学四班分一、二、三、四年各级。其第四年级学生系原有之乙、丙两班合并而成。此外略收容程度相当之各生。现至下学期已为第五年级，其学生人数达五十人以外。而乙、丙两班旧生之来校就学者仍复络绎不绝。讲室桌椅固不敷用，且于教授上亦不合宜，不得不改为分班教授。惟苦无教室，只有六个可用。因思两江师范本校原设之会计室，现为贮藏校具之用，曾凭同教育科科员汤加封在案。拟将此项会计室启封，将原贮藏之校具移置他处，以此屋改为讲室。

又，中学各级所用之图画贴，仍由本校自行刊印，与购自坊书肆者不同。现在此贴业经发罄，而存书则贮藏于加封之仪器室内。亦拟将储藏该画帖之仪器室启封，取出该画帖应用。但此二处既由教育科科员汤会同加封，此时本校未便擅自启封。即乞仍派教育科科员来校亲验启封，俟校具移置、画帖取出后，仍由教育科科员亲验加封，以昭慎重。为此备文呈请都督鉴察核准施行。须至呈者。

右呈

江苏都督程

中华民国元年九月二十九日

中央大学档案

佘恒呈覆学校器具被军队借用情形（1912年10月30日）

两江师范附设中小学校校长佘恒为呈覆事。

顷奉指令，内开：呈及清单均悉，该校长应仍向前保管员追取借物清单，以资查考，仰即知照。等因。奉此。查此项清单，前因前保管员吴逸回里，未经移妥。昨吴逸回宁，已于八月二十七日交到。查清单内所开，各军队借用之器具甚多，有已还而未曾还清者，有全未归还者。兹特就各军队借去器具及还来器具之总数另开清单呈核，并乞令知各军队，饬其陆续还清，以资应用。为此备文呈复都督鉴核施行。须至呈者。

计开：清单乙件

右呈

江苏都督程

中华民国元年十月卅日

谨将各军队向前保管员借去器具总数编成一览表,录呈钧鉴

军队名称	品名	借去	还来	下欠
前沪军司令部即今第七师司令部	用具	八十二件	三十九件	四十三件
铁道营	又	八十四件	八十三件	乙件
电信大队	又	四百廿六件	未	
驻扎昭忠祠之卫戍一团各营各连	又	八百廿三件	四百五十三件	三百七十件
驻扎宁属师范卫戍一团团本部及二营	又	二百○八件	未	
前徐总司令策济部课长王念祖	又	三十四件	未	
苏军先锋队管带吴浩	又	一百七十二件	未	
第三师第六联长柳天则(原住本校钟楼)	又	四百五十件	三百六十六件	八十四件
第三师第六联二营周管带(原住东教习房)	又	一百九十六件	乙百四十八件	四十八件
第三师三团各营各连(原住本校自修室)	又	二百九十件二营七十三件	一营三十乙件	一百八十六件

中华民国元年十月卅日

中央大学档案

佘恒呈报启会计室及图画室封取用各件情形(1912年11月4日)

呈报都督呈文乙件

为呈覆事。窃本校前因教室不能敷用及取用图画贴,呈请派员监视,将两江师堂会计室及图画室启封在案。奉指令内开:呈悉,仰候派员监视启封可也。等因。奉此。本校嗣于十月十九日凭同教育科科员汤允中启会计室封,将两江师范学校藏书及用具移至平房。并随即凭同教育科科员汤用都督封条将该平房钉封,其借出本校需用之物件及书籍当凭教育科科员汤记账。同日凭同教育科科员汤启图画室封,取出图画贴等件。取出后该图画室如前用都督封条钉封。其取出之画图贴等件,亦仍凭同教育科科员汤记账。理合将此次启封时取出物件、书籍图画贴等用具清单录呈钧鉴。为此备文呈覆都督察(查)核施行。须至呈者。

计开:启封时取出各件清单乙件

右呈

江苏都督程

中华民国元年十一月四日

谨将十月份启两江师范学堂会计室及图画室封时本校借用各件开具清单，录呈钧鉴。

计开：

书籍项下：

《皇朝分省地图》八十本

《国粹学报》十二本

《世界教育状况》二本

《世界读史地图》二本

《五洲列国地图》乙本

《学务杂志》二十本

《教育杂志》十本

《彩花初步别集》乙百本

《最新万国形势拍掌全图》一本

《皇朝直省地图》乙本

《支那疆域沿革图》一本

《御选唐宋诗文醇》八本

《芥子园画帖》一部

《各省自印地图》乙卷

教育用品项下：

图画放大器乙件

画图三义木架二具

蓝色西膏素绢一大卷

蚕茧陈列一盒

石膏模型大小共十件

用具项下：

木书架四具

铜大盒乙个

大课钟乙个

坏铜铃乙个

方杌三张

大方桌三张

三抽长桌二张

书案二张

乙字椅四张

茶几五张

玻璃小碟四个

书橱二张

表格黑板二块

椅垫四块

蓝瓷痰盂三个

瓷花瓶二对

揭示板一块

取钉用铁钳乙个

毛边纸两篓又二块

中华民国元年十一月四日

中央大学档案

佘恒为筹备两江师范学校复校事宜呈覆都督文（1912 年 11 月 6 日）

呈覆都督呈文乙件

为呈覆事。前于七月二日奉训令，内开：照将两江师范学校附设之中小学校现拟筹办，继续开校，亟应委定校长先事组织。查有该员堪以委任该中小学校长，合将委任状饬发。仰该员即便遵照速将校事妥为筹备，以使订期开学。至两江师范学校，自光复后屡为军队蹂躏，损失颇巨。此时虽暂不开学，而将来应如何筹备，尤应先期预定进行方法，免临时无所依据。该员充当师范学校算学教习有年，于该堂情形较熟，并仰随时筹画呈报察（查）核可也。等因。奉此。查本校接续开办情形，迭经呈报在案。虽未能完全复旧，差□规模粗具。而两江师范学校尚无恢复之期。前经中央教育全会议决改为第二高等师范学校，待至来年上学期当可开办。然必待时期既迫，欲筹及一切，恐不免左支右绌。现拟为未雨绸缪之计，敢就管见所及，为都督一一陈之。

一、校舍问题之宜先筹备也。本校向借昭忠祠开设，本年由前留守府黄指定该处为忠裔院。本校遂暂假两江师范学校钟楼上下十数间及钟楼西偏之楼房与平房三进为本校之教室及寄宿舍。并借用两江师范学校之东教习房为教习室。一面由校友会公同请恳前次开校友会时新被举定之两江师范学校校长张謇，函请都督指拨前宁属师范校舍为本校校舍。奉都督批准在案。今该屋已为宪兵练习所及民国大学所借用。一旦两江师范学校开学，本校之教室、教习室、寄宿舍全无，不易即时迁让。又两江师范学校之新讲堂及手工讲堂、音乐讲堂为南京陆军医院借用，虽经迭次函促迁让，而该医院一味延宕，待至两江师范学校开学时，该医院若再不迁让，势必大起冲突。请分别令知南京陆军医院、宪兵练习所、民国大学，宜随时另觅相当之房屋迁徙，为两江师范学校开学之预备。

一、校具问题之宜先筹备也。两江师范学校校具除军队、医院已经交还，由恒妥为保管外,有全未归还者,有虽还而未曾还清者。昨曾开具清单呈报在案。乞察照前案,分别令知各军队及南京陆军医院,将所借校具从速还清,以为两江师范学校开学之预备。

一、仪器、药品问题之宜先筹备也。两江师范学校原有之仪器、药品,光复时损失甚多。除原有凭同教育科科员加封,妥为保护外,南京前陆军部陆军医院所借用之仪器、药品只由南京陆军医院略还少许,其大部分全未归还。开学时仅恃原现存之仪器、药品,万不敷用。乞令知南京陆军医院如数查交,为将来开校后实验时之用。

一、学生之问题宜先筹备也。两江师范学校旧有理化第三分类科乙班、理化专修科乙班、农博专修科乙、丙两班,第一分类科、第二分类科、第三分类科、第四分类科四新班,公共科一班、补习科一班、练习单级教授一班、单级教授补习科两班。除第三分类科乙班、理化专修科乙班、农博专修科乙、丙两班、练习单级教授一班应行毕业外,其余均未毕业。拟请于来年上学期即行开校,先将此项未毕业学生招集入校肄业,以竟其向学之志。庶几人数不多,经费较省,可以措之裕如。一俟经济充裕再图推广,添招新生。

一、校长问题之宜先筹备也。两江师范学校校长李瑞清自光复后隐居不仕。嗣于本年四月开校第一次校友会时曾举定张謇为校长。张謇因政务纷纭,未能实行。□校筹办进行事务,刻下是否由都督委任一人为校长,抑由都督据情转详教育部,听候教育部委任校长筹画开校事宜。以上所议数条,是否有当,悉候钧裁。为此备文呈覆都督鉴察施行。须至呈者。

右呈

江苏都督程

中华民国元年十一月初六日

附:江苏都督程指令(1912 年 11 月 14 日)

一件。两江师范附设中小学校校长佘恒呈筹备两江师范学校办法四条由。

据呈已悉。查颁行之部定师范教育令第二条第三项,高等师范学校定为国立。该校应俟中央委定校长后再行酌量办理可也。此令。

两江师范附设中小学校校长佘恒

十一月十四号

中央大学档案

佘恒为张鹏飞等毕业生办理毕业文凭事呈请江苏省都督文(1912 年 11 月 6 日)

呈请都督呈文乙件

为呈请事。顷接两江师范学校理化分类科乙班学生张鹏飞等函开:窃学生等自丙午年三月入校肄业,于戊申年二月补习科毕业,同年三月升入公共科。于己酉年二月公共科毕业,同年三月升入理化分类科乙班肄业。依前清学部定章,应于壬子年二月毕业。依校章于毕业之前先行将各项功课授毕，酌留三月有余为分别实地练习时间。去岁民军起义时，所有学生等应授功课，业经授毕。正拟实行练习，适值我军光复金陵，多校停办，事不果行。则是学生等于应习各科，均经毕业，所缺者仅练习时间。与他校之各科尚未授毕而遽行奉请毕业者不同。是以前曾联袂奉请都督发给毕业文凭。奉都督批示，现在新章各学校办理毕业文凭，应由各校长负完全责任。该生等年限已届毕业，仅缺练习时间，自可给予毕业文凭。应候该校长委任有人，照章办理可也。等因。奉此。学生等遂即静候委任校长。嗣因母校恢复无期，复奉请程都督给予毕业文凭。奉批：呈悉，该校因学制系统变更，暂未开校，所请给发文凭之处，应仍候该校开办后，由该校长酌量办理可也。等因。奉此。学生等自应遵照办理。惟是母校尚无开办之期，给凭不知何日。先生为附设中小学校校长，关于母校之事无不热心从事。对于学生等发给毕业文凭一节，当有成竹在胸，希即代为设法，等情前来。查该理化分类科乙班学生张鹏飞等，由补习科、公共科毕业后，升入理化分类科本科肄业，五学期学科均已授毕，仅缺练习教授时间，自可给予毕业文凭。惟因新校长委任尚未有人，发给文凭一节无法着手。且两江师范学校自军队驻入后，一切分数底册大半散佚无存。惟有将该班全体姓名造册呈核备案，一俟新校长委任有人，按照册内人名发给毕业文凭。一面乞由都督令知本校，遵照办理，以便转知各生，籍以答复。是否有当？仰候钧裁。为此备文呈请都督鉴察，核准施行。须至呈者。

计开：两江师范学校理化分类科乙班学生姓名清册乙件

右呈

江苏都督程

中华民国元年十一月六日

谨将两江师范学堂理化分类科乙班毕业学生姓名录呈钧鉴

计开

张鹏飞	谢　莹	郭源泉	张廷献	封激云	脱树藩
吴钟麟	谭曾烈	孙锦江	凌希汉	傅元衡	吴世昌
易景中	金望巅	施应生	方绪墀	苏维漳	华襄治
刘人炯	彭育才	吴式鑫	丁曾藩	黄德农	王□桢
方　灏	顾综礼	封沛恩	杨宝鼎	甘　瀗	张震西
成　恕	王鼎新	王景琦	罗　藩	炳　元	秀　嵩
崧　寿	喜　源	继　宽			

中华民国元年十一月六日

中央大学档案

佘恒为毕业学生文凭事呈覆江苏都督文（1912 年 11 月 6 日）

呈覆都督呈文乙件

为呈覆事。前于九月十八日奉训令，内开：准教育部咨开，据前两江优级师范农博选科毕业生高建藩呈恳查验执照，准予备案，换给文凭等情，到部。查前清学部定章，高等以上学校毕业文凭由部刊发，殊非适当办法。现经本部改定，概归本校发给，以重学校责任。该生既持有本校毕业执照，应即作为有效，勿庸换给部发文凭。除批准立案外，相应咨照贵都督，希烦特饬该同时毕业诸生知照，并将名册送部以凭备案。等因，到府。准此。合行训令该校长即便转致该同时毕业诸生知照，并将名册送呈本府，以便转报备案。等因。奉此。查两江师范学校去年下学期应毕业者，有理化专修科乙班学生三十七人、农博专修科乙班学生五十二人、农博专修科丙班学生五十一人、练习单级教授班学生二十八人，均经两江师范学堂各主任教员分科实验，评定分数。试竣后，张勋即有盘踞金陵之举动。因之所发给各学生之毕业执照，领去者只有三分之一，件仍存于校中。嗣经军队驻入，该四班毕业生之历年成绩及毕业试验时之分数底册暨该四班学生未领付之毕业执照，均已散失无存。此项毕业执照散佚于外，遗弊滋多，应请暂行作为无效。俟后两江师范学校改为第二高等师范，委任新校长，由新校长另行发给毕业证书，以昭慎重。兹特将该四班毕业学生姓名分别录呈电鉴，听候汇报教育部备案。一面令知本校通知该四班毕业学生，静候第二高等师范学校委任后，即行按照各册发给毕业证书。是否有当？仰乞钧裁。除呈具该四班毕业学生姓名清册外，为此备文呈报覆都督鉴察，核准施行。须至呈者。

计开：两江师范学校四班毕业学生姓名清册乙件。

右呈

江苏都督程

中华民国元年十一月六日

谨将两江师范学堂毕业各班学生姓名录呈钧鉴

计开：

理化专修科乙班毕业学生姓名

刘　愚	夏□珩	徐嘉□	丁伟东	郑庚元	吴成章
徐　刚	朱彭龄	许树灌	张国璠	余瀚秋	章祖光
刘敬熙	孙云麐	涂宗鼐	宋咸德	魏贞元	季　处
陆耀文	瞿建勋	平宝善	饶映祥	漆中屿	吴引湘
邱开梅	陈　龙	罗　贞	黄执礼	黄立中	刘　起
刘家驹	何国宣	卢希植	赵鸣韶	范培新	杨梓材
马汝骥					

以上共计三十七名。

农博专修科乙班毕业学生姓名：

縻赞治	周国江	吕日东	李训祥	陈蕴彬	顾宝璜
朱锡珍	章相家	李万镒	杨仕璋	汪耀廷	程文植
唐 寿	高建藩	杨映隄	沈 端	夏宝珩	吴运乾
刘省三	陈祖培	蒋元凯	蔡克钧	赵 骞	姜 葵
葛维汉	李文华	□祖谟	李 安	傅启楣	吴可贞
张廷栋	耿□辅	张家楷	孙鸿钧	周鉴生	陈凤翔
桂一清	陈家德	王卓□	江伯良	王时彦	祝跻黄
张志和	曾 格	杨培天	陈 肃	帅润身	黄履云
余树声	欧阳栻	邓□如	皮祖蕴		

以上共计五十二名。

农博专修科丙班毕业学生姓名

陈 锦	薛德燡	陈祖濂	周伟仁	仲漱渠	刘小云
刘丕基	田振凡	李寿翔	刘泽寿	赵修五	王光亚
张绍志	车 轼	黄赞元	徐舒声	余焕廷	陶人杰
张 樾	韩德润	柳允恭	倪吉康	褚 纲	俞锡绂
刘肇繡	匡文涛	刘 纪	罗世杰	熊通□	涂润霖
李文浩	陈彝鼎	管 岚	朱亦彰	程振祺	方腾骧
张家俊	欧阳绥	曹 桢	吴 鹏	邵福承	陈 达
范循舆	孙广钊	俞宗振	谢承英	杨荫淮	吴 鑫
鲍长縠	戴华龄	陈 崟			

以上共计五十一名。

单级教授班毕业学生姓名

易树勋	陈作孚	张复华	蔡为璋	鞠文源	程心镛
李福增	张国华	廖应庚	刘光藩	刘云英	吴宝铭
廖希庚	万春林	徐炎森	郭寿松	刘定邦	甘诚和
赵云清	谢子昇	罗金镕	吴 俣	黄文杰	张荣甲
黄 镕	鞠志沂	王光祖	吴镜铭		

以上共二十八名。

统共合计一百六十八名。

中华民国元年十一月六日

中央大当档案

江苏都督程指令佘恒呈单开各营前借木器请饬归还由（1912 年 11 月 11 日）

江苏省都督程指令

一件。指令附设中小学校长佘恒呈单开各营前借木器请饬归还由。

呈及清单均悉。除将单内所载驻扎昭忠祠之卫戍一团各营，连前借八百二十三件，已还四百五十三件，尚少三百余件，曾以经此多次辗转，想亦无从查悉，已令销案外，其余各营借而未还、还而未清者，现已分别饬即陆续归还矣。此令。

十一月十一日

中央大当档案

南京陆军医院致佘恒（1912 年 11 月 21 日）

南京陆军医院院长候为移复事。

顷奉移开，窃以前陆军部军医院借用敝校之木器、理科用具、药品等件，曾由前保管员吴逸开具清册存核在案。自贵院四月一日接续办理以来，虽由贵院陆续交还百六十六件，其余未还之件尚多。昨因贵院还件开单都督备案，于九日奉督抚指令内开，呈及清单均悉，案已饬令该院查明检还矣。等因。奉此。敝校遵即敬候。迄今十日有余，贵院尚未将各件如数赐还。敝校实因需用甚急，不得不据情直陈，希即陆续点交，以资应用。等因。据此。敝院自当遵照办理。业经呈请都督拨款添置用具，俟该款领到后置办各件，即将前陆军部军医院所借贵校之件查明，如数交还。为此，备文移复贵校长查照施行。须至移者。

右移

两江师范附设中小学校校长佘

中华民国元年十一月二十一日

中央大当档案

江苏都督程训令（1912年12月3日）

江苏都督程为训令事。

前据该校长呈请转饬军队照单交还借用该校之器具一节,当经指令并行知第七师转饬查明办理在案。兹据复称,窃据步兵二十六团长吴浩呈称,窃奉饬知内开,前奉都督令开,据两江师范附设中小学校校长佘恒呈称,顷奉指令内开:呈及清单均悉,该校长应仍向前保管员追取借物清单,以资查收,仰即知照。等因。奉此。查此项清单,前因保管员吴逸回里,未经移交。昨吴逸回宁,已于八月二十七日交到。查清单内所开各军队借用器具甚多,有已还而未曾还清者,有全未归还者。兹特就各军队借去器具及还来器具之总数,另开清单呈核,并乞令知各军队,饬其陆续还清,以资应用。等因,并单呈前来。除指令及分行外,为此抄粘,令仰该师长转饬陆续归还,以重公物,切切。此令。等因。奉此。查该团长前在苏军先锋队时,向该校所借器具本师无案可稽。兹奉前因,为此令仰该团长即便查明,开具清单,以便归还,切切勿延。此令。等因。奉此。窃自去年光复南京后,苏军先锋第一二两营先后驻陆军中学。浩为第一营管带,吴康寿为第二营管带。当时两营用器全无,又无款可办。自浩以下,席地而坐,甚至办公,亦无抬凳。浩素热心从事,睹此情形,不忍坐视。适吴康寿因事回苏,不能公共商酌。且素知其不以整理为怀,纵与之商酌,亦无主见。遂以个人名义申请都督,恳予借用两江师范木器,当蒙批准在案。即通知第二营,嘱其自行搬取。浩营亦派员前往搬取抬凳十二副,以作办公之用。当时以为北伐在即,毋庸多借。时浩已升充第二联队次长,朱葆诚为第二联队长。故第二营往借木器若干,不得而知。盖其时吴康寿既未将数目通知,而浩亦方尽次长任务,预备北伐,筹划一切,更未能查。蔡意谓公家之物,各宜尽检点之责。嗣因前总统孙公莅宁,浩原带之第一营迁往总统府守卫,所有木器,一切仍遗陆军中学内,为第二营取去应用。故所借校中枪凳十二副亦在其内。未几,朱葆诚回□□□□□□□□□□□两中队随往,一切器具什物尽行携去□□□□□□□□□该□士兵一闻回苏消息,争先恐后,无从检□□□物□□□□朱葆诚、吴康寿均先二日回苏,以致统御无人,任士兵□□□物□□□□□□□　□□浩曾函询吴康寿,促其开单存查　□□□□□□□□□□□□苏肇乱事,遂中止。今该校所开清单,有木器一百七十三件之多。在校中一方面固无压损理由,而浩前营所借不过抬凳十二副,已为第二营取去。至第二营所借,虽不知其数,恐其中有假名冒借等情事,决不免矣。今浩团所辖三营,半系前先锋。第一营在前总统府守卫者,半系沪军先锋队合并而成,逐细检查,并无此项木器。盖纯被第二营携带回苏,浩实难于查出。呈中所有借用木器逐细情形,理合备文呈复,仰祈师长鉴核俯赐转报等情。据此。理合备文具由呈复鉴核等情前来。此令。仰该校长即便知照。此令。

右令

两江师范附设小学校校长佘恒知照

中华民国元年十二月三日

南京巡警总局为教员章复聪失窃事咨佘恒（1912 年 12 月 3 日）

案准贵校长移开，顷据本校图画手工教员章复聪函开，复聪自迁入后楼以来，十月间被窃二次。第一次失去呢短衣一件，第二次失去长呢袍一件。彼时因未有行迹可寻，暂行隐忍，未敢渎陈清听。不料本月十七日日间，门上之锁忽然损坏，其为人私自撬锁可知。乃是夜四点钟正在酣睡之际，室内忽闻有履声。旋即披衣起立，而贼已惊佚。检知失去元色布羊皮袍一件、元色布羊皮马褂一件、大洋三元、钥匙一把、黄皮靴一双。随即唤起斋夫张胜逐贼。讵张胜答以"时值深夜，无从根究，只好次日再议"云云。迨至次日，促令寻觅失物，伊更以有事对，含糊塞责。查张胜有兄张福，在校友会服役，前曾窃去教员熊通艺汇票。经熊通艺给以小洋二角始将原票交出。其人之行为不正，可见一斑。且平日张福本与张胜同住一处，是夜据伊口称，在陆军医院内之公共讲堂居住。因思公共讲堂既由陆军医院借用，未必能容张福入内居住，似此言语支吾，行迹不无可疑。又有刘草夫张贵于是晚挽留其友在伊住室内同居，且其人曾窃取厨房之米及饭，确有可证。此案于二人恐有关系，而该二人为张胜所引进，张胜对于此事，谅亦在知情之列。务祈代为设法追还，无任盼祷。等因。据此。查敝校教员章复聪失窃属实。既据该教员函称张胜、张福、张贵三人迹涉嫌疑，不得不据情转报，希即准予签提张胜、张福、张贵到案讯究。等因，到局。准经派弁前往，将张胜、张福、张贵传案讯，各坚不承认有行窃章教员衣洋之事。而章教员来局面陈，又坚指系张福等所为。惟案关指控行窃，佥不承认，自应送厅讯追，以成信□。除将张胜等备文咨送第一初级监察厅收审外，相应咨复贵校长查照，转知章教员径自赴厅诉追。

此咨

两江师范附设中小学校校长佘

南京巡警总局局长游泽寰

中华民国元年十二月三日

中央大当档案

佘恒呈都督府陆军医院借用学堂各件情形（1912 年 12 月 4 日）

呈报都督府呈文乙件

为呈报事。窃以前陆军部军医院于正月间借两江师范学堂新讲堂开设，曾向前保管员吴逸借用木器、理科用器、药品等件甚多。当由前保管员吴逸开具清册三本，一存陆军部军医院收执，一交由陆军部军医院特呈前教育部长蔡，一移交本校□□□录一份呈录备案。四月间陆军部军医院改为南京陆军医院，院长另行委任。凡前由陆军部军医院所借本校各件,一体移交南京陆军医院收用。嗣因本校开办,迭次函催南京陆军医院将各件归还,该院一味延宕。计四月一日起至十月三十一日止,仅陆续交还用具及药品共乙百六十六件。其余未还之件甚多。谨将该院还来各件及本校由该院取回原存各件分别开具清单呈核。刻下经中央教育会议决将两江师范学校改为第二高等师范学校。恢复之期不远,正宜先事筹画,为开校之预备。即乞令知该院将未还各件陆续如数交还,以重公物。为此备文呈报都督鉴核施行。须至呈者。

计开:南京陆军医院还来各件及由南京陆军医院取回原存各件清单各一件

照录两江师范学堂前保管员吴逸移交前陆军部军医院借件清册乙件

右呈

江苏都督程

中华民国元年十一月初四日

谨将前陆军部军医院借用各件自四月一日至十月卅一日止由南京陆军医院陆续交还者开具清单,录呈钧鉴。

计开:

用具项下:

讲台七张

自鸣钟二架

大餐桌乙张

音架椅五张

铁床四张 内有乙张不完全

破皮睡椅乙张

痰盂三十个

圆木凳乙百三十张。

风琴乙架

长实验桌乙张

方玻璃橱乙张

长方玻璃橱乙张

两层玻璃橱乙张

立架长玻璃橱乙张。

以上共乙百八十六件

标本模型项下:

人骨模型乙具

以上共乙件

药品项下:

第三燐酸曹达一瓶

尿酸一瓶

碳酸アンモニウム一瓶

萤石一瓶

盐化石灰三瓶

纯盐化石灰乙瓶

盐化铁乙瓶

胡麻一瓶

燐酸纳(钠)二瓶

纯硝酸满俺乙瓶

黄血盐三瓶

尿素半小瓶

キシロール十五瓶

蚁酸ソジウム乙瓶

过酸化满俺乙瓶

水酸化钡(バリウム)乙瓶

含水弗化水素乙瓶

燐タングステン乙瓶

铸铁小半盒

林檎酸安母尼亚乙瓶

ニトロベンジン乙瓶

盐化锡乙小瓶

骨炭乙小瓶

青化加里乙小瓶

モリブテン酸乙小瓶

ステアリン酸乙小盒

蓝乙瓶

硝酸ストロンチユウム半小瓶

蓚酸乙瓶

硫酸石灰半瓶

硼酸リヂウム半小瓶

盐化曹达乙瓶

硫酸铝乙瓶

燐酸石灰乙瓶

コンゴレッド乙瓶

蓚酸石灰乙瓶

硝酸安姆尼谟(アンモニウム)乙瓶

曹达石灰乙瓶

苛性石灰乙瓶

醋酸亚铝乙瓶

枸橼酸安母扭谟乙瓶

赤燐小半瓶

硫酸铁小半瓶

重铬酸加里乙瓶

硫酸加里乙瓶

智利硝石半瓶

盐化(纯格鲁□)拔留谟

硫酸亚铝乙瓶

パルミチン酸乙瓶

硫青化安母纽谟乙小瓶

炭(碳)酸钡(バリウム)乙小瓶

ピクリン酸乙瓶

燐酸乙瓶

蓨酸アンモニウム□瓶

硝酸コバルト一瓶

Tin Liehlanide 乙瓶

以上共七十九件。

统共一百六十六件。

将原存前陆军部军医院各件自四月一日起至十月三十一日止在南京陆军医院取回者开具清单,录呈钧鉴。

计开:

音乐椅六张

讲台垫子四个

黑板架子三件

水车二辆

课钟乙个

镜柜十个

揭示板乙块(块)

实验□台九十七付

漏斗台二十八付

铁レトルト台四十付

大干燥器乙付 炉全

小干燥器乙付　架全

以上共计乙百九十四件。

中华民国元年十一月初四日

中央大学档案

江苏都督程为训令佘恒第三师借用器具事（1912 年 12 月 6 日）

为训令事。据第三师师长呈称，该师电信营前驻两江师范，借用该校器具，于搬入方言学堂时即饬材料生会同该校左司事、顾司事将所借器具点交清楚。铁道营前借器具，业已还清，取具收条，并无借用之事。等因。为此抄粘，令仰该校即便遵照销案。此令。

右令

两江师范中小学校长佘恒知照。

中华民国元年十二月六日。

附：陆军中将第三师师长陈懋修呈

据交通团长邓质仪呈称，案奉令开，奉都督训令，据两江师范附设中小学校佘恒呈称，顷奉指令内开，呈及清单均悉，该校长应仍向前保管员追取借物清单，以资查收，仰即知照。等因。奉此。查此项清单。前因保管员吴逸回里，未经移交，昨吴逸回宁，已于八月二十七日交到。查清单内所开，各军队借用器具甚多。有已还而未曾还清者，有全未归还者。兹特就各军队借出器具及还来器具之总数，另开清单呈核，并乞令知各军队，饬其陆续还清，以资应用。等因。并单呈前来。除指令及分行外，为此抄粘，令仰该师长转饬陆续归还，以重公物。等因。并抄单。奉此。查单开，铁道营借用器具八十四件，已归还八十三件，尚欠一件。电信营借用器具四百二十六件，全未归还，是否属实？合行令仰该团长即便遵照迅速查明。如果借用，即行全数交还，仍具复查收。等因。奉此。当即转饬各该营长遵照办理。去后，兹据电信营长方策呈称，电信营前驻扎两江师范时，借用该校器具共二十二种，计七百十四件，案于六月初九日呈报在案。嗣于六月十五日由两江师范搬入方言学堂，十七日即饬材料生杨怡春会同该校左司事、顾司事，当面将所借器具一一点交清楚，开单呈报在案。实无借用器具四百二十六件全未归还之事。又据铁道营长陈春义呈称，铁道营前次借用两江师范器具八十三件，案已归还清楚，取具收条，曾经呈复在案。并未有借用八十四件之事各等情前来，理合据情转报呈请核转等情。据此。理合据情具文转报，仰祈钧府鉴核，并乞转饬该校长知照。实为公便。此呈。

中央大学档案

江苏省公署训令佘恒停办两江师范附属中小学校（1913年1月26日）

教育司案呈。查前据该校长呈称，英文教员李栋臣恃蛮抛石，并有种火图烧校舍情事，请辞职等情。当经指令，业已据情电请教育部核示饬遵等语在案。兹准教育部敬电开，该附设中小学校教员李栋臣逞忿滋事，全校职员联袂辞职，内容紊乱至此，殊堪诧异。本月初袁司长希涛察视该师范校舍，已觉该附设学校诸欠整理。回部陈述，正在筹饬另定改良计划。兹准前因，益难鹜维持空名，致贻误青年学子，应即暂行停办。其各级学生令改就相当学校修业。俟将来高等师范开办时，另行组织附属学校，希转饬遵照办理。

又。准敬电开：本日电覆请将两江师范附属中小学校暂行停办，所有在校学生希饬教育司长酌定办法，分送相当学校。或令自择，俾有就学之所，各等因。准此。合行训令该校长即行遵照。所有该校善后事宜，仰即来署接洽办理。此令。

《江苏教育行政月报》1913年第2期

教育部来电（两江师范附属中小学势难敷衍续办由）（1913年1月28日）

南京民政长览：

两江师范附属校长佘恒及学生代表赵铮等恳免停办，校友会李鸿才等恳仍续办各电，均悉。查该师范学校现未开办，一切督率整理，孰负其责。势难敷衍续开，益滋贻误。应请转饬仍遵本部敬电办理。至在校学生就学处所，并照第二敬电，分送相当学校，俾免失学。教育部。俭。印。

《江苏教育行政月报》1913年第2期

两江师范学校附属中小学停办

两江师范学校，光复后因学款无出停办。其附属中小学赖有余款，赓续开校。本年一月，教育部派普通司长袁观澜君来宁视察该校校址，规划改设国立第二高等师范学校，见其内容腐败，极不满意。回部报告后，正在核办间，该校忽于月之十七日火毁校具多件。事后该校佘校长查系有人纵火，报请派员查办。先是某教员以备减授课钟点故，与校长为难，甚至掷砖石肆击。至是校长职员惧祸及，纷纷辞职。经省长电教育部问办法，得覆将该校停办。所有在校学生酌量送入相当学校，免致辍学。训令即经该校长于二月三日将中学各生分别转送江宁、钟英等中学校肄业，其高等初等各小学生送入附近地方各小学。于其转学时，教育司长亲莅该校谆切训勉焉。

《江苏教育行政月报》1913年第2期

佘恒为理化分类科乙班学生毕业文凭呈覆江苏民政长文（1913 年 1 月 5 日）

呈覆江苏民政长呈文一件

为呈覆事。窃本校于元年十二月奉江苏都督程训令，内开，准教育部咨开，据两江优级师范理化分类科乙班学生张鹏飞等呈请，俯准给予毕业证书，以免向隅，等情。当经本部批示，师范以实地练习为最要。查该校停课，距该生毕业期半载有余，功课正当吃紧之际，匪特练习有关，即各项主要学科亦必未臻完备。应俟将所阙程度逐一补足，成就完全师资，始行正式毕业，教育前途庶有厚望。所请通融给凭一节，应毋庸议。等因。在案。查该校现在停办，该生等补习无所，本部对于接收各省高等师范亦正在规画，但经费未经确定。明年暑假前尚难开办。在未经接办以前，仍应由各该原省设法维持。惟前准贵都督咨覆，一时亦属无款可拨。倘明年上半年苏省仍难开校，该生等毕业期近，功亏一篑，尤属可惜。查北京高等师范学校尚有空余教室，可增学生一班。倘苏省愿将该生等送入京师补习，可就该校添设一班，俾得早日毕业。但该校教室所余无多，除此班学生外，其余各班确难并送。又该生等以前所授课程尚有若干项未毕，应并查明，迅速覆部以便核办。为此咨请贵都督，希烦察照办理，并转知该生等可也。等因，到府。准此。合行训令该校长即便转知该师范学校理化分类科乙班学生，如有愿入北京高等师范学校补习者，报由该校长汇造名册，连同该生等以前所授课程未毕若干项一并察明后，限于文到十五日内具呈到府，以便转报。等因。奉此。本校当即据情通告师范学校理化分类科乙班各学生，促令答覆。兹据师范学校理化分类科乙班代表张鹏飞、王鼎新、郭源泉、项综礼等函称，接奉通告书后，旋即邀集诸同学公议赴北京高等师范学校补习之事。佥谓学生等在师范学校理化分类本科肄业，一切主要学科均已授毕，仅缺练习时间，似可无庸补习。且风闻母校已规定为国有第二高等师范学校，本年上学期定可开办。学生等多仅一介寒生，措资北上殊不易，不若静俟第二高等师范学校成立，入内练习。既可免南北奔驰之苦，复可免川资匮乏之虞。乞即据情转报。等因。准此。理合据实呈报，仰祈鉴察咨□教育部核办。为此备文呈请覆江苏民政长鉴察施行。须至呈者。

右呈

江苏民政长应

中华民国二年元月五日

中央大学档案

佘恒为陆军医院借用各件情形呈报江苏民政厅长文（1913年1月9日）

为呈报事。窃以前陆军部军医院于元年正月借校内之新讲堂开办，并借用校内所有之医械、药品、用具等件。嗣经前保管员吴逸抄具清册二本，一交该军医院收执，一由该军医院代呈前教育部长蔡存核各在案。元年四月一日，南京陆军医院接续前陆军部军医院办理。自元年四月一日起至元年十月止陆续交还药品用具共二百六十六件。接收后旋即呈报用具清单呈报都督在案。目下南京陆军医院奉都督指令取消，交还药品、器械、用具各件如数点收，并由该院送到清册。查此次点收各件，有为前保员吴逸抄具清册内所有，而该院并未交还者；有为前保管员吴逸抄具清册内所录，而该院检出交还者。本拟据前保管员吴逸抄具之清册力争，奈因该院正在取消之时，秩序已乱，无从理论。且各件均系前陆军部军医院直接向前保管员吴逸借用，此次该医院归还各件与本校仅有间接之关系。故不便深究，只得就现交各件点收。是否准予销案，仰候钧裁。除将点收各件造具清册录呈鉴核外，为此备文呈报江苏民政长察夺施行。须至呈者。

计呈南京陆军医院取销（消）时交还器械药品用具清册乙件
右呈
江苏民政长应
中华民国二年元月九日

中央大学档案

江苏省训令第五百九十一号（1913年2月）

令前两江师范附属中小学校校长佘恒

教育司案呈，准教育部咨准咨开，教育司案呈，据两江师范附属中小学校校长佘恒覆称，查本校中学第一班及高等小学第二班学生，应于前清宣统三年下学期毕业。因是年八月间武昌起义，张勋在金陵即有蠢动之意，人心皇皇（惶惶）。本校因此将重要之各学科增加时间，故于九月内学科全行授毕，提前行毕业考试。至于该两班学生历年分数底册，因军队驻扎校内遗失殆尽，至提学司署内有无姓名册籍存留，其时非恒任校长之职，不得而知。刻惟有再将该两班学生开具名册，呈候咨送教育部查酌办理等情。据此。除指令据呈该校中学第一班及高等小学第二班毕业试验情形附毕业学生姓名清册已悉，候据情转咨教育部查酌饬遵办理外，相应钞（抄）录该校中学第一班及高等小学第二班学生姓名清册，咨送贵部，请烦查酌见复，以便转饬遵照。等因，到部。查武昌起义之后，各省学堂停课居多，且南京在九月中旬即有战事，该校何以独能增加授课时间。且适至九月内，所有学科全行授毕,此节恐有不实。至所开各生名册,核与前清时送部之一览表亦有不符。所请准予变通发给证书之处,现在碍难照准。既据咨称各该生散处四方,应令其就近各入相当学校补习,毕业后即由该校给予证书可也。相应咨复。希即饬司转行该校遵照。等因。准此。合行训令该校长即便遵照办理。此令。

中华民国二年二月

江苏民政长应德闳

中央大学档案

江苏省行政公署关于查封学堂的指令（1913 年 2 月 10 日）

江苏省行政公署指令第五百三十五号

敬启者:两江师范学校亟应派员保管,兹委任执事为该校保管员,希即将该校校舍、校具以及仪器等件,向前两江师范附属中小学校长佘恒接收清楚,造册呈报。发去封条二百张,希查收,即将该校校舍固封。应需看守夫役若干名,并即开单具报,以凭核夺。此致

两江师范保管员李承颐君

教育司启

中华民国二年二月十日

中央大学档案

李承颐奉保管两江师范事具覆遵即入校点收由（1913 年 2 月 10 日）

奉钧书,蒙委任两江师范保管员。颐以菲材,又于该校内容未常考察,深惧疏虞,谆命殷殷。惟有谨遵训示前往保管,诘朝即至该校点收一切,随加封锁。至应需看守夫役若干名,容即开单,呈请核夺恭复。敬叩

钧安

中华民国二年二月初十日

中央大学档案

李承颐接管两江师范学堂情形的呈报（1913 年 2 月 23 日）

呈明接管情形条例保管意见酌量拟请经费候示祗遵由

谨呈者。窃承颐奉委保管两江师范学堂,遵即前往会同该中小学校长佘恒将校舍校具点验。惟校舍辽阔,校具纷繁,存储处所固形涣散,丛积器具尤多混淆。是以兼旬以来,

次第点验，殊费手续。衹用详察该校校具混乱之由，研求以后保存之法，条列意见，缮折具呈，伏候核夺示遵。

关于点验校具之情形

一、查该校校具计分三部分。

（甲）光复之际、该校驻兵之时，校中各物忽忽移置。比为保管起见，故亦无暇整饬。纷纷堆砌，颠倒错乱，分置东西，数次旋请教育部封条封锁。去岁七月，该中小学校长佘恒接收开校时，呈请都督派员会同点验，后复请都督封条加封。此一部分也。

（乙）军队驻校来去无常，甲军将行，乙军复入。其间校具有前此佗傯未遑封锁者，则为军队所借用。亦有军行而仍借出校外之具。旋东讲堂为陆军医院借用。除校具之外，复借用仪器（关于解剖刀镊、试验等器）、消耗品（关于医药品等），其后医院停办，各物还来。军队借用之具亦陆续有归校者。以上各件，均由校长佘恒验收，不复归入都督封条所藏之内。此又一部分也。

（丙）去岁七月复开两江师范附属中小学校时，其校具即用该校未封锁而散置在外之件。该校长又凭都督派员会同点验之际，在甲部分内取出仪器、教授用品若干件为中学借用之件。此外附以由该校长陆续备置之件，此又一部分也。

今只将乙、丙两部分之件点验就讫。其中除消耗品损坏遗失外，核与簿记无讹。惟甲部分之物但验明都督封条未损，其中内容究系何物及何数，均不得知。查此项存储之物虽列簿记，然其中多不完全之记载。如书几架不注明何书及册数，仪器一箱不注明何品、何名。是否仍由委员保守封条不损，将来开校再行清查内容，抑由省长、司长派专员会同点验，详记加簿，敬候训示。

关于保管之意见

一、保存校具自保存校舍始。保存校舍自严密派人分段看守、分段巡更始。查该堂面积有三百亩之宽，西式建筑屋宇散布，围场低短。委员再四斟酌，既求经费之樽节，复求人力之敷用。所派人数如何分布，均应另开清折，逐条详列说明，面请察夺。惟该堂现在仅前门相距最远之处有一巡警分区，而背倚北极阁西北一带，半属荒凉。从前九眼井、铁道口曾各设岗位，现均撤去，盗窃堪虞。除委员于校内扼要之处派夫役加意防护及分段派更夫巡更外，拟请司长咨照民政司长、巡警厅将该处二岗位复行设立。恐因当此裁减经费时不能全设，或于九眼井、铁道口之间设立一处，以期周密，仍候训示。

一、前校具之存储以军务佗傯，时间短促，故前保管员虽终日奔走，时加防护，逐处检点，实有未遑选择地点之势。故未及分类，量加整理。类如剥制动物标本，但能列诸行间，则有闭之空室因不透空气而霉败者矣；腊叶标本、动物骨骼、人体骨骼则有因未入玻璃橱中而尘积虫蠹者矣；理化器械则有因酸化浸蚀，压重倾倒而全失作用者矣；手工用具（如手工桌之类，购自日本，每张约四十余元）有因风日薰灼而缩裂欹斜者矣；至于玻璃瓶表种种试验器，有因轻重大小太相悬殊，总积一处，互相倾轧而破坏者矣。委员今但能将乙、丙两部之物略依保存装置法依类处置，不敢稍有疏忽。为该校存一分用具，即为将来省一分经费。是以兼旬以来终日搬运，或移甲器于乙橱，或置丙具于丁室。奔走肤汗，人多笑为迂阔。委员未尝自恤也。今拟按照旧印簿实收之数，不依旧式，改编新册呈报。分类记载并注明存储之处，以便将来开办时清查校具、图书、仪器实存之数。如某科尚存仪器若干，某种教室尚存用具若干，庶可一目了然，不致有今日点验困难之感矣。但改编新册尚有困难之处，缘此项重要仪器标签、名类，非精于学科、识外国文字者未易分析标记。况仪器繁多，而置储又东西错杂，必悉数陈列，方便查考。如请数人住堂分别签记，亦须一二月之久。将来伙食津贴动需经费。委员再四思维，如任其堆积室内并不分别陈列，诚恐损坏、剥蚀，无补将来。名为保管，贻诮素餐。欲大加整理，为未来之学校计，则多存一项完善重要仪器，即可省节无限之金钱。而目前财政困难，又未便动縻款目，致贻小题大做之口实。此中为难情形，委员既职司保管，未忍知而不言。究应如何办法，仍候司长裁察示遵。

一、校舍建筑精良，多仿西式，为南洋学校之钜观。自光复后停办以来，迭遭兵队蹂躏，既焚去中栋之第一斋舍百余间，余又陆续损坏过半。颓垣断址，荒芜满目。至西北一带之舍，则窗棂地板不完全者尤多。现值春深，雨水甚多之候，除由委员严督夫役洒扫护惜而外，不免再有漏湿等事。拟由委员随时督修，另请酌给经费。但此项经费为数虽少，未能预算，惟力求保护，以不多縻公费为目的。故经费册未列修理费一项，伏候训示。

一、该堂东边各科教室，旧为南京陆军医院借用。今虽已取消，而该院用具、药品与还来该堂之用具、药品同在一所。即甲部之物亦在东边教室范围之内。今尚由军务司派兵看守，与委员所派夫役同居一处。两方保管界限难分，难免有互相推诿情事。可否由司长咨商军务司，请将该院各物移出。则军队可一同移驻他所，以期保管事权划一，而资进行。伏候训示。

以上所列各条，委员管见所及，未敢隐饰。是否有当，伏维一一批示祗遵。

中华民国二年二月廿三日

中央大学档案

李承颐致第一团团长申明校舍校具由该团负责由（1913 年 2 月 23 日）

○○先生团长麾下：

畅接高谈，欣佩无量。敬启者：贵军移驻本校尚未奉到贵司公文知照，又未荷贵军预先通报，以致仓卒之间，招待不周，尚祈谅之。惟本校系隶属于教育司，承颐奉教育司之委任保管本校。则承颐对于本校自有完全保护之责。亦如先生对于贵团全体有完全保护之责。事同一律，自不待不佞之晓晓。兹与先生订约于左，承颐既任保管，职务攸关，不得不预为之商榷，用示取缔之意，务祈履行同协公谊，而敦雍睦。区区之忱，谅邀许可。此颂

勋安

一、贵军尚无正式公文移知敝司长，承颐未奉有敝司长公文以前，凡贵军占住之房间及地段，所有校舍、校具一律请负完全责任。

一、贵军现驻之地点无论有无都督、省长封条之处,及已由贵军拆封与否,及器具携用与否,虽荷贵军负责,尚希即赐予认可证书。

一、将来如奉教育司公文,本校不驻军队,贵军应即行迁让。其开行之日,校舍、校具须逐一点验,设有损失、破坏等事,应由贵军赔偿。

一、贵军所住房室及一切杂屋不得改变原状,如有拆移板壁门墙等事,应由贵军仍照原状修砌整理。

中华民国二年二月二十三日

中央大学档案

李承颐恳请饬令军队驻扎他处由(1913 年 3 月 22 日)

司长钧鉴:

本日九时之顷,忽有陆军步兵第一团第一、第三两营移驻两江师范学堂之东边各教室。据称该营原驻朝阳门外,近因大风将营房吹毁,已禀奉军务司饬令移居两江师范学堂。承颐当即面晤该团团长毛君遇风,询问有无正式公文。毛君谓系奉军务司面谕,并无文件。承颐以本堂东边校舍各教室为全堂重要仪器图书荟萃之所,承颐保管以来夙夜稽查,派役加意防护犹恐不周。一旦移军驻扎该处,纵该军自称纪律整饬,少住无防。惟承颐所派夫役碍难出入戎行,以尽稽查防护之责。现在各教室之上下楼房,虽经承颐加用省长封条者,强半被该军拆开,交涉甚形困难。恳请司长咨商军务司,可否指令该军移驻他处。庶承颐所派夫役不至籍口军队驻校而自疏防护。此事与承颐保管职守攸关,用敢迫切上陈,伏维核夺,速赐施行。

中华民国二年三月廿二日

中央大学档案

李承颐呈教育司恳请咨商军务司迅饬军队另择地点驻军由(1913 年 3 月 26 日)

司长钧鉴:

昨军队移驻情形已呈报一切。探悉该军朝阳门外本建有营房,因该军队未行全往,先开第一、三营来堂。现第二营又将移入,已纷纷搬运军用各件。凡全堂地址弼望皆兵,户限几穿,且成营垒矣。承颐夙夜奔驰,大有顾此失彼之势。东边各教室凡加民政府封条者固已拆开,而室中所贮木器任意取出,再三交涉,始允认为借用。至东边自修室凡十八进者,其中所储木器尤多。如学生用自修课桌等则全行拆封,纷纷搬移,大加洒扫,声称备第二营来校之用。又务欲将仪器室中重要仪器搬出以为营房。查此项仪器,自光复之际、戎马仓皇之□尚未移动,岂有今日国家大定之时,反事迁徙之理。况此项仪器其数繁多,尤为重要,一旦迁之何处,点验维艰。一行迁移,损坏尤所不免。务请司长速行咨请军务司,迅饬该团第二营另择地点,无再开拨来堂,致滋纷扰。事关保管仪器,尤属重要,用敢渎呈,伏维鉴核,速赐施行。

中华民国二年三月廿六日

中央大学档案

李承颐呈教育司备述保管困难请另委接管由(1913年4月24日)

司长钧鉴:

　　承颐才疏学陋,自奉委保管两江师范学堂以来,□二月耳。夙夜祗惧,深恐陨越。点验防护,兼施并进,犹有不周,尚多困难,正深疑虑,摺呈核夺。不谓复有兵队之来,驻校不去。虽屡禀钧座,讫(迄)今尚未解决。皆由承颐先事既疏于预防,临事又拙于交涉所致也。是以终日奔驰,于实际无丝毫之补。窃维司长委任此职,以其能保守此堂,无任作废,以待将来开校,就已成之局,优于缔造也。今承颐既无术保守,坐视校舍、校具日非一日,备员自悚素食尤惭。纵司长不加责备,承颐独无愧于心乎。再四思维,惟有伏求司长另委高贤维持此校,承颐甘受不才之讥。为两江学校计,不能不敬避贤路也。幸司长矜其愚诚而察此区区之苦衷,不胜旁皇(彷徨)待命之至。

李承颐谨上

中华民国二年四月廿四日

中央大学档案

李承颐恳请派员会同点验物品等情由(1913年4月)

　　敬呈者。驻堂军队忽于本日检束行装,纷纷搬运。且有辎重营百余人率领大车二十余辆,帮同该军输送物件。由西边封锁之大门拥入,竟将铁闩冲断。当经委员再四理论,并探寻一切,始悉该军当移驻六合。本日先运行李,明日全军悉数开去。惟该军来去不测,所有以前任意取用之校具并不点交,如此情形殊非文明之举。查两江师范校舍完好者,仅存现驻军队之东边各讲堂。其重要仪器等亦强半储藏此处。军队迁移之后,似应详加检查,或请军务司令行该团点交物件。仰候司长派员会同点验,伏维批示祗遵。

　　再,陆军医院原存用具、药品,与该军前此新搬入之军用各件现仍存堂中,已由该团另派兵士数十人来堂看守,与本堂所派夫役同居一处。两方保管界限难分,且东边大门既经军队拆通,不即封闭,守望尤难。拟请司长即日派员莅堂,将东西两大门酌封一处,并一面咨商军务司请将该军及医院各物移出,则留堂看守之兵士数十人可一同移驻他所,以期保管事权划一,而资进行。仰祈裁察,速赐施行。须至呈者。

两江师范学堂保管员李承颐谨上

中华民国二年四月

中央大学档案

李承颐为军队及医院迁移后维持办法上吕科长书(1913 年 4 月)

予钦先生阁下:

匆匆一见,未罄所怀。本日军队情形及迁移之办法,想业一一禀商司长矣。兹有最要紧之事三:(一) 学堂开门太多,能将原有之大门封闭,独留东边医院所开之门,则可免除一切烦恼。但须由司中派员眼同加封,或奉有司长命令,非个人所能擅专也。(一)医院及军队尚存有物件在堂,该团长竟援前例另派第一营之兵士数十人驻堂看守。界限不分,事权难一,防护匪易。如与军务司严重交涉,将军界物件全行移出,则留守兵士亦将随同迁移。想从此不复再有侵占之虞矣。(一) 军队驻校,检查为第一要着。如军务司不能派员来堂,务期令行该团点交各物件。总之,保管一方面万难为凭也。以上三项,统求设法维持,以必达目的为感。(下略)

李承颐

中华民国二年四月

中央大学档案

李承颐备述军队强硬状况交涉为难上吕科长书(1913 年 7 月 25 日)

子钦先生至契:

昨奉两示,深感肺腑之言涤我心脾也。母校惨状,笔难胜述。迩时无论何项至微之临时机关,不必呈奉长官命令,皆可硬行强占校址。不图今世竟可脱离法律公理而言自由也。校中既满布军队,管理上已全失效力。卫戍病院昨日午后又率领多人长驱直入,粘条拆封。初以为军务司所命,继探乃现驻本校之辎重营为之导线,多方婉阻,终不能止。彼众我寡,徒唤奈何。现在钟楼西半一并为彼人所有矣。今欲尽力维持于垂绝之时,非有上级官厅严切告示,张贴门首,遣去现在军队,复禁将来军队不可。值此政局纷纭,无从呼吁,但有仰天长叹而已。如蒙先生械商司长指示抵制方法,即时施行,或可补救于万一。先生为母校谋,为颐谋,可谓至周且渥也。毋如时事日非,人心日变,往往一事之结果不能依常轨以进行,而偿愿斯则可为深慨者耳。心焦意乱,率率上此。即请

公安

李承颐顿首

中华民国二年七月廿五日

中央大学档案

李承颐为军队行为野蛮应如何维持办法上吕科长书（1913 年 7 月 30 日）

晨间畅叙，颇恰怀想。弟归校后又来无穷之军队，长驱直入，旁若无人。争营夺垒，以学校为战地，见封锁之室即横加剖拆，视保管职员如弁毛。忍无可忍，与之理论，不独充耳不闻，并声称须全校占据方足敷用。一若本校为伊辈虎狼所争之地也者。此犹可也，乃拆至邻于重要仪器室之门矣。校中司事婉言劝阻，若辈竟号召兵士围困司事，势将用武，恐生变端。弟比即飞电署中，而署中诸君均已下公厅矣。不得已仍竭力维持。如此野蛮，如此暗无天日之狼虎，弟查悉即前占我东边讲堂步兵一团之三营也。弟力薄能欺，朝朝暮暮与此辈交涉，不啻为此辈之役，而于母校徒见其损害。拊膺长呼，邑塞欲死，惟有诉诸我至契之良友也，为我画一长策，或即递一呈于内务司，或寄呈于苏行署，或径达于黄司长，或函请卢先生设法。以上数端，乞我哥为颐一熟思而决定之。并希先生示一方针予我，不胜祷切。

再，医院占据之西边楼房，伊辈作为病室。门窗不扣，一任风起（三日内检查失捐三十块），括碎玻璃无数，视公家物直等瓦砾耳。此又损失之一小端也，并为先生陈之。语长不能尽述，余面罄。敬请

公安

弟李承颐鞠躬

中华民国二年七月卅日

中央大学档案

李承颐呈明都督为保守不力恳请准予辞差由（1913 年 9 月 15 日）

为久病不愈保守不力恳请准予辞差事。

窃承颐于本年二月奉江苏教育司长黄炎培委充两江师范学堂保管员差。查该堂为南洋巨校，自停办之后，所存余之校具、图书、器械尚属不少。为将来开学计，不可不妥为保管。该堂驻扎军队往来无常，委员惟有勤慎厥职，与各兵官和平相处，以期待互相守望。及至六月叛军独立，而驻校之兵纷纷不绝，其中校舍、校具不免时有损坏。及至大军光复宁城，复为土匪乱兵乘机攘夺，已将委员所兢兢保守重要仪器搬运一空。此皆承颐办事不力，以至有此损失。委员患病月余，虽勉力督率夫役看管，奈所患增剧，诚恐更有疏虞。惟有恳求准予辞差就医，一俟病愈再图效辕下也。

再,各军队借用校具散在他处,尚复不少,如何设法收回之处,出自钧裁,伏候核夺。

中华民国二年九月十五日
中央大学档案

李承颐呈报兵劫学堂文(1913 年 9 月 20 日)

呈明叛军独立后,督率夫役冒死保守,迨大军入城时,乱兵土匪乘机攘夺,校具殆尽仅存破坏残缺之物,及夫役因抵御受伤与因伤殒命情形由。

为呈报事。窃自叛军据宁,倡言独立,偏师丑旅,负固月余。本堂地址,适当城南北之要冲,军队屯集,炮弹纷乱。校具之移置,校舍之破坏,一日数起。委员惟有出入弹雨之间,冒死防护,以十余之夫役,御十数之营队。艰险备尝,如卵投石。其时交通梗阻,呼吁无由,罗掘一空。幸支日食在堂,人役得以不散。迄至前月杪,始将散失外间各校具一一搜齐,汇储妥室。不意大军入城,犹在巷战之际,乱兵土匪乘隙而起。本月初一日午后,有兵士一排,声称官军,入室搜查,历一时而去。至初二日,即有第五师第十七、二十两团官军驻扎堂中。从此兵士日日往来,络绎不绝。乱兵土匪混杂其间,无由辨识。所有全堂校具,顿成瓦砾。见封锁之室,即横加捣撬,纷纷攘夺,户限几穿,未及三朝,抢毁迨尽。所幸各项重要簿据及文凭存根等件,经委员偕同司事冒万死携出,尚得保存。

当乱兵抄掠仪器储藏等室,斋夫夏得祥、陈升、王容均受重伤。更夫葛成年近六旬,受伤尤重,半日殒命,惨不胜言。查十七、二十两团兵士十六日始行离堂,十九日又有江防步队十五营继续移驻。该营军纪虽严,然外间土匪冒充军士者仍日日入堂,肆意攘物,亦无从阻禁。委员力薄能少,保守无方,坐视校舍、校具日非一日,备员自悚素食尤惭,拊膺长呼,邑塞欲死。今谨将损失情形缕陈钧听,伏候维持。

再,校具散见附近各学校,如宪兵练习所、民国大学、忠裔院等处,尚复不少。能否设法收回,保全万一,使该堂各件尚不至全行损失。

再,更夫葛成因伤殒命,情殊可悯,斋夫夏得祥、陈升、王容均受重伤,可否略加抚恤?出自逾格恩施。合并声明。谨呈

江苏民政长韩

中华民国二年九月廿日
中央大学档案

李承颐遵令彻查校具散见情况呈文(1913 年 10 月)

遵令彻查校具散件处所及损失确数,兹用呈复自九月二日起陆续散失实状,至如何收回,应请派员办理,并须军队迁出后清厘就绪方能列表呈复报部备查由。

为呈覆事。窃承颐前奉省长指令,内开,该堂浩劫重罹,良深悯惜。除函请都督饬令现驻之江防步队第十五营迅予迁让外,并将校具散见处所确澈查复。其因伤殒命之更夫葛成暨受伤之斋夫三名即由该保管员拟具抚恤,呈候核夺。仍将该堂损失确数逐细具报,以便转咨教育部备查。等因。奉此。查两江学堂校具散失,肇自九月初二日起。是日午后,本堂东讲堂即驻官兵二团。该堂楼上下计仪器房八间、木器一厅。自该兵入堂后开拆无遗,全堂鼎沸,校具之散失即于是日始。初三日,又有该团属之二营驻扎钟楼及西自修室两处。至初五日,又有第五镇之炮兵一连入城觅房,见后边洋楼房尚属空虚,即指定为驻扎之所。满堂军队林布,校舍蹂躏,校具纵横,不堪入目矣。同时有殷军门者驻附近宪兵学堂,严军门驻民国大学,周管带驻昭忠祠。至十三晚九钟时,驻扎洋楼房第五镇之炮兵营移驻浦口,开差时将所用堂中校具一并带用渡江。此校具散失之一。十五以后,驻扎东讲堂第五镇之十七、二十两团及钟楼西自修室之二营陆续开驻下关一带,至十六日始行开完。自该团营开差后,承颐查点校具,如铁床、书桌、黄花布椅等类遗失无余。此校具散失之二。军队搬尽之后,承颐方思捡拾残余,储归一处。不意十九日又有江防步队第十五营继续移驻。目下该营军纪尚严,然附近军队艳其残余,掠括犹繁。有搬仪器者,有搬校具者,排比成群,刻无缓举。查该项军队,驻扎宪兵学堂殷军门处居多,民国大学昭忠祠次之。此校具散失之三。但此项校具散见处所具系军人范围,此皆据承颐目力调查而得者。其中校具重行散失,有无搬迁,即应如何收回之处,务恳省长酌行派员办理。惟学堂损失确数,现已按室检查。但军队一日不出学堂,而学堂之检查终无成绩。承颐朝行储藏而军队夕已搬罄。前月之间围墙被挖者两处,甚至踰垣越宅,明目张胆,暗往明来,毫无忌惮。清点之时,多一番滋扰,即减一分效力。增一分搬取,即加一分劳苦。困难之状,前已具呈。承颐现在已竭驾力,督同夫役□夕清厘,稍有头绪。一俟军队搬迁后即行列表呈复,以便报部备查。并恳咨请都督给示保护,无论何项军队,不得驻扎堂中及擅入堂中,以清军学之界限。非独承颐获蒙余荫,而三江士人感戴鸿施,当无涯岸矣。至更夫葛成因伤殒命暨受伤之斋夫,蒙饬拟于抚恤,感德尤深。谨遵示拟定办法,另摺呈复。所有遵照指令查复校具散见处所本堂损失确数等情,理合具文呈复,仰祈察核批示祗遵。须至呈者。

中华民国二年十月

中央大学档案

江苏省行政公署饬驻军迁出学堂的训令(1913 年 10 月 25 日)

江苏省行政公署训令

为训令事。教育司案呈,接准都督函开:顷展大函,嘱转饬将所驻师范学堂军队改驻他处。等因。查该堂军队,前于承示后,即经札饬总司令转行遵照。兹准前因,除再传令迅速迁让,其将驻入之军队并即饬勿驻入外,相应函复查照等因。准此。合行训令该保管员知照。此令。

江苏民政长韩国钧

中华民国二年十月二十五日

中央大学档案

李承颐为军队迁让事呈江苏教育司文（1913 年 10 月 27 日）

司长钧鉴：

前为学堂驻兵久稽，迁延不让，又外来军队严拒不得，恳请俯赐维持事。窃本月十六日接奉省长函开，接准都督函开，据两江师范学堂保管员李承颐，以该学堂驻有官军，保守无方，呈请维持，函嘱转饬迁让。等因。准此。除饬总司令即将现驻该堂之江防第十五营迅速择地迁让外，相应函复，请烦饬知照。等因。准此。合行函致查照。奉此。等因。惟一旬以来，该军驻扎学堂，并未迁动，亦未在外选择地点。查该军队情形，似仍在学堂久驻，不肯迁移。承颐现正清理校中一切之际，头绪万端。且该军队所用校具，搬取不时，无一定数。若不迁出，虽日日唇焦舌敝亦难得其归。并又九月二十六日武卫前军督操营务处，欲来堂驻扎，承颐严辞拒绝。今复于本月十六日派令卫兵来堂打扫，承颐仍行严辞力拒。伏恳司长俯赐维持，转行江防步队之第十五营总司令处，令其迅速迁移，勿再延宕。并转行武卫前军督操营务处，阻其来堂驻扎，庶免纷淆，得从速清理，用尽保管之职务。肃此，敬请

钧安

李承颐谨呈

中华民国二年十月廿七日

中央大学档案

李承颐呈报手工讲堂盗窃案恳请饬厅彻究由（1913 年 11 月 31 日）

为呈报事。窃本堂于十一月二十八夜五点钟，经更夫查出东围墙马路傍（旁）边被贼开一洞。委员当经带同司事夫役偕同往勘验。其洞系在手工讲堂对角，宽约二尺许，可容一人出入。并加派夫役看守，随往各讲堂查点校具，于东讲堂查悉失去仪器橱上有框玻璃门计十四块。天明派夫四处侦捕，斋夫王容于鸡鸣里路上捕得东洋车一辆，内载有框玻璃十三块，后跟一人押车，系里市收买破铜坏铁者。经夫役将东洋车及押车人拦获，带至堂内，惟玻璃少去一块。承颐亲自询问，据该押车人云，此项玻璃系在武庙傍（旁）边茅蓬家所购得。问其售物之人，则绝不能答。再四盘诘，只称购得云云。以其玻璃实系堂内所失之物，因将该购买玻璃之人及玻璃一并函送北一区警局，请其查验核办。旋经北一区派处长来堂勘验洞窟情形，且往武庙茅蓬家对质，讵料该屋无人。复由北一区派处长将所送购

买玻璃之人及玻璃转送警察总厅核办。查本堂地址即在北极阁下,地积辽阔,四面短墙包围数里,东西后垣人迹稀少之处屡屡为贼所挖,近十日之间其发见所挖洞窟已有三四起。幸堂中夫役勤力梭巡,尚无别项损失。此次玻璃既经学堂拦获,售卖与发生地点又与学堂毗连,前后皆荒僻之地,该茅蓬家此项玻璃从何而得? 既已有物出售,查又无人住居,穿窬隐伏,为害实深。昨虽经委员复加函请警察总厅核办,尚未邀其解决,玻璃亦未送回学堂。承颐力薄能鲜,咎复何辞。兹特据情呈请省长俯赐维持,令知警察总厅务将该处卖售玻璃之茅蓬家破获,澈(彻)底究追,以清巢棨,免贻后患。玻璃十三块仍应送还学堂,并请饬北区警察局嗣后于九眼井、铁道口之间添设岗位,俾得随时保护,以免再生事端,而维学校。为此备文呈请省长察核施行。须至呈者。

中华民国二年十一月三十一日
中央大学档案

李承颐呈报直隶混成旅拟驻本校保管更形困难由（1913 年 12 月）

为呈报事。窃两江师范学堂所驻军队,蒙省长、司长再四筹画,始行迁让。所存校具,逐室清理,日积月累,始有端倪。忽本日又有北京混成旅来堂看视房屋地点,委员婉转磋商,不肯他驻。观其分布各舍,几乎满校皆兵。且学堂同人有拟迁住一处之说。委员自愧力薄,措置无方。学堂如再驻军队,恐遗存校具万无保存之理。伏恳省长、司长速函都督,饬令停止来堂。则一发千钧,或能免此蹂躏。无任迫切之至。须至呈者。

中华民国二年十二月
中央大学档案

李承颐函致直隶混成旅磋商本校保管细则由（1913 年 12 月）

函致直隶混成旅刘旅长磋商本校保管细则以凭双方遵行由。

敬启者。顷聆大教,欣慰无量,惟贵军来堂,倥偬之际,两方面尚未详商,兹将各节函列,请贵旅长速复为盼。

一、本堂所派夫役,分别住守望东西各室,保护公物,责任綦严。贵军队一经入堂,分驻地点不得随时移动,致滋纷扰。

一、本堂仪器、校具、书籍、房舍,除本堂封钉不得拆毁外,应请贵旅长另行加盖封条,庶贵军队知所警惕,免致有启揭封条情事。

一、本堂仪器、校具系报教育部存案,贵军搬用本堂器具,应请贵旅长造册备查。

一、本堂夫役出入,难免门卫盘诘,如何标识,请贵旅长会商定妥。

一、本堂夫役携物出门及贵军队携物出门,均应携有出门证,由门卫查验放行。如无

• 295 •

出门证而携出物件者应将物件扣留,送各该管理处核办。

以上各节系就军学两方共同防护起见,如有未尽善之处,仍应随时提议由双方协商安洽,共期履行,而敦睦宜。

中华民国二年十二月

中央大学档案

李承颐呈报直隶混成旅破坏校舍情形恳请都督饬令迁让由(1914年1月9日)

呈报直隶混成旅入校后冲开藏书室烧毁饭堂地板情形恳请会商都督饬令该旅迁让由。

为呈报事。窃两江师范学堂驻扎直隶混成旅一军,前已据情呈报在案。惟该旅军队入堂后,委员与之一再磋商防护办法,具归无效。现西自修室藏书房三间已被冲开,内中书籍全数搬空,十八进房间亦有拆毁之处。后饭堂地板全数撬去,地板亦已烧毁。花园后墙因人踰越,亦倾倒一块。委员屡与交涉,均置不理。似此情形,若不恳请省长、司长函行都督迅饬该旅迁让,势必将全堂蹂躏不尽不止。以上情形除委员函知该旅长外,理合将该旅驻堂情形呈报省长、司长,俯赐查核施行。须至呈者。

中华民国三年一月九日

中央大学档案

韩国钧关于封锁学校的训令(1914年1月15日)

令两江师范学校保管员李承颐

教育司案呈。据呈报察看宁属师范学校校舍情形已悉,仰即会同警察总厅封锁备用。此令。

江苏民政长韩国钧

中华民国三年一月十五日

江苏省行政公署训令(1914年2月27日)

令两江师范保管员李承颐

教育司案呈,据前该堂监学李鸿才呈称:两江师范学堂订购科学仪器未经给价,请饬查。等情,前来。除批此项仪器前由该具呈人经办,既未付清价银,应即遵照前监督所云及早料理清楚,自完责任。乃直至事隔二年始行声明,殊不可解。究竟原封仪器三箱有无存在学堂,始候令经该堂保管员查明,复候核夺外,合行抄录原呈,训令该员知照并即查明复夺。此令。

计抄原呈

江苏省民政长韩国钧

中华民国三年二月二十七日

附原呈

为呈请事。切鸿才供职两江师范学堂历有年□,于前宣统三年□□□奉两江师范监督李瑞清委赴上海购办仪器,同供是差者有本堂助教曹毓麒、刘永翔。计采买实学通艺馆仪器洋九百余元,由堂中付过九百元。科学仪器馆八百余元,以该馆到货较迟,又值武昌起义,仅由堂中付过三百元,尚欠五百元有零未付。迨十月间民国成立,所有堂中存款、摺据三万余□,已由李监督移文前财政公所总办蒋收楚在案。迨鸿才往晤李监督时,当经询问此项仪器欠款办法。据云实学通艺馆所欠无多,不必过问。科学仪器馆欠款,现有该馆后到三箱仪器原封未动,约值五百元左右,可以令该馆取回以抵此项。鸿才旋供职宁垣,无暇计及。前月,该馆忽来人向鸿才询问此款如何办法。鸿才答以前项赴沪系两江师范委员名义办理,现职务取消,不能向私人名义索取。来人言俟回沪后再□至办法,鸿才□□职务虽□取消,原可不负责任,但原由不赴公家陈明,将来或生纠葛。用是呈请省长饬下两江师范保管员查明□□仪器□□存在,以便由该馆取回。如或遗失,日后或俟该堂存款清理有着时,于其中拨偿,亦无不可。所有未经给价原由,理合陈明备案,并祈核夺办理。此呈。

中央大学档案

李承颐详复巡按使齐饬查日商售与学术用品欠款损失由(1914年9月11日)

详为奉饬查明日商岛津源藏售与南京农事试验场学术用品欠款事。

本月八号案奉前巡按使韩本月四号第二千八百零四号饬开,案据金陵关监督兼交涉员详称,前奉批饬,转嘱该日商将定购凭据送候核办。等因。遵即函达日领在案。兹准复称,刻据该商呈送售与南京农事试验场品物函件、提单、保险等凭据各一分前来,并声称所售与两江师范学堂学术用品,当时系由该学堂日教员松本孝次郎口嘱办理,所办之件分几次寄到宁,另无他项凭据等情。据此相应附函送上,即希查照办理。等因。并附函据三件前来。除照录存案外,理合将函单、原凭据一并具文详情,伏乞俯赐核办示遵。等因。据此。合亟钞录原详等件,饬行该保管员查明,详复候夺。等因。并附发交涉员原详一件、日商岛津源藏售与南京农事试验场品物函件、提单、保险单等凭据三分。奉此。伏查两江师范学堂原附设有农事试验场,并无南京字样。至两江师范学堂当日购备日本各项学术用品,闻系强半由本堂日教员松本孝次郎经理代办,悉已照价缴现,甚至有先缴价而后分几次将品物收齐者。所有该日商售与南京农事试验场品物,已否将价缴清,实无根据可以查考。且该日商仅以提单、保险单为凭,函件又系个人名义,并未载明何校、何年所购。

再,交涉员原详附录原损失单所注售物时期系在前清光绪三十四年十月以后,事隔数载更属无可稽查。奉饬前因,理合将附发函据三分一并具文详复,仰祈鉴核。谨详江苏巡按使齐。

两江师范学堂保管员李承颐
中华民国三年九月十一日
中央大学档案

详为日人售与学堂用品欠款要求赔偿事

七月二十日准驻□□领事古贺才太郎函称,贵国第一次革命光复各省时期之内,所有敝国在中国官商人民等所受损失,业由敝国驻京公使与贵国政府交涉,要求赔偿在案。至本署管辖区域内侨居官商人民等之损失,曾由前任领事据所报告详细审查,据情呈请驻京公使汇案办理。去后,刻奉公使训令内开,查原呈损失单内岛津源藏售与南京两江师范学堂及农事试验场学术用品之欠款损失,据中国政府云应归本省地方官查明清理。本公使以所云尚在情理之中,已允分别办理,并请中国政府令知宁地官知照。合亟令知,仰即就近向地方官直接要求赔偿。等因。奉此。相应将岛津源藏要求赔偿欠款损失另单抄送,即希贵交涉员查照,即日呈请照单赔偿,送来敝署给领,祈见复。等因。并抄单前来。查此案系属学堂购置物品欠款,与损失赔偿性质不同。从前高等实业各学校欠付购买书籍、仪器各款,曾由前民政府饬发清结。此次既准日领函称,中国政府云应归本省地方地方官查明清理等语,应否向两江师范学堂经理人查明根据,再与议结之处,理合照录原损失单,具文详请,伏乞俯赐酌核示遵,以凭准复,实为公便。谨详

　　江苏巡按使韩

金陵关监督兼江宁交涉员冯国勋

损失单

计开:

岛津源藏,日本京都市学术用品制造贩卖业。

洋银二百七十二元九角,明治四十一年(即光绪三十四年)十月以后卖与南京两江师范学堂学术用品之欠款。

洋银七十六元八角五分,卖与南京农事试验场学术用品欠款。

以上共计洋银三百四十九元七角五分。

中央大学档案

李承颐呈报驻校军队开行恳请派员勘验损失由（1914年10月18日）

窃两江师范学堂自上年十二月间即有直隶混成旅由北来宁，径驻校中，其时本堂仪器、书籍、木器、什物等项，几或经兵燹，残□□□，正值清验，分别另贮保管，乃该军队纷纷占据，无法维持。只得与该旅长官严重交涉。该旅长官当即矢口担负，谓将来军行决不使遗失一物，并愿任完全之责，已经迭次详报前巡按使韩在案。讵本月以来，该旅军队开行者甚多，而该旅长官难于谋面，欲向询问交代校具等因，竟无从措手。日来军队行者尤众，而校中所余仪器、书籍、木器、什物等项日见其少，向之理论，则以模棱语搪塞了之。窃恐将来军队迁尽时，全校将为之一空。查校中东讲堂原存仪器，手工讲堂原存手工器具，礼堂原存木器，休息室原存书籍，储藏室原存什物、杂件，此为上年乱后所保存之物，即该旅长官愿负完全责任者。仅由该旅团长交还仪器橱二十八件、化学药水五坛，其余各项遗失殆尽，所见惟破碎木器。现虽目击军行有携带校物出发者，亦无力截留，难与理论。惟有据实呈明，恳请派员来堂勘验。饬令将上项存留器物点交，并设法安置所余少数军队，实为公便，仰祈鉴核。

谨详江苏巡按使齐

两江师范学堂保管员李承颐

中华民国三年十月十八日

与七十四团商准共同履行条件：

一、本堂大门住号门房一人，接洽公文信件。

一、本堂大门来往宾客由堂中号房接待引进，不得拦阻。

一、本堂职员出入俱有本堂通行证，盖有保管员图记。

一、本堂夫役出入俱有本堂符号，上盖有保管员图记。

一、本堂保管员司以及夫役平日须常川赴各校舍察视一切，贵团所驻之处不得阻拦，但须查明有无本堂符号，用昭信守。

一、本堂各处仪器、书籍、木器等件，前经刘旅长担负，不得遗失。现在军队开差，尚未点收，应由贵团接续担负。

一、送来保管员符号一张，请即饬发贵卫兵，以凭查对。

一、贵团兵士除传递贵团公文信件外，平日不得随意到保管室游玩。

中华民国三年十月十八日

中央大学档案

李承颐恳请饬令军队迁回原处并交还校具由（1914 年 10 月 19 日）

详为驻校军队前者方发后者继至校舍日圮校具散失恳请维持事。

窃直隶混成旅军队开行，携去校具概不交代，业已据实详报，恳请派员点验，饬令该旅交还在案。正在企望间，讵该旅长开行未尽时，忽有驻扎陆军学堂之第十九师七十四团整队开来。委员方在踌躇，前次军队开行，校具散失，校舍损坏，无人交代，办理棘手之际，而十九师团又复继续驻堂，似此重迭纷扰，则承颐对于校舍、校具更无保管之余地矣。彷徨无策，惟有据情详报，恳请咨行将军饬令直隶混成旅从速交代校具，并令十九师团迁回原处，以清校址，实为公便。毋任悚切，仰祈鉴核。谨详

江苏巡按使齐

江苏师范学堂保管员李承颐
中华民国三年十月十九日
中央大学档案

李承颐因教育科长暨黄、江两先生来堂勘验饬令卫兵招待由（1915 年 1 月 18 日）

因教育科长暨黄、江两先生来堂勘验事缄致七十四团团长饬令卫兵招待由

敬启者。本日午后一时，政务厅教育科长卢殿虎暨前教育司长黄任之、江易园三先生莅堂勘视，即希预时传知各守卫兵士，以免临时盘诘，至纫公谊。专此。敬请

勋安。

两江师范学堂保管员启
中华民国四年一月十八日
中央大学档案

两江师范学堂致七十四团会同公署专员点验校具由（1915 年 4 月 5 日）

迳启者。奉巡按使公署饬，将本堂校舍校具移交南京高等师范学校接收，并于十六号公署派员来校会同本堂及师范筹备处点验各室校具，以便移充。先行函恳饬令贵营查照。此致

七十四团团本部台鉴

两江师范学堂启
中华民国四年四月五日
中央大学档案